Collection «Identité et changements culturels» no 1

LES ANGLOPHONES DU QUÉBEC

DE MAJORITAIRES À MINORITAIRES

Gary Caldwell

Eric Waddell

1982

INSTITUT QUÉBÉCOIS DE
RECHERCHE SUR LA CULTURE

ISBN 2-89224-023-9
ISSN 0714-5608
Dépôt légal — Bibliothèque nationale du Québec

Institut québécois de recherche sur la culture,
93, rue Saint-Pierre,
Québec, G1K 4A3

4ᵉ trimestre 1982

Gary Caldwell est chercheur à l'Institut québécois de recherche sur la culture (IQRC) et Eric Waddell est professeur adjoint au département de géographie de l'Université Laval. Tous deux sont membres d'Anglo-Québec en mutation (AQEM).

Les cartes et graphiques ont été conçus et réalisés au Laboratoire de cartographie du Département de géographie de l'Université Laval par Isabelle DIAZ, Andrée G.-LAVOIE, Serge DUCHESNEAU sous la direction de Louise MARCOTTE. La création des anamorphoses a été rendue possible grâce à la collaboration de Clément NOLETTE du Centre de traitement de l'information qui a développé le programme ANAM à cet usage.

Table des matières

Préface

La création de cet ouvrage fut particulièrement difficile, parfois même pénible; ce fut une expérience du type de celles qu'on aimerait mieux ne pas avoir à revivre. L'idée de ce projet se développa dans l'esprit des membres du comité AQEM (Anglo Québec en mutation) en 1978. Dès l'automne de 1979, les textes étaient rédigés et les manuscrits soumis aux responsables de la collection Carleton Library, qui s'étaient intéressés au projet. Au printemps de 1980 — après plusieurs révisions et coupures — le comité d'édition de la collection décidait d'aller de l'avant et de publier l'ouvrage, mais cette décision fut aussitôt renversée par la société Gage. Cette dernière venait d'acheter la firme Macmillan, qui, jusqu'alors, avait publié et distribué la collection Carleton Library.

Après cet échec, symptomatique en soi des problèmes de l'édition au Canada, le manuscrit est resté en veilleuse pendant l'automne de 1980 et le printemps de 1981 alors que le Référendum et l'élection au Québec passaient à l'histoire. À l'automne de 1981 cependant, l'Institut québécois de recherche sur la culture (IQRC), auquel est rattaché un des responsables de ce volume, exprimait le souhait de publier le manuscrit et nous, les responsables, décidâmes alors de consulter nos très patients collaborateurs sur l'à-propos de publier des articles rédigés en 1979.

Nous étions convaincus nous-mêmes que la publication de ces articles, surtout s'ils pouvaient être mis à jour, était valable et cela, pour trois raisons. Tout d'abord, les problèmes qu'avaient soulevés nos auteurs étaient encore très actuels, à preuve le débat sur le projet de réforme du système d'enseignement. Deuxièmement, le référendum avait réglé bien peu de choses: il n'avait pas marqué la fin d'une époque ni annoncé le début d'une autre, du moins en ce qui concerne le sort de la population anglophone au Québec. Enfin, il était essentiel, pour que puisse émerger une conscience historique au sein du Québec anglophone, que les anglophones disposent d'une certaine documentation sur leur situation au Québec, et plus spécifiquement sur la période d'après-guerre — trop souvent par le passé, les mêmes problèmes avaient été étudiés dans un vide historique. Les textes de notre collection ne peuvent que contribuer de façon substantielle à cette documentation. Heureusement, nos collaborateurs tombèrent d'accord avec nous sur ce point; et ils ont en outre consenti, (à une exception près qui peut se justifier), à mettre à jour leurs articles à la lumière des événements qui se sont produits entre 1979 et 1981.

Nous aimerions préciser dès maintenant que les intéressés furent tous heureux d'apprendre, étant donné la nature du sujet traité, que les textes seraient publiés en anglais et en français par l'IQRC. En effet, les responsables de cette publication, bien décidés à rendre les textes rédigés en anglais accessibles immédiatement en anglais aux québécois anglophones au lieu de les faire paraître d'abord en français seulement, voient leur rêve réalisé dans la publication simultanée des versions française et anglaise. Néanmoins, rêver d'une telle «double publication» et la réaliser sont deux choses différentes, et ce n'est que grâce au travail remarquable qu'ont accompli Madame Francine Paradis* et son équipe de la Direction de la traduction du ministère des Communications, que nous avons réussi à produire des versions françaises généralement plus que satisfaisantes (seulement deux des articles, rappelons-le, avaient été rédigés en français). De plus, nous tenons à féliciter l'IQRC pour avoir adopté la politique de publier dans la langue de la population intéressée les études qui ont pour objet des sous-groupes de la population québécoise dont la langue est autre que le français.

Passons maintenant à des considérations d'ordre plus technique. Les notes qui se rapportent uniquement à un article en particulier paraissent avec toutes les données bibliographiques, alors que celles qui sont d'intérêt plus général figurent sous forme abrégée. Par contre, le lecteur trouvera à la fin du volume une bibliographie, où sont énumérés (en ordre alphabétique) les ouvrages d'intérêt général. Parmi les références se trouvent un certain nombre de titres de textes qui n'ont pas été publiés, et en particulier ceux qui, initialement rédigés pour ce volume, durent être abandonnés, à cause de la nécessité de réduire la longueur du manuscrit. Ces textes peuvent être retracés en s'adressant soit aux auteurs des chapitres en question, soit, si nécessaire, aux responsables du présent recueil, par l'intermédiaire de l'IQRC.

Comme auraient pu s'y attendre ceux de nos lecteurs qui sont initiés aux problèmes et aux complexités inhérents à l'édition, avoir affaire à vingt-cinq auteurs, organiser la traduction, imposer une épellation et des conventions stylistiques uniformes, faire la correction d'épreuves, etc., représentaient une tâche surhumaine qui dépassait la capacité d'un seul ou même de deux responsables. Nous nous félicitons donc d'avoir pu bénéficier de la collaboration efficace et rigoureuse de deux collègues: Madame Paule Obermeir, qui nous a apporté son sens critique en tant que coordonnatrice de la production, et Madame Jocelyne Mullin, qui s'est occupée des tâches mécaniques comme la dactylographie, la photocopie, les envois par la poste, etc. De fait, ces deux personnes furent avec nous pendant toute la période de production qui dura quatre ans.

Enfin, nous tenons à remercier le recteur et le vice-recteur de l'Université Bishop qui ont mis à notre disposition des bureaux et autres services pendant une grande partie de la période où notre travail sur le livre d'effectua.

* Ont participé à la traduction française des *Anglophones du Québec*:
Traduction: Daniel Beaulieu, Pierre Buist, Denis Fournier, Lily Gaudreault, Lucie Girard, Colette Gosselin, Monique Joncas, Francine Paradis, Claire Pelletier, Marie Pelletier, Céline Roy et Andrée Thouin;
Révision: Marie Pelletier et Francine Paradis.

Introduction

FAIRE LE POINT POUR MIEUX ENVISAGER LE FUTUR

Les responsables du volume.

La notion de «Québécois anglophone» n'a commencé que récemment à prendre forme dans la conscience des habitants du pays. On était soit Canadien anglais, soit Canadien français (ou, pour être plus réaliste, Canadien ou Canadien français), âpre dichotomie qui laissait peu de place à la légitimation de l'identité et du statut particuliers des anglophones qui se trouvaient à vivre au Québec. La nécessité de les reconnaître n'était d'ailleurs pas ressentie puisque pour la majorité canadienne-anglaise ces appellatifs désignaient deux nations qui se distinguaient par la langue uniquement, le territoire de la première s'étendant d'un océan à l'autre, la présence de la seconde étant tolérée dans une partie du pays. Ce n'est qu'avec l'abandon, dans les années 1960 et 1970, de «Canadien français» et l'adoption généralisée de «Québécois», comme désignation collective, que se posa le problème de l'identité des Anglo-Québécois.

En se redéfinissant en fonction d'un Québec démographiquement et géopolitiquement unifié, les francophones conféraient pour la première fois un statut minoritaire univoque à leurs concitoyens de langue anglaise. Parallèlement, les anglophones, continuant à se considérer comme «Canadiens anglais», se retrouvaient privés de toute forme de stratégie culturelle apte à faciliter leur insertion politique et sociale dans ce Québec nouveau.

Dans de telles circonstances, il ne restait plus aux anglophones du Québec qu'une alternative: ou bien contester activement l'affirmation de soi des francophones, ou bien l'accepter et agir en conséquence. La première option, essentiellement réactionnaire, ne pouvait sourire qu'aux anglophones inflexibles, inconditionnellement opposés à toute modification des rapports entre les deux groupes linguistiques au Québec ou au Canada en général. La deuxième option, quant à elle, pouvait engendrer deux réactions: quitter le Québec (céder le territoire, par défaut, à la majorité), ou y redéfinir sa présence. Si ces trois attitudes ont cours dans le Québec anglais actuel, la dernière est certainement la plus incertaine et la plus risquée, puisqu'elle oblige les anglophones à une remise en question de leur identité ethnique collective. Elle les force à trouver la réponse à une multitude de questions: sommes-nous Canadiens anglais, Anglo-Québécois ou Québécois tout court? Peut-on être les trois à la fois? Quel rôle les anglophones peuvent-ils sensément s'attendre à jouer dans le Québec nouveau? Le Québec anglais peut-il survivre et se faire au nouvel équilibre politique entre le Québec et le reste du Canada? Quelle forme pourrait prendre cette survie? Etc. Il est significatif que ces questions, et les nombreuses autres qu'elles entraînent, soient inédites et qu'aucune réponse toute faite ne surgisse à l'esprit, malgré vingt ans de modernisation et de ferveur nationaliste au Québec, et en dépit du fait que le Parti québécois est au pouvoir depuis bientôt six ans.

Ce sont là quelques-unes des préoccupations qui ont inspiré le présent ouvrage: le besoin de faire un bilan sérieux de la question de l'identité socioculturelle et de l'allégeance politique des anglophones, dans l'espoir de faciliter leur réinsertion dans ce Québec dont l'histoire continue de se faire. La tâche n'est pas facile, et pour une multitude de raisons. En effet, outre que la réalité politique, dans son ensemble, est en perpétuelle mutation, le Québec anglais n'a pas encore, même en 1982, les ressources internes indispensables à la remise en question. Il a certes, dans Alliance-Québec, une organisation pan-provinciale vouée à la défense des groupes minoritaires et gracieusement financée par le gouvernement fédéral. Mais ce n'est encore qu'un organisme fragile qui arrive à peine à ne pas trahir les divisions réelles opposant, d'une part, ceux qui acceptent beaucoup des derniers changements survenus au Québec et cherchent des accommodements avec la majorité francophone et, d'autre part, ceux qui souhaitent l'affrontement et le retour au statu quo. Le Québec anglais a aussi un réseau étendu et puissant d'établissements d'enseignement, mais les professeurs, dans une très large mesure, sont de l'extérieur du Québec ou attachés à une tradition d'enseignement continentaliste, voire universaliste. Il n'y a pas de véritable tradition d'études angloquébécoises; le matériel documentaire et les analyses, clairsemés, n'ont pu former d'intelligentsia dans le domaine. Il existe, bien entendu, quelques thèses, articles et monographies[1] sur le Québec anglais, tels *The Tragedy of Québec*, le classique de Sellar, et, paru plus récemment, *Le fait anglais au Québec*, de Clift et Mcleod-Arnopoulos, mais d'ouvrages féconds et incitatifs, aucun. Il faut admettre que les Anglo-Québécois sont devenus la cible d'une attention considérable, qu'il s'agisse des enquêtes de la *Gazette* ou de la tentative de création, à l'Université Concordia, d'un centre d'études anglo-québécoises «destiné à redonner à la population la place qui lui revient de par l'histoire». Mais l'impact et la signification de ces innovations sont encore inconnus et pour le moment les questions fondamentales restent sans réponse. Les anglophones forment-ils une communauté unie ou ne constituent-ils qu'un agrégat de communautés disparates, une population n'ayant rien de plus en commun que la langue? Se retrouvent-ils dans toutes les couches de la société québécoise? Vivent-ils tous dans l'Île-de-Montréal, à l'ouest du boulevard Saint-Laurent et au nord de la rue Sherbrooke, ou sont-ils dispersés dans toutes les régions de la province? La population est-elle solidement enracinée, forte d'un réel sentiment d'appartenance, ou est-elle flottante, détachée du Québec?

La fréquence même avec laquelle ces questions sont soulevées et, souvent, laissées sans réponse révèle à la fois le manque d'information nécessaire pour y répondre et l'absence manifeste d'une intelligentsia locale intéressée par ces questions et attachée à l'idée d'une anglophonie québécoise qui fasse partie intégrante de la société québécoise et aide à la définir[2]. Ces faits expliquent, sans aucun doute, la fragilité de la mémoire collective du Québec anglais et son incapacité d'entamer et de soutenir un débat sérieux sur les sujets qui le concernent. Ce malaise s'est fait sentir de façon évidente dans sa réaction incohérente, mal planifiée et mal éclairée, aux lois successives sur la langue (lois 63, 22 et 101), réaction que William Tetley décrit de façon percutante dans le présent recueil. Tetley a, bien sûr, une conscience historique profonde du Québec et du Canada, d'où le choc intense qu'il a ressenti comme homme politique «sur le front» avant la chute du gouvernement libéral de M. Bourassa. C'est cette carence, ce vide, qui expliquent également la nature essentiellement *réactionnaire* des interventions et réaction des anglophones face aux événements de ces quelque dix dernières années. Dépourvue de tout sentiment de ce qu'elle est et de son histoire, la communauté anglophone du Québec a de la difficulté à envisager l'avenir et, par conséquent, elle est chroniquement incapable — encore qu'il ne faille pas lui dénier toute possibilité d'évolution future — de façonner et de définir cet avenir. La description que fait Lise Bissonnette du Conseil scolaire de l'Île-de-Montréal dans le présent volume illustre bien cette faiblesse. L'administration scolaire anglophone de Montréal doit maintenant accepter, avec un sentiment de défaite, ce qu'en situation de force elle aurait pu concéder auparavant de bonne grâce dans l'intérêt de la collectivité toute entière. Aussi, ne nous étonnons pas qu'Albert Brie, dans *Le Devoir* du 4 juin 1979, ait décoché la flèche qui suit: «Ce que les anglophones ignorent du Québec, c'est moins ce qui s'y passe que ce qui les dépasse».

Il est certain que le débat public sur les questions qui concernent directement les anglophones est à la hausse, soutenu par la naissance d'un éventail de groupes de pression — Positive Action, Participation-Québec, le Conseil des minorités du Québec... — qui ont fusionné récemment et formé Alliance-Québec. Le débat a même pris une note de militantisme ouvert, mais ni le temps, ni la réélection du Parti québécois en 1981 n'ont réussi à modifier les stratégies qui consistent essentiellement à réagir. Derrière les attitudes politiques se cache toujours la conviction que, dans un avenir plus ou moins lointain, il y aura un retour au «libre choix» et à un Québec bilingue. À cet égard, rien n'a vraiment changé pour nous, responsables du présent recueil, depuis 1978, moment où le projet de publication est né. Le Référendum a beau avoir eu lieu, nous demeurons persuadés de la nécessité d'une réflexion sérieuse et radicale sur la place des anglophones au Québec, réflexion qui aille au delà de la critique du gouvernement ou de considérations sur la société en général. C'est là l'esprit qui a présidé à l'élaboration du présent recueil. Sans nous targuer d'être représentatifs, nous espérons sincèrement que l'apport des différents auteurs fournira certaines orientations et aussi certains outils qui permettront de reformuler les aspirations et l'identité collectives des anglophones. Cet ouvrage constitue également une tribune pour de nombreux anglophones qui, à leur manière et dans leurs sphères respectives, ont joué un rôle important au Québec ces quelques dix dernières années. Ces auteurs se distinguent cependant des leaders politiques en ce que, plus dégagés du présent, ils voient l'histoire récente du Québec dans une perspective temporelle plus vaste. À ce titre ils sont peut-être bien placés pour se mesurer à certains créateurs de mythes, et pour conseiller une population qui se sent encore décapitée, intellectuellement et politiquement.

Il est révélateur que ce soit un certain sens de l'histoire qui ait servi de fil conducteur à la plupart des articles contenus dans le présent recueil. Les Rome, Tetley et Waters sont loin d'avoir tourné le dos au passé; ils évoquent un sens de participation à l'histoire, et l'avenir qu'ils envisagent se définit en fonction du passé. Comme les autres auteurs qui ont collaboré au présent ouvrage, ils peignent un tableau réaliste du Québec anglais contemporain, du fait qu'ils travaillent depuis de nombreuses années à articuler le rapport entre leur propre groupe linguistique et l'ensemble de la société québécoise. En tant que membres de cette société globale, ils se sont efforcés d'être à la fois anglophones et Québécois. C'est pourquoi le présent ouvrage est loin d'être un diagnostic posé par des intellectuels enfermés dans leur tour d'ivoire, du moins nous l'espérons!

Nous avons sérieusement tenté, dans les pages qui suivent, d'aborder tous les secteurs d'intérêt des anglophones, notamment l'éducation, la politique, la religion ainsi que toutes les questions qui ont trait à l'identité et aux rapports ethniques. Un seul domaine crucial n'a pu être touché, celui des affaires. Il ne s'est trouvé personne dans le monde des affaires pour nous brosser un tableau de l'esprit et de la situation régnant au sein du groupe anglophone. Alors que dans les autres secteurs d'activité on a répondu avec empressement à notre invitation, les hommes d'affaires ne nous ont opposé que silence, réticence et refus. D'abord perplexes et déçus par cette réaction, nous en sommes venus inexorablement à la conclusion qu'elle reflétait très justement la situation de cet élément de l'anglophonie québécoise. Il est tout à fait possible que le monde des affaires et de la finance se caractérise justement par une incapacité de réfléchir et de s'adapter aux changements survenus au Québec dans les années 1960 et 1970, et que ses porte-parole n'aient rien à exprimer. Réaction, affrontement et maintien du statu quo, les règles du jeu n'ont pas changé dans leur milieu[3]. Nous ne possédons, en tout cas, aucun argument à l'encontre de cette hypothèse.

Si le recueil tente de présenter une vue d'ensemble du Québec anglais contemporain, l'image n'est aucunement monolithique. Un éventail de perspectives et de visions est offert, afin de provoquer *parmi* la population anglophone un débat dont les paramètres sont en majeure partie définis *par* les anglophones. Nous souhaitons vivement poursuivre dans cette voie, pleinement conscients que nous sommes de l'absence au sein de notre population de la tradition de radicalisme nécessaire à la discussion, à la controverse et à la réflexion. Et pourtant, soumettre au débat public des questions comme les aspirations et l'identité collectives, s'appuyer sur la recherche universitaire et même influencer le cours de cette recherche, c'est s'inscrire dans le droit fil d'une tradition intellectuelle qui a cours depuis longtemps dans la société québécoise, une tradition qui a donné naissance à un journal comme *Le Devoir* qui consacre ses pages du centre aux libres opinions, aux documents et aux commentaires, justifiant le prestige de l'érudit et du journaliste accompli dans la société et expliquant l'intérêt particulier du grand public pour les recherches universitaires approfondies et les enquêtes complexes sur des questions comme la démographie, les langues, les écarts salariaux et autres. On ne retrouve pas cette tradition au Canada anglais, bien que M. Lester Pearson semble s'y être rattaché vaguement. *Canadian Forum* a toujours dû lutter pour survivre, et *Lament for a Nation* de George Grant, malgré son message percutant, n'a jamais eu de rebondissement dans le grand public. Quant à *A Nation Unaware* de Herschel Hardin, remise en question pourtant profonde, et *The Canadian Identity*, de W. H. Marlon, ils sont passés inaperçus[4].

Toutefois, depuis une dizaine d'années, les anglophones apprennent lentement à partager cette tradition intellectuelle canadienne-française. Le présent recueil ne constitue qu'une manifestation de cette nouvelle tendance qui est nécessaire à la survie de la communauté anglo-québécoise et qui reflète ses particularités de plus en plus marquées par rapport au reste du Canada anglais. Les Canadiens anglais devront, tout au long des pages qui suivent, saisir ces particularités s'ils veulent apprécier le contenu et la portée de l'ouvrage. Peut-être aussi en apprendront-ils quelque chose.

Soucieux de présenter des témoignages authentiques et variés qui puissent aider à définir un Québec anglais vigoureux et, partant, une collectivité québécoise plus vigoureuse, nous avons tenu compte des motivations de tout le groupe qui a donné naissance au projet, mené à bien par l'Institut québécois de recherche sur la culture (IQRC). Bien que la responsabilité de la publication ait été confiée à Gary Caldwell et Eric Waddell, l'ouvrage n'en demeure pas moins également l'oeuvre de l'IQRC, et du groupe Anglo Québec en mutation (AQEM), dont plusieurs membres ont collaboré à cette collection. AQEM, dont les activités de recherche et d'animation furent financées en partie par le Secrétariat d'État, est avant tout un groupe de citoyens, ou plutôt un groupe d'étude composé d'une douzaine de Québécois[5] de formations et de provenances différentes. Ils commencèrent à se réunir vers le milieu de 1976, ayant constaté qu'il était temps que le Québec anglais, s'il voulait sortir de l'impasse, commence à s'interroger, à se remettre en question, à se chercher et à admettre qu'il est lui-même l'artisan de certains de ses problèmes. Une fois que l'on se connaît, on peut commencer à jouer un rôle constructif dans la société, au lieu de se sentir menacé par elle ou de la menacer soi-même. Malgré la diversité de leurs allégeances politiques, les membres de AQEM partagent tous une même philosophie de participation et d'intégration, du fait de leurs expériences différentes dans les domaines de l'enseignement et de l'action sociale (le Eastern Townships Social Action Group [ETSAG], le Better French Committee of the PSBGM, etc.). Pour mieux articuler sa position, AQEM a produit de l'information sur le Québec anglais et l'a utilisée à des fins d'animation. La première expérience en ce sens a consisté en une étude longitudinale en trois étapes sur le départ des jeunes anglophones[6]. Les résultats de cette étude, qui furent présentés aux représentants du monde de l'enseignement et aux comités de parents du Québec anglais,, surent retenir l'attention des media. Le présent recueil, publié par l'IQRC, représente un deuxième pas, beaucoup plus important, dans la même direction.

Ce n'est pas par hasard que la responsabilité de la publication a été confiée à Gary Caldwell et Eric Waddell. À part leur engagement dans le domaine de l'animation sociale (Caldwell comme instigateur de ETSAG et Waddell comme évaluateur de projets d'aide dans le cadre du Programme des groupes minoritaires de langue officielle au Secrétariat d'État), tous deux ont été amenés à lancer ou à diriger des recherches sur le Québec anglais au début des années 1970, époque où le monde de l'enseignement anglophone jugeait ces travaux futiles et sans intérêt. Plus tard, Gary Caldwell était nommé membre d'un comité ad hoc chargé de conseiller le ministre de l'Éducation du Québec sur l'avenir de l'enseignement collégial anglais dans la Vallée de l'Outaouais, tandis qu'Eric Waddell devenait membre d'un comité consultatif chargé par le Secrétariat d'État de l'aider à reformuler sa politique d'aide aux groupes minoritaires de langue officielle. Caldwell et Waddell, enfin, comme de nombreux autres auteurs du présent ouvrage, et comme beaucoup de ces «anglophones marginaux» décrits par Mcleod-Arnopoulos dans le présent volume, sont de nouveaux venus au Québec — Caldwell y est depuis 1963, Waddell, depuis 1961 — et ressentent moins directement le fardeau que représente la dialectique anglais/français (bien qu'ils en soient fort conscients). Il faut admettre aussi que nous sommes tous deux guidés par une certaine vision de la société québécoise. Caldwell la perçoit comme le dernier espoir d'un Canada indépendant — un Canada différent et distinct des États-Unis. Quant à Waddell, sa vision est celle d'une collectivité à la mesure de l'homme comme celles qu'envisagent Denis de Rougemont et Claude Julien pour l'Europe, et de nombreux autres tenants des nouveaux régionalismes.

Convenir de tout cela, c'est s'exposer inévitablement à la critique, qui nous accusera d'avoir donné une image «non représentative» de l'anglophonie québécoise contemporaine. À cela nous répondons que tous les auteurs de cette collection réfléchissent sur le Québec anglais, sur un Québec anglais qui fait partie intégrante du Québec en général. Tous reconnaissent, et respectent, les divergences de vue et d'opinion qui les séparent. Notre recueil n'offre aucun plan arrêté, aucune solution ni recette miracle, mais nous souhaitons qu'il suggère certains indices et un premier point de repère qui favorisera l'ouverture d'un débat et incitera ceux qui sont en désaccord à nous répondre, à nous aider à aborder l'avenir avec plus d'enthousiasme et de sens des responsabilités, à nous projeter en avant plutôt qu'à nous ramener à un passé chauviniste, afin que la nouvelle société québécoise reflète au moins en partie notre image et devienne une patrie pour de nouvelles générations d'anglophones. Nous croyons fermement que le lecteur trouvera dans les pages qui suivent une foule de preuves qui le convaincront que cela est possible. Il y trouvera des témoignages émouvants de personnes et de groupes qui ont persisté, souvent dans la solitude la plus profonde, à travailler à l'amélioration de la société québécoise, il découvrira au Québec anglais des aspects qu'il n'avait jamais soupçonnés et dont personne n'avait jamais parlé, il en viendra à mieux connaître ses compatriotes de langue anglaise, mais par-dessus tout, il se rendra compte, du moins nous l'espérons, des limites d'une vision qui sépare le monde en deux, en anglophones et francophones, en «nous» et «eux».

NOTES

(1) Voir, par exemple, G. Caldwell, 1974; S. Schachter, 1982; R. Clarke, 1972; A. Ross, 1943 et 1954; M. Stein, 1977.

(2) La situation est, bien entendu, compliquée par le fait que le groupe majoritaire demeure équivoque quant au rôle qu'elle réserve à la minorité. Ceci est particulièrement apparent dans la législation linguistique qui rend pour ainsi dire invisible la présence anglophone au Québec en faisant du français la seule langue d'affichage autorisée par la loi dans les affaires, le commerce et les institutions publiques. Il est clair que les deux groupes linguistiques ont un rôle crucial à jouer lorsqu'il s'agit de déterminer la nature et l'ampleur de l'intégration des anglophones àla société québécoise.

(3) Il suffit de rappeler ici l'exode persistant et silencieux des sièges sociaux, celui de la Prudentielle, par exemple, ou l'indifférence obstinée qu'oppose au français une entreprise aussi importante que Pratt et Whitney. Il y a par contre des signes d'accommodement comme en font foi l'attitude de Steinberg et le rapprochement du Montreal Board of Trade et de la Chambre de commerce de Montréal. Peut-être, dans le monde des affaires, est-on simplement plus circonspect lorsqu'il s'agit d'expliquer ses actes!

(4) Alors qu'il séjournait dans l'Ouest du Canada, en 1980, Caldwell a tenu à rendre visite à Morton pour discuter de la seconde édition de *The Canadian Identity*. L'auteur fut ravi, Caldwell étant la première personne à prendre cette initiative depuis la seconde édition augmentée de l'ouvrage, publiée huit ans auparavant. Morton décéda peu de temps après.

(5) Les membres actuels d'AQEM sont, outre Gary Caldwell et Eric Waddell: Alan Jones, John Jackson, Paule Obermeir, David Rome, Anne Usher et Aline Visser. AQEM a déjà compté parmi ses membres Alan Hatton, Anne MacLaren, Stuart Richards et Andrée Turgeon.

(6) Voir G. Caldwell, 1978, 1980 et 1981.

Première partie

LES BASES SOCIO-HISTORIQUES DU QUÉBEC ANGLOPHONE

Des gens et des lieux

Eric Waddell

ERIC WADDELL entra à l'université Laval comme professeur de géographie culturelle en 1978. Il venait de terminer sa dixième année d'enseignement à McGill. Il est un des membres fondateurs d'AQEM (Anglo Québec en Mutation), et s'intéresse depuis très longtemps aux rapports entre anglophones et francophones au Québec et au Canada, ou plus précisément en Amérique française, et, de façon générale, aux mouvements ethniques et régionaux. Il a agit, à l'occasion, comme consultant auprès du Secrétariat d'État, à Ottawa, dans le domaine des programmes s'adressant aux groupes minoritaires de langue officielle.

Ce n'est qu'une chanson populaire...

> Ça prend des racines
> Pour être moins flottant dans ses bottines
> Ça prend des amers
> Quand tu navigues plus su' l' sein d' ta mère
> Ça prend des points d' repère
> Pour pas faire les mêmes erreurs que son père...

Tel est le thème d'un récent succès écrit et interprété par Claude Gauthier. Le chansonnier s'adresse à «son ami», et cet ami, c'est manifestement son compatriote anglo-québécois, à qui il prodigue un conseil, un conseil fort opportun. Et il le fait avec les meilleures intentions du monde. Il n'est pas étonnant que celui qui donne ce conseil soit l'un des artisans de la Révolution tranquille dans le domaine de la chanson québécoise. En fait, dès le début des années 1960, nul autre que Hugh MacLennan, qui signait la notice du premier microsillon de l'artiste, rendait hommage à son talent créateur.

Mais dans l'espace de deux courtes décennies, un renversement majeur s'est effectué: l'élite anglo-canadienne, solidement enracinée au Québec — celle-là même qui hier saluait les promesses des poètes et chansonniers du Canada français — a perdu sa supériorité, son influence, son prestige aux mains de ces mêmes artisans de la langue et de la musique qui, aujourd'hui, d'un ton ferme et en tant que Québécois, conseillent leurs concitoyens anglophones sur la façon de survivre et de s'épanouir dans une province profondément transformée. Et cette élite anglophone, qui n'est plus le porte-parole incontesté de l'ensemble des Québécois, frémit de s'entendre ainsi conseiller, ayant tout l'air de chercher en vain quelque système de référence lui permettant de s'évaluer, de se mesurer. À l'insu de cette élite, la création artistique au Québec français a cessé, depuis le début des années 1960, d'être un simple objet d'admiration et une fin en soi, pour devenir un instrument de transformation sociale, de prise de conscience collective. Le Québec anglais, lui, n'a pas changé. C'est ce qui explique le scénario qui se déroule aujourd'hui: «Léon Dion conseille les Anglo-Québécois sur leur avenir; furieux et troublés, le «Positive Action Committee» et la presse anglophone ripostent; Lise Bissonnette règle la question dans un éditorial du *Devoir*»[1]. La scène revêt un caractère qui frôle l'apocalypse: c'est l'histoire de «Humpty Dumpty qui, tombé du haut d'un mur, se trouva disloqué au point que ni les courtisans, ni les chevaux du roi ne purent le remembrer»...

«Comment ça se fait que nous sommes rendus là?»

Il y a quelques années encore (oserais-je dire jusqu'au 15 novembre 1976?) les anglophones du Québec n'existaient guère comme entité distincte. Bien que minoritaires en nombre, ils étaient omniprésents — en tant que prolongement du

Canada anglais — et leurs leaders jouaient un rôle prépondérant dans l'exercice du pouvoir au Québec même. Comme les frontières d'un Québec français étaient mal définies et peu respectées, les anglophones assumaient le rôle de minorité majoritaire. Fermement assumé, ce rôle, bien sûr, s'accordait avec la logique et la géopolitique d'une Amérique du Nord britannique. Dans de telles circonstances, c'étaient les autres — les francophones — qui étaient faits pour être circonscrits, analysés, objectivés. Tout au long du dix-neuvième et au début du présent siècle, le «voyageur» et le «coureur de bois», et plus tard l'«habitant», déridèrent l'aristocratie anglaise, voire exercèrent sur elle une certaine fascination. On se faisait photographier chez Notman costumé en habitant; les officiers britanniques postés dans le Bas-Canada s'arrachaient les tableaux de Krieghoff, riantes illustrations de la vie paysanne; les poèmes en «français» de William Henry Drummond agrémentaient les concerts, les discours au pousse-café dans les cercles montréalais. Cette fascination était, bien sûr, empreinte de paternalisme — celui des commerçants envers les paysans, des coloniaux envers les autochtones, des seigneurs envers les «habitants». Ainsi, la comtesse d'Aberdeen, dans le récit de ses voyages à travers le Canada à la fin du dix-neuvième siècle, décrivait les Canadiens français comme «...des gens économes, satisfaits, pieux, respectueux des lois... en tout semblables aux simples paysans normands et bretons venus il y a deux ou trois siècles»; et la comtesse de se dire frappée par «...leur politesse, leur amabilité, leur courtoisie»[2].

Mais pendant que les poèmes de Drummond — en qui Louis Fréchette voyait «le pionnier d'un nouveau monde de la chanson» — se vendaient par milliers, la vision romantique du Canada français se transformait lentement en un intérêt plus éclairé et plus durable. McCord s'appliquait à réunir des oeuvres d'art et des objets ouvrés du Canada français en une collection dont il allait doter la collectivité, et qui constituait la représentation sans doute la plus saisissante de la vie d'une société canadienne. Des sociologues américains établis à Chicago entreprirent au Québec une série d'études qui devaient aboutir à l'élaboration d'une école de pensée importante[3]. C'est d'ailleurs l'un des artisans[4] de cette école qui, par ses travaux à McGill, devait établir les assises de la sociologie empirique au Québec. Fait à noter: les anglophones étaient exclus de ces études, ou n'y figuraient tout au plus que de façon superficielle. Car le but premier était de tracer, par des recherches ethnographiques, le profil d'une société qui semblait se définir comme une minorité nord-américaine tout à fait particulière: la société canadienne-française, un paysannat catholique entraîné dans le tourbillon du vingtième siècle.

Si la première moitié du vingtième siècle vit se développer chez les Anglo-Américains un intérêt scientifique pour le Canada français, elle vit par contre se détériorer la vision romantique qu'on avait de celui-ci. Car, subitement, le fier paysan se transforma en un véritable prolétaire, un prolétaire urbain, travaillant dans les usines de Montréal, les villes à industrie unique, les filatures de la Nouvelle-Angleterre. Et l'élite vint à éprouver une répugnance marquée pour cette masse qui parlait mal, mangeait mal, buvait trop, cette masse plutôt paresseuse qui s'accrochait à un ordre social peu compatible avec les intérêts et les aspirations d'un capitalisme agressif, le capitalisme nord-américain. Inévitablement, le déclin de l'attrait romantique du Canada français allait freiner la recherche sociologique entreprise au Québec par des anglophones. Le début des années 1970 devait marquer la fin d'une époque: l'engouement pour la poésie de Drummond était chose du passé; le musée McCord, son budget réduit au minimum, n'ouvrait ses portes que quatre jours par semaine; de façon générale, les recherches menées au Québec par les établissements anglophones étaient, d'après les paramètres de la science sociale dite internationale, jugées insignifiantes[5].

À compter du début du dix-neuvième siècle, il régna, bien sûr, *au sein* de la collectivité anglophone une activité scientifique et intellectuelle très importante, qui se manifesta par la fondation d'écoles, d'universités, de musées, de bibliothèques, de cercles littéraires, de sociétés d'histoire, d'orchestres, d'opéras, etc. Mais les préoccupations de cette collectivité se situaient invariablement aux niveaux continental et international (c'est-à-dire autre que local), et l'action de son élite intellectuelle et culturelle reflétait avant tout l'autoritarisme bienveillant d'une communauté linguistique dominante sur l'ensemble des citoyens. Quel besoin était-il pour cette communauté de s'interroger puisque, manifestement, elle savait si bien s'enrichir et gouverner?

Pendant ce temps, les intellectuels francophones interrogeaient leur propre collectivité, motivés d'abord par le souci de sa survivance, mais aussi par le désir de la voir affirmer son identité et sa force politique comme majorité au sein de la province.

L'émergence, au cours des années 1960, d'un puissant État laïque, administré principalement par des francophones, et, en 1976, l'accession au pouvoir des nationalistes, modifièrent fondamentalement les forces en présence.

Les francophones, qui connaissaient bien leur propre collectivité et qui n'avaient plus à se préoccuper de survivance, commencèrent à se consacrer aux problèmes de *leurs* propres minorités, entre autres celui de l'intégration de ces minorités au sein d'un État francophone. Les anglophones posent évidemment des problèmes particuliers tant à titre de minorité historique qu'à titre de minorité encore tout récemment majoritaire. D'où l'intérêt marqué que leur manifeste soudain la majorité, intérêt qui revêt diverses formes; citons, entre autres: un cours intitulé «Le Québec anglophone», offert aux adultes à l'Université de Montréal; l'attention toute particulière que le *Livre Blanc sur la Culture* (Ministre d'État au Développement culturel, 1978) manifeste à son égard et une multitude de conférences, d'éditoriaux et d'articles de journaux. Pourtant, un bon nombre de ces manifestations ne sont guère plus que des énoncés de principe.

Ce revirement pris par surprise les anglophones eux-mêmes. Face à un besoin urgent de se connaître pour décider de leur avenir collectif en tant que *minorité au sein du Québec*, et non plus — du moins non plus uniquement — en tant que *majorité au sein du Canada*, ils se sont trouvés privés des instruments nécessaires. D'où la gravité de la situation. Il est évident que des décisions importantes devront bientôt être prises à l'égard des anglophones, et surtout par les anglophones eux-mêmes. Mais ces gens font face actuellement à un vide intellectuel: ils ne savent qui ils sont; ils ignorent ce qu'ils représentent. La naissance de divers mouvements et organismes qui se sont donné pour mission de représenter les intérêts des anglophones, tels le Conseil des minorités du Québec (aujourd'hui Alliance Québec), le Quebec for All, etc., ne fait que souligner ce problème fondamental.

Quelques faits ... et quelques opinions

Selon la croyance populaire, les anglophones constituent 20 pour cent de la population du Québec (soit plus d'un million d'habitants); ils habitent principalement la région de Montréal (dans un secteur borné à l'est par le boulevard Saint-Laurent, et au sud par la rue Sherbrooke, et qui s'étend jusqu'à la frontière de l'Ontario, en passant par Sainte-Anne-de-Bellevue et Hudson); ils sont riches, unilingues, protestants, Britanniques d'origine, et extrêmement bien pourvus d'institutions et de media. En d'autres mots, cette collectivité bénéficie d'une puissance numérique et économique que viennent renforcer une cohésion interne et une localisation géographique très nettes.

Comme toute caricature, l'image qui est présentée de l'anglophonie québécoise comporte une part de vérité. Toutefois, l'impression qu'elle donne — celle d'une collectivité extrêmement bien organisée, homogène sur le plan ethnique, douée d'une grande facilité d'expression, laisse planer de sérieux doutes. Elle ne tient pas compte des mutations constantes qu'a subies cette collectivité depuis la seconde guerre mondiale, mutations tellement profondes qu'elle-même se reconnaît de plus en plus difficilement.

En 1971, environ 19,3% de la population — soit 1 160 515 personnes — déclaraient être de langue maternelle autre que le français; toutefois, seulement 13,1%, soit 789 185 habitants, donnaient l'anglais pour langue maternelle. Pour ce qui est des «autres», c'est-à-dire les allophones — en majorité des immigrants européens des première ou deuxième générations — ils sont fréquemment considérés par les anglophones comme faisant partie de leur groupe, au sens large du terme, du fait qu'ils inscrivent habituellement leurs enfants dans les écoles anglaises, qu'ils accordent une grande importance à l'apprentissage de l'anglais et sont, par conséquent constamment exposés aux media anglophones et influencés par l'opinion anglophone. Toutefois, cette prétention, essentiellement idéologique, est sérieusement contestée par la majorité francophone, ne tient nullement compte de la façon dont les allophones cherchent à s'adapter à la situation québécoise, et surtout, néglige de considérer le caractère relativement nouveau, chez un grand nombre de ceux-ci d'un changement d'allégeance découlant de cette accommodation. C'est pourquoi la présente étude portera uniquement sur cette partie de la population dont l'anglais est la langue maternelle.

La vaste majorité des anglophones — 595 395, ou 75% — habitent le Montréal métropolitain; les autres 25% sont répartis plus ou moins uniformément entre d'autres agglomérations urbaines (nous nous en tiendrons ici aux municipalités dont la population excède 7 500 habitants) et les régions rurales (voir les figures I et II). Et si l'on considère la région métropolitaine comme englobant toute la sphère d'influence montréalaise (définie en fonction d'emploi, de services, de media, etc.), laquelle s'étend de Rigaud, à l'ouest, jusqu'à Cowansville, à l'est, et de Rawdon, au nord, jusqu'à Huntingdon, au sud, on peut dire que plus de 80% des anglophones y habitent. De plus, les anglophones sont proportionnellement forts à l'intérieur même de cette région puisqu'ils constituent 21,7% de sa population. Ailleurs, ils sont peu nombreux, largement dispersés et proportionnellement faibles. Ainsi, ceux que l'on appelle couramment les anglophones hors-l'île-de-Montréal constituent en moyenne 5,4% de la population des petites municipalités, et 6,5% de la population rurale.

Un examen plus approfondi du schéma de distribution révèle certains traits caractéristiques de cette population hors-Montréal en 1971 (voir les figures III et IV). Tout d'abord, les anglophones urbains sont proportionnellement bien représentés dans les régions originalement peuplées par leurs ancêtres, soit: l'Estrie (Sherbrooke, Magog, Cowansville, Granby), la Gaspésie (la ville de Gaspé), et le comté d'Argenteuil (Lachute), de même que dans les villes industrielles dont l'existence dépend de sociétés multinationales telles que CIL, Noranda Mines, ou des papeteries et des fabricants de textiles (Baie-Comeau, Chibougamau, Val d'Or, Rouyn, Valleyfield). C'est par ces deux facteurs que s'explique la proportion élevée d'anglophones dans certaines agglomérations (notamment Lachute), tandis que dans d'autres (notamment Hull et Saint-Jean), elle est attribuable à une importante présence fédérale (fonctionnaires et membres des forces armées). En chiffres absolus, la concentration d'anglophones qui vient en deuxième place est celle de Québec et de ses environs (18 035), bien que, proportionnellement, elle soit assez négligeable (elle ne constitue que 3,5% de l'ensemble de la population); elle est, de plus, géographiquement dispersée, et n'est particulièrement associée à aucune institution importante. Par conséquent, sa présence est quasi imperceptible et son comportement en tant que groupe ethnique guère discernable.

Du côté rural, on note sept concentrations majeures, séparées par de vastes régions où les anglophones sont, soit plus ou moins absents, soit trop peu nombreux pour marquer particulièrement la région (voir les figures V et VI). Ces concentrations sont, par ordre d'importance, l'Estrie (constituée par les comtés de Missisquoi, Brome, Shefford, Richmond, Sherbrooke, Stanstead et Compton) qui compte 31 815 anglophones; Outaouais-Témiscamingue (les comtés de Témiscamingue, Pontiac, Gatineau, Hull et Papineau), 20 175; Argenteuil-Terrebonne (les comtés d'Argenteuil, Terrebonne et Vaudreuil), 10 425; la région de Québec-Laurentides (le comté de Québec) 280. Les anglophones sont majoritaires dans deux comtés seulement, et encore, ce n'est que par une faible marge: Pontiac (57%) et Brome (50,2%). Toutefois, dans chacune des sept régions énumérées, la population anglophone représente plus de 10% de l'ensemble de la population, atteignant

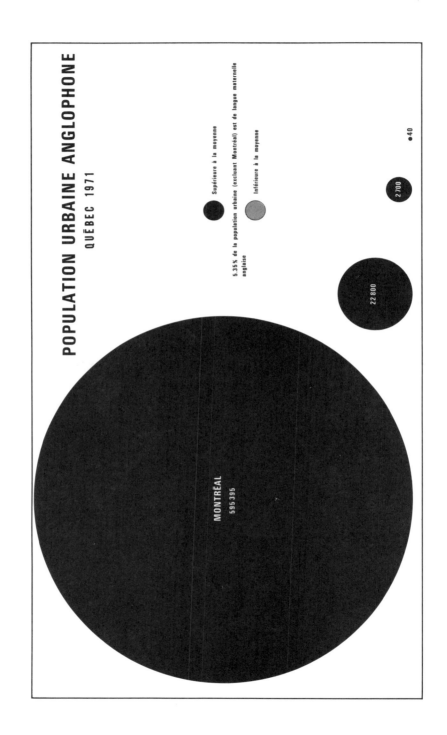

POPULATION URBAINE ANGLOPHONE

QUÉBEC 1971

Supérieure à la moyenne

5,35 % de la population urbaine (excluant Montréal) est de langue maternelle anglaise

Inférieure à la moyenne

2 700

22 800

●40

MONTRÉAL
595 395

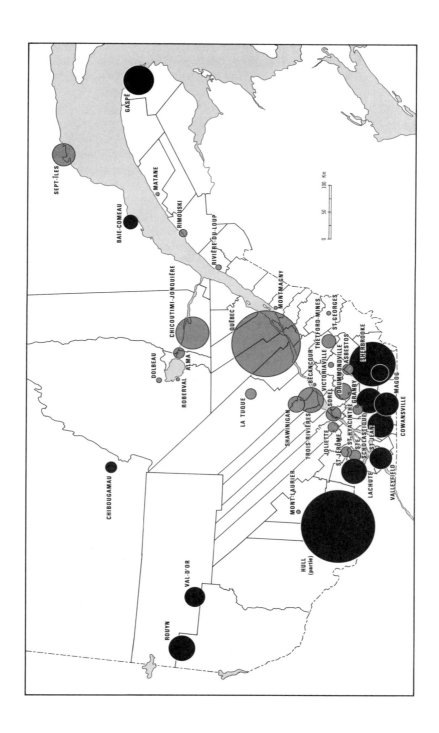

GASPÉ

SEPT-ÎLES

MATANE

RIMOUSKI

BAIE-COMEAU

RIVIÈRE-DU-LOUP

MONTMAGNY

CHICOUTIMI-JONQUIÈRE

QUÉBEC

THETFORD-MINES

ST-GEORGES

DOLBEAU

ALMA

SHERBROOKE

ROBERVAL

BÉCANCOUR

VICTORIAVILLE

DRUMONDVILLE

ASBESTOS

LA TUQUE

SOREL

GRANBY

MAGOG

SHAWINIGAN

ST-HYACINTHE

COWANSVILLE

TROIS-RIVIÈRES

JOLIETTE

STE-SCHOLASTIQUE

CHIBOUGAMAU

ST-JÉRÔME

ST-JEAN

VALLEYFIELD

LACHUTE

MONT-LAURIER

VAL-D'OR

HULL
(partie)

ROUYN

0   50   100 Km

35

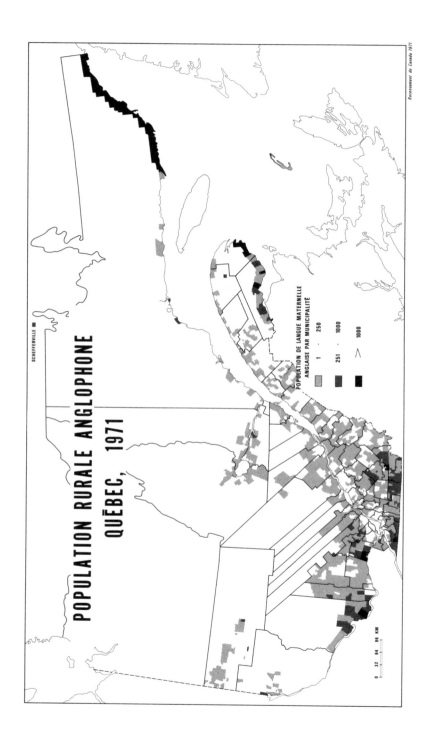

POPULATION RURALE ANGLOPHONE
QUÉBEC, 1971

SCHEFFERVILLE ■

POPULATION DE LANGUE MATERNELLE
ANGLAISE PAR MUNICIPALITÉ

1 - 250
251 - 1000
> 1000

0   32   64   96 KM

Recensement de Canada 1971

36

20,9% en Estrie, 21,5% dans la région d'Outaouais-Témiscamingue, et 21,7% dans la vallée de la Châteauguay.

Même si, quantitativement, les anglophones sont très inégalement dispersés à travers la province, leur présence est décelable partout, les vides étant remplis par un filigrane de minuscules localités et de monuments à un passé dont très peu se souviennent. Il importe peu que cette omniprésence ait été assurée grâce à la force politique et économique d'une élite anglophone ayant ses assises au Québec, ou grâce aux aspirations géopolitiques d'un Lord Durham. Il s'agit d'une réalité qui fait maintenant partie du patrimoine d'une population complètement transformée; et ce patrimoine reste à évoquer.

Parmi les localités anglophones isolées, mentionnons *Grosse-Île* et *l'Île d'Entrée*, aux Îles-de-la-Madeleine. Depuis quelques années, la population de Grosse-Île se voit menacée, d'abord parce qu'il a été question de transformer l'île en un parc national, vidé de ses habitants (à l'instar de Forillon, en Gaspésie et de Gros-Morne, à Terre-Neuve, pour n'en nommer que deux), et maintenant, à cause d'un projet qui est sur le point de se réaliser: l'ouverture d'une importante mine de sel, qui risque de détruire toute la structure sociale de la localité, et de mettre en péril les pêcheries côtières, sources de subsistance des habitants de Grosse-Île même et de l'Île d'Entrée[6]. Puis, il y a *Saint-Malachie*, perchée sur les collines du comté de Dorchester, surplombant la Beauce; Saint-Malachie, où, jusqu'à l'été 1981, étaient inscrits une demi-douzaine d'enfants anglophones dans l'unique classe primaire anglaise, établie dans une école française; Saint-Malachie, avec son maire anglo-catholique et ses seize familles qui, dit-on, paient encore leur rente seigneuriale au «laird», un nommé Henderson, qui habite en Ontario! Il y a aussi la petite localité irlandaise de *Shannon*, dans le comté de Portneuf, qui, en 1948, se séparait de la municipalité de Sainte-Catherine afin de redonner à ses citoyens anglophones leur statut majoritaire et de maintenir son caractère distinctif, tant sur le plan ethnique que sur le plan linguistique. Ou *Otterburn Park*, sur le Richelieu, conçu à l'origine, par Bruce Campbell, fils du seigneur écossais de Rouville (Saint-Hilaire), comme parc d'attractions pour les classes ouvrières de Montréal, mais qui devait par la suite se peupler principalement d'anglophones en provenance de Pointe-Saint-Charles, en majeure partie des employés du Canadien National, qui desservait cette localité. Bien qu'aujourd'hui rien d'autre qu'une banlieue-dortoir (de Montréal), Otterburn Park ne se vante pas moins de posséder les meilleurs clubs d'athlétisme et de canotage de la région. Puis, il y a *Rougemont*, où survivent les dernier pomiculteurs anglophones. Aussi les villégiatures cossues de *Murray Bay* (Pointe-au-Pic) et de *Cap-à-l'Aigle*, dans le comté de Charlevoix, et *Metis Beach* (Métis-sur-Mer) dans le Bas-du-Fleuve, trois localités qui, pendant plus d'un siècle, attirèrent la haute bourgeoisie montréalaise — voire américaine (on prétend en effet que le président Taft gouverna les États-Unis depuis Pointe-au-Pic chaque été, pendant toute la durée de son mandat). Et la liste pourrait s'allonger...

POPULATION URBAINE SELON LA LANGUE MATERNELLE QUÉBEC, 1971

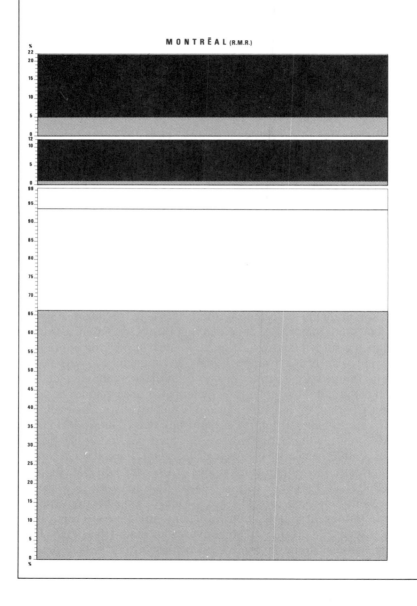

MONTRÉAL (R.M.R.)

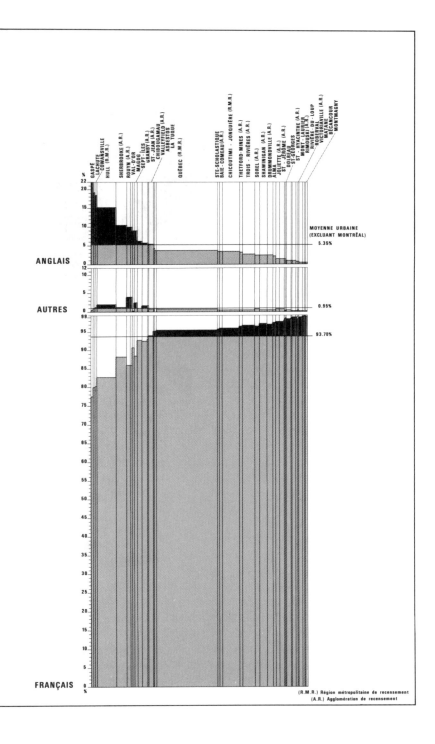

ANGLAIS

AUTRES

FRANÇAIS

MOYENNE URBAINE
(EXCLUANT MONTRÉAL)

5.35%

0.95%

93.70%

GASPÉ
LACHUTE
COWANSVILLE
HULL (R.M.R.)
SHERBROOKE (A.R.)
ROUYN (A.R.)
VAL-D'OR
MAGOG
SEPT-ÎLES
GRANBY (A.R.)
ST-JEAN (A.R.)
CHIBOUGAMAU
VALLEYFIELD (A.R.)
ASBESTOS
LA TUQUE
QUÉBEC (R.M.R.)
STE-SCHOLASTIQUE
BAIE-COMEAU (A.R.)
CHICOUTIMI - JONQUIÈRE (R.M.R.)
THETFORD-MINES (A.R.)
TROIS - RIVIÈRES (A.R.)
SOREL (A.R.)
SHAWINIGAN (A.R.)
DRUMMONDVILLE (A.R.)
ALMA
JOLIETTE (A.R.)
ST-JÉRÔME (A.R.)
DOLBEAU
ST-HYACINTHE (A.R.)
ST-GEORGES
MONT - LAURIER
RIMOUSKI (A.R.)
RIVIÈRE - DU - LOUP
ROBERVAL
VICTORIAVILLE (A.R.)
BÉCANCOUR
MATANE
MONTMAGNY

(R.M.R.) Région métropolitaine de recensement
(A.R.) Agglomération de recensement

39

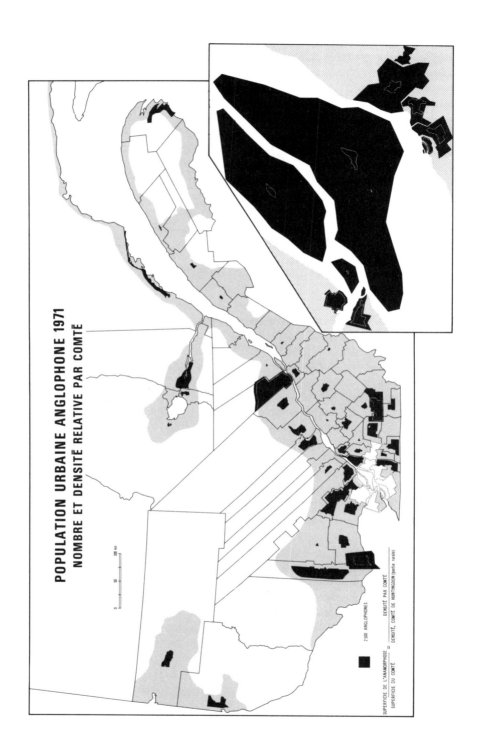

POPULATION URBAINE ANGLOPHONE 1971
NOMBRE ET DENSITÉ RELATIVE PAR COMTÉ

2 500 ANGLOPHONES

$$\frac{\text{SUPERFICIE DE L'ANAMORPHOSE}}{\text{SUPERFICIE DU COMTÉ}} = \frac{\text{DENSITÉ PAR COMTÉ}}{\text{DENSITÉ, COMTÉ DE HUNTINGDON (partie rurale)}}$$

0   50   100 km

40

Mais il est d'autres endroits qui évoquent le souvenir d'une présence anglaise. Mentionnons, par exemple, *Cumberland* (près de Saint-Georges-de-Beauce), où «il ne reste plus maintenant qu'une seule famille [anglophone]». Ou encore la petite église anglicane (Christ Church) de *Sorel*, témoin du fait que la ville a déjà porté le nom de William-Henry, et qu'elle était destinée à devenir ville anglaise, peuplée par des Loyalistes. Ou *Grosse-Île*, située dans le Saint-Laurent juste en aval de l'Île d'Orléans, qui, au dix-neuvième siècle, servit de poste de quarantaine et où quelque cinq à douze mille immigrants irlandais, fuyant la Grande Famine, moururent de la typhoïde en 1847; seuls témoins de cette tragédie: les petites églises catholiques et anglicanes, aujourd'hui abandonnées, et une croix celtique en granit de Stanstead, érigée en 1909, et nettement visible des navires qui passent. Et la place du marché, à *Saint-Hyacinthe*, où une fontaine érigée à la mémoire des membres de la famille Jones, derniers seigneurs de Dessaules, rappelle au passant qu'en 1840 les deux tiers des seigneuries du Québec étaient détenues par des anglophones.

Ce que ces images évoquent, du moins implicitement, c'est un Québec anglophone dont l'origine ethnique est exclusivement britannique (c'est-à-dire anglaise, irlandaise et écossaise). Mais dans les faits, la situation est différente puisque seulement 66,9% des anglophones affirment aujourd'hui être d'origine britannique. En termes plus pertinents: 54,4% des non-francophones du Québec sont d'une origine ethnique «autre» que britannique ou française. Précisons que les anglophones «hors-l'Île-de-Montréal» sont majoritairement de descendance britannique, tandis que les Montréalais sont de diverses extractions. Cette distinction renforce la dualité spatiale et crée un clivage qui découle tant d'un sens du *passé* que du *lieu*, puisque les premiers constituent une population fermement enracinée, tandis que les seconds possèdent plusieurs caractéristiques propres aux sociétés migrantes dont la souche se renouvelle à chaque génération par la voie de l'immigration et de l'assimilation.

Sur le plan linguistique, soulignons que seul un anglophone sur trois est bilingue, proportion étonnante compte tenu de la relative faiblesse numérique de cette minorité. En fait, dans la région de Montréal, la proportion des bilingues est plus grande chez les francophones que chez les anglophones[7]. Cet état de chose ne s'explique pas seulement par l'inaptitude du réseau scolaire anglophone à procurer à ses élèves une connaissance fonctionnelle des deux langues. Tout d'abord, les anglophones ont tendance à se regrouper de façon à constituer des majorités locales; c'est ainsi qu'à l'intérieur de certaines localités, ils ont pu facilement imposer leur langue à la minorité francophone. Cela s'applique aussi bien dans la partie ouest de l'Île-de-Montréal que dans le village de Shannon, comté de Portneuf, où le jeune anglophone a peu de chances d'être vraiment exposé au français avant de fréquenter l'école secondaire, à Québec. La langue anglaise tire sa force du fait qu'elle est la langue de la majorité, donc prédominante, aux niveaux national et continental et qu'elle demeure généralement la langue des «grandes affaires», par conséquent, du moins jusqu'à tout récemment, celle de la puissance et du prestige économiques. Dans de telles circonstances, la majorité a aisément

POPULATION RURALE SELON LA LANGUE MATERNELLE
QUÉBEC 1971

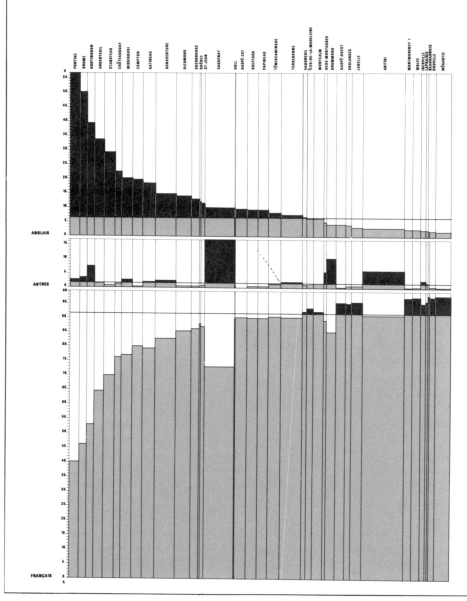

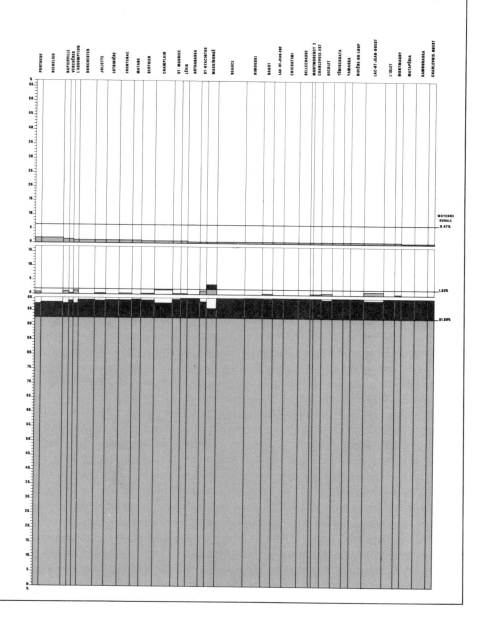

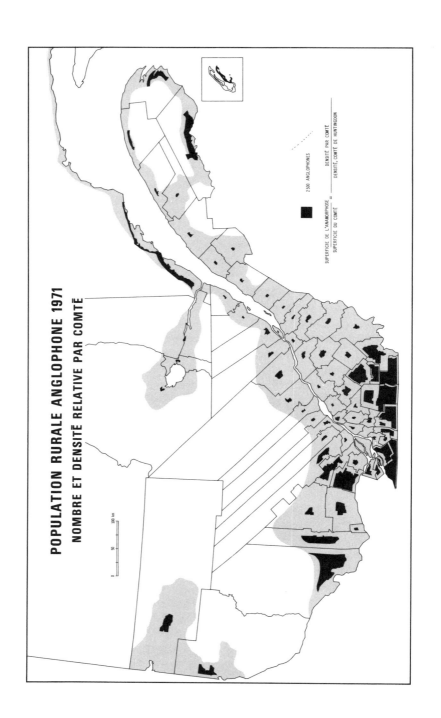

POPULATION RURALE ANGLOPHONE 1971
NOMBRE ET DENSITÉ RELATIVE PAR COMTÉ

admis que l'on utilise l'anglais dans l'arène publique (au niveau des institutions fédérales, la loi le lui imposait, mais ailleurs, elle le faisait de son propre gré). Ainsi, quelles qu'aient été les connaissances linguistiques des anglophones, le bilinguisme politico-administratif était de règle presque partout au Québec. Ce n'est que dans la capitale et dans quelques localités plutôt isolées que l'on reconnaissait et utilisait le français comme langue commune dans les rapports hétérolinguistiques.

must be 1971

Sur le plan de l'affiliation religieuse, notons que moins de 45% des Anglo-Québécois déclarent être protestants, tandis que 39% sont catholiques et que 16% tombent sous la rubrique «autres». La force que pourrait avoir le groupe protestant est d'ailleurs minée par son morcellement. Ainsi, l'Église unie du Canada compte autant de membres au Québec que l'Église anglicane, et dans la plupart des régions peuplées à l'origine par des anglophones, on trouve des églises baptistes, pentecôtistes, presbytériennes, et même des églises du Christ.

L'une des données actuelles les plus intéressantes sans doute concerne l'aisance dont jouissent les anglophones par rapport à l'ensemble de la société québécoise. L'image saisissante et symbolique que présentait Gabrielle Roy dans son roman *Bonheur d'occasion* (Beauchemin, 1947), image juxtaposant un Westmount riche et anglophone et un Saint-Henri pauvre et francophone, allait d'ailleurs être confirmée de façon catégorique, vers la fin des années 1960, par la Commission royale d'enquête sur le bilinguisme et le biculturalisme. D'autre part, le recensement de 1961 indiquait qu'au Québec, les salariés masculins d'origine britannique jouissaient d'un revenu supérieur à celui de tous les autres groupes ethniques. En fait, ce revenu excédait de 42% le revenu moyen de l'ensemble des salariés masculins. Suivaient, par ordre décroissant, d'autres groupes (Scandinaves, Hollandais, etc.), tandis que les francophones et les Italiens occupaient les 12e et 13e places, avec des revenus de 8,2% et 15,4%, respectivement, au-dessous de la moyenne. La Commission établissait également que le revenu moyen des anglophones unilingues était supérieur à celui des francophones unilingues. C'était là un indice du statut privilégié de la minorité et de l'attrait de la langue anglaise.

Au cours des années 1970, de nombreuses recherches furent menées sur les disparités dans les revenus selon l'ethnie, la langue maternelle et les connaissances linguistiques[8]. Ces recherches font ressortir une réduction constante, depuis les deux dernières décennies, de l'écart dans le revenu moyen des deux principaux groupes linguistiques. Ainsi, Boulet révèle que chez les salariés masculins de la région métropolitaine de Montréal,

> . . . en 1961, l'écart entre les revenus moyens de travail des francophones et des anglophones était de 51%. En 1970, il tombait à 32%, et n'était plus que de 15% en 1977[9].

De même, dans leur étude sur les revenus de l'ensemble des travailleurs québécois, Lacroix et Vaillancourt concluent que

> ... en 1978, en règle générale, l'unilingue anglophone n'a pas, toutes choses étant égales par ailleurs, un revenu plus élevé que l'unilingue francophone, alors que c'était le cas en 1970. En 1978, en règle générale, la connaissance d'une langue seconde par les anglophones [...] accroît, toutes choses étant égales par ailleurs, leur revenu d'une façon similaire[10].

La réduction en deux décennies à peine de l'écart entre les revenus des anglophones et ceux des francophones a fait disparaître une grande source de mécontentement. Il convient néanmoins de souligner que les remarques initiales concernant la «prospérité» des anglophones revêtaient un certain aspect caricatural, en ce sens que les auteurs généralisaient et passaient sous silence la grande diversité des revenus dans le même groupe linguistique. De fait, les anglophones se retrouvaient dans toutes les classes de la société et il est fort probable que le tableau d'ensemble présenté durant les années 1960 et au début des années 1970 ait été faussé par la présence massive des anglophones dans les tranches de revenus supérieurs au sein du secteur privé québécois — celui des professionnels, des présidents de sociétés, etc., qui sont particulièrement mobiles. Certes, à l'autre extrémité de l'échelle se trouve une classe ouvrière anglophone travaillant dans les sucreries ou les avionneries montréalaises, par exemple. De plus, entre sept et dix pour cent des agriculteurs québécois sont anglophones et tout indique que, à l'instar d'autres Québécois ruraux, ils sont en voie de constituer un groupe relativement désavantagé, du fait qu'ils sont souvent unilingues et que l'anglais ne fait généralement pas prime dans les régions où ils se retrouvent. Du côté de la Gaspésie, les anglophones ne possédant pas les qualités requises pour occuper des postes dans les secteurs public et parapublic, le taux de chômage qui sévit parmi eux excède probablement la moyenne et, ici comme ailleurs, les poches de pauvreté coïncident avec certaines localités anglophones.

Des schémas aux processus

Si le stéréotype d'un certain Québec anglophone supporte mal l'examen, c'est qu'il se transforme constamment et que, de ce fait, il est essentiellement méconnu. Depuis les tout débuts de la colonisation britannique, le Québec anglais a toujours été en mouvement: à la fin du dix-huitième siècle, des Loyalistes venus en Estrie (les «Cantons de l'Est») réclamer les terres que leur concédait la Couronne, et qui regagnèrent peu après la Nouvelle-Angleterre, trouvèrent chez les Yankees d'avides preneurs pour leurs terres nouvellement acquises. Au cours du même siècle, des Anglais, des Écossais et des Irlandais allaient peupler le front laurentien (notamment la région entre Montréal et Trois-Rivières et la région située au nord de la ville de Québec), mais ce processus n'allait durer qu'une génération. Au milieu du dix-neuvième siècle, la domination anglophone en Estrie commença à céder le pas à une domination francophone; la transition est maintenant presque achevée. Par ailleurs, sur la Basse-Côte-Nord, l'inverse se produisit entre 1860 et 1890, des Terre-Neuviens anglophones remplaçant les Canadiens français. Au dix-neuvième siècle toujours, l'existence en Gaspésie d'un important empire commercial ayant son centre d'opérations dans les îles anglo-normandes devait inciter bon nombre des habitants de celles-ci, notamment les îles de Jersey et Guernesey, à venir s'établir au Québec. À la même époque, on note la présence dans la baie de Gaspé d'une importante collectivité de pêcheurs de baleine, de constructeurs de bateaux et de maîtres navigateurs.

Mais c'est à Montréal et à Québec qu'eut lieu la mutation la plus marquée. Au milieu du dix-neuvième siècle, ces deux villes étaient essentiellement anglaises. En effet, entre 1831 et 1861, les Montréalais étaient majoritairement anglophones; à la même époque (1861), 40% de la population de Québec était d'origine britannique (principalement irlandaise). La fin du dix-neuvième siècle et le vingtième siècle allaient voir d'importants changements: tout d'abord, l'immigration orientée jusque là vers les régions rurales commença à se diriger vers les villes; on vit ensuite une migration massive vers d'autres régions nord-américaines; puis vinrent les bouleversements occasionnés par les deux guerres, et un changement progressif dans la composition de la population, dont l'hétérogénéité ethnique allait s'accentuer, l'Europe continentale (d'abord l'Est et le Nord, puis les régions méditerranéennes) devenant la principale source d'immigrants.

Ces changements découlaient de circonstances tant économiques que politiques, certaines particulières au Québec, d'autres liées à des événements se déroulant ailleurs sur le continent nord-américain ou en Europe. Le gouvernement britannique établit des colonies organisées à Douglastown et New Carlisle en Gaspésie, et concéda des terres en Estrie aux Loyalistes en reconnaissance des services rendus à la Couronne durant la Guerre de l'Indépendance. À compter de 1815, ce même gouvernement offrait aux colons éventuels non seulement un passage outre-mer, mais des terres, des outils, des graines de semence et des vivres. La raison pour tout cela: le surpeuplement et l'agitation sociale qui régnaient en Grande-Bretagne, particulièrement en Écosse et en Irlande. Les soldats démobilisés, vétérans des guerres de 1759-1760 et 1812-1814, se virent eux aussi offrir des terres. L'objectif visé était aussi géopolitique: entourer les terres seigneuriales, peuplées par des Français, d'une zone peuplée par de loyaux sujets britanniques.

Cependant, presque dès le début, de nombreuses raisons incitèrent les colons à se déplacer: la pauvreté des sols laurentien et appalachien, les chances d'emploi qu'offraient les centres urbains, la tendance qu'avaient les colons à faire instruire leurs enfants dans les grands centres, et l'ouverture du Haut-Canada, puis de l'Ouest. L'essor et le déclin de Québec en tant que ville irlandaise furent étroitement liés à la prospérité de l'industrie du bois, et particulièrement à celle de la construction de bateaux en bois.

C'est pour une raison analogue — la morue ayant remplacé le saumon et le phoque comme base de l'économie — que la Basse-Côte-Nord, originairement francophone, est devenue majoritairement anglophone. Si la présence des Anglo-Normands sur «la Côte» (c'est ainsi que l'on désignait la Gaspésie) fut, elle aussi, associée à la pêche à la morue, sa viabilité ne s'expliquait qu'en fonction de l'existence d'un vaste empire commercial reliant la région non seulement aux îles anglo-normandes, mais aussi à l'Europe continentale, à la Méditerranée, aux Antilles et à l'Amérique latine. L'écroulement de cet empire vers la fin du dix-neuvième siècle — la Crise des années trente allait lui porter le coup de grâce — devait entraîner le départ des Anglo-Normands.

Par ailleurs, le sentiment d'appartenance à la mère patrie qu'éprouvaient encore les Britanniques d'origine et leur participation à deux guerres européennes entraînèrent l'affaiblissement d'un grand nombre de petites collectivités anglophones. Ainsi, les habitants de Saint-Malachie font remonter le véritable déclin de leur village à la première guerre mondiale, où pratiquement tous les habitants anglophones mâles furent engagés volontaires. La guerre finie, la plupart mirent cap sur l'Ouest plutôt que de réintégrer leur région natale. À la même époque, le chemin de fer étant terminé et la construction navale à Québec allant à sa ruine, les Irlandais, à l'instar des Canadiens français, furent attirés par les filatures de la Nouvelle-Angleterre. Rien n'a changé depuis: l'Ontario, l'Ouest canadien et les États-Unis demeurent de puissants pôles d'attraction pour les jeunes Anglo-Québécois.

De ces mutations au sein du Québec anglais, découle une situation caractérisée par un déclin généralisé — en 1871, la minorité anglophone constituait 20% de l'ensemble de la population; en 1971, 13% — et par une répartition de plus en plus localisée. Plus d'un centre rural a survécu en tant que noyau régional: Rawdon, par exemple, dont l'activité industrielle sut attirer les Irlandais des localités avoisinantes de Chertsey, Chilton, Wexford, etc., au milieu du dix-neuvième siècle. Plus près de nous, soit au cours du présent siècle, mentionnons Lennoxville qui, pendant que les localités environnantes dépérissent, a su conserver, voire accroître, son importance en tant que ville anglaise, les personnes âgées venant s'y établir, cédant au magnétisme d'un milieu anglophone offrant des services en anglais, tandis que le recrutement de personnel pour son réseau d'éducation florissant assure un apport de l'extérieur. Si, à Montréal, les anglophones sont proportionnellement moins nombreux[11], leur influence au sein du Québec anglais par contre s'est grandement accrue, tandis que l'expansion de la métropole a entraîné un important déversement d'anglophones dans les régions rurales immédiates. Par conséquent, la proportion d'anglophones a augmenté considérablement au cours des cinquante dernières années dans les comtés de Vaudreuil, Châteauguay, Deux-Montagnes et Laprairie. Encore une fois, la distinction s'impose entre, d'une part, les anglophones montréalais, population métropolitaine, massive et hétérogène, se renouvelant sans cesse, donc mobile, population dont le sentiment du lieu et du passé face au Québec demeure à un niveau relativement superficiel et d'autre part, les anglophones hors Montréal, population vieillissante, résiduelle, dotée d'un sens collectif marqué,

48

mais qui est de plus en plus coupée de la société québécoise d'aujourd'hui. À titre d'illustration, citons l'image poignante que donne McIntosh de la petite localité où vivent ses grands-parents, Bourg-Louis, dans le comté de Portneuf: la population anglophone se résume à 45 habitants dont la moyenne d'âge est de 52,3 ans, et elle ne compte aucun enfant de moins de dix ans:

> Une situation intéressante, mais aussi attristante, se manifeste dans la vieille église. Un seul couple prend place du côté gauche; le reste des fidèles s'installent à droite. Les habitants actuels occupent les mêmes places que leurs ancêtres respectifs. Cette église, jadis remplie de fidèles, jeunes et vieux, n'accueille plus qu'un petit nombre de personnes âgées.

> En hiver, il fait généralement froid dans l'église, parce qu'on ne met le chauffage en marche qu'à l'arrivée du pasteur — soit quelques minutes seulement avant la cérémonie. Le pateur n'a pas le temps d'aller d'une ferme à l'autre...[12]

On ne saurait guère parler d'un lien organique entre le Québec métropolitain et le Québec rural. Le premier est doté d'établissements et de media importants; il affiche un manque d'intérêt — pour ne pas dire une indifférence totale — à l'égard de l'autre. Et pourtant, ironiquement, le second est nettement nécessaire à la maturation du premier en tant que peuple enraciné. Ce clivage crée et renforce de profondes différences entre les deux cultures, à la fois sur le plan de la langue et du comportement. Dans le Québec rural, l'anglais est la langue d'une civilisation, d'une tradition culturelle, il sert à définir une identité, tandis qu'à Montréal, il devient de plus en plus un simple moyen de communication entre des personnes de cultures différentes. Il ne possède par conséquent aucune dimension affective, et ne sert ni à créer ni à maintenir une tradition culturelle distinct. Perçu plutôt comme langue continentale ou universelle facilitant la mobilité, il ne revêt aucune signification particulière pour ceux qui, de plus en plus, l'utilisent dans le contexte de la société québécoise. Du point de vue culturel, ceci crée un dualisme irréductible identifié — innocemment — par un étudiant anglophone de l'Université Laval lors d'une émission radiophonique diffusée par la CBC en avril 1979, où il commentait le départ de quatre professeurs anglophones du cégep de langue anglaise du Québec:

> Q. ... Pourquoi partent-ils?

> R. ... Histoire de changer. Ce sont des gens qui bougent beaucoup... Ce ne sont pas des Canadiens.

Voilà qui explique aussi les difficultés énormes qu'éprouvent actuellement ceux qui tentent de mobiliser les anglophones autour d'objectifs et d'intérêts «communs».

Quelques considérations ethniques

La survie d'une minorité est intimement liée à la force et à la diversité de ses institutions, à ses contacts avec son groupe de référence (son noyau), et aux rapports qu'elle entretient avec la majorité. Ces facteurs expliquent en partie le dynamisme fondamental du Québec anglophone et, en même temps, la gravité de la crise qu'il traverse actuellement.

L'anglophonie québécoise est généreusement servie sur le plan des institutions. Elle possède un réseau scolaire couvrant toute la province, quatre cégeps dans la région de Montréal, deux autres ailleurs dans la province et des sections anglaises dans ceux de Gaspé et de Hull, et trois universités. Elle a ses propres hôpitaux et ses services sociaux, des entreprises où l'anglais est la langue de travail, et un large éventail de services professionnels. En ce qui concerne les media, on note à travers le Québec rural, depuis Val d'Or jusqu'en Gaspésie, l'existence d'hebdomadaires et de mensuels. Plus de la moitié des stations radiophoniques et deux des cinq stations de télévision à Montréal diffusent en anglais. Des endroits aussi éloignés que Fermont bénéficient de services de télédiffusion en anglais offerts par le réseau anglais de Radio-Canada (comme mesure visant à faciliter les contacts entre Canadiens) tandis que les collectivités anglophones isolées à travers le Québec sont desservies spécialement par le réseau radiophonique de CBC (le Quebec Community Network), qui, en plus d'émissions nationales et régionales, s'efforce de diffuser des informations locales.

Somme toute, exception faite des domaines politique et gouvernemental, les anglophones n'ont que rarement été obligés d'avoir recours aux institutions de la majorité. Par ailleurs, les institutions anglophones formaient et employaient depuis longtemps une élite locale — ouvrant ainsi une voie naturelle à ses aspirations — et, en retour, cette élite procurerait à l'ensemble de la population un leadership intellectuel.

Mais la société québécoise se définit tout autant par son affiliation religieuse que par la langue et, s'il est vrai que les anglo-protestants dirigent leurs propres institutions, il n'en est pas ainsi des anglo-catholiques. Ces derniers jouent le rôle d'une minorité au sein d'un réseau d'institutions essentiellement francophones. Aussi peut-on facilement prévoir que, la proportion de catholiques continuant de s'accroître parmi les anglophones, on verra naître une situation où un ensemble d'établissements éducationnels (et religieux) continueront de desservir le Québec anglais, mais ce sera la majorité francophone qui les dirigera et qui décidera de leur existence. Pendant les années 1960 et 1970 le rôle grandissant de l'État a produit un mouvement similaire dans les secteurs de la santé, du bien-être et de l'éducation, pour ne mentionner que les plus importants; les institutions minoritaires ont été intégrées progressivement aux réseaux contrôlés par l'État, qui en assure désormais la gestion et le financement.

Cette perte de maîtrise aux mains des «autres», qui s'explique par des circonstances très diverses, est déjà chose faite dans deux milieux: ceux du travail et des media. Le vingtième siècle a connu une transformation complète au niveau de la propriété de l'entreprise; d'abord principalement locale, celle-ci est passée à l'échelle nationale, puis continentale. De plus en plus, les décisions qui concernent l'information anglophone sont prises à Toronto; cela s'applique non seulement au contenu des émissions, mais aussi à la dotation en personnel, voire à l'existence même des media. Les entreprises anglophones jadis sous administration locale deviennent graduellement de simples succursales d'entreprises ayant leur centre d'opérations à Toronto, Detroit, Chicago, ou ailleurs. Par conséquent, bien que les institutions anglophones constituent un ensemble très diversifié, et très complet, celui-ci devient de plus en plus fragile, et les anglophones en perdent petit à petit la maîtrise. Ainsi, c'est à Toronto que fut prise la décision de transporter le siège social de la compagnie Sun Life, comme d'ailleurs le fut celle de fermer le *Montreal Star*. D'ailleurs, la programmation du réseau anglais de Radio-Canada se fait, elle aussi, principalement à Toronto.

La perte de son emprise dans ces divers domaines a entraîné une profonde modification du comportement de l'élite anglophone au cours des deux dernières décennies. S'il est vrai que Montréal fut jadis, aux yeux de la bourgeoisie anglophone, la capitale de tout un continent, et s'il est vrai que Van Horne pouvait «voir l'océan Pacifique» de sa fenêtre de la tour de la gare Windsor, il reste que cette époque est révolue. Aujourd'hui, Montréal n'est plus qu'un bras mort qui sert de havre pour les succursales de sociétés ayant leur siège social ailleurs. Et puisque c'est dans le secteur privé que l'élite anglophone avait d'abord pris racine, il semble tout à fait normal qu'elle suive le déplacement du pouvoir économique. Si elle-même ne s'est pas transplantée, ses enfants, eux, fidèles à la tradition, l'ont fait — bien souvent sur l'incitation de leurs parents. Ainsi, bien qu'ils continuent de fréquenter les principales écoles privées de la province (Lower Canada College, Bishop's College School, Stanstead College, etc.), ils ont délaissé les universités McGill et Bishop's pour l'Université Queen's, les universités de Toronto et Western Ontario, ou encore — dans le cas des sportifs — l'Université du Nouveau-Brunswick. Ceux qui, en petit nombre s'établissent au Québec une fois leurs études terminées continuent — typiquement — de se diriger vers le secteur privé; mais du fait qu'ils travaillent dans des entreprises dont les activités se situent de plus en plus à l'échelle nationale ou internationale, ils sont forcément plus mobiles que les générations précédentes. De plus, ces mêmes entreprises affectent souvent à l'exploitation locale, soit comme cadres ou professionnels, des personnes provenant de l'extérieur de la province qui ne connaissent guère le milieu, ni l'histoire ou la langue de la majorité. Ironiquement, la même «règle» gagne graduellement les églises, les écoles, les universités, de sorte que la nouvelle génération d'Anglo-Québécois (dont une proportion grandissante est constituée d'immigrants des première et deuxième générations) reçoit sa formation d'une élite plus ou moins déracinée. Dans de telles circonstances, il n'est guère facile de s'adapter pleinement à la société québécoise — à son passé, son milieu, ses symboles et ses traditions — ou de former l'élite intellectuelle et culturelle qui succédera à celle qui avait su s'enraciner au Québec.

La répartition géographique des Anglo-Québécois constitue un autre obstacle à leur intégration à la nouvelle société québécoise. La grande majorité d'entre eux demeure tout près des limites de l'Amérique anglophone, soit à Montréal même ou bien le long de la frontière séparant le Québec du Vermont, de l'État de New York, ou de l'Ontario. Tandis que les premiers, vu leur nombre, ne se sentent guère menacés par leur statut minoritaire, les derniers surmontent la difficulté en traversant la frontière pour faire des courses, aller au cinéma, jouer aux quilles ou au hockey et même, de plus en plus, pour suivre des cours ou travailler. Il en est de même pour les Madelinots ou pour les habitants de la Basse-Côte-Nord, qu'un passage par traversier relie, respectivement, à l'Île-du-Prince-Édouard et à Terre-Neuve.

Seul un petit nombre d'Anglo-Québécois connaissent le genre d'isolement qui constitue une réalité quotidienne pour la plupart des minorités francophones au Canada: ils habitent, principalement, la Gaspésie, la région située au nord de la vieille capitale, les alentours de Lachute, le secteur des Bois-Francs (Inverness, etc.) et le nord de l'Estrie (les alentours de Richmond, par exemple). Ceux-là éprouvent quelque peu l'impression d'être minoritaires, d'avoir à s'accommoder à la majorité. Mais pour les autres — les anglophones de Montréal ou des régions frontalières, pareille conception n'est guère logique puisqu'elle découle de l'arbitraire des frontières politiques (un citoyen de Shawville rappelait que son professeur d'anglais disait toujours: «la rivière des Outaouais aurait dû passer de l'autre côté du comté de Pontiac»), qu'elle oublie le fait que l'anglais est la langue du continent nord-américain, et qu'elle outrage le profond attachement au Canada des Anglo-Québécois, dont la participation aux deux guerres mondiales a été proportionnellement de loin supérieure à celle des Franco-Québécois. Sous ce rapport, le sentiment de «minorité majoritaire» dont sont imbus ces Anglo-Québécois découle tant de facteurs géographiques et d'une identité ethnique qu'ils se sont eux-mêmes attribuée, que du prestige et de l'influence dont l'anglais a traditionnellement joui, tant au Québec qu'au Canada.

La mobilité qui caractérise la population québécoise depuis des siècles et le dualisme fondamental de la société québécoise ont nécessité l'intervention de médiateurs dans les relations entre groupes ethniques. Aujourd'hui, tout est conçu en fonction d'une distinction entre anglophones et francophones; cependant, ces termes ne sont entrés en usage que pendant les années 1960. Pour les Québécois de la génération précédente, la distinction fondée sur l'affiliation religieuse était tout aussi importante — sinon plus — que celle fondée sur la langue; encore aujourd'hui, cette distinction demeure en usage dans certaines parties du Québec rural. La solidité de cette barrière fut d'ailleurs assurée par un certain discours religieux qui, jusqu'au début des années 1960, déconseillait fortement les mariages mixtes. Pendant longtemps la religion fut le critère de base déterminant les *patterns* d'assimilation. C'est ainsi qu'avant la seconde guerre mondiale, la majorité des

52

Italiens furent assimilés aux francophones, tout comme au dix-neuvième siècle les immigrants anglo-normands, en grande partie francophones et protestants, furent assimilés aux anglophones.

Toutefois, si «protestant» et «anglais» étaient souvent synonymes, l'inverse ne tenait pas. En effet, depuis le début du dix-neuvième siècle, l'Église franco-catholique a reconnu parmi ses fidèles une présence irlandaise, donc anglophone. La création d'un clergé irlandais, l'établissement d'écoles et d'églises ont permis à un groupe ethnique de chevaucher la frontière entre les deux groupes de référence, partageant la langue de l'un, la religion de l'autre. Des contacts fréquents amenèrent inévitablement des mariages intergroupes, de sorte que la culture canadienne-française a été fortement marquée par l'apport des Irlandais et, à un moindre degré, des Écossais. Il y a eu assimilation, celle dont devaient naître les Ryan, les O'Neill, les Burns que nous connaissons aujourd'hui. Nous devons beaucoup aux Irlandais sur le plan de la culture populaire: le violoneux Jean Carignan le reconnaît nettement, de même que le folkloriste Schmitz[13] dans certaines de ses recherches.

Toutefois, ce qui est encore plus important que tout emprunt culturel ou hybridation, c'est le fait que des Québécois provenant de ce milieu même ont joué, à maintes reprises, le rôle important d'intermédiaire, particulièrement dans le domaine politique. Et parce qu'ils possédaient la confiance des deux groupes, dont ils connaissaient la langue respective, ce fut souvent par leur entremise que s'effectua, en Estrie, la transition de l'anglais au français, phénomène que décrit Aileen Ross[14] dans son ouvrage, un classique sur le sujet. Ces Québécois, eux-mêmes incertains de leur appartenance ethnique — anglophone, francophone ou les deux à la fois — et qui possédaient indubitablement les qualités nécessaires pour jouer sur les deux tableaux, sont devenus recteur de l'Université Laval (Larkin Kerwin), président de la Communauté urbaine de Montréal (Lawrence Hannigan), premiers ministres «canadiens-français» du Canada (Louis Stephen Saint-Laurent et Pierre Elliott Trudeau), ou ont occupé des fonctions de médiation comme policiers, maires, etc.

La sécularisation de la société québécoise a mis fin à la vocation médiatrice des anglo-catholiques. D'autres causes ont vraisemblablement contribué au déclin du bilinguisme, tant chez les anglophones que chez les francophones. Les francophones de la péninsule gaspésienne, de Saint-Malachie ou de l'Estrie ne sont plus aussi bilingues qu'ils l'étaient au début du siècle. Selon certains rapports, on peut en dire autant des anglophones, puisque la possibilité d'apprendre le français par immersion — soit dans les chantiers, soit dans les petites écoles catholiques, où anglophones et francophones avaient le même instituteur, se côtoyaient sur un même terrain de jeu — tout cela est chose du passé.

Privés des arbitres nécessaires pour faciliter leurs rapports avec les autres ethnies, les anglophones tendent à se retirer dans leurs propres collectivités, abandonnant l'arène politique dès qu'ils perdent la maîtrise de leurs institutions. Ils se préoccupent alors principalement de leur survie (mais comment peut-on parler de survie si les enfants partent?); ou ne voient plus le voisinage que comme un lieu de passage, une banlieue de Toronto. C'est ce qui fait que, dès leur intégration à la ville de Percé, les habitants de MalBay (Gaspé-Est) quittent la politique municipale; que les habitants de Grosse-Île et de l'Île d'Entrée n'arrivent pas à trouver une formule de participation aux institutions régionales; que William Shaw, ancien député indépendant et représentant de Pointe-Claire à l'Assemblée nationale, propose la création d'une onzième province.

Pour certains, ce sont les individus marginaux que décrit McLeod-Arnopoulos, dans un autre article du présent recueil, qui constitueront la nouvelle génération d'intermédiaires. Il n'est toutefois pas certain que ces marginaux soient mandatés en ce sens. Aux yeux de nombreux anglophones, ils ont tout bonnement franchi la frontière ethnique plutôt que de simplement la chevaucher, et ils l'ont fait de leur propre choix plutôt que sous la poussée des événements. Leur loyauté est par conséquent mise en doute. De plus, le fait que plusieurs d'entre eux sont des universitaires, et que très peu se sont engagés politiquement, tend à confirmer l'opinion qu'il s'agit là d'actes individuels, peu susceptibles d'entamer la rigidité de la frontière ethnique, ni d'avoir une très grande incidence sur la collectivité.

Néanmoins, le nombre croissant d'anglophones qui inscrivent leurs enfants dans les écoles françaises ou dans les programmes d'immersion en français offerts par le réseau anglophone indique que, si l'on reconnaît généralement le caractère rigide de la frontière ethnique, il existe sur le plan individuel un désir de passer cette frontière. On n'a pas encore évalué les conséquences de cet apprentissage massif de la langue française par les jeunes anglophones. Ironiquement, il pourrait aboutir à une redécouverte de la géographie et de l'histoire, presque oubliées, d'un Québec anglais.

...Et que nous réserve l'avenir?

L'image qui ressort de ces observations sur l'anglophonie québécoise n'est pas celle d'une collectivité unique mais plutôt d'une multitude de collectivités utilisant le même moyen de communication: la langue anglaise. Au sein de ce groupe linguistique se discernent de fortes divisions internes fondées sur la géographie, les distinctions sociales et la culture. Bien que le groupe soit extrêmement bien doté en institutions, tout indique que celles-ci ont atteint maintenant les limites de leur expansion (leur puissante fonction assimilatrice à l'égard des immigrants ayant constitué leur force depuis la seconde guerre mondiale). Ces institutions sont donc aujourd'hui d'une extrême vulnérabilité, laquelle est accentuée par le fait qu'elles sont maintenant en bonne partie dirigées de l'extérieur ou par l'État. Par conséquent, les décisions qui les touchent ne tiennent pas nécessairement compte des intérêts des Anglo-Québécois.

L'élite traditionnelle qui a créé les institutions anglophones et en constituait à l'origine le personnel a maintenant plus ou moins délaissé le Québec (ou conseille fortement à ses enfants de le faire) de sorte qu'on emploie maintenant des étrangers, très souvent des personnes qui ne sont que de passage et qui normalement n'ont qu'une connaissance et une compréhension limitée de l'anglophonie québécoise, voire de l'ensemble du Québec. Ou encore, ces institutions n'emploient plus personne! C'est pourquoi, on ne cesse de rappeler que «X est le dernier notaire anglophone à Québec»; que «Y est le seul agronome anglophone dans toute l'Estrie»; ou encore que «le pasteur de la paroisse de Z est un Sud-Africain qui n'avait jamais vu un pêcheur avant de venir dans notre village [de pêche]». Ou encore que «dans toute la Gaspésie, il n'y a plus un seul anglophone qui exerce une profession libérale», ou que «l'an dernier, la Québec High School a recruté tous ses nouveaux professeurs en Nouvelle-Écosse». Vraies ou fausses, ces affirmations témoignent d'un profond malaise. Elles dénotent l'affaiblissement qui se manifeste, entre autres, sur le plan du leadership, de la créativité, et qui se généralise avec le constant renouvellement et la quasi-domination de la population métropolitaine. On peut se demander qui est l'agent de socialisation et dans quel sens celle-ci s'effectue. Le déracinement qui existe est profond. Et il n'y a personne qui formule — ou reprenne — «la mémoire collective» (quoique, Dieu merci, nous avons découvert David Fennario).

En ce sens, le problème n'est pas tant d'ordre démographique que structurel; il consiste dans le fait que le cordon ombilical rattachant une population à son milieu se trouve sérieusement affaibli, sinon coupé complètement. Bien que loin d'être exclusif au Québec, ce problème y revêt une forme particulière du fait que son élite presque entière est soumise à un processus de continentalisation et à la mobilité qu'implique ce processus.

Mais, malgré tout, il subsiste une certaine conscience du riche passé de l'anglophonie québécoise, une reconnaissance de sa contribution à la spécificité du Québec, contribution qui s'est traduite par une codification des lois, un sens civique, une tradition sportive. Aujourd'hui, un nombre considérable d'anglophones apprennent le français, cherchant ainsi à s'adapter à un Québec nouveau, un Québec français, sûr de lui-même. Ceci fait, il naîtra une nouvelle élite qui, elle, aura véritablement son assise au Québec, une élite pleinement engagée à l'égard du Québec, qui pourrait fort bien retrouver son passé, retrouver un sens du lieu pour s'orienter vers un avenir qu'elle aidera elle-même à définir. Mais pour que cela se réalise, il semble que la participation de l'anglophonie rurale du Québec, société démographiquement faible et géographiquement fragmentée, soit indispensable.

(1) Il ne s'agit pas là d'une caricature: cette séquence d'événements s'est effectivement déroulée en avril 1979.

(2) Comtesse d'Aberdeen, *Through Canada with a Kodak* (Edimbourg, White, 1893):19-20.

(3) Voir, en particulier, Oscar Junek, *Isolated Communities: A Study of a Labrador Fishing Village*, New York, American Book Co., 1937, et Horace Miner, *St-Denis: A French-Canadian Parish*, Chicago, University of Chicago Press, 1939.

(4) Nous pensons à Everett G. Hughes, dont l'ouvrage *French Canada in Transition* est reconnu comme un classique par tous ceux qui ont étudié la société québécoise.

(5) Une exception de taille, cependant: toute la gamme de cours bilingues et de programmes d'immersion en langue française pour lesquels l'essentiel de la recherche a été effectué sous la direction de Wallace Lambert, Department of Psychology, McGill University (voir Lambert et Tucker dans le présent recueil).

(6) Voir Stuart Richards dans le présent recueil.

(7) Il ne fait aucun doute que la situation évolue rapidement en ce qui a trait au niveau de bilinguisme des anglophones, et les données du recensement de 1981 pourraient bien présenter des pourcentages sensiblement accrus.

(8) Voir C. Veltman, «Les incidences du revenu . . .».

(9) Jac-André Boulet, *L'évolution des disparités linguistiques et revenus de travail...*, p. vi.

(10) Robert Lacroix et François Vaillancourt, *Les revenus et la langue au Québec (1970-1978)*, p. 85.

(11) En 1971, dans la région de Montréal, la proportion de la population d'origine britannique ne représentait plus que 14,8% de l'ensemble de la population, en comparaison de 21% en 1941. Par contre, durant la même période, la population d'origines ethniques diverses (à l'exception des gens d'origine française) est grimpée de 10,6% à 17,8%. (Voir J.C. Marsan, «Montréal, de la domination au pluralisme».)

(12) C. McIntosh, *Devolution and Survival of the Rural English-Speaking Population...*, p. 43.

(13) N. Schmitz, «Éléments gaéliques...».

(14) Aileen Ross, «French and English Canadian...».

Un peuple, une société

Gary Caldwell

GARY CALDWELL, qui habite les Cantons de l'Est, fut directeur de la recherche pour AQEM (Anglo Québec en mutation) pendant plusieurs années. Il fut aussi professeur de sociologie à l'Université Bishop's de 1971 à 1979. Durant cette période, non seulement son intérêt pour le Québec anglophone rural continua de se développer, mais il s'y impliqua de plus en plus. Il est actuellement rattaché à l'Institut québécois de rechrche sur la culture, en tant que chercheur.

S'il est un aspect méconnu de l'histoire du Canada anglais, c'est bien celui de l'évolution sociale et démographique de l'anglophonie québécoise. En effet, il existe très peu de documents sociologiques permettant de retracer la vie de ce groupe. En 1907, M. Sellar publiait, d'abord à ses propres frais, une importante étude intitulée *The Tragedy of Quebec: The Expulsion of its Protestant Farmers*[1] et, plus récemment, en 1979, paraissait *Le fait anglais au Québec*, d'Arnopoulos et Clift[2]. Il va sans dire que l'intérêt pour le sujet s'est considérablement accru depuis novembre 1976.

Cependant, dès le début des années 1970, quelques universitaires s'étaient intéressés à l'histoire du Québec anglophone. En 1977, M. Michael Stein rédigeait une synthèse commentée des documents alors disponibles[3], et il a accepté, pour le présent ouvrage, de revoir le sujet à la lumière des événements de ces dernières années. C'est dont à l'aide de cette documentation assez clairsemée que nous tenterons ici de reconstituer les grandes lignes de l'évolution démographique et sociologique du Québec anglophone[4].

Avant de nous engager plus avant, il importe toutefois de préciser la période visée et de procéder aux distinctions conceptuelles qui s'imposent. Pour notre exposé, commençons par délimiter trois périodes: tout d'abord celle allant de l'origine à la deuxième guerre mondiale, puis celle allant de l'après-guerre à la Loi 22 (1974), et, finalement, «l'époque des lois sur la langue». Nous traiterons davantage du dernier quart de siècle, tout simplement parce que, il faut l'admettre sans fausse honte, l'auteur connaît peu l'histoire, non encore écrite, de la population étudiée. Il semble bien, de toute façon, que c'est au cours du dernier quart de siècle que, en tant que telle, la communauté anglophone du Québec a été pour la première fois, et peut-être la dernière, projetée sur la scène de l'histoire.

Les anglophones du Québec seront considérés ici comme une population, et non comme une ethnie, ou un ensemble d'ethnies, comme d'autres ont tenté de les voir. À notre avis en effet, la meilleure façon d'analyser la réalité sociale du Québec, lorsqu'on s'intéresse aux anglophones du moins, consiste à étudier le rapport de force qui s'exerce entre la majorité et la minorité. Par conséquent, le point de départ d'une telle analyse sera la relation, caractérisée par un déséquilibre de pouvoir, entre deux groupes différenciés par la langue, qui se dressent l'un contre l'autre, à la défense de leurs intérêts menacés. À long terme, ce rapport de force entraîne la concentration de la minorité sur un territoire déterminé et la création de frontières sociales, de même que le développement d'une tradition de résistance propre à renforcer l'opposition entre les deux groupes. Dans ce contexte, le terme «majorité» désigne un groupe qui exerce une suprématie politique en raison de sa supériorité économique, militaire ou autre, mais qui n'est pas nécessairement majoritaire au strict point de vue numérique.

La barrière sociale ressentie le plus vivement étant celle de la langue, les francophones, qui se percevaient autrefois comme une minorité au Canada, en sont venus à se considérer comme une majorité au Québec, où ils se sentent chez eux.

Comme la relation entre une majorité et une minorité est, par définition, un rapport de forces politiques et que le Québec francophone est en voie d'acquérir sa légitimité politique, la communauté anglophone devient, forcément, une minorité.

TABLEAU I — **Composition de la population québécoise par groupe ethnique: 1844-1911***

	1 Population totale	2** Anglo-phones	3 Franco-phones	4 Anglo-phones nés à l'exté-rieur du Québec	5 Pourcen-tage d'an-glophones (2/1)	6 Pourcen-tage d'an-glophones nés à l'extérieur du Québec par rapport à la popu-lation an-glophone (4/2)	7 Pourcen-tage d'aug-mentation de la population du Québec	8 Pourcen-tage d'aug-mentation de la population anglophone
Année								
1844	697 084	166 876	524 244	81 216	24%	49%	—	—
1851	890 261	216 712	669 887	79 602	24%	37%	28%	30%
1861	1 111 566	260 564	850 564	93 240	23%	36%	25%	20%
1871	1 199 684	259 599	929 817	inconnu	22%	—	8%	0%
1881	1 359 898	285 207	1 073 820	inconnu	21%	—	13%	10%
1901	1 648 898	324 825	1 322 115	73 653	20%	23%	—	—
1911	1 986 387	445 559	1 605 347	inconnu	22%	—	20%	37%

* Il n'existe pas à proprement parler de statistiques sur la langue pour la période qui précède 1931.
** Pour ce qui est des années 1844, 1851 et 1861, toutes les personnes nées au Canada sont assimilées au groupe francophone ou au groupe anglophone. Il est nécessaire de procéder ainsi en raison des limites que comportent les données recueillies dans les recensements de ces années. Par consé-quent, la colonne no 2 comprend tous les anglophones d'origine anglo-celte et tous ceux qui aujourd'hui seraient considérés comme ne faisant partie ni du groupe francophone ni du groupe anglophone.

Les anglophones au Québec: une présence constante

Les anglophones représentent environ un cinquième de la population totale du Québec, bien que le recensement de 1981 (dont les résultats au moment où nous rédigeons cet article, ne sont pas encore disponibles) puisse l'indiquer différem-ment. Cette proportion est demeurée à peu près stable pendant un siècle et demi (voir colonne no 5, tableau I). Dans le tableau I, on a regroupé selon l'origine ethnique la population du Québec de 1844 à 1911. Comme avant 1911 seul un faible pourcentage de la population québécoise était d'origine autre que française ou anglaise, et qu'avant 1931 on ne tenait pas compte des groupes linguistiques dans les recensements, nous avons assimilé les non-francophones au groupe anglo-phone.

Pendant un siècle et quart, soit de 1844 à 1971, la communauté dite anglophone a toujours représenté entre le quart et le cinquième de la population du Québec. Il convient toutefois de reconnaître que, pendant la même période, cette proportion a accusé une lente mais persistante tendance à la baisse et que les chiffres globaux ne permettent pas de déceler certains phénomènes passagers, comme la montée du groupe anglophone de 1967 à 1971, et son déclin prévisible depuis. Ainsi, exception faite des dernières années, le pourcentage d'anglophones dans la population du Québec est demeuré remarquablement stable. En nombres absolus, il y avait déjà un quart de million d'anglophones au Québec au milieu du dix-neuvième siècle. En 1971, près de neuf cent mille personnes ont déclaré que l'anglais était la langue qu'elles utilisaient le plus souvent à la maison. Au moment du recensement partiel de 1976, la composition de la population du Québec selon la langue maternelle était de 797 425 anglophones, 4 988 540 francophones et 330 885 allophones[5].

L'instabilité démographique des anglophones

La stabilité numérique de la population anglophone *par rapport à l'ensemble de la population* du Québec semble paradoxale compte tenu de l'instabilité démographique interne qui caractérise cette même population. Contrairement à la population francophone, la population anglophone a toujours été soumise à un fort taux de «roulement démographique». Déjà au milieu du dix-neuvième siècle, comme l'indique la colonne no 6 du tableau I, la proportion d'anglophones québécois nés à l'extérieur de la province oscillait autour de quarante pour cent, ce qui pouvait être considéré comme normal en période de colonisation. On remarquera toutefois que le pourcentage avait quelque peu diminué vers la fin du siècle et que, après la deuxième guerre mondiale, le Québec anglophone connut une période d'instabilité démographique comparable à celle qui avait été constatée au milieu du dix-neuvième siècle. L'imposante étude APOSE menée au cours de l'année scolaire 1971-1972 révéla que seulement 44% des parents d'élèves fréquentant des écoles secondaires anglophones étaient nés au Québec[6]. En fait, un tableau dressé à partir des chiffres du recensement de 1971 nous a permis d'établir que seulement 60% des enfants anglophones inscrits à l'élémentaire avaient *au moins* un parent qui était à la fois de langue maternelle anglaise et né au Québec[7].

Il a été possible d'étudier les raisons qui expliquent la situation après la deuxième guerre mondiale[8], mais pour ce qui est de la période qui précède, les données sont extrêmement limitées. De manière générale, on peut attribuer l'instabilité démographique du groupe anglophone à l'émigration des éléments les plus enracinés vers les autres provinces canadiennes et vers les États-Unis, et à leur remplacement par de nouveaux arrivants. L'ouvrage de M. Sellar, rédigé à la fin du dix-neuvième siècle, constitue l'une des rares attestations que l'on possède de ce phénomène. Au sujet des comtés de Stanstead, Sherbrooke, Waterloo, Missisquoi, Brome et Huntingdon, l'auteur mentionne qu'il s'y trouvait 56 000 protestants en

1867 et qu'une augmentation (du nombre de protestants) semblait s'annoncer, car chaque été des immigrants de Grande-Bretagne venaient s'ajouter aux anglophones déjà installés. Mais il constate lui-même qu'en 1911, soit presque un demi-siècle plus tard, le nombre de protestants dans ces six comtés se limite encore à 56 926[9]. De toute évidence, une bonne partie des natifs de ces comtés avaient, comme Donald Morrison, «le hors-la-loi de Mégantic», émigré vers l'Ouest*. Les parents de Morrison étaient, eux, venus d'Écosse.

L'instabilité démographique des anglophones ressort davantage lorsqu'on compare leur situation à celle des francophones qui habitent le même territoire. L'absence presque totale d'immigration de langue fançaise depuis le début du dix-huitième siècle (et jusqu'à tout récemment) a fait des francophones du Québec l'une des populations les plus homogènes du monde moderne. L'étude ASOPE révèle que 88% des parents d'élèves fréquentant les écoles secondaires francophones (contre moins de la moitié du côté anglophone) étaient *québécois* de naissance. Parmi les anglophones, ceux dont l'ascendance est québécoise depuis quatre générations sont extrêmement rares. Chez les francophones, par contre, les familles établies au Québec depuis moins de sept générations font figure d'exceptions.

Deux Québec anglophones

En raison de l'importance numérique de la population anglophone de Montréal, on peut affirmer que le Québec anglophone se compose maintenant de deux groupes distincts: les anglophones de la région métropolitaine et les autres.

Le départ d'anglophones de toutes les régions du Québec et l'intégration de nouveaux immigrants par le biais des institutions et des entreprises montréalaises ont amené au fil des ans une concentration de plus en plus marquée de la population anglophone dans la région métropolitaine. En 1921, environ 70% des Québécois anglophones demeuraient dans la région de Montréal; en 1971, cette proportion atteignait presque 85%[10].

La concentration quasi absolue à Montréal des principaux groupes ethniques aujourd'hui d'expression anglaise (mais non d'origine anglo-celtique) illustre bien ce processus. Les communautés italienne et juive sont les meilleurs exemples de ce phénomène. Arrivées après les colons anglo-américains, anglais, irlandais et écossais du dix-neuvième siècle, ces communautés sont aujourd'hui presque inexistantes à l'extérieur de la région de Montréal. Exception faite des Canadiens français assimilés, les anglophones qui vivent à l'extérieur de la métropole sont en grande partie d'origine anglo-celte, ce qui n'est absolument pas le cas à Montréal.

(*) Morrison revint toutefois dans son coin de pays et mourut en prison.

Les communautés ethniques autres qu'anglo-celtes qui vivaient autrefois en dehors de Montréal (les Juifs de Québec et de Sherbrooke, par exemple) sont en grande partie disparues.

Dotée d'institutions solidement établies à l'origine par les Anglo-celtes, la population anglophone de Montréal s'est coupée du reste du Québec anglophone, en raison surtout de l'émigration de la population de souche anglo-celtique et d'un manque d'affinité culturelle avec les autres. En fait, à l'extérieur de Montréal, le Québec anglophone possède ses propres structures régionales et, contrairement à ce qui se passait auparavant, n'a que de rares contacts avec les institutions montréalaises. Cependant, la récente mobilisation anglophone dirigée par Alliance Québec, amènera vraisemblablement la création de nouveaux rapports entre les deux groupes.

En 1976, près de 800 000 Québécois ont déclaré avoir l'anglais pour langue maternelle[11]; de ce nombre, environ 175 000 habitaient à l'extérieur de la région métropolitaine. Parmi ces derniers, près du tiers vivait dans la vallée de l'Outaouais, tandis qu'un autre tiers demeurait dans la région connue historiquement sous le nom de Cantons de l'Est (qui ne correspond pas à la région administrative actuelle). Le dernier tiers se retrouvait surtout en Gaspésie, en Basse-Côte-Nord et dans la région de Québec.

Sauf dans la vallée de l'Outaouais, le nombre d'anglophones a diminué dans toutes ces régions entre 1971 et 1976. D'ailleurs, l'accroissement de la population anglophone dans la vallée de l'Outaouais durant cette période est directement attribuable à l'établissement d'un fort contingent d'Ontariens dans la région, phénomène qui, depuis, a brusquement pris fin.

Sans être les plus importantes, les communautés anglophones les plus stables sont celles de la Gaspésie et de la Basse-Côte-Nord. Ce sont, avec celle de la vallée de l'Outaouais, les plus homogènes. Dans les vieilles communautés urbaines de Québec, Sherbrooke et même Hull, les anglophones disparaissent rapidement.

Le Québec rural d'expression anglaise, qui est très peu connu des étrangers, abrite cependant de nombreuses communautés particulièrement intéressantes sur les plans sociologique et démographique. Par exemple, il existe aux Îles-de-la-Madeleine une communauté protestante et anglophone à 98%. Dans la vallée de l'Outaouais, près de Shawville, vit une communauté de 5 000 habitants, anglophone à 90% et composée en majorité d'Irlandais protestants! D'un bout à l'autre de la région, on trouve d'autres petites communautés solidement enracinées, anglophones à plus de 90%, mais catholiques. Low, par exemple, dans la vallée de la Gatineau, ne compte pas même 500 habitants, mais a réussi à conserver son école secondaire. Au coeur du Québec, citons la communauté d'Inverness, dont les habitants, descendants des colons écossais qui ont défriché la région, conservent jalousement la culture ancestrale. Au sud de Montréal, en direction de la frontière, se trouvent la municipalité de Potton et le village de Mansonville, où une population protestante et anglophone, dont l'économie est très marginale, s'accroche avec ténacité au seul coin de terre qu'elle considère vraiment comme sa patrie.

Toutes ces communautés sont profondément enracinées, mais elles ne comptent que fort peu de jeunes en mesure d'affronter l'évolution rapide de notre société. Les écoles et les institutions culturelles doivent relever le défi que constitue la formation de jeunes gens capables de préserver et de mettre en valeur le capital social que représentent leurs communautés pour l'ensemble de la société. La survie de ces communautés, presque oubliées des anglophones montréalais et ne pouvant compter que sur des ressources humaines et intellectuelles limitées, est pour le moins aléatoire si les jeunes continuent de partir.

Divisions culturelles et sociales

Il est aujourd'hui évident que le seul point commun à tous les anglophones du Québec est la langue. En effet, sur les plans ethnique et culturel, cette population est très peu homogène. C'est d'ailleurs pourquoi le gouvernement du Québec a pu élaborer et faire adopter une politique de développement culturel qui s'adresse «aux minorités». Du double point de vue culturel et ethnique, la position gouvernementale est inattaquable. Ce n'est, en fait, que du point de vue linguistique que l'on peut parler de «la minorité». Toutefois, comme je l'ai indiqué plus tôt, sur le plan politique la langue constitue un moyen de démarcation plus concret que la culture ou l'ethnie; ce qui n'empêche pas que la diversité ethnique est aussi une réalité, réalité se traduisant par un morcellement culturel du Québec anglophone. À peine la moitié des anglophones québécois sont d'origine anglo-celtique. Outre les deux autres groupes les plus importants, les Juifs et les Italiens de Montréal, le groupe anglophone se compose de nombreux groupes culturels, allant des autochtones à la toute nouvelle communauté noire jamaïcaine. De plus, nombre de ces communautés sont divisées de l'intérieur. Ainsi, les Anglo-celtes se divisent en Irlandais, Écossais et Anglais, tandis qu'au sein même des groupes ethniques originaires d'Europe continentale, on observe des distinctions du point de vue socio-historique selon qu'ils ont émigré avant ou après la Deuxième Guerre mondiale.

Aux divisions culturelles s'ajoutent souvent des clivages en matière de religion, dont le meilleur exemple est celui séparant catholiques et protestants, le Québec anglophone comptant aujourd'hui un nombre à peu près égal des uns et des autres. Nous sommes donc loin de l'époque où les termes «anglais» et «protestant» étaient synonymes. Même si, aux yeux d'un étranger, cela peut paraître insignifiant dans le contexte d'un Québec qui se veut aujourd'hui moderne et laïc, la sécurité socio-psychologique et la situation d'une minorité sont étroitement liées au fait, qu'officiellement, cette minorité est soit catholique soit protestante. Ainsi, les Irlandais protestants de Shawville sont responsables de leurs écoles, tandis que les anglophones catholiques de Low, dont bon nombre sont également irlandais, ne le sont pas. À Montréal, les Grecs sont officiellement protestants alors que les Italiens sont catholiques; en conséquence, les Italiens ont dû affronter, il y a une dizaine d'années, le problème de Saint-Léonard, ce qui a été épargné aux Grecs.

Bien entendu, le Québec anglophone est aussi divisé en couches sociales. Dans le passé, la communauté anglophone du Québec se signalait surtout par sa situation socio-économique privilégiée par rapport à l'ensemble de la population. Au début des années 1960, le revenu annuel d'un anglophone unilingue atteignait presque le double de celui d'un francophone unilingue[12]. À scolarité et âge égaux, l'écart s'est beaucoup atténué depuis. Quand on y regarde de plus près toutefois, on se rend compte que, même si les anglophones instruits s'en tirent toujours très bien, la situation des ouvriers et des agriculteurs anglophones s'est détériorée. En fait, le revenu du travailleur unilingue anglais de Montréal est maintenant inférieur à celui de l'unilingue francophone[13]; pour sa part, l'unilingue anglophone qui vit à la campagne devient de plus en plus marginal sur le marché du travail.

Enfin, aux divisions ethniques, religieuses et sociales s'ajoutent celles qu'entraînent la dispersion géographique et l'isolement du reste de la communauté pour tous les anglophones qui habitent à l'extérieur de la région métropolitaine et qui, bien souvent, entretiennent, par les media, des liens plus étroits et plus fréquents avec des régions limitrophes: le Nouveau-Brunswick pour les anglophones de la Gaspésie, les États-Unis pour ceux de l'Estrie et l'Ontario pour ceux de la vallée de l'Outaouais. Il est aussi plus rapide de passer par le Nouveau-Brunswick pour se rendre à Gaspé en avion et par l'Ontario pour atteindre la vallée de l'Outaouais!

La fragmentation socio-culturelle, encore accentuée durant l'après-guerre, et le fort taux d'instabilité démographique dont il a été question plus haut ont eu des effets néfastes sur la population anglophone, à laquelle manquent aujourd'hui l'homogénéité culturelle, les traditions et le leadership nécessaires à la constitution d'une véritable communauté, soit une collectivité dont les membres ont suffisamment en commun pour avoir le désir et la possibilité de réfléchir et d'agir collectivement sur leur destin. En l'absence d'une telle impulsion, les anglophones du Québec se bornent à réagir. C'est la raison pour laquelle le Québec anglophone de l'après-guerre constitue davantage une population qu'une communauté.

Évolution des institutions anglophones durant l'après-guerre

Le changement peut-être le plus important qui fut apporté aux institutions du Québec anglophone de l'après-guerre fut la centralisation du réseau scolaire. Cette opération, menée par l'État à l'échelle du Québec, entraîna l'intégration des commissions scolaires régionales dans un réseau fortement centralisé et provoqua, peut-être sans qu'on le veuille vraiment, la mise sur pied d'un «réseau» scolaire anglais au Québec. Outre les écoles, ce «réseau» englobait une série d'organismes parascolaires, dont les associations de parents, de professeurs et d'administrateurs.

Au niveau régional, l'une des conséquences de la rationalisation fut l'accélération du processus de regroupement scolaire: on fermait les écoles secondaires locales et l'on transportait les élèves par autobus vers les écoles régionales. Ainsi, toute une génération perdit contact avec les francophones de leur voisinage, les élèves devant quitter leur foyer très tôt le matin pour ne revenir chez eux qu'à la fin de l'après-midi. C'est pourquoi la plupart des jeunes anglophones qui fréquentent les écoles régionales s'expriment moins bien en français et sont moins bien intégrés à leur milieu que leurs parents. Cependant, cette «rationalisation» scolaire a permis la formation dans le secteur de l'enseignement d'une élite capable d'agir à l'échelle de la province, élite qui, au cours des années 1960, vint à constituer peut-être le groupe le plus influent de la communauté anglophone du Québec. C'est ce même groupe qui, avec raison, sent aujourd'hui la base même de son pouvoir menacée par la restructuration de l'enseignement primaire et secondaire préconisée par l'actuel ministre de l'Éducation.

Le regroupement scolaire n'est évidemment qu'une manifestation de l'intervention grandissante de l'État dans les institutions de la société en général. Cependant, contrairement à ce qui s'est produit dans le domaine de l'éducation, la centralisation des services sociaux n'a pas entraîné la création d'un réseau anglophone régional mais a forcé les établissements anglophones à s'intégrer à un réseau provincial. Ce processus, qui se poursuit encore aujourd'hui, affaiblit le caractère anglophone d'un grand nombre de ces établissements. Néanmoins, certains d'entre eux ont très bien réussi à s'intégrer, tout en continuant de fournir des services en anglais à la communauté anglophone qu'ils desservent. Toutefois, nous parlons ici d'une évolution dont les résultats définitifs ne sont pas encore connus.

Un changement moins remarqué, mais dont les retombées furent probablement plus déterminantes encore, est le déclin du capitalisme anglophone régional, phénomène attribuable à l'intégration de l'activité économique à l'échelle du continent. On ne trouve plus d'entreprises familiales anglophones importantes (coupe et débitage du bois, construction, commerce, finance, industrie) dans des localités éloignées des grands centres. En général, les anglophones québécois travaillent maintenant pour le compte de grandes entreprises nord-américaines, adoptent leur type de plan de carrière et s'identifient à leurs valeurs culturelles. De nos jours, au Québec, il n'existe plus de coterie économique anglophone comme il s'en trouvait au dix-neuvième siècle.

Les media de langue anglaise ont particulièrement été touchés par la concentration de l'activité économique. Aujourd'hui, les media anglophones de Montréal appartiennent à des intérêts non québécois ou sont dirigés par des organismes de l'extérieur de la province.

Enfin, on a peu parlé du faible dynamisme et de la démission des églises qui desservaient la population anglophone. Le manque de ferveur constaté actuellement s'explique en grande partie par le fait qu'on n'a pas su former et conserver un clergé issu du milieu même. En réalité, les églises semblent plus soucieuses d'administrer prudemment l'actif dont elles disposent encore que de se fixer des objectifs à long terme et de passer à l'action. Les églises anglophones, tant catholiques que protestantes, n'ont pas réussi à se donner des porte-parole qui sachent imposer le respect dans le cadre de la crise actuelle. Elles semblent en outre éprouver beaucoup de difficultés à assurer un ministère minimal à une population qui a pourtant consacré tant de ressources financières et humaines à la construction d'un imposant réseau d'établissements.

D'autres changements se sont produits au sein des institutions de la communauté anglophone, des institutions politiques notamment; il en sera question ailleurs dans le présent volume.

La crise démographique au Québec

La crise démographique qu'a connue le Québec à la fin des années 1960 et au début des années 1970 constitue le point tournant entre l'époque de l'après-guerre et celle des lois sur la langue (après 1974) que nous vivons actuellement. Le fait que cette crise ait frappé les anglophones sans qu'ils s'y soient attendus et qu'on les ait néanmoins considérés comme les grands coupables, illustre bien la persistance des «deux solitudes» jusqu'à la fin des années 1970. Aussi, que le Québec anglais reconnaisse aujourd'hui la réalité de cette crise et le rôle qu'il a pu y jouer semble prouver que de nouveaux chefs de file ont réussi à briser cet isolement.

Pour expliquer la nature de la crise, disons que les Canadiens français du Québec, qui avaient cessé de combattre l'assimilation à l'extérieur du Québec, tout en s'affirmant de plus en plus culturellement et politiquement dans leur province, constatèrent que même «chez eux» ils étaient en danger: la population anglophone commençait à gagner du terrain au Québec. Si la situation qui avait cours à Montréal à la fin des années 1960 avait persisté, il y aurait aujourd'hui plus de jeunes Montréalais dans les écoles anglaises que dans les écoles françaises. Et une fois la métropole anglicisée, le reste du Québec aurait suivi. C'est du moins la crainte qu'exprimaient certains interprètes de la situation.

N'ayant rien changé à leur façon d'agir depuis la dernière guerre, les anglophones du Québec ne purent s'expliquer la soudaineté apparente et le caractère dramatique de cette crise. Ils avaient en effet continué d'accueillir les immigrants anglophones dans leurs institutions; ils assimilaient toujours un bon nombre de francophones et la grande majorité des immigrants non francophones, et enfin leurs éléments les plus enracinés continuaient de gagner l'Ouest ou l'Ontario.

La baisse du taux de natalité des francophones et leur émigration, provoquée par la persistance au Québec d'un marasme économique qui avait débuté vers 1967, allèrent rapidement mettre fin au rôle assimilateur que jouait la communauté anglophone au Québec. À l'instar de leurs ancêtres, un grand nombre de francophones quittaient le Québec pour l'Ontario et les États-Unis dans l'espoir d'y trouver un emploi. Chez ceux qui restaient, la natalité n'arrivait pas à compenser les pertes dues à l'émigration et à l'assimilation.

Le gouvernement de M. Bourassa, et plus tard celui de M. Lévesque, sentirent la nécessité, à court terme, de freiner la tendance assimilatrice des écoles anglaises et, à plus long terme, de faire du français la langue du travail au Québec. Devant de telles mesures, ce fut l'élite de la communauté anglophone, celle qui était au coeur de tout le système d'enseignement, qui se sentit le plus immédiatement menacée. Comme on pouvait s'y attendre, la réaction fut violente. La volonté de cette élite de préserver des structures qui lui permettaient de conserver sa clientèle devint la grande cause pour laquelle devaient lutter tous les anglophones du Québec, voire tous ceux qui se souciaient de «la liberté et des droits de la personne».

L'époque des lois sur la langue et la question de l'émigration

Ainsi, la Loi 22 découlait directement de la prise de conscience par la population francophone de la crise démographique que traversait le Québec. Comme le mentionne M. Michael Stein dans un article qui figure dans le présent ouvrage, l'adoption de cette loi provoqua immédiatement l'hostilité des anglophones à l'égard du gouvernement de M. Bourassa, à la chute duquel ils ont, par conséquent, largement contribué.

La colère des anglophones fut cependant inutile. La Loi 22, qui limitait l'accès aux écoles anglaises à ceux qui pouvaient s'exprimer en anglais, fut remplacée par la Loi 101. Dans un premier temps, celle-ci fermait les portes des écoles anglaises à tous ceux dont l'anglais n'était pas la langue maternelle, puis, après une période de transition, à tous les anglophones qui venaient de l'extérieur du Québec. Quand on y pense aujourd'hui, la Loi 22 était beaucoup plus «libérale» que ne l'est la Loi 101 puisqu'elle ouvrait les portes de l'école anglaise à tous ceux qui connaissaient suffisamment l'anglais. La Loi 101 par contre réserve l'accès à ces écoles aux seuls enfants dont les parents ont fréquenté l'école anglaise au Québec.

Entre 1974 et 1977, le Québec anglophone vint à reconnaître l'existence de la crise démographique. Cette acceptation assez générale du phénomène amena les élites les plus averties à cesser de réclamer le «libre choix», c'est-à-dire le droit à l'école anglaise pour tous. Du reste, on s'était rendu compte qu'il était politiquement impossible d'obtenir ce droit à court terme. Et c'est pourquoi seuls des groupes plutôt marginaux mènent encore la lutte pour le libre choix au Québec. Cependant, le militantisme qu'a fait resurgir l'imposition de l'affichage unilingue français et l'annonce d'une nouvelle restructuration scolaire laisse soupçonner que la cause du «libre choix» n'a pas été définitivement abandonnée.

Néanmoins, la Loi 101 est maintenant en vigueur et les anglophones du Québec doivent en assumer les conséquences, dont la principale est de couper l'arrivée de sang neuf dans la population anglophone, sans pour autant ralentir l'hémorragie qui l'affaiblit peu à peu. Puisqu'il n'y a pratiquement rien à faire pour accélérer le renouvellement de l'effectif du groupe anglophone (il semble improbable qu'aucun gouvernement puisse revenir au libre choix), on a commencé à s'intéresser aux anglophones qui quittent la province. Le mouvement migratoire des Québécois de langue anglaise, son ampleur réelle et les moyens susceptibles d'en atténuer les effets comptent aujourd'hui parmi les principaux sujets de préoccupation des anglophones. Si le mouvement conserve son rythme actuel (ou s'il s'accélère comme on pourrait s'y attendre dans les circonstances) et si les partants ne sont pas remplacés par de nouveaux arrivants ou de nouveaux «candidats à l'assimilation», la communauté anglophone du Québec devra faire face à une baisse importante de sa population.

De 1961 à 1971, une bonne moitié de l'accroissement de la population anglophone était due à l'arrivée d'immigrants et aux transferts linguistiques (assimilation). Assez ironiquement donc, l'avenir démographique du Québec anglophone dépend maintenant en grande partie de sa propre population, situation dans laquelle se trouve le Québec francophone depuis le début du dix-neuvième siècle.

On ne peut évaluer de façon précise l'ampleur de l'émigration anglophone parce que cette évaluation, qui se fonde sur des critères linguistiques, est une entreprise relativement récente. Les estimations soumises par des anglophones ont été mises en doute par les démographes de l'administration provinciale et, à ce jour, elles n'ont pas été confirmées par les derniers recensements. La publication prochaine des résultats du recensement de 1981 devrait toutefois nous fournir des chiffres plus précis sur la répartition linguistique de la population.

À court terme, deux obstacles empêchent l'évaluation exacte de l'émigration des anglophones: d'abord, l'absence de méthode précise permettant de déterminer combien de personnes quittent le Québec pour l'étranger; ensuite, le fait, de plus en plus évident, qu'on ne peut se fier aux statistiques portant sur la langue maternelle des Canadiens, certains ayant tendance à indiquer une langue maternelle différente d'un recensement à l'autre. Cette tendance se rencontre plus particulièrement au Québec où l'on assiste à une certaine polarisation incitant les gens à s'identifier à l'un ou à l'autre des deux principaux groupes linguistiques. Une étude comparative des recensements par groupes d'âge effectués en 1971 et en 1976 indique assez clairement que de nombreux Québécois n'ont pas déclaré avoir la même langue maternelle en 1971 et en 1976[14]. Il pourrait découler de ce phénomène une forte surreprésentation de la population de langue maternelle anglaise en ce qui a retrait à certaines données statistiques issues des recensements[15].

Plus on s'efforce de définir la nature et l'ampleur des mouvements migratoires constatés au Québec, plus on découvre de nouvelles données sur le sujet. Même si l'on ne possède pas de statistiques concluantes, des sources bien informées estiment qu'au cours des années 1970, le nombre de jeunes adultes anglophones qui ont quitté le Québec a connu une augmentation. En outre, de toute évidence, une certaine sélection s'opère au sein de la population. Les éléments les plus riches et les plus instruits, ainsi que ceux qui sont le plus fortement anglicisés, quittent le Québec en plus grand nombre que les autres. Par contre, les plus pauvres et ceux dotés d'une formation moins transférable ou moins en demande ont tendance à demeurer ici. S'il devait persister, ce phénomène, dont on trouve les manifestations les plus frappantes à l'extérieur de la métropole, mènerait sans doute à la création d'un Québec anglophone passablement différent de celui qu'on a connu jusqu'ici.

De «population» à «communauté»

L'une des conséquences démographiques les plus manifestes des changements que nous avons brièvement passés en revue sera la réorganisation et la consolidation de la population anglophone. Sans doute assistera-t-on à une diminution en nombre absolu de la population anglophone du Québec (du moins à court terme), mais celle-ci bénéficiera d'une stabilité démographique encore jamais vue. De la crise actuelle et de la stabilité démographique qui en résultera pourrait bien naître une élite capable de faire plus que simplement réagir aux circonstances, ce qui a été trop souvent le cas jusqu'à tout récemment.

Actuellement, les anglophones du Québec commencent à manifester une volonté réelle de comprendre la situation et d'assumer leur part de responsabilité. Cette volonté est d'ailleurs illustrée par la différence entre leur attitude à l'égard de la Loi 101 et la manière dont, à peine quelques années plus tôt, ils avaient réagi à l'adoption de la Loi 22. Une situation de crise, une période de stabilité démographique et l'émergence de nouveaux chefs de file pourraient bien favoriser la création d'une véritable communauté anglophone québécoise.

NOTES

(1) L'ouvrage a été réimmprimé par *University of Toronto Press* en 1974.

(2) Sheila McLeod Arnopoulos et Dominique Clift, *Le fait anglais au Québec*.

(3) Michael Stein, «Le rôle des Québécois non francophones dans le débat actuel entre le Québec et le Canada», pp. 292-306.

(4) L'auteur visait les mêmes objectifs dans «L'histoire des «possédants» anglophones au Québec».

(5) Source: *Recensement de 1976*, Vol. 1, pp. 1-2.

(6) Étude réalisée conjointement par la Faculté des sciences de l'éducation de l'Université Laval et le Département de sociologie de l'Université de Montréal.

(7) Tableau produit spécialement pour l'auteur.

(8) Voir H. Charbonneau et R. Maheu, *Les aspects démographiques de la question linguistique*; aussi Gary Caldwell, *A Demographic Profile of the English-Speaking Population of Quebec* et *Out-Migration of English Mother-Tongue High School Leavers from Quebec, 1971-1976*.

(9) Robert Sellar, *The Tragedy of Quebec: The Expulsion of its Protestant Farmers*.

(10) Gary Caldwell, *A Demographic Profile of the English-Speaking Population of Quebec*, p. 29.

(11) Par rapport à l'anglais, comme langue la plus usitée à la maison; question qui ne fut pas posée en 1976.

(12) Voir, par exemple, l'ouvrage de F. Vaillancourt, du Département des sciences économiques de l'Université de Montréal, *Revenu et langues, Québec 1961-1971*, 1977; aussi: Jac-André Boulet, *L'évolution des disparités linguistiques et revenus de travail dans la zone métropolitaine de Montréal de 1961 à 1977*.

(13) Voir les travaux de Calvin Veltman, en particulier: «Les incidences du revenu sur les transferts linguistiques...»

(14) Voir Gary Caldwell, *Le Québec anglophone hors de la région de Montréal dans les années soixante-dix...*, chapitre 11.

(15) Voir à ce sujet Robert Maheu, *La partie cachée de la mobilité linguistique*.

Esquisse de l'histoire économique du Québec anglophone[1]

Robert Sweeny

Histi. éco.
de Qé. anglais

ROBERT SWEENY, natif de Montréal, fit ses études aux universités Bishop, Sir George Williams et McGill, ainsi qu'à l'UQAM. Actuellement, il enseigne l'histoire à l'UQAM et il est co-responsable, à McGill, du groupe de recherche sur l'histoire des milieux d'affaires de Montréal.

Ma grand-tante, née à Pointe-Saint-Charles et morte quatre-vingt-cinq ans plus tard à Westmount, adorait visiter les églises. Ainsi, à l'occasion de son quatre-vingt-unième anniversaire, mon oncle lui proposa de visiter l'église Saint-Jacques, à l'angle des rues Saint-Denis et Sainte-Catherine. Mais non, il n'en était pas question! Mon oncle découvrit par la suite le motif de son refus: l'église était située beaucoup trop à l'est; il faut dire que ma grand-tante ne s'était jamais aventurée au-delà de la rue Bleury. Et voilà comment se créent les mythes.

Certains mythes ont la vie dure, et ceux qu'entretient l'approche ethnique traditionnelle de l'histoire canadienne sont de ceux-là. L'historiographie canadienne-anglaise est encore beaucoup trop empreinte de la vision simpliste de Lord Durham, qui se bornait à constater l'existence de deux nations antagonistes au sein d'un même pays. Il s'agit là d'une description des faits dont peut s'accommoder, à la rigueur, celui qui n'a que très peu exploré le pays et le connaît à peine. Elle ne rend certes pas justice à la complexité de notre passé. Mon exposé, trop bref et superficiel, ne vaudra peut-être guère mieux, mais il aura au moins le mérite de présenter des mythes différents, que je préfère naturellement qualifier d'hypothèses. Après tout, je peux me vanter d'être allé plus loin que la rue Bleury...

Si l'on place la conquête de la Nouvelle-France dans un contexte plus vaste, en comprendra mieux l'évolution ultérieure des anglophones au Québec. Ainsi, soixante-dix ans auparavant, l'Angleterre avait reconquis l'Irlande, et il s'était écoulé presque vingt ans depuis la répression de la dernière révolte écossaise d'importance. Le commerce extérieur allait bientôt constituer le tiers des activités commerciales de l'Angleterre. Par ailleurs, à la veille de la première Révolution industrielle, le gouvernement anglais avait déjà manifesté son intérêt pour les industries manufacturières. Bref, l'Angleterre, à cette époque, soit au milieu du dix-huitième siècle, était l'État bourgeois le plus puissant. Par conséquent, il n'est pas étonnant que quatre des cinq raisons invoquées par William Pitt père en faveur de la Conquête du Canada aient été de nature purement économique[2].

L'impact immédiat de la Conquête fut plutôt modéré. Peu de citoyens anglais émigraient vers le Canada; la majorité des soldats britanniques qui avaient été libérés après la Conquête, s'établissaient dans des régions peu peuplées, à l'ouest de Montréal[3], et les autorités coloniales surent trouver un modus vivendi avec l'Église et les seigneurs qui avaient choisi de demeurer au Canada. La perte des treize colonies américaines en 1783 entraîna toutefois d'importantes modifications du tissu social, du système économique et de la valeur stratégique du Québec. Près de la moitié des 40 000 Loyalistes de l'Empire-Uni vinrent s'installer dans le Québec d'alors (le Haut-Canada n'est devenu une entité distincte qu'en 1791). En 1785, plus de 1 800 familles étaient établies dans les huit nouveaux cantons dont certains étaient situés en amont de la seigneurie de Longueuil et les autres à proximité de la baie de Quinte. Les autorités britanniques s'efforcèrent de sauvegarder, dans chaque canton, une certaine uniformité d'ethnie et de religion; ainsi, par exemple, les anglicans étaient encouragés à s'établir dans un canton, et les catholiques originaires des Highlands dans un autre.

Les sociétés commerciales ramifiées furent l'une des principales caractéristiques de l'Empire britannique d'antan. Ces entreprises étaient constituées par un certain nombre de marchands, chacun apportant sa part du capital qui servait à financer l'exportation de produits manufacturés en Grande-Bretagne et à importer des colonies des matières premières ou des produits semi-finis. Une même société pouvait fonctionner à différents endroits sous un nom distinct, empruntant le nom des associés résidant dans le lieu d'exploitation. Les associés étaient souvent unis par des liens matrimoniaux ou familiaux. Les bureaux-chefs des plus importantes entreprises se trouvait à Londres, Liverpool ou Glasgow. La perte des colonies américaines et l'augmentation sensible des effectifs militaires britanniques à Québec et à Montréal incitèrent ces firmes commerciales à déplacer leurs bureaux d'affaires américains vers le Bas-Canada. La firme Forsyth & Richardson, qui faisait partie de la société londonienne Phynn, Ellice, Inglis & Cie, constitue un excellent exemple de ces mutations; après avoir quitté Schenectady vers 1785 pour s'établir à Montréal, elle devint rapidement la firme la plus importante de Montréal.

Au cours de la période qui se termina avec la fin des guerres napoléoniennes, se développèrent au Bas-Canada deux industries importantes destinées au commerce d'exportation, toutes deux dirigées par des commerçants anglophones.

Le commerce des fourrures avait occupé une place importante dans l'économie de la Nouvelle-France, et il devait par la suite être développé davantage par un très petit nombre de commerçants anglo-écossais qui menaient leurs affaires de Montréal. Vers 1812, la concurrence entre la Compagnie de la Baie d'Hudson, l'American Fur Company de John Jacob Astor (entrepreneur de New-York) et les diverses firmes montréalaises qui formaient la Northwest Company[4] étendirent le pillage systématique des terres indiennes à des régions nordiques aussi éloignées que celle du Grand Lac des Esclaves. Certains bourgeois des régions du Nord-ouest, dont James McGill, Simon McTavish, William McGillivray, Joseph et Benjamin Frobisher, ainsi que la société Frosyth et Richardson, accumulèrent des fortunes considérables dans le commerce des fourrures.

La deuxième industrie d'importance, celle du bois équarri, se développa en fonction des intérêts stratégiques de la Grande-Bretagne. Désirant faire en sorte que l'approvisionnement en bois de ses chantiers navals soit assuré à l'intérieur de son Empire, la Grande-Bretagne avait établi dès 1796 des tarifs préférentiels, qui atteignirent un sommet en 1814. Au port de Québec, principal point de transbordement du Haut et du Bas-Canada, se forma un groupe influent de marchands, propriétaires des quais d'embarquement, qui fournirent le capital nécessaire à l'établissement de chantiers sur les affluents du fleuve Saint-Laurent. Parmi ces commerçants, les plus importants étaient membres de sociétés commerciales britanniques, comme, par exemple, Pollock & Gilmour, mais le plus grand nombre étaient des marchands anglo-écossais travaillant pour leur propre compte.

L'intégration rapide des activités économiques du Bas-Canada à celles de l'Empire, au cours des dernières décennies du dix-huitième siècle, provoqua

d'importantes modifications du système politique provincial. L'Acte constitutionnel de 1791 créait une Chambre d'Assemblée élue et un Conseil législatif, dont les
membres étaient choisi par les autorités coloniales et auquel il était possible
d'accéder par voie héréditaire. Les conflits constitutionnels entre les membres élus
de la Chambre d'Assemblée, majoritairement francophones, et les membres
nommés du Conseil, en grande partie d'importants marchands écossais et anglais
de Montréal et de Québec, firent couler beaucoup d'encre. Mais comme l'ont
révélé des études récentes[5], ces conflits portaient presque exclusivement sur des
questions constitutionnelles, tels le droit pour l'Assemblée d'adopter une liste
civile permanente, la restriction des prérogatives du gouverneur en conseil, etc. La
quasi totalité des projets de loi concernant les travaux publics, l'expansion économique et les subventions aux hôpitaux et aux écoles étaient adoptées à l'unanimité.

Ces luttes constitutionnelles n'en reflétaient pas moins les divergences
d'intérêts et de vues quant à l'avenir de la colonie. Le premier parti politique
anglophone, le Scot Party, se forma au cours de la première décennie du dix-
neuvième siècle. Ses principaux membres étaient marchands de fourrures ou de
bois, ou importateurs, et ils étaient en faveur d'une plus grande intégration de la
colonie à l'Empire. Leur position est clairement exprimé dans cet éditorial du
Mercury de Québec rédigé en 1806:

> Pour une colonie britannique, cette province est beau-
> coup trop française. Il est absolument nécessaire que
> nous déployions tous nos efforts et prenions tous les
> moyens en vue de restreindre la progression des Fran-
> çais et la portée de leur influence. Après 47 ans de
> possession, il n'est que juste que la province devienne
> véritablement britannique.

Les politiques proposées par le Scot Party furent bien accueillies à Québec
par les administrateurs coloniaux, qui étaient de même classe sociale et partageaient les mêmes intérêts que les membres du parti.

> Il me semble réellement absurde, milord, que les inté-
> rêts d'une colonie importante, que ceux aussi d'une
> partie considérable de la classe commerciale de l'em-
> pire britannique, soient placés entre les mains de six
> boutiquiers sans importance, d'un forgeron, d'un meu-
> nier et de quinze paysans ignorants, qui forment une
> partie de la Chambre actuelle, le reste comprenant un
> médecin ou apothicaire, douze avocats canadiens ou
> notaires, quatre représentants respectables qui du
> moins ne tiennent pas boutique et de douze membres
> anglais. Il ne s'en trouve pas dans la députation que l'on
> puisse considérer comme un gentilhomme canadien.[6]

Le Scot Party n'exprimait là sans doute que l'opinion d'une faible partie de l'électorat anglophone de la colonie. La preuve en est que le comté de Bedford, seul comté rural à majorité anglophone, élut un Canadien français pour le représenter à l'Assemblée.

* * *

La diversité de la communauté anglophone du Bas-Canada fut accentuée par l'arrivée massive d'émigrants des Iles britanniques après les guerres napoléoniennes. La rationalisation capitaliste de l'agriculture, symbolisée par l'imposition des «enclosures», l'introduction de nouvelles techniques industrielles entraînant un chômage énorme et la réduction brutale des salaires dans les industries traditionnelles (réduction supérieure à 75% dans l'industrie du tissage), ainsi que l'anéantissement de l'économie irlandaise après l'échec de la rébellion de 1798, voilà autant de facteurs qui jouèrent un rôle dans ce formidable bouleversement social et démographique que les historiens dénommèrent la Révolution industrielle. Des millions de paysans, d'ouvriers et d'artisans durent émigrer des Iles britanniques, et nombre d'entre eux échouèrent au Canada. Entre 1829 et 1859, on ne compte que six années où il arriva au port de Québec, durant la saison de navigation, moins de 20 000 immigrants anglais, irlandais et écossais.

TABLEAU I — **Évolution de la composition du marché du travail à Québec (1795-1831) et à Montréal (1819-1831), selon les groupes linguistiques anglophone et francophone***

A- QUÉBEC

	1795		1831	
	Francophones	Anglophones	Francophones	Anglophones
Professions libérales	18 (50%)	18 (50%)	52 (46%)	60 (54%)
Hommes d'affaires	142 (51%)	136 (49%)	441 (45%)	520 (55%)
Artisans	505 (76%)	160 (24%)	1102 (61%)	686 (39%)
Journaliers	159 (90%)	19 (10%)	427 (49%)	433 (51%)

B- MONTRÉAL

	1819		1831	
	Francophones	Anglophones	Francophones	Anglophones
Professions libérales	31 (40%)	45 (60%)	55 (40%)	82 (60%)
Hommes d'affaires	224 (34%)	424 (66%)	392 (35%)	727 (65%)
Artisans	225 (38%)	364 (62%)	869 (45%)	1039 (55%)
Journaliers	157 (75%)	51 (25%)	411 (47%)	449 (53%)

Source: Fernand Ouellet, *Éléments d'histoire sociale au Bas-Canada*, Montréal, HMH, 1972.

* Ces données tiennent compte uniquement des chefs de familles.

En 1831, la composition du marché du travail des communautés anglophones de Montréal et de Québec était déjà modifiée (voir tableau I).

En résumé, disons qu'à cette époque près de 40% des chefs de famille de Québec et plus de 50% de ceux de Montréal appartenant aux classes populaires étaient anglophones.

Il semble qu'une très faible proportion des centaines de milliers d'immigrants anglais et irlandais de cette période soient demeurés au Bas-Canada. Un relevé de 1826 indique que 5% seulement y restèrent tandis qu'à peine 15% allèrent s'installer dans le Haut-Canada et que le reste émigra aux États-Unis[7]. Même selon les normes de cette époque, les conditions réservées aux immigrants, tant à bord des navires que dans les habitations temporaires aménagées sur le rivage, étaient effroyables. Les agents coloniaux préposés à l'immigration tentaient de présenter tout autrement la situation; ainsi, en 1831, A.C. Buchanan, agent en poste à Québec, affirme ce qui suit:

> Le voyage du Royaume-Uni jusqu'au Saint-Laurent se fait dans les conditions les plus salubres. La plupart des immigrants viennent d'Irlande et d'Écosse et se nourrissent principalement de pommes de terre ou de bouillie d'avoine, c'est pourquoi ils ne contractent que très rarement des maladies graves; par ailleurs, le brouillard et le froid des bancs de Terre-Neuve suppriment tout risque de maladie ou de contagion.[8]

L'année suivante, au cours de l'été 1832, dans le Bas-Canada seulement, plus de 17 000 personnes, en grande partie irlandaises, mouraient du choléra, qui avait été apporté par les immigrants arrivant à bord de navires destinés au transport du bois. Il réside peut-être une certaine justice dans le fait que Buchanan, lui-même marchand de bois à Québec, fut dans l'incapacité de rédiger son rapport annuel cette année-là: il était lui aussi atteint du choléra.

S'ils survivaient au périple, rares étaient les émigrants qui pouvaient s'établir dans leur nouveau pays. Près de 75% d'entre eux étaient sans argent[9], et la majeure partie des terres destinées au «free-hold tenure», soit 850 000 acres situés dans les Cantons de l'Est, avaient été accordées à la British American Land Company. Pour accéder à la propriété de ces terres, il fallait payer un prix, qui, pour les victimes de la politique britannique visant, selon l'expression utilisée à l'époque, à «shovelling out the paupers», étaient totalement prohibitif.

Au cours des premières décennies du dix-neuvième siècle, des Américains avaient commencé à coloniser les Cantons. Certains membres importants de la communauté anglophone jugeaient que cette politique «insensée» ne faisait que créer «une frontière constituée de colonies habitées par des gens ayant les mêmes origines et la même religion que leur ennemi»[10]. Ces immigrants se répartirent, pour la plupart, dans deux régions frontalières, soit celle de Stanbridge, Dunham et Saint-Armand près de la baie Missisquoi, et celle de Stanstead comprenant Stanstead, Hatley et Barnston, à l'est du lac Memphrémagog. En 1825, chacun de ces cantons comptait plus de mille habitants[11]. Les immigrants continuèrent d'affluer dans les Cantons de l'Est, si bien qu'en 1831 il y avait 37 000 habitants dans ces régions, dont près de 90% étaient anglophones[12]. Toutefois durant les années qui suivirent l'établissement de la Land Company (1833), un nombre relativement peu élevé d'immigrants originaires des États-Unis et des Îles britanniques s'y installèrent. Le recensement de 1851 indique que plus de 70% des habitants de chacune des cinq principales régions des Cantons étaient nés au pays, mais à la différence de l'époque de la première colonisation, dans les régions qui croissaient le plus rapidement, soient celles de Saint-François, Leeds et Milton, plus d'un tiers de la population était francophone[13].

Bien que la politique agraire adoptée par les autorités de la colonie n'ait pas facilité l'établissement dans les Cantons de la masse des immigrants, elle contribua indirectement à stimuler l'expansion économique. Les profits réalisés par la Land Company contribuèrent à la formation d'une classe d'industriels canadiens. C'est ainsi que William Price pu réinvestir ses profits dans la région du Saguenay et y implanter l'industrie de la coupe du bois et plus tard, des scieries; A.T. Galt créa l'une des premières filatures de coton de la colonie, avant de devenir le ministre des finances qui proposa la Confédération; Richard William Heneker fut président de la Eastern-Townships Bank, fondateur de la société International Railway et propriétaire de la Paton Manufacturing Company. Cependant, les immigrants pauvres des villes de Québec et de Montréal n'avaient guère d'autre choix que de devenir des salariés. Un an après l'attribution du monopole des terres à la British American Lands Company, Lord Goderich fit le commentaire suivant:

> S'est-on, par ailleurs, suffisamment demandé si l'on servirait vraiment la prospérité de la province, en encourageant tout homme en mesure de travailler, à ne le faire que pour son propre compte, à obtenir et cultiver son propre lot de terre sans recourir à l'aide des autres? Sans une certaine division du travail, et l'existence d'une classe de personnes acceptant la condition de salariés, comment empêcher la société de retomber presque à l'état primitif? Comment préserver aussi le confort et les raffinements de notre mode de vie?[14]

Les grands travaux publics de l'époque, soit le canal Lachine et le canal Rideau, ont été exécutés par des ouvriers irlandais[15]. Le plus important réseau ferroviaire de la province, le Saint Lawrence and Atlantic Railway, qui s'étendait de Montréal à Portland, dans l'État du Maine fut lui aussi construit par des Irlandais: en 1851, dans les six camps de travail disséminés le long de la ligne de chemin de fer entre Montréal et Sherbrooke, 898 des 1 004 employés étaient journaliers; de ce nombre, 75% étaient des catholiques irlandais, et seulement 7% étaient nés au Canada[16].

Les immigrants qui demeuraient au Canada avaient tendance à s'établir à Montréal ou à Québec. Il n'y avait aucune autre grande ville dans la colonie[17]; ces deux villes se retrouvèrent donc, au milieu du siècle, avec une forte population anglophone. Les premières lignes de *A Tale of Two Cities*, de Charles Dickens, auraient bien décrit Montréal et Québec où la vie était faite de contrastes frappants; une étude bien connue de P. Carpenter, intitulée *On the Vital Statistics of Montreal* (1869) portait d'ailleurs, en sous-titre, «The City of Wealth and Death». Dans les banlieues de Griffintown et de Sainte-Marie[18], des milliers de familles devaient payer jusqu'à six dollars par mois* pour avoir le «droit» de vivre dans des logements surpeuplés. On avait accès à ces logements par une petite cour qui servait également de latrines aux quelque dix familles dont le logis ouvrait sur cette cour. Par les grandes chaleurs d'été, ces cours devenaient de véritables fosses d'aisances, source constante de maladies. De plus en plus, les marchands et les manufacturiers quittaient la vieille partie de la ville, qui se transformait à la suite de l'ouverture du port aux navires océaniques et de l'industrialisation des bords du canal Lachine[19]. Ils construisirent alors d'élégantes résidences sur les flancs du mont Royal, le «Golden Square Mile», éloquent témoignage du succès de leurs entreprises.

* * *

L'économie de l'Est du Canada était alors en pleine transformation. Pendant la première moitié du siècle, un bon nombre d'importantes sociétés commerciales étaient nées du commerce entre les deux Canadas et la Grande-Bretagne. Les marchands de Québec et de Montréal avaient pour leur part fondé des banques et des sociétés d'assurance. Des réseaux ferroviaires avaient été créés pour suppléer le réseau de canaux initial, devenu insuffisant pour le commerce intérieur. Les techniques industrielles modernes ne se limitaient plus à des activités fondées sur l'agriculture telles que les brasseries et les distilleries. Dans les grandes industries, notamment celles de la chaussure, de la coupe du bois, ainsi que dans les meuneries, s'achevait le processus historique complexe du passage de la production artisanale à la production moderne industrielle[20], mais ce processus n'était pas restreint à la production. Nombre de petits propriétaires d'industries traditionnelles subissaient une pression de plus en plus forte à mesure que se multipliaient les grosses entreprises[21].

---

* Rappelons qu'à cette époque, l'ouvrier qui gagnait 75 cents par jour (s'il avait du travail), était considéré comme étant bien rémunéré.

La dévaluation des techniques et des métiers traditionnels changea radicalement la vie des classes populaires. Cette transformation ne s'est évidemment pas faite sans heurts, et les travailleurs anglophones participèrent activement à la formation des premiers syndicats ainsi qu'aux premières grèves. L'histoire de l'époque est semée de récits nombreux d'actes de protestation contre l'introduction de nouvelle machinerie, la réorganisation du travail, l'accélération des cadences et la réduction des salaires. À l'époque où les syndicats étaient illégaux, les artisans et les travailleurs anglophones se regroupaient en corporations bénévoles qui pouvaient fournir à leurs membres des assurances-vie et des assurances-maladie, et leur tenaient lieu de syndicats[22].

La *Quebec Ship Labourer's Benevolent Society* était la plus importante société d'entraide de la province et comptait quelque 2 000 membres en 1888. Témoignant devant la Commission royale d'enquête sur les relations entre le capital et le travail, en 1888, un ouvrier, Thomas Cullen, affirmait:

> qu'avant la création de la *Society*, les travailleurs de
> l'industrie maritime étaient victimes de la pauvreté et
> de l'oppression. Ils étaient traités rudement et avec le
> plus grand mépris, c'est pourquoi il était devenu essen-
> tiel qu'ils forment une association.[23]

La santé et l'éducation avaient depuis longtemps été des questions importantes pour la colonie. Elles l'étaient d'autant plus maintenant que l'industrialisme triomphait des valeurs populaires traditionnelles du «just wage» et «just price»[24]. Au cours des premières décennies du dix-neuvième siècle, les marchands avaient formé divers organismes de charité, tant à Québec qu'à Montréal. Certains établissements, comme le Montreal General Hospital et le Montreal Foundling Hospital, admettaient des protestants de toutes dénominations, mais la majorité étaient plus précisément réservés aux membres d'une ethnie ou d'un groupe religieux. Tout au cours du siècle, ces établissements — et divers autres plus spécialisés, tels les centres Mackay et Weredale — constituaient les seuls services sociaux offerts à la communauté anglophone protestante. Il n'existait pas de système public. Le financement des institutions dépendait des subventions gouvernementales et d'oeuvres philanthropiques.

Les plus importants de ces établissements étaient gérés par des conseils de direction dont faisaient partie des membres des grandes familles bourgeoises. Les établissements plus modestes étaient dirigés et même très souvent créés par les femmes des classes sociales dominantes[25]. Ce travail exigeait le concours de bénévoles pouvant disposer de leur temps. Au moins cinq de ces établissements de Montréal jouaient aussi le rôle de bureau de placement pour domestiques. De 1845 à 1881, les domestiques formèrent, en moyenne, 6,25% de la population féminine de Montréal, et ce pourcentage comportait, semble-t-il, une majorité d'Irlandaises célibataires[26].

La communauté irlandaise, qui représentait la moitié de la population anglophone de Montréal jusqu'au moment de l'immigration juive au début du siècle, fut plutôt laissée aux soins de l'Église catholique. Au tout début de l'immigration irlandaise, qui fut massive, l'Église hésitait à instituer des établissements distincts pour les Irlandais[27]. Mais, à la suite de la rébellion de 1837, lors de laquelle les Irlandais se montrèrent les plus fidèles alliés anglophones des Patriotes, et avec le maintien des sociétés secrètes chez les Irlandais, les autorités ecclésiastiques permirent finalement la fondation de paroisses et institutions irlandaises.

Ce régime séparé, mais inégal, existait aussi dans le domaine de l'éducation. Avec la fondation, en 1801, du *Royal Institution for the Advancement of Learning* (Institution royale pour l'avancement des sciences) dont seule subsiste aujourd'hui l'Université McGill, la responsabilité de l'éducation fut laissée entièrement au secteur privé. Les individus ou les groupes qui créaient des écoles pouvaient toutefois bénéficier de certaines subventions des pouvoirs publics. Il en est résulté une multitude de petites écoles privées ayant des besoins différents, tant du point de vue du financement que de l'enseignement. Les divers groupements protestants étaient très actifs dans ce domaine; ainsi, l'Église anglicane fonda le Collège et l'Université Bishop, dans les Cantons de l'Est. Les dénominations les plus portées sur l'évangile dispensaient un enseignement rudimentaire grâce aux «Sunday schools». Le caractère religieux du système scolaire de la colonie se reflétait même dans la disposition incorporée à l'A.A.N.B. par A.T. Galt, disposition en vertu de laquelle la Constitution garantissait le financement, non de l'école anglaise, mais de l'école protestante. Certaines des écoles fondées à cette époque, notamment celles de Montréal (reliées historiquement à McGill), ont pu subsister très avant dans notre siècle[28]. Toutefois, pour la majorité de la population anglophone du dix-neuvième siècle, l'instruction se faisait à la maison, au travail, ou pas du tout.

* * *

Au cours de la dernière moitié du dix-neuvième siècle, la population anglophone du Québec s'accrut plutôt lentement, en fait beaucoup plus lentement que la population francophone. À ce déclin relatif venait s'ajouter la tendance des anglophones à se concentrer en certains endroits. Durant la même période, la ville de Québec perdit beaucoup de son importance. Comme elle n'était reliée au centre du Canada par aucune ligne ferroviaire et que les exportations de bois avaient considérablement diminué après 1864, Québec se vit réduite à jouer le rôle d'un centre régional, et non plus national. En 1901, sa population ne représentait que le quart de celle de Montréal[29]. Par ailleurs, avant l'avènement de l'industrie laitière dans les Cantons de l'Est, cette région n'avait pas encore trouvé moyen de rentabiliser son agriculture. De plus, la perte du contrôle local sur de nombreux aspects de l'industrie et des finances régionales, au profit de Montréal et de Toronto, eut une influence négative sur la situation économique. Dans la région de Québec, comme dans les Cantons de l'Est, l'importance relative de la population anglophone diminuait progressivement.

La situation de Montréal était tout autre. En 1861, cette ville comptait 90 300 habitants, dont un peu plus de la moitié étaient d'origine irlandaise ou britannique; en 1901, toutefois, cette proportion étaient tombée à 37% et ce, d'une population qui avait plus que doublé. Les chiffres ci-dessous concernant les mouvements de la population à l'intérieur de la ville révèlent des tendance qui se sont précisées depuis.

TABLEAU II — **Lieu de résidence des citoyens d'origine britannique et irlandaise en 1861 et 1901, suivant les districts**

	1861		1901	
	% B. et I.	% ensemble du district	% B. et I.	% ensemble du district
Vieille ville	12	49	1,5	34
Quartiers de l'ouest	46	68	59	65
Quartiers du centre	27	49	25	41
Quartiers de l'est	15	31	14,5	13,5

Source: voir référence n° 30.

En résumé, seuls les quartiers de l'ouest de la ville réussirent à garder leur cachet anglais et ce, grâce à une forte exode en provenance des vieilles sections de la ville. L'importance de ce phénomène réside dans le fait que la population du vieux Montréal était composée de personnes de professions libérales et de bourgeois, ceux-là mêmes qui contrôlaient les institutions sociales et éducationnelles anglophones. Leur déplacement vers l'ouest entraîna celui de ces institutions.

Avant de discuter de l'influence de la concentration géographique des anglophones dans l'ouest de Montréal sur la population anglophone en général, il est essentiel de bien situer les classes dominantes de cette communauté. Depuis les années 1840, la ville de Montréal avait joué un rôle clé dans la vie économique du pays. Au début du vingtième siècle, les grandes compagnies de transport, les banques et les sociétés minières les plus importantes et la majorité des principales compagnies industrielles avaient leurs centres d'affaires à Montréal. Le marché qu'elles dominaient couvrait l'ensemble du pays, dont la capitale financière était la rue Saint-Jacques. Comme l'ont révélé des études récentes, en particulier celle de Gilles Piédalue[31], les pouvoirs financier et industriel étaient intimement liés pendant les premières décennies du vingtième siècle. Deux des trois groupes financiers formés au Canada au cours de cette période étaient établis à Montréal. Compte tenu de la taille de l'économie à l'époque, ils étaient proportionnellement plus puissants que les groupes Morgan ou Rockefeller l'étaient aux États-Unis.

C'est, en fait, cet immense pouvoir et la richesse matérielle qu'il procurait qui contribuèrent à élargir l'inégalité fondamentale entre les communautés anglophone et francophone de Montréal[32]. Les statistiques sur la mortalité que nous présentons ci-après au tableau III, en disent long sur cette période que fut la dernière partie du dix-neuvième siècle.

TABLEAU III — **Taux moyen de mortalité de 1876 à 1896, par groupe de 1 000 sujets**

Origine ethnique	Population totale	Population de moins de cinq ans
Canadien français	34,56	60,4
Irlandais	23,50	39,4
Britannique	17,60	40,9

Source: Noël Bélanger et al., *Les travailleurs québécois, 1851-1896* (Montréal, Les Presses de l'Université du Québec, 1975): 51.

L'inégalité en question s'est manifesté, d'ailleurs, tout au long du siècle dans les statistiques sur le degré de l'instruction[33], et, comme l'a démontré Alan Metcalfe, de façon de plus en plus évidente en ce qui concerne les activités récréatives[34].

Dans ce contexte économique, la localisation des anglophones en une partie précise de la ville, jointe au fait que les services sociaux s'organisaient au sein des ethnies et relevaient du secteur privé, a contribué à édifier un système de privilèges qui se reproduisait de lui-même. Il ne faut toutefois pas perdre de vue que la communauté anglophone comportait elle-même différentes classes sociales: la distance qui sépare Pointe-Saint-Charles de Westmount se mesure surtout en valeurs pécuniaires. Il était néanmoins plus facile à un travailleur anglophone qu'à un travailleur francophone d'avoir accès à l'éducation[35], aux soins médicaux[36] et aux emplois[37], et le fossé entre les deux communautés continua de s'élargir tout au long de la première moitié du vingtième siècle.

* * *

La dernière décennie du dix-neuvième siècle amena un flot d'immigrants de l'Europe centrale, phénomène qui devait modifier considérablement la composition ethnique de la population montréalaise. En 1901, plus de 15% de la population du quartier est de la vieille ville et, plus au nord, des deux quartiers du centre, soit Saint-Laurent et Saint-Louis, n'avaient ni l'anglais ni le français comme langue maternelle[38]. Au coeur de la ville, c'est-à-dire à partir du port en direction nord, entre les rues Bleury et Saint-Denis, se créait, entre l'ouest des Canadiens anglais et l'est des québécois, une zone-tampon habitée par d'autres nationalités.

La richesse accumulée grâce à la domination du marché canadien permit une expansion rapide, à Montréal, des institutions canadiennes anglaises, en réponse aux besoins créés par les nouvelles vagues d'immigration. Les disparités flagrantes existant dans les domaines de l'éducation, des services sociaux et de l'emploi ont fortement contribué à inciter les nouveaux arrivants à devenir des canadiens anglais.

De plus, cette concentration du pouvoir économique intensifia la dualité de la vie au Québec à différents niveaux. Au début du siècle, la communauté anglophone montréalaise disposait de quatre journaux quotidiens et de deux hebdomadaires diffusés dans toute la ville. Aucun de ces journaux ne s'érigeait en défenseur des intérêts de la majorité anglophone ou des aspirations nationalistes légitimes des Québécois, mais leur nombre lui-même garantissait du moins la diversité des opinions. En 1914, Sir Hugh Graham avait la mainmise sur toute la presse anglophone de la ville, à l'exception de *The Gazette*.

Il n'existe toujours pas d'analyse sociologique valable des répercussions, sur les diverses couches sociales anglophones, de l'oppression nationale des Québécois. Néanmoins, le fait que Montréal soit l'unique centre industriel d'importance au Canada où le Parti communiste n'ait pas réussi à faire une percée dans les années 1930, indique bien que, en encourageant délibérément le développement de l'identité ethnique, on risque fort de porter préjudice au développement de la conscience de classe.

L'essor rapide des deux principaux groupes financiers dont les affaires se faisaient de Montréal[39], soit la Banque de Montréal et la Banque Royale, s'interrompit brusquement lors de la Crise des années 30. Le capital exporté au cours des décennies précédentes par les entreprises nouvellement consolidées dans les domaines de la banque, du transport, des assurances et des services publics, fut alors en partie rapatrié[40]. La principale industrie manufacturière du Québec, celle des pâtes et papiers[41], dut au même moment affronter de graves problèmes, et de son côté, l'industrie textile, qui était alors le principal employeur du monde industriel québécois, procéda à des coupures salariales et des fermetures d'usines, en dépit du fait qu'elle bénéficiait de tarifs protectionnistes élevés[42].

Quant à l'expansion économique à long terme de la province, on peut dire qu'elle fut influencée au cours des années 1930 non pas par un fait en particulier, mais plutôt par l'absence d'un fait. Les capitalistes montréalais investissaient relativement peu dans l'industrie minière. Sauf dans la région de Timmins, cette industrie étaient développée grâce à des capitaux provenant de Toronto ou des États-Unis. Au moment où les économies occidentales se sortaient de la crise en produisant du matériel militaire, les bénéfices s'accumulaient de plus en plus à Toronto au détriment de Montréal. Bay Street ne tarda pas à devenir la nouvelle capitale financière du pays.

En fait, l'opression nationale du Québec commença lors de la conquête militaire en 1759 et se continua grâce à l'intégration économique subséquente de la province à l'Empire britannique. Au début, les administrateurs coloniaux avaient bien tenté, avec un certain succès, d'entretenir cette oppression en incitant la population à s'identifier strictement selon l'ethnie et la religion, mais les brusques changements économiques et sociaux engendrés par la révolution industrielle canadienne accentuèrent plutôt les différences entre les classes sociales, à l'intérieur de l'une et de l'autre des communautés francophone et anglophone. Bien que les anglophones n'aient que très rarement participé à la lutte contre l'oppression nationale, on constate qu'au dix-neuvième siècle les conflits portant sur des questions économiques ont à maintes reprises primé sur les division nationales. Les travailleurs anglophones, les travailleurs francophones ainsi que leurs leaders respectifs étaient souvent engagés dans ces premiers combats menés contre la disparition des métiers artisanaux traditionnels, pour la réduction des heures de travail, l'augmentation des salaires et syndicalisation. Au début du vingtième siècle, l'unification de la couche supérieure de la bourgeoisie, majoritairement canadienne-anglaise, accentua les divisions nationales au sein du Québec. Les disparités perceptibles dans les domaines de la santé, de l'éducation et des services sociaux se sont alors amplifiées et, avec le temps, se sont exacerbées les injustices relatives aux possibilités d'emploi et de promotion sociale.

* * *

On peut tirer bien des leçons de notre passé si complexe, mais dans le cadre du présent ouvrage, deux points peut-être méritent une attention particulière. Il s'agit tout d'abord de l'origine de la richesse de la communauté anglophone, particulièrement à Montréal, et de l'impact économique des récentes tentatives pour remédier aux aspects les plus flagrants de l'oppression nationale au Québec.

Malgré ses disparités sociales et ethniques, la communauté anglophone a généralement bénéficié du développement inégal de l'économie canadienne. L'accumulation d'une grande partie des capitaux montréalais au cours de ce siècle s'est faite grâce à un contrôle d'entreprises pancanadiennes et souvent même d'entreprises à l'extérieur du pays. Ces capitaux provenaient entre autres des bénéfices réalisés par la compagnie du Canadien Pacifique dans les Prairies, de l'exploitation de mines de charbon au Cap Breton par la famille Webster, du financement de la Reid Newfoundland Company par la Banque de Montréal ainsi que du monopole des services publics jamaïcains exercé par la société Greenshield. Des compagnies telles que Nesbitt, Thomson et Sun Life, détenant respectivement le monopole de l'hydro-électricité dans le Nord de l'Ontario et le gros du marché de l'assurance au Canada, ainsi que les monopoles et oligopoles érigés en sous-payant les travailleurs québécois, ont créé à Montréal un fonds de richesse qui permit le financement de nombreuses entreprises philanthropiques, dont l'Université McGill, le Collège Bishop, l'hôpital Royal Victoria, l'Hôpital général de Montréal, les hôpitaux Douglas et Royal Edward, la fondation Saidye Bronfman et la Montreal Association for the Blind. La substitution de Bay Street à la rue Saint-Jacques ainsi que la transformation de Calgary et Vancouver en centres financiers modifièrent les réseaux du pouvoir et du profit au Canada. Mais, dans le débat entourant la récente série de transferts des sièges sociaux, on s'est davantage attardé à la perte éventuelle d'une position relativement privilégiée qu'à l'injustice d'un système économique profitant des disparités régionales et dont le propre est en même temps de créer de telles disparités.

Depuis le cabinet Sauvé en 1959, plusieurs gouvernements provinciaux se sont vus obligés par les syndicats et d'autres organisations populaires de prendre des mesures afin de remédier à certaines des injustices mises en évidence dans le présent chapitre, notamment dans les secteurs des affaires sociales, de l'éducation et de la santé. La Révolution tranquille n'a manifestement pas réussi à les faire disparaître. L'écart entre les communautés anglophone et francophone du Québec persiste: l'on n'a qu'à comparer, entre autres critères, le nombre de lits par hôpital, le revenu individuel moyen, le nombre d'étudiants admis aux études universitaires, le taux de chômage, le nombre de propriétaires, etc. Bien plus, en procédant à des coupures dans les services gouvernementaux, les gouvernements Bourassa et Lévesque n'ont fait qu'élargir le fossé.

Dialectiquement parlant, on peut relier cet échec au premier point soulevé ci-dessus. Les réductions budgétaires, ainsi que les taux élevés de chômage et d'inflation qui sévissaient au Québec dans les années 1970 et le début des années 1980, sont directement liés au peu d'accumulation de capital dans la bourgeoisie québécoise. Vu l'absence quasi totale de monopoles et d'oligopoles dans le secteur privé, le développement de l'infrastructure se trouve restreint par la faiblesse de la base économique. Le programme économique du gouvernement provincial, *Bâtir le Québec*, récemment publié, indique clairement que ce gouvernement s'est enfin rendu compte de cette faiblesse. Le renforcement de la bourgeoisie québécoise par l'intermédiaire de la Caisse de dépôt et de placement, et d'Hydro-Québec, ainsi que par des allégements fiscaux, des réductions de services publics et l'aide sélective au mouvement coopératif traditionnel (les caisses populaires, Québec-Lait, etc.) et aux P.M.E. ayant un potentiel commercial d'exportation, constituera la priorité du gouvernement durant la prochaine décennie.

NOTES

(1) Dans le présent texte, les termes «Québécois» et «Canadien anglais» sont des outils analytiques. Ils font référence aux peuples qui sont ou qui étaient membres de la nation québécoise ou canadienne-anglaise, une nation étant un groupe humain stable suivant une évolution historique, dont l'unité repose sur la communauté de langue, de territoire, de vie économique et de caractères psychologiques caractérisant une même culture. Bien qu'il soit impossible d'établir à quel moment précis un groupe devient une nation, on peut généralement parler de nation québécoise à partir du premier quart du dix-neuvième siècle, et de nation canadienne anglaise à partir du troisième quart.

(2) E.J. Hobsbawn, *Industry and Empire*, (Harmondsworth, Penguin Books, 1971):49. Il s'agit du meilleur livre d'histoire en un volume traitant de l'Empire britannique de 1750 à 1914.

(3) Pour des raisons d'ordre stratégique surtout, se sont également créés de petits villages à Murray Bay, Matapédia et Rivière-du-Loup.

(4) La Northwest Company fut créée en 1775, mais n'a acquis le monopole du commerce des fourrures qu'avec l'achat de la Compagnie XY en 1804.

(5) Alan Dever, *Economic Development and the Lower Canadian Assembly, 1828-1840*.

(6) Extrait d'une lettre du gouverneur Sir James Craig à Lord Liverpool, écrite le 10 mai 1810. Reproduite telle quelle dans *Archives canadiennes: Documents constitutionnels 4*, George V, A. 1914, p. 402.

(7) *British Sessional Papers*, 1826, vol. IV, p. 48.

(8) *Ibid.*, 1831-32, vol. XXXII, p. 229.

(9) J. Greenlaw et P. Orr, *Social Origins of Scottish Immigration to Lower Canada*.

(10) Ce sont les mots de Andrew Stuart, en 1816, selon une citation de F.W. Terrill, *Chronology of Montreal and of Canada from A.D. 1752 to A.D. 1893*, Montréal, John Lovell, 1893.

(11) Ces données, ainsi que les suivantes, proviennent de la thèse de maîtrise non publiée de Françoise Noël Smith, intitulée *The Establishment of Religious Communities in the Eastern Townships 1797-1851*.

(12) Bien qu'en 1831 74,6% des habitants du Bas-Canada fussent catholiques romains, seulement 11,4% des habitants des Cantons de l'Est étaient catholiques. Ce pourcentage inclut probablement des catholiques originaires de l'Irlande ou des Highlands.

(13) Les pourcentages réels sont probablement plus élevés, car au moment du recensement, il y avait plus d'un millier de personnes vivant dans les camps de travail du Saint Lawrence and Atlantic Railway, et principalement dans la région de la rivière Saint-François. La compagnie de chemin de fer employait très peu de francophones.

(14) *British Sessional Papers*, 1834 vol. XLIV, p. 296. Je désire remercier Jane Greenlaw de m'avoir signalé cette citation.

(15) H.C. Pentland «The Development of a Capitalistic Labour Market in Canada».

(16) J.-P. Kesteman «Les travailleurs à la construction du chemin de fer dans la région de Sherbrooke (1851-1853)».

(17) En 1851, la plus grande ville des Cantons de l'Est, Sherbrooke, ne comptait que 2 998 habitants. Les villes de Trois-Rivières et de Sorel, ayant respectivement 4 936 et 3 424 habitants, se classaient immédiatement après Québec (42 052 habitants dont 41% d'anglophones) et Montréal (57 715 habitants dont un peu plus de 50% d'anglophones) du point de vue de l'importance de leur population.

(18) Le quartier Sainte-Marie était situé à l'est de la vieille ville, au pied du «Courant Sainte-Marie» et «Griffintown»; une partie du quartier Sainte-Anne était située à l'ouest de la ville, au nord du canal Lachine.

(19) Ces deux phénomènes se produisirent dans les années 1840. Les activités du port augmentèrent après le dragage du lac Saint-Pierre, et le canal se développa après la mise en exploitation de l'énergie hydroélectrique produite par les écluses.

(20) Il s'agit d'un processus complexe, qui n'a été analysé que depuis peu dans le contexte canadien. La meilleure étude à l'heure actuelle est la thèse de maîtrise de Joanne Burgess, de l'U.Q.A.M., qui traite de la plus grande industrie montréalaise au 19ᵉ siècle, soit l'industrie de la chaussure. Elle a publié un précis portant le même titre que sa thèse de 1977, soit «L'industrie de la chaussure à Montréal: 1840-1870 — le passage de l'artisanat à la fabrique», dans la *Revue d'histoire de l'Amérique française*, 31,2 (sept. 1977). Il existe très peu de documentation sur la meunerie, et pour ce qui a trait à l'industrie de la coupe du bois, il faut toujours se référer aux ouvrages de A.R.M. Lower, *The North American Assault on the Canadian Forest*, Toronto, 1937 et *Britain's Woodyard*, Toronto, 1976.

(21) Il existe une excellente étude de cas réalisée par Margaret Heap sur la grève des charretiers s'élevant contre les contrats exclusifs du Grand Trunk Railway; cette étude s'intitule «La grève des charretiers à Montréal, 1864», dans la *Revue d'histoire de l'Amérique française*, 31, 3, déc. 1977.

(22) Dans les études précitées de Burgess et Heap, on peut constater le rôle des anglophones dans ces prises d'action. Voir aussi Jean Hamelin et al., *Répertoire des grèves dans la province de Québec au XIXᵉ siècle*, Montréal, Les Presses de l'École des H.E.C., 1970, Charles Lipton, *The Trade Union Movement of Canada 1827-1959*, Toronto, NC Press, 1973, et le témoignage de R. Leahy et T. Cullen dans G. Kealey (dir.), *Canada Investigates Industrialism*.

(23) Voir les témoignages de R. Leahey et T. Cullen dans: G. Kealey, cité dans la note précédente.

(24) Ces termes datent de la fin du Moyen Âge, et leur usage a été étudié dans le contexte européen par E.P. Thompson et George Rudé. Ils formaient une partie intégrante de l'idéologie populaire relative à la production artisanale. E.P. Thompson, *The Making of the English Working Class*, New York, Vintage Books, 1963 et George Rudé, *The Crowd in History, 1730-1848, New York, John Wiley & Sons, 1964*.

(25) D. Suzanne Cross, «The Neglected Majority: The Changing Role of Women in 19ᵗʰ Century Montreal», *Histoire sociale — Social History*, 6, 12(nov. 1973):216.

(26) *Ibid.*, p. 209. Il s'agit des organismes suivants: St. George Society, Y.W.C.A., Protestant House of Industry and Refuge, Women's Protective Immigration Society et la Montreal Day Nursery.

(27) John S. Moir «The Problem of Double Minority: Some reflections on the Development of the English-Speaking Catholic Church...», p. 60.

(28) Notamment la McGill Normal School, la Montreal School of Nursing et le High School of Montreal. Ce dernier établissement n'a fermé ses portes qu'en juin 1979.

(29) En 1851, il y avait 42 000 habitants à Québec et 57 000 à Montréal; en 1901, ces populations avaient respectivement atteint 68 800 et 267 700 habitants. Source: *Rapport des Archives du Québec 1922*, p. 27.

(30) Le tableau a été préparé à partir de données compilées par le Groupe de recherche sur la société montréalaise au 19e siècle de l'U.Q.A.M., à partir des recensements de ces années. Les totaux dépassent 100% parce que les chiffres sont arrondis. Les quartiers de l'Ouest sont ceux de Sainte-Anne et de Saint-Antoine, les quartiers du centre, ceux de Saint-Laurent et de Saint-Louis et ceux de l'Est, Saint-Jacques et Sainte-Marie.

(31) Gilles Piédalue, *La bourgeoisie canadienne et le problème de la réalisation du profit au Canada, 1900-1930*.

(32) Seules deux familles francophones ont réussi à adhérer à ces deux groupes, la famille Forget et la famille Rolland.

(33) Bien que je considère que les parties interprétatives de l'oeuvre de Allan Greer «The Pattern of Literacy in Quebec, 1745-1899», *Histoire sociale — Social History*, 21, 22(nov. 1978), sont sujettes à caution, ses études statistiques de la Commission Buller (années 1830) ainsi que les recensements ultérieurs indiquent clairement que les anglophones étaient de façon constante moins analphabètes.

(34) A. Metcalfe, «The Evolution of Organized Physical Recreation in Montreal 1840-1895», *Histoire sociale — Social History*, 11, 21. Les trente installations sportives privées ou commerciales situées dans les limites de Montréal entre 1860 et 1895 se répartissaient comme suit dans les différents quartiers: 6 dans le quartier Sainte-Anne, 15 dans Saint-Antoine, 1 dans Saint-Laurent, 4 dans Saint-Louis, 3 dans Saint-Jacques, 1 dans la vieille ville et aucune dans Sainte-Marie (p. 160, op. cit.).

(35) En 1917, les non-catholiques représentant alors moins de 30% de la population de la ville, il y avait 7 314 étudiants inscrits dans les classes au-delà de la quatrième année des écoles de la PSBGM et seulement 6 154 inscrits aux mêmes niveaux dans les écoles de la CECM. En 1921, la subvention municipale fournie aux écoles de la CECM était de 45$ par étudiant, alors qu'elle était de 87$ dans le cas des écoles de la PSBGM. Source: Terry Copp, *The Anatomy of Poverty, the Condition of the Working Class in Montreal 1897-1929*, pp. 61 et 68.

(36) La lutte contre la tuberculose constitue un bon exemple de ces disparités. L'hôpital le plus important et le mieux équipé de la ville de Montréal était le Royal Edward Chest Hospital, fondé en 1909 grâce à un don de la famille Burland. Il s'agissait d'un hôpital anglais fonctionnant en anglais exclusivement. En 1924, Hugh Graham fit un don de 100 000 $ dans le but de créer deux cliniques et l'on divisa cette somme également afin d'établir une clinique dans Hochelaga, et l'autre dans l'Ouest de la ville. Selon une enquête du Service de santé de Montréal en 1927, le taux de tuberculose chez les francophones était de 167 sur 100 000 alors qu'il était de 95 sur 100 000 chez les anglophones. Voir Copp, op. cit., pp. 100-103 et Kathy McCuaig, *Campaign against Tuberculosis in Canada, 1900-1950*. Thèse de maîtrise à l'Université McGill, 1979.

(37) Le nombre d'ouvriers qualifiés anglophones était disproportionné dans les entreprises suivantes: Vickers, Dominion Bridge, Northern Electric, Dominion Engineering, Angus Shops et le G.T.R. En 1931, les anglophones avaient une sous-représentation de 7,5% pour ce qui était des ouvriers non qualifiés, et une sur-représentation de 7,1% pour ce qui était des employés de bureau; John Porter, *The Vertical Mosaic:...*, p. 94.

(38) Données du Groupe de recherche sur la société montréalaise, U.Q.A.M.

(39) En 1930, les principales sociétés faisant partie du groupe de la Banque Royale étaient les suivantes: la Dominion Bridge, le Montreal Trust, la Canada Steamship Lines, la Montreal Light Heat and Power, la Canada Power & Paper, la Dominion Steel & Coal et la Montreal Tramways. Par ailleurs, le Royal Trust, la Dominion Rubber, la Dominion Textile, le C.P., la Compagnie de téléphone Bell du Canada et la Ogilvie Flour Mills étaient les principaux associés du groupe de la Banque de Montréal. La compagnie d'assurance Sun Life entretenait de bons rapports avec ces deux groupes, mais particulièrement avec le dernier.

(40) Des nombreux exemples possibles, le plus représentatif est peut-être celui de la Banque de Montréal qui exerçait ses activités au Mexique. Cette banque y a ouvert une première succursale en 1906, est devenue le principal établissement financier de ce pays vers 1926, mais s'est retirée en 1934.

(41) Gilles Piédalue, «Les groupes financiers et la guerre du papier au Canada 1929-1930», *Revue d'histoire de l'Amérique française*, 30, 2(sept. 1976):223-258.

(42) L'honorable juge Turgeon, *Commission royale d'enquête sur l'industrie du textile*, Imprimeur du roi, Ottawa, 1938-1939. Voir également le premier chapitre du compte rendu de la CSN intitulé *En Grèce*, Montréal, Éditions du Jour, 1964.

Les anglophones et l'enseignement jusqu'à 1964

Alan W. Jones

ALAN W. JONES est directeur de la Graduate School of Education de l'Université Bishop. Ancien membre du Comité protestant du Conseil supérieur de l'éducation, il occupe le poste de président d'AQEM (Anglo Québec en Mutation).

Le système scolaire québécois diffère de tous les autres en ce qu'il est confessionnel, c'est-à-dire que les écoles sont soit protestantes, soit catholiques. Dans les lignes qui suivent, nous allons tenter de décrire le contexte dans lequel se sont développées les écoles destinées aux enfants de langue anglaise avant la création du ministère de l'Éducation en 1964. Nous devrons donc nous intéresser à la fois aux écoles anglaises protestantes et catholiques. Nous demandons deux choses au lecteur. Premièrement, il devrait rejeter l'idée qu'anglais = protestant et que français = catholique. Il suffit en effet de réfléchir un instant pour se rendre compte qu'il est possible d'être à la fois anglais et catholique ou français et protestant. Deuxièmement, le lecteur doit admettre qu'on peut avoir des structures de l'enseignement une conception autre que celle, largement répandue aujourd'hui, qui a pris naissance aux États-Unis au cours du dix-neuvième siècle, selon laquelle l'enseignement est sans conteste une responsabilité de l'État, lequel doit établir des écoles publiques où tous les enfants d'une communauté desservie par une école donnée sont réunis dans un but commun fixé par une autorité séculière. Sans cette préparation de l'esprit, il est impossible de comprendre l'évolution de l'enseignement au Québec.

Le premier établissement anglophone connu, situé à l'intérieur des frontières actuelles des la province fut celui de Rupert House, créé au dix-septième siècle. Il est normal que la population de langue anglaise y ait été peu nombreuse jusqu'après la cession de la Nouvelle-France en 1763. À cette époque, les immigrants venaient des Îles Britanniques et des territoires anglophones au sud de la province. Pendant la période qui va de la Cession à la Rébellion de 1837, les administrateurs, les soldats et les commerçants (tel James McGill) se sont installés principalement dans les centres urbains de la vallée du Saint-Laurent. Puis il y eut les pêcheurs pionniers de la côte est du Québec. La famille Robin, par exemple, possédait en 1764, à la Baie des Chaleurs, une poissonnerie qui desservait les pêcheurs de morue de l'endroit. Des fermiers venus d'Angleterre et d'Écosse s'installèrent sur des terres non occupées, loin des seigneuries des basses terres du Saint-Laurent, de sorte que l'on vit de nouvelles communautés anglophones apparaître dans les Cantons de l'Est, la vallée de la Châteauguay et la vallée de l'Outaouais. La loyauté à la Couronne, sentiment qui avait poussé à l'action un grand nombre des ceux qui avaient été déracinés par la Révolution américaine, rendit plus complexe le phénomène des migrations. Ainsi, des loyalistes s'établirent en 1784[1] en Gaspésie, notamment à Paspébiac, et il y eut quelques éléments loyalistes dans le peuplement des Cantons de l'Est au cours des années 1790. La situation se compliqua davantage, au début du dix-neuvième siècle, par la migration d'hommes et de femmes originaires d'Irlande qui, même s'ils venaient d'un milieu rural, eurent tendance à se regrouper dans les villes, comme c'est souvent le cas pour les migrants irlandais. En résumé, les anglophones qui vinrent s'installer ici entre 1763 et 1837 avaient des origines, des métiers et des croyances diverses. Ce manque d'homogénéité fut accentué par la distribution parsemée du peuplement.

Tous les immigrants apportent avec eux une certaine idée de ce que devrait être le système scolaire. Il s'agit habituellement d'une copie conforme de ce à quoi ils ont été habitués. Parmi les différents groupes d'immigrants, il est utile de considérer trois conceptions distinctes de l'enseignement, selon que les nouveaux venus arrivaient d'Angleterre, du nord des États-Unis ou d'Irlande.

En Angleterre, l'instruction relevait officiellement de l'Église nationale, ce qui signifiait, par exemple, que c'étaient les évêques anglicans qui délivraient les permis aux instituteurs. De plus, être véritablement Anglais signifiait être anglican, car être loyal au roi appelait aussi la loyauté à l'Église du pays sur lequel il régnait. En théorie, l'enseignement devait avoir une base anglicane. En pratique, les classes ouvrières d'Angleterre ne pouvaient compter, pour ce qui est des écoles, que sur la charité des propriétaires terriens (*squires*). Les enfants des classes moyennes fréquentaient souvent les écoles secondaires (*grammar schools*) subventionnées où ils étaient censés recevoir une formation classique, mais beaucoup de ces écoles avaient perdu tout dynamisme. Les écoles et les académies créées par des non-conformistes à l'extérieur du «système» prodiguaient un enseignement plus pratique. Ces entreprises privées s'éteignaient habituellement avec leur propriétaire.

Les immigrants venus des États-Unis, loyalistes comme non-loyalistes, apportaient une conception différente de l'enseignement. Ils étaient habitués à voir des citoyens prendre l'initiative d'assurer eux-mêmes l'instruction des enfants, tâche qu'ils considéraient comme un devoir civique. Ils étaient davantage prêts à rechercher des compromis acceptables pour tous sur les questions d'enseignement religieux à l'école en mettant de côté ce qui était trop particulier ou sujet à controverse. Ils croyaient également qu'il était normal d'imposer des taxes scolaires.

À l'opposé, les immigrants irlandais voyaient l'enseignement de la même façon que les catholiques l'avaient toujours fait, c'est-à-dire comme une partie du travail de l'Église catholique, chargée d'instruire ses fidèles et de veiller au développement de leur vie spirituelle, sans intervention de l'État séculier.

Ces conceptions de l'enseignement sont irréconciliables, mais on peut toutes les retrouver au Québec entre 1763 et 1837. Pour comprendre l'histoire de cette période, il faut renoncer à l'habituelle méthode chronologique pour examiner la façon dont chaque théorie a contribué à l'évolution de l'enseignement.

La théorie anglaise selon laquelle l'Église et l'État ne font qu'un, explique la proclamation officielle de 1763, qui prévoyait l'attribution de terres à l'Église anglicane, afin qu'elle puisse pourvoir aussi bien à ses écoles qu'à ses lieux de culte. Elle explique aussi pourquoi l'évêque de Londres était censé accorder un permis à tout maître d'école anglais venant au Québec. Mais l'apathie en Angleterre n'avait d'égale que l'inertie qui existait au Québec et l'on ne fit aucune tentative réelle pour construire un système sur la base de cette théorie avant que la province n'ait son propre évêque anglican. Consacré en 1793, Jacob Mountain voulait affecter à toutes les paroisses des instituteurs protestants anglais qui enseigneraient l'anglais gratuitement, ainsi que l'écriture et l'arithmétique à un faible coût, prétendant qu'une telle pratique ferait tomber en quelques années les barrières existant entre les Anglais et les Français[2]. Cette notion d'écoles gratuites fut formulée dans la loi de 1801 «pour l'Établissement d'écoles gratuites, et l'avancement des sciences dans cette Province». Dans chaque paroisse les citoyens devaient décider eux-mêmes s'ils voulaient construire une école. Toutefois (et cela est facilement compréhensible), celles où l'on choisit d'en construire une — pour ensuite, conformément à la loi, la céder, en échange d'aide, à l'organisme para-gouvernemental qu'était l'Institution royale pour l'avancement des sciences — furent peu nombreuses.

La pratique anglaise, non officielle, de permettre que soient établies des écoles privées quand le «système» officiel ne fonctionnait pas adéquatement passa aussi au Québec. Dans les journaux de l'époque, on retrouve des avis discrets faisant connaître au public les qualifications des propriétaires d'écoles. En 1790, la ville de Québec comptait au moins six écoles privées qui dispensaient l'enseignement à quelque deux cents élèves. Nous savons peu de choses de ces écoles car leurs registres ont disparu avec les propriétaires et les annonces parues dans les journaux sont probablement aussi dignes de foi que l'est la publicité en général.

L'influence de la pensée américaine se retrouve dans le rapport du Comité Dorchester publié en 1789. Ce comité avait pour mandat d'enquêter sur les lacunes dans l'enseignement et d'y suggérer des remèdes; malgré son nom, il était présidé par le juge William Smith, loyaliste originaire de l'État de New York. Le rapport recommandait l'établissement d'un système scolaire complet relevant de l'État, système qui offrirait une école primaire gratuite dans chaque village ou paroisse, une école secondaire dans chaque municipalité de comté et une «Université de la Province de Québec», à Québec, pour l'enseignement des arts libéraux et des sciences, mais non de la théologie. Cette université aurait été ouverte à tous, sans égard à la confession religieuse. Le rapport demeura cependant lettre morte.

Pour leur part, les catholiques de langue anglaise ne voyaient pas le besoin que des comités gouvernementaux s'intéressent à l'enseignement. En 1819, la population catholique de langue anglaise de Montréal comptait environ trente familles dans la paroisse Notre-Dame-de-Bonsecours. L'ouverture en 1823 de la «Salle des petites Irlandaises» par les pères sulpiciens illustre la façon dont l'Église considérait sa tâche. En 1837, la Congrégation de Notre-Dame dispensait elle aussi l'enseignement aux enfants des immigrants irlandais qui, grâce aux soins de Mgr Lartigue, évêque de Montréal, disposaient d'une école dans le soubassement de la sacristie de la cathédrale[3].

Pendant la période qui va de 1763 à 1837, aucune théorie de l'enseignement ne se révéla complètement satisfaisante. Le Comité Dorchester n'accomplit rien et l'Institution royale pour l'avancement des sciences fit bien peu, si l'on considère l'ampleur du problème. Même la tentative pragmatique de donner des pouvoirs et de l'argent aux communautés locales par la loi de 1829 sur les syndics s'effondra après des débuts encourageants.

Dans le désarroi qui, après la Rébellion de 1837, s'installa parmi les dirigeants de la province, l'enseignement apparut comme l'un des moyens privilégiés d'apaiser les conflits. La possibilité de fondre ensemble les différents éléments de la population et de faire assimiler systématiquement les Canadiens de langue française par la population anglophone au moyen de l'enseignement fut préconisée comme solution ultime au problème décrit par Lord Durham et ses collaborateurs. La répugnance des Canadiens français à être assimilés à la collectivité anglaise selon le modèle américain est bien compréhensible, mais cet aspect déborde le cadre de notre article. Ce qu'il importe de comprendre dans l'évolution de l'enseignement pour les anglophones c'est qu'il était surtout considéré comme une fonction du gouvernement.

L'Acte d'Union de 1840 unissait de façon officielle le Haut-Canada et le Bas-Canada et lors de la première session du Parlement des Canadas unis une loi qui mettait sur pied un système scolaire public relevant de l'État fut adoptée. Dès le début, les deux Canadas se sont rendu compte qu'il existait entre eux une incompatibilité en matière d'enseignement et, après quelques années, ils décidèrent de se séparer. Le Bas-Canada (c'est-à-dire le Québec) eut donc son propre système scolaire, passablement différent de celui du Haut-Canada (c'est-à-dire l'Ontario). Au lieu de retracer en détail tous les changements et révisions du début des années 1840, nous décrivons la loi unificatrice de 1846 d'après laquelle le système d'enseignement public du Québec a fonctionné et s'est développé depuis plus d'un siècle.

Alors qu'aujourd'hui on croit souvent que seuls les bigots ou les fanatiques de la religion insistent pour que l'enseignement ait un fondement religieux, il n'apparaît pas déraisonnable que des parents, individuellement ou en groupe, veuillent transmettre leur culture à leurs enfants alléguant que, puisque la culture est fondée sur la religion, l'enseignement doit aussi avoir un contenu religieux. En 1846, le Québec possédait donc un système d'écoles communes administrées par des conseillers («commissaires») élus localement, et soutenues par des taxes locales. Il était prévu que la religion serait enseignée dans les écoles, disposition qui reflète l'importance accordée à la religion dans les différentes tentatives, que nous avons vues, d'organiser l'enseignement jusqu'à cette époque. Cependant, comme la population du Québec n'appartenait pas toute à un seul groupe religieux, la loi de 1846 permettait la dissidence. Les conseillers scolaires devaient veiller à ce que l'enseignement religieux soit donné dans l'école relevant de leur autorité, mais tout groupe de contribuables pouvait exprimer son dissentiment et mettre sur pied sa propre école, qui devait être soutenue par les taxes de ces contribuables dissidents. Naturellement, comme les protestants se retrouvaient en minorité dans la province, les conseils minoritaires («commissions dissidentes») étaient fréquemment protestants. Toutefois, étant donné qu'il s'agissait de *dissidence au niveau local*, si c'étaient des catholiques qui étaient en minorité et exprimaient leur dissentiment, il s'ensuivait que le conseil minoritaire de cette localité était catholique. Quelques conseils de chaque type ont survécu aux vicissitudes du temps; en 1977, par exemple, il existait un conseil minoritaire protestant à Baie-Comeau et un conseil minoritaire catholique à Portage-du-Fort[4]. La loi de 1846 n'appliquait pas le principe de la dissidence à Québec et à Montréal: pour chacune de ces villes elle prévoyait un conseil scolaire catholique et un conseil scolaire protestant. Nulle part on ne faisait allusion à la langue d'enseignement.

Vu par les bureaucrates de notre époque, cet édifice administratif peut impressionner par son importance. Mais pour obtenir des résultats, il fallait plutôt de l'habileté et de l'initiative au niveau local. Les remarques radicales et insultantes d'Arthur Buller dans le rapport de Lord Durham sur l'état de l'instruction étaient basées sur une enquête des plus superficielles. Par exemple, ce rapport affirme de façon catégorique:

> Il me reste à ajouter que, si les adultes venus du Vieux Pays sont généralement plus ou moins instruits, les Anglais sont dans une situation à peine meilleure que les Français en ce qui a trait aux moyens d'éducation pour leurs enfants, et en fait ils n'en possèdent presque pas, excepté dans les villes[5].

Cette affirmation ne tient guère, car il existait un certain nombre d'académies, organisées en partie comme celles de la Nouvelle-Angleterre, telle la Charleston Academy située à Hatley et dont le directeur des études, Zadock Thompson, licencié ès lettres, avait publié en 1835 *A Geography and History of Lower Canada*. Vingt ans plus tard, grâce à des initiatives locales, le nombre des académies était passé à quatorze dans les Cantons de l'Est seulement et on y dénombrait environ mille élèves.

Au sein de la communauté catholique de langue anglaise, les initiatives locales devaient tenir compte d'une nouvelle vague d'immigrants. Pendant les années 1840, l'immigration en provenance de l'Irlande augmenta rapidement et de nombreux catholiques anglophones, souvent sans ressources, malades, à demi morts de faim et qui avaient tout juste survécu la traversée de l'Atlantique, débarquèrent au Québec. Il va sans dire qu'il fallait les aider à assurer les simples nécessités de la vie et que l'instruction ne pouvait figurer en tête de leurs priorités. Les progrès se faisaient parfois lentement, mais le travail des frères des Écoles chrétiennes, venus au Québec en 1837 et qui avaient pour but de dispenser l'instruction aux pauvres, fournit un noyau autour duquel l'enseignement destiné aux catholiques anglophones put se développer.

À l'époque de la Confédération, le système scolaire du Québec, fondé sur la loi de 1846 mais laissant beaucoup de champ à l'initiative et à l'esprit d'entreprise au niveau local, permettait une diversité de réponses aux questions de fond et accordait l'égalité, même en matière de financement, à ceux qui divergeaient de la majorité. Ce principe est inscrit dans le document qui a servi de constitution au Canada depuis plus de cent ans. L'article 93 de l'Acte de l'Amérique du Nord britannique débute comme suit:

Dans chaque province, la législature pourra exclusivement décréter des lois relatives à l'éducation, sujettes et
conformes aux dispositions suivantes: [. . .] Rien dans
ces lois ne devra préjudicier à aucun droit ou privilège
conféré, lors de l'union, par la loi à aucune classe
particulière de personnes dans la province, relativement aux écoles séparées (*denominational*). . .

Comme au moment de l'Union il existait dans la province des écoles
protestantes et des écoles catholiques, aussi longtemps que l'Acte de l'Amérique
du Nord britannique demeurait en vigueur, aucune loi de l'Assemblée nationale du
Québec ne pouvait porter préjudice aux droits des protestants et des catholiques à
ces écoles. Il faut bien comprendre que les garanties en matière d'enseignement
étaient d'ordre *religieux* et non d'ordre *linguistique*.

Pour ce qui est de l'évolution de l'autorité centrale en matière d'instruction
publique, l'expérience du Québec diffère de celle de toutes les autres provinces.
Dans les années 1840, le Bas-Canada et le Haut-Canada possédaient chacun leur
propre surintendant de l'instruction publique, mais le climat général était tel que
Jean-Baptiste Meilleur, surintendant pour le Bas-Canada, ne put jamais mettre sur
pied un bureau comparable à la puissante administration créée par Egerton Ryerson, surintendant pour le Haut-Canada, dans la région située à l'ouest de la rivière
des Outaouais, où le développement se faisait à un rythme rapide. De façon
semblable, même si immédiatement après la Confédération le Québec créa un
ministère de l'Instruction publique, il est significatif que celui-ci n'ait duré que huit
ans et qu'après 1875 l'autorité centrale en matière d'enseignement fut le Conseil de
l'Instruction publique, organisme dont les membres étaient nommés et qui, préten-
dait-on, ferait sortir l'enseignement du champ de la politique. Il est également
significatif que la loi de 1875, élaborée dans les années qui ont immédiatement
suivi le premier concile du Vatican, accordait d'office à tous les évêques catholiques un siège au Conseil de l'Instruction publique. Cette loi rendait de plus le
Comité catholique et le Comité protestant du Conseil respectivement responsables
de toutes les questions reliées à l'enseignement catholique et à l'enseignement
protestant. Le Québec allait dorénavant posséder deux systèmes scolaires. L'incapacité du Conseil de l'Instruction publique à se réunir en entier après 1908 illustre à
quel point ces deux systèmes étaient séparés.

Au Québec, on entend habituellement parler du «système français» et du
«système anglais», mais il faut bien se rendre compte que ces expressions désignent
des entités qui n'existent pas. On ne peut pas dire non plus que «système anglais»
soit synonyme de «système protestant». Pendant les quatre-vingt-dix années qui
séparent l'abolition du ministère de l'Instruction publique (1875) de la création du
ministère de l'Éducation (1964), les différents systèmes scolaires québécois se sont
développés sans connaître de changement majeur dans leurs structures. En 1966-
1967, la distribution des élèves selon la langue et selon la religion était la
suivante[6]:

	Dans les écoles publiques	Dans les écoles privées
Catholiques francophones	1 227 217	97 796
Protestants francophones	5 039	939
Catholiques anglophones	101 107	9 130
Protestants anglophones	123 611	10 476

Il est frappant de constater que le nombre des catholiques anglophones égalait presque celui des protestants anglophones. On remarque aussi que les catholiques anglophones n'étaient pa regroupés exclusivement à Montréal et qu'en résultat, dans le reste de la province, «francophone» n'était pas non plus synonyme de «catholique». Les terres arables de la vallée de l'Outaouais, par exemple, comptent une nombreuse population catholique anglophone. D'autre part, la majorité des villes qui se sont industrialisées ont attiré une population d'expression anglaise, comprenant à la fois une communauté protestante et une communauté catholique, chacune étant suffisamment dynamique pour avoir ses propres écoles. Val-d'Or est un exemple de ville minière et Shawinigan et Trois-Rivières des exemples de villes papetières qui furent des pôles d'attraction pour les anglophones.

Étant donné que dans le domaine de l'instruction publique les anglophones s'étaient regroupés en deux communautés distinctes, dispensant chacune un enseignement basé sur une théorie différente, on ne peut relever de thème commun à l'histoire de ces deux groupes entre 1875 et 1964. D'une part, les protestants anglophones eurent à régler deux problèmes principaux, soit la question du regroupement et la façon de répondre aux besoins de ceux qui n'étaient ni protestants ni catholiques. D'autre part, les catholiques anglophones se posait l'éternelle question de savoir comment survivre dans un système où les catholiques francophones étaient douze fois plus nombreux.

En 1902, Sir John Adams, professeur de pédagogie à la University of London, étudia le système scolaire protestant de la province. Dans le cas de Montréal, il n'eut que des compliments à faire. Là, on était suffisamment riche pour s'offrir de bons bâtiments et bien payer les professeurs. En dehors de Montréal, il y avait trois types d'écoles: l'académie, l'école modèle et l'école de district. Beaucoup d'académies se révélaient excellentes et possédaient un personnel compétent travaillant dans des locaux décents. Très souvent, les écoles modèles, qui selon le règlement du Comité protestant devaient enseigner l'algèbre, la géométrie, le français et le latin en plus des matières de base, ne méritaient pas leur nom. On les retrouvait habituellement dans des communautés peu dynamiques ou trop pauvres pour faire fonctionner adéquatement une académie. À propos des écoles de district, qui étaient des écoles de village ordinaires dispensant le cours primaire de quatre ans, Adams écrivit:

Généralement parlant, elles sont très mauvaises. Elles se divisent en trois parties: l'école proprement dite, le hangar à bois et les cabinets extérieurs. L'école est presque toujours construite en bois, généralement en planches à clin, et souvent recouverte d'une peinture rouge foncé. On trouve même parfois de simples cabanes en bois rond. Le nombre des fenêtres varie de trois à huit [...] D'ordinaire, en entrant du côté du chemin on se retrouve directement dans la salle de classe, faisant face à l'institutrice qui est assise à son pupitre sur une plate-forme légèrement surélevée. Entre la porte et l'institutrice se trouve le poêle. Des deux côtés de la pièce, les pupitres sont disposés de sorte que les enfants se font face [...] Le plancher est habituellement fait de planches larges, pleines de clous et de noeuds. Dans la plupart des cas, le bâtiment offre une bonne protection contre les intempéries, mais j'ai vu plusieurs écoles où la pluie pénètre par le toit et où les courants d'air se font sentir dans toute la pièce [...] Le hangar à bois est habituellement assez convenable, car ici les besoins de la cause s'avèrent intéressants pour le commissaire à l'esprit pratique [sic]. Les cabinets laissent beaucoup à désirer, tant sur le plan de l'hygiène que sur le plan du confort.

Comme 60% des écoles de district recevaient au plus quinze élèves, qu'elles étaient généralement prises en charge par un professeur non qualifié et pouvaient n'être ouvertes que quelques mois par année, Adams recommanda leur regroupement.[7]

On mit son conseil en pratique pour la première fois à Kingsey en 1905. À mesure que les années passaient et que les moyens de transport des enfants s'amélioraient, le mouvement gagnait du terrain et la taille des écoles rurales et des régions qu'elles desservaient augmentait. Le processus de «régionalisation», qui marqua la Révolution tranquille et se situe donc à l'extérieur de notre propos, doit être vu comme la continuation de cette tendance dans une époque de technologie plus avancée. En 1905, dans le cas de Kingsey, il y eut un important débat sur les conséquences pour une communauté de perdre son école locale et de s'intégrer à une école éloignée mais plus grande; de la même façon, on discuta de la question dans tout le Canada rural. Néanmoins, les Québécois de langue anglaise doivent faire face à une difficulté supplémentaire. Comme ils constituent une minorité, leur petit nombre dans une localité particulière peut signifier que leurs enfants ont à parcourir chaque jour de grandes distances.

La question de savoir quelles mesures prendre dans le cas de ceux qui n'étaient ni catholiques ni protestants se posa après la Confédération et, en général elle dut être résolue par la communauté protestante. C'est l'immigration qui donna au Québec son premier groupe de non-catholiques et non-protestants, les Juifs. Inévitablement, un groupe d'immigrants arrivant au Canada à la fin du dix-neuvième siècle et ne connaissant ni l'anglais ni le français ne pouvait que choisir d'apprendre l'anglais, parce que c'était la langue du commerce. Les Juifs préféraient aussi l'école protestante à l'école catholique car dans la première les pratiques religieuses exigeaient moins de temps et passaient davantage inaperçues. Tant que le nombre des Juifs demeura faible, il fut relativement facile de faire des arrangements selon les circonstances, mais une communauté qui reçoit des étrangers tend à se sentir menacée lorsqu'elle voit leur nombre augmenter. L'admission des Juifs à une école protestante diminuerait-elle le caractère protestant de l'école?

Cette question se retrouve au coeur d'un débat qui se poursuivit à Montréal pendant trente ans et se termina en 1930 par la création dans cette ville d'un conseil scolaire juif et d'une entente avec les conseillers scolaires protestants pour l'enseignement aux enfants juifs. Par la suite, d'autres groupes non protestants et non catholiques immigrèrent au Québec et ils eurent tendance à s'adresser au système protestant pour l'instruction de leurs enfants; ce phénomène aida à faire naître l'idée que le système protestant n'était plus protestant mais séculier.

En matière d'enseignement, les droits des catholiques anglophones, comme ceux de tous les autres citoyens du Québec, sont fondés sur la religion et non sur la langue. Contrairement aux protestants de langue anglaise, les catholiques anglophones ont été incapables de dominer les conseils scolaires qui dispensent l'enseignement à leurs enfants. Ne disposant d'aucune garantie constitutionnelle, ils ont dû s'en remettre aux catholiques francophones pour obtenir une certaine mesure d'autonomie et assurer leur survivance. Même à Montréal où, comme la population anglophone en général, ils sont regroupés, et où, en 1928, une loi «établissait un comité administratif semi-autonome» pour les écoles de langue anglaise à l'intérieur de la Commission des écoles de langue anglaise à l'intérieur de la Commission des écoles catholiques de Montréal, ils ne peuvent jouir de la même indépendance que les protestants d'expression anglaise. En plus de cette différence vitale dans les structures administratives, il faut noter deux autres points importants à propos des catholiques de langue anglaise du Québec au vingtième siècle. Premièrement, les Irlandais ont graduellement cessé d'en constituer le groupe prédominant. En effet, des immigrants catholiques d'Italie ou de Pologne, par exemple, ont choisi les écoles catholiques anglaises. Dans les années 1950, il était possible de trouver à Montréal une école catholique dont la langue d'enseignement était l'anglais et où seize nationalités étaient représentées, mais où très peu d'enfants possédaient un nom irlandais. En second lieu, la question se posait de savoir si le programme d'études des écoles catholiques anglaises devait être une simple traduction de ce qui était approuvé pour les écoles catholiques françaises, ou s'il devait y avoir un programme distinct[8].

Tout comme ses écoles élémentaires, la population anglophone développa ses écoles supérieures à partir d'un certain nombre de théories de l'enseignement, de là un manque d'uniformité et différents établissements faisant leur apparition grâce à l'initiative de groupes distincts. Le Loyola College était, de toute évidence, catholique, la University of Bishop's College, anglicane, et c'est la Y.M.C.A. qui créa le Sir George Williams College. Quant à l'établissement d'enseignement supérieur de langue anglaise le mieux connu au Québec, McGill University, ainsi nommé en l'honneur de James McGill, commerçant qui laissa une partie de son héritage pour la fondation d'un collège, il se développa sous l'égide de l'Institution royale pour l'avancement des sciences et devint rapidement non confessionnel.

Vu de l'extérieur, au commencement de la Révolution tranquille, le système scolaire du Québec semble institutionnaliser les forces centrifuges qui existent dans la province: les protestants s'isolent des catholiques, et les anglophones, des francophones. De plus, comme le Québec a été moins influencé que beaucoup d'autres parties du Canada par les théories américaines sur l'organisation scolaire, son système scolaire constitue une exception et se fonde sur un principe différent de celui qu'on retrouve dans presque tout le reste du continent.

NOTES

(1) Wilbur H. Siebert, «The Loyalist Settlements on the Gaspe Peninsula».

(2) Thomas R. Millman, *Jacob Mountain First Lord Bishop of Quebec: a Study in Church and State 1793-1825*, p. 171.

(3) Paul Gallagher, «A history of public education for English-speaking Catholics in the Province of Quebec», pp. 30-33.

(4) Québec, ministère de l'Éducation, *Répertoire des organismes et des écoles*, 1977, p. 177, 187.

(5) Gerald M. Craig, *Lord Durham's Report: An Abridgement...*, p. 71.

(6) Roger Magnuson, *Education in the Province of Quebec*, p. 20.

(7) John Adams, *The Protestant School System in the Province of Quebec*, pp. 7-9.

(8) G. Emmett Carter, *The Catholic Public Schools of Quebec*, pp. 70-79.

Deuxième partie

PERCEPTION DE SOI, DE L'AUTRE ET DU QUÉBEC

Il semble évident que les anglophones, pris individuellement, sont largement en avance sur leurs institutions en matière d'adaptation au Québec d'aujourd'hui. En d'autres termes, nombre d'entre eux recherchent volontiers des solutions radicales à leur progressive marginalisation par rapport à la société québécoise: ceux-là, s'ils ne partent pas, s'adaptent. À ce titre, il est significatif que la revue et l'analyse la plus complète des études consacrées aux changements survenus récemment au sein de la communauté anglophone du Québec — celle de Michael Stein, révisée par son auteur pour le présent recueil — ait été rédigée dans une perspective «psychologique» plutôt que «structuraliste».

L'adaptation des anglophones se manifeste principalement dans le domaine de la langue. En effet, ceux-ci utilisent de plus en plus le français dans leurs rapports avec les francophones. Cependant, le système traditionel d'éducation dans les écoles de langue anglaise n'a pas encore réussi à assurer une bonne acquisition des compétences linguistiques en français. Les deux façons que l'on a trouvées dernièrement pour enseigner le français consistent, pour l'une, à réaliser des programmes «d'immersion» dans les écoles de langue anglaise et, pour l'autre, à placer simplement les enfants dans des écoles de langue française. La première solution a le désavantage, étant donné le contexte artificiel de l'environnement ainsi créé, de maintenir un certain cloisonnement entre anglophones et francophones; la seconde solution, quant à elle, risque de porter atteinte à la langue anglaise et à l'héritage culturel des enfants. Certains parents trouvent un compromis en donnant à leurs enfants un enseignement primaire en français et un enseignement secondaire en anglais.

Le dilemme qu'engendre le choix du système d'éducation est symptomatique du problème global de l'insertion des anglophones dans la société québécoise. En effet, si l'acquisition des compétences linguistiques en français facilite la vie et le travail au Québec, elle ne conduit pas nécessairement à la participation créative et à l'intégration au milieu. Si la langue seconde ne sert pas de véhicule pour la transmission de certaines valeurs, il est douteux qu'une véritable intégration, impliquant le partage des aspirations de la majorité, puisse avoir lieu. C'est ainsi que nombre d'anglophones ayant participé à des programmes «d'immersion» linguistique et parlant couramment les deux langues se sentent encore à l'écart des mouvements de la vie québécoise, incapables de définir leur place et leur rôle au sein de cette société et même réticents à s'appeler «Quebecers» ou «Québécois». Leur attitude semble strictement utilitaire, dépourvue de véritable sympathie et d'un réel engagement à l'égard de la culture de la majorité. En fait, pour que tous puissent en arriver à parler de «l'autre groupe» autrement qu'en termes d'«eux» et de «nous», il faudra sans doute que des mesures autrement plus énergiques soient adoptées.

Ce sont sans doute ces circonstances qui ont conduit certains anglophones, comme l'explique McLeod Arnopoulos, à choisir de «franchir la frontière» — par le biais de la langue d'enseignement, du mariage, du choix du lieu de résidence et du milieu de travail. Pour ceux-là, l'intégration est en général totale et c'est sans aucun doute dans leurs rangs que se trouvent les 50 000 à 60 000 anglophones qui ont voté pour le Parti québécois lors des deux dernières élections provinciales. Il n'en demeure pas moins, toutefois, qu'il s'agit, à bien des égards, d'un groupe assez marginal. D'abord, un grand nombre parmi eux ne sont pas originaires du Québec, mais de l'Ontario, des États-Unis et de Grande-Bretagne, ou sont des descendants d'immigrants d'autres souches. Les Anglo-Québécois de naissance, pour leur part, semblent beaucoup plus réticents face à de telles prises de position, du fait sans doute de l'influence de leur passé et d'un certain ordre des choses qui faisait d'eux, sans équivoque, des citoyens majoritaires. En second lieu, ceux qui passent ainsi la frontière deviennent en quelque sorte invisibles, en ce sens qu'ils se fondent dans la majorité francophone et ne peuvent plus agir en tant que représentants d'un groupe anglophone. Que cela soit dû à la nature même des individus — dont certains sont des immigrants récents, des marginaux, des solitaires — ou aux structures qui les encadrent, demeure difficile à déterminer. Il est certain qu'un premier groupe de «marginaux», soit les catholiques anglais, a joué un rôle considérable d'intermédiaire culturel. Peu importe les raisons de cette différence, les implications en sont évidentes. L'adaptation individuelle, même si elle est fréquente, n'a pas abouti spontanément à une redéfinition du statut ou de l'allégeance des anglophones, et il n'est pas certain que cela se produise dans l'avenir. On pourrait peut-être, tout au plus, envisager une érosion progressive de la vieille société anglaise du Québec au fur et à mesure que le nombre de ces «transfuges» augmentera, érosion entraînant l'affaiblissement des institutions anglophones, qui auront depuis longtemps été abandonnées par les éléments les plus dynamiques, les plus innovateurs, et les plus influents de la société anglaise du Québec. D'autre part, il se pourrait — bien que cela semble, il est vrai, peu probable — que, par une sorte d'alchimie créatrice, un nouveau sens de l'histoire, mêlé au sentiment de son statut minoritaire, produise chez l'anglophonie québécoise une conscience culturelle régénératrice, qui profiterait aussi à toute la société québécoise.

Changement dans la perception de soi des Anglo-Québécois

Michael Stein

MICHAEL STEIN, actuellement professeur de sciences politiques à l'Université McMaster de Hamilton (Ontario), a enseigné auparavant à l'Université Carleton d'Ottawa ainsi qu'à l'Université McGill. Pendant son séjour à McGill, son intérêt pour la politique canadienne et québécoise l'incitèrent à étudier l'évolution de la conscience politique des anglophones du Québec. Par la suite, il devait être rattaché à la Commission Pépin-Robarts comme consultant en recherche.

Lorsqu'on lui a demandé en 1982 des mettre à jour son texte de 1979, le professeur Stein choisit de le laisser tel quel. À son avis, la phase de «prise de conscience et d'action» dont il parle dans son article se poursuit encore aujourd'hui. Il lui semble cependant qu'il existe chez les anglophones une inquiétude grandissante quant à la place qu'ils occuperont à l'avenir et au rôle qu'ils auront à jouer au Québec, de même qu'une plus grande polarisation entre le «camp fédéraliste» et ceux qui croient à l'intégration par l'adaptation à un Québec nouveau.

Introduction

Depuis l'élection historique du 15 novembre 1976, la communauté anglophone québécoise est en train de vivre une profonde transformation psychologique. Ce changement a presque complètement échappé à l'attention des observateurs sociaux et politiques, dont le regard s'est fixé sur les divisions internes entre «fédéralistes» et «indépendantistes» au sein de la communauté francophone. Et pourtant, la réaction de la communauté anglophone peut avoir une signification tout aussi cruciale et durable pour le dénouement du débat interne au Québec. Les francophones québécois de toute allégeance utilisent régulièrement les Anglo-Québécois comme point de référence lorsqu'ils essaient d'évaluer les progrès réalisés dans leur lutte pour une plus grande égalité sociale et économique au Québec et au Canada. Les francophones du Québec et les anglophones des autres parties du Canada en font fréquemment leur première cible à cause de leurs supposés suffisance et sentiment de supériorité, de leur tendance à vivre à l'écart de leurs voisins francophones, à la fois physiquement et mentalement, et de leur réussite économique, souvent atteinte aux dépens des francophones. Dans les discussions sur l'avenir du Canada, on les considère souvent comme des quantités négligeables et même facilement remplaçables.

Dans les pages qui suivent*, j'ai choisi de traiter particulièrement de deux questions:

1) Quelle a été dans le passé la perception d'eux-mêmes des Québécois anglophones, ou non francophones (c'est-à-dire les anglophones et les immigrants non francophones)[1] dans le contexte politique provincial, et comment cette perception s'est-elle modifiée? Quel impact l'élection d'un gouvernement péquiste le 15 novembre 1976 a-t-elle eu sur cette perception?

2) Quel rôle politique utile pourraient-ils jouer sur la scène provinciale au cours des prochaines années?[2]

On peut dire que dans sa propre perception de son rôle au Québec, la communauté anglophone est passée par au moins deux phases distinctes au cours des trois dernières décennies (depuis la fin de la deuxième guerre mondiale): d'abord, une phase de confiance en soi et de conscience d'appartenance à un «groupe majoritaire», puis une phase de dissonance d'image de groupe à la fois majoritaire et minoritaire et d'attitude défensive. Depuis l'accession au pouvoir du Parti québécois en novembre 1976 et, spécialement, depuis l'adoption de la

* Le présent exposé est une version revue et augmentée de l'article de Michael B. Stein, «Le rôle des Québécois non francophones dans le débat actuel entre le Québec et le Canada», paru dans *Études internationales*, 8, 3(juin 1977):292-306. Je tiens à remercier Stanley Ehrlich qui m'a aidé dans la recherche pour la mise à jour de l'article, ainsi que Balbinder Dodd pour l'aide qu'il m'a apportée dans la rédaction originale. Mes remerciements vont aussi à William Coleman, de l'université McMaster, pour ses précieux commentaires sur un brouillon antérieur.

113

controversée Loi 101 sur la langue en août 1977, la communauté anglophone est entrée dans une troisième phase, que j'ai déjà appelée phase de prise de conscience et d'action positive d'un groupe minoritaire[3].

La phase de conscience confiante d'appartenance à la «majorité»

La première phase, celle de la conscience confiante d'appartenance à la «majorité», s'était manifestée bien avant l'avènement de la Révolution tranquille des années 1960. En effet, on peut dire qu'elle remonte jusqu'à la période qui suivit 1763, date de la Conquête, époque où les marchands et les fonctionnaires britanniques établirent le contrôle politique et économique sur les «habitants» qui étaient demeurés au pays. L'apogée de ce sentiment «majoritaire» a certes été atteint au cours de la période allant de 1830 à 1865. La population d'origine britannique était alors, en fait, numériquement majoritaire dans la Cité de Montréal[4], la rébellion menée par Papineau avait été matée et les marchands anglais s'étaient alliés au clergé français pour faire en sorte que l'Union des deux Canadas fonctionne sans ses aspects assimilateurs réprouvés.

La première période d'urbanisation rapide se produisit au moment de la Confédération. Dès le premier recensement de 1871, on a pu constater que Montréal avait de nouveau une majorité de 60% de francophones. Dans l'ensemble de la province, le taux élevé de natalité chez les Canadiens français leur avait assuré l'avantage numérique: ils formaient en effet environ 80% de la population. Ces rapports de 80% à 20% entre Canadiens français et Canadiens anglais dans la province est de 60% à 40% à Montréal même, allaient demeurer virtuellement inchangés pendant presque un siècle, jusque bien après le début de la Révolution tranquille des années 1960[5].

La conscience confiante d'appartenance à «une majorité» des anglophones québécois était marquée d'un sentiment de supériorité, tant au plan éducatif que culturel, renforcé par des revenus moyens plus élevés et par une situation de commande dans l'économie du Québec. On constate également une identification avec la *majorité politique* anglophone au niveau national, et avec le gouvernement fédéral qui en est la manifestation tangible[6]. Les anglophones du Québec tendaient à considérer que c'était le gouvernement fédéral, plutôt que le gouvernement provincial, qui constituait à la fois l'instrument de leur pouvoir et la source de leur protection. Ils cherchaient de l'appui et des sympathies auprès des autres anglophones du Canada dès qu'ils sentaient que leurs «droits» étaient attaqués. Enfin, il y avait identification avec la culture majoritaire du Canada et de l'Amérique du Nord, puisque les anglophones du Québec lisaient souvent les mêmes journaux, revues et livres, écoutaient les mêmes programmes de radio et de télévision, regardaient les mêmes films et s'intéressaient aux mêmes événements sportifs et récréatifs que les autres anglophones du continent[7].

Ces attitudes de base se traduisaient par des manifestations institutionnelles et des comportements spécifiques. On songe, par exemple, à la création d'institutions communautaires anglophones entièrement séparées, isolées de leurs voisins francophones, une presse parlée et écrite qui, sur le plan des reportages locaux, se concentrait presque exclusivement sur les événements survenus dans la collectivité anglophone[8]. Les media négligeaient à peu près complètement le milieu francophone, ce qui avait pour conséquence que les anglophones du Québec avaient peu de chances d'être conscients des changement qui avaient lieu au sein de la communauté francophone[9]. En outre, il y avait relativement peu d'anglophones qui étaient fonctionnellement bilingues et une proportion encore plus infime était capable de parler et d'écrire couramment le français. Ces lacunes tendaient à renforcer l'isolationnisme anglophone[10]. Dans la sphère politico-administrative, les anglophones du Québec comptaient surtout sur la pression discrète de l'élite à l'endroit des dirigeants administratifs et gouvernementaux du Québec pour obtenir des faveurs politiques. Cette pression s'exerçait principalement par des contacts directs ou téléphoniques entre, d'une part, les dirigeants des collectivités et des entreprises anglophones et, d'autre part, les ministres et les hauts fonctionnaires francophones, souvent par l'intermédiaire de quelques députés pivots d'expression anglaise[11]. Les anglophones, eux-mêmes comptaient fort peu de représentants aux échelons supérieurs de la fonction publique québécoise. Après la mort de Duplessis, presque tout le soutien politique anglophone s'est porté sur les libéraux provinciaux.

Au cours de la Révolution tranquille, qui suivit le règne de Duplessis on put constater une adaptation rapide et même une adhésion enthousiaste à la plupart des principales réformes dans les domaines de l'économie, de l'éducation et de la langue, y compris le bilinguisme au niveau fédéral — dans ce dernier cas, il s'agissait probablement d'une concession tardive des anglophones devant une menace réelle contre leur statut[12].

Des immigrants non francophones avaient commencé à arriver en grand nombre au Québec avant la première guerre mondiale. Les premiers, qui comprenaient des Juifs, des Allemands, des Polonais, des Ukrainiens et des Russes, envoyaient pour la plupart, leurs enfants aux écoles anglo-protestantes ou anglo-catholiques (dans certains cas, parce qu'il n'y avait pas d'autre alternative possible) et s'intégraient le plus aisément à la communauté anglophone du Québec. Ceux qui arrivèrent plus tard, en forts contingents, comme les Italiens, eurent tendance à conserver plus longtemps leur langue maternelle d'origine et à préserver une autonomie plus grande par rapport à la communauté anglophone. Les Italiens, comme, dans une certaine mesure, les Irlandais avant eux, avaient des liens culturels et sociaux plus étroits avec les francophones, ce qui se traduisait par un plus grand nombre de mariages mixtes avec des membres de la majorité francophone. Toutefois, ces immigrants aspiraient également à gravir les échelons socio-économiques: aussi, après la deuxième guerre mondiale, ils eurent plus tendance à envoyer leurs enfants dans des écoles catholiques d'expression anglaise surtout[13]. Leurs attitudes et comportements en vinrent à se distinguer de moins en moins de ceux des anglophones, qui avaient la mainmise sur l'économie, et avec lesquels ils tendaient généralement à s'identifier tant au plan économique que politique[14].

La phase de dissonance de l'image de groupe majoritaire-minoritaire et de défense

Les premières failles dans la psychologie majoritaire confiante des anglophones et des immigrants non francophones du Québec apparurent à la suite de changements importants qui se déroulaient au Québec pendant la Révolution tranquille. Parmi ces changements, citons premièrement les tentatives de prise de contrôle par le gouvernement provincial sur les opérations jusque là autonomes des institutions locales et des services sociaux anglo-québécois. Au fur et à mesure des efforts gouvernementaux pour réorganiser et normaliser les structures éducatives (Lois 62, 28, 71), pour réglementer les institutions charitables et professionnelles (Loi 65) et pour regrouper les municipalités et créer des structures régionales et métropolitaines, les anglophones découvraient qu'ils ne constituaient plus une communauté autogérée. Ils étaient, au contraire, de plus en plus soumis à la volonté de la majorité francophone dirigeante qui avait adopté une attitude interventionniste; deuxièmement, il y eu la croissance et la force montante du mouvement indépendantiste au Québec qui aboutit à l'unification de tous les petits groupes sous la bannière du Parti québécois, à la direction de René Lévesque dès 1968, puis à l'obtention de 23% du vote populaire au cours de l'élection provinciale de 1970 et, après la menace temporaire contre l'ordre légo-constitutionnel au cours de la crise du FLQ d'octobre 1970, à l'établissement du Parti québécois au rang d'opposition officielle avec 30% des suffrages aux élections provinciales de 1973. Ces événements amenèrent de nombreux anglophones au Québec à envisager la possibilité que, advenant l'indépendance du Québec, ils ne pourraient plus dépendre du gouvernement fédéral ou des autres Canadiens anglophones pour la protection de leurs droits.

Mais ce qui a le plus contribué à transformer l'attitude des anglophones du Québec, ce fut l'adoption de la Loi 22 en juillet 1974[15]. Le «Bill 22», ou la Loi sur la langue officielle, faisait du français la seule langue officielle de la province et, aux yeux de la plupart des anglophones, reléguait l'anglais au statut de langue minoritaire ou de deuxième classe. En soi, c'était un coup psychologique très dur pour les anglophones, qui avaient toujours considéré l'utilisation officielle de leur langue comme un «droit acquis», principe partiellement inscrit dans la Constitution canadienne par le biais de l'article 133 de l'Acte de l'A.N.B. (lequel accordait clairement à l'anglais un statut officiel dans les domaines de la législature et des tribunaux au Québec). La deuxième réaction majeure eut lieu au sein du Québec anglophone lorsque l'on s'efforça de limiter le choix des parents au chapitre de la langue d'enseignement de leurs enfants, disposition qui visait spécialement les immigrants non francophones. La liberté de choix de la langue d'enseignement avait pourtant été garantie à tous les Québécois par la Loi 63, votée en 1969 par l'Union nationale en dépit des protestations des nationalistes francophones. La troisième objection fondamentale fut soulevée par quelques anglophones contre l'obligation imposée aux entreprises d'une certaine taille installées au Québec d'inclure suffisamment de français dans leurs activités quotidiennes pour mériter un certificat de «francisation» du gouvernement, faute de quoi les entreprises risquaient des mesures punitives comme la perte de contrats du gouvernement, des amendes, etc. Enfin, de nombreux opposants à la Loi 22 soutenaient que, d'un point de vue constitutionnel, ou de celui des droits de l'homme, celle-ci violait les garanties fondamentales de la langue anglaise et des droits des minorités en matière d'éducation accordées par les articles 133 et 93 de l'Acte de l'A.N.B., allait à l'encontre du principe du bilinguisme inscrit dans la loi fédérale de 1969 sur les langues officielles et accordait un pouvoir discrétionnaire excessif aux fonctionnaires québécois pour l'interprétation et la mise en oeuvre des mesures générales de la loi.

Il ne s'agit pas de traiter ici de la validité ou de la non-validité de ces objections — bien que, en dehors des normes relatives aux tests de langue pour les immigrants non francophones, la Loi, à mon avis, était assez modérée et constituait plutôt une façon efficace de protéger la langue française et la culture québécoise, dont la survie à longue échéance était réellement menacée. Ce qu'il faut comprendre, c'est que l'ensemble de ces mesures était perçu par une majorité substantielle, tant d'anglophones que d'immigrants non francophones, comme la première attaque directe des autorités québécoises contre leur statut, et même comme une menace à leur survie. De nombreux anglophones réagirent avec beaucoup d'émotion, et même d'amertume, et certains manifestèrent même une crainte presque paranoïaque. Il y eut des réunions orageuses de protestations contre la Loi, au cours desquelles le Premier ministre, le ministre de l'Éducation et les ministres anglophones du cabinet Bourassa furent sévèrement critiqués[16]. Pratiquement tous les mémoires présentés par les anglophones au Comité sur l'éducation de l'Assemblée nationale critiquaient de façon virulente et extrêmement émotive l'ensemble de la Loi (ajoutons que les mémoires étaient généralement mal préparés, peu documentés, mal défendus et n'offraient aucune suggestion constructive). Tous les efforts pour s'opposer à la Loi, y compris la révolte des «sans grade» menée par les libéraux Springate et Ciaccia, la contestation de la constitutionalité de la loi devant les tribunaux et une campagne radiophonique menée par John Robertson et George Springate à la station CFCF pour recueillir des signatures sur une pétition contre la Loi, furent vains. Des efforts subséquents pour empêcher la mise en oeuvre au niveau des conseils scolaires des tests de langue qui avaient été conçus pour intégrer les enfants d'immigrants au secteur français, ont eu plus de succès mais n'ont pu néanmoins convaincre les libéraux de Bourassa d'éliminer tout simplement les tests[17].

Mais le choc ultime à la psychologie de «groupe majoritaire» des anglophones fut l'élection du Parti québécois le 15 novembre 1976. La décision du premier ministre Bourassa de déclencher une élection après trois ans de mandat seulement prit la plupart des anglophones (tout comme les francophones) par surprise. Dans les premiers jours de la campagne, les anglophones semblaient disposés à voter massivement contre les libéraux et en faveur de l'Union nationale, rajeunie et renouvelée grâce à son nouveau chef, Rodrigue Biron. On retrouve aussi quelques défenseurs épars des deux «nouveaux» tiers partis: soit, l'Alliance démocratique, tournée vers les problèmes municipaux, et le Parti national populaire de Jérôme Choquette. Cette désaffection, due en partie à l'opposition à la Loi 22, avait également pour cause la désinvolture, la corruption présumée et l'incurie de la gestion économique du gouvernement Bourassa (sans oublier la façon absolument inepte dont il avait pris en charge la «folie» des Jeux olympiques du maire Drapeau). Une enquête menée par deux professeurs de l'Université McGill, Maurice Pinard et Richard Hamilton, environ à mi-chemin au cours de la campagne, établissait qu'environ 80% des anglophones du Québec et 65% des Néo-Québécois étaient insatisfaits des libéraux de Bourassa (à comparer avec un taux d'insatisfaction de 65% chez les francophones du Québec). Bien qu'une très forte proportion de tous les électeurs (environ 40%) étaient encore indécis à ce stade quant au parti qu'ils préféraient, 49% des anglophones disposés à indiquer leur choix avaient l'intention de voter pour l'Union nationale et 31% seulement choisissaient les libéraux; 11% indiquaient une préférence pour le Parti québécois, tandis que 9% jetaient leur dévolu sur les tiers partis. Encore plus frappant, on assistait à la première division marquante entre anglophones et Néo-Québécois non francophones au chapitre des attitudes et du comportement politique. Parmi les Néo-Québécois non francophones disposés à indiquer leur intention de vote, 28% favorisaient l'Union nationale, 28% tendaient vers les libéraux et la plus grande partie, 31%, optaient à ce stade pour le Parti québécois.

Dans la période intermédiaire (du 5 au 15 novembre), la machine libérale exerça de fortes pressions pour récupérer l'appui de ces groupes en alléguant que le vote pour n'importe quel parti autre que les libéraux était un vote pour le «séparatisme». Cet appel avait porté fruit en 1970 et en 1973, permettant aux libéraux d'accaparer plus de 90% du vote non francophone de la province. Le 15 novembre, il apparut que la tactique avait réussi une fois de plus. Les anglophones de l'ouest de l'Île votèrent massivement pour l'équipe Bourassa, déléguant 10 des 11 candidats libéraux à l'Assemblée nationale (Pointe-Claire, le onzième comté élit un candidat unioniste). Les trois comtés du centre-ville, qui comptaient de fortes proportions d'immigrants non francophones, envoyèrent également des candidats libéraux à l'Assemblée nationale. Presque partout ailleurs dans la province, le vent avait tourné violemment en faveur du Parti québécois, qui obtint 41% du vote populaire et 71 sièges. La collectivité anglophone semblait complètement isolée et, pour la première fois dans l'histoire du Québec, elle était non seulement déphasée, mais également impotente politiquement.

La victoire étonnante du Parti québécois provoqua chez de nombreux Québécois anglophones une sorte de paralysie, marquée d'incrédulité, d'étonnement et d'angoisse. À Montréal, les affaires furent pour un moment suspendues pendant que les anglophones, qui dominaient les secteurs industriel et commercial, étudiaient la situation. On rapporta à la une que d'importants comptes d'épargnes avaient quitté le Québec et que les contenus de plusieurs coffres de sécurité des banques se retrouvaient dans les banques des régions adjacentes au Québec. On ne cessait de se poser des questions sur le nouveau gouvernement du Parti québécois sous l'égide de René Lévesque, sur l'avenir de la province et du pays et, surtout, sur sa propre place à l'intérieur ou à l'extérieur du Québec[18].

L'angoisse s'intensifia lorsqu'en avril 1977 le Parti québécois présenta sa propre *Charte de la langue française* en remplacement de la Loi sur la langue officielle des libéraux. La Loi 101 (c'est sous ce nom que la Charte finit par être connue) fut en fait présentée en trois étapes: premièrement, un livre blanc, déposé le 1er avril et débattu avec vigueur pendant presqu'un mois; deuxièmement, le Projet de loi no 1, la *Charte de la langue française*, déposé le 28 avril, soumis à l'examen individuel et public et à des critiques intensives pendant sa brève existence et retiré le 9 juillet pour des raisons de tactique politique, et troisièmement, le Projet de loi no 101, version légèrement révisée du Projet de loi no 1, déposé le 13 juillet et dont on ne discuta que très peu avant son adoption le 20 août.

La Loi 101, tout comme la Loi 22 qui l'avait précédée, affirmait que le français était la langue officielle du Québec, mais elle allait beaucoup plus loin dans l'application de ce principe. Entre autres dispositions importantes (y compris certaines qui ne faisaient que répéter la Loi 22), elle reconnaissait le droit fondamental de toute personne à ce que l'Administration, les organismes para-publics et les entreprises communiquent avec elle en français; elle déclarait que le français était la langue officielle de la législation et de la justice (mais elle prévoyait des versions anglaises non officielles des projets de loi, des lois et règlements et des jugements et autorisait l'usage de l'anglais sous certaines conditions dans les procédures judiciaires); elle faisait du français la langue de l'Administration, y compris de ses ministères et organismes, et prévoyait que, dans ses communications écrites avec les autres gouvernements et avec les personnes morales établies au Québec, l'Administration utiliserait le français; elle obligeait les entreprises d'utilité publique et les ordres professionnels à fournir des services en français et à utiliser cette langue dans leurs documents publics; elle obligeait les employeurs à rédiger tous leurs contrats et tous les documents écrits destinés à leurs employés en français et leur défendait de congédier un employé pour la seule raison qu'il ne connaissait pas suffisamment une langue donnée autre que le français; elle défendait l'usage d'une langue autre que le français pour l'affichage public, la publicité commerciale, les raisons sociales, l'étiquetage de la plupart des produits, les contrats, catalogues, bons de commande, etc. (sous réserve de certaines exceptions), et, disposition la plus controversée de toutes, elle rendait obligatoire l'enseignement en français dans les classes maternelles et les écoles primaires et secondaires pour tous les enfants, sauf ceux qui entraient dans l'une des catégories suivantes: ceux qui recevaient déjà l'enseignement en anglais au Québec lors de l'entrée en vigueur de la Loi, ceux dont les frères et soeurs aînés recevaient l'enseignement en anglais à cette époque, ceux qui habitaient déjà au Québec à la date d'entrée en vigueur de la Loi et dont les parents avaient reçu leur enseignement en anglais hors du Québec, et enfin ceux qui avaient déménagé au Québec après l'entrée en vigueur de la Loi mais dont l'un des parents avait reçu son enseignement en anglais au Québec. Ces dispositions devaient être mises en vigueur par un Office de la langue française élargi, des comités de francisation constitués dans toutes les entreprises employant plus de 100 personnes et une commission générale de surveillance pour la langue française.

Comme l'on pouvait s'y attendre, la communauté anglophone eut une réaction très négative qui, au début, fut très véhémente. Le livre blanc fut sévèrement condamné dans de nombreux milieux comme étant un document répressif, extrêmement discriminatoire, et même culturellement génocide. Un groupe, qui s'était donné pour nom *Preparatory Committee for an 11th Province*, fit paraître dans le *Montreal Star* une annonce pleine page intitulée «Enough Mr. Lévesque» et menaçait d'établir une onzième province, celle du Québec-Ouest[19]. Même des anglophones modérés exprimèrent leur préoccupation. Par exemple, 115 éducateurs, hommes d'affaires et gens de profession parmi les plus éminents signèrent une déclaration, adressée à M. Lévesque, qui fut aussi publiée sous forme d'annonce pleine page dans le *Montreal Star* sous le titre «Québec is our home». Les auteurs de la déclaration demandaient aux Québécois de soutenir leur opposition à certains aspects de la nouvelle politique linguistique[20].

Cependant, contrairement à ce qui s'était produit pour la Loi 22, la protestation perdit vite son intensité. Entre le dépôt du projet de loi et le début des audiences publiques, il y eut peu de réel affrontement entre le gouvernement et la minorité anglophone. Lorsque les audiences débutèrent le 7 juin, de nombreux mémoires officiels furent déposés, et, par la suite, des groupes anglophones en déposèrent plusieurs autres qui critiquaient sévèrement différents aspects de la législation proposée. Quoi qu'il en soit, avant qu'une véritable obstruction pût être organisée par les partis d'opposition, le gouvernement retira le projet de loi et le représenta, légèrement révisé, sous le titre *Projet de loi no 101*. Le gouvernement avait donc réussi à couper l'herbe sous les pieds de ses adversaires, qu'ils fussent de l'Assemblée nationale ou du grand public[21].

Plusieurs raisons autres que les manoeuvres législatives habiles du gouvernement du Parti québécois expliquent l'échec de la communauté anglophone à organiser avec succès une protestation contre la Loi 101. En premier lieu, la communauté anglophone n'avait en pratique aucune influence sur les péquistes. Il n'y avait pas de député péquiste pour représenter ses intérêts à l'Assemblée nationale, ni d'anglophones éminents dans le parti au pouvoir à l'extérieur du Parlement. Le Parti québécois disposait d'une majorité écrasante qui ne reposait sur aucun appui anglophone. Il n'y avait par conséquent aucun espoir réel d'amener le gouvernement à modifier ou à retirer sa législation. En second lieu, l'attitude de la population du Québec face au projet de loi était presque complètement polarisée selon les divisions ethniques et linguistiques. La plupart des francophones, à l'exception de ceux qui appartenaient au monde des affaires, étaient largement sympathiques à l'objectif de renforcer la langue et la culture françaises; on retrouvait très peu d'appui réel aux positions anglophones, même parmi les francophones qui avaient fait campagne contre le Parti québécois[22]. Troisièmement, la campagne menée dans les media et les différents milieux pour appuyer le projet de loi avait été brillamment orchestrée par le gouvernement (et spécialement par le parrain du projet, le docteur Camille Laurin, ministre des Affaires culturelles). Cette campagne évitait, dans les réunions publiques, l'affrontement entre le gouvernement, les chefs de partis et les groupes d'opposition de la communauté anglophone minoritaire qui faisaient le plus de bruit. Au sein de la population francophone, elle cultivait les éléments dont les positions sur la question linguistique n'étaient pas encore cristallisées, tels les cols bleus des grands centres urbains, les fermiers, ou les artisans et commerçants des petites villes. Elle s'efforçait également d'apaiser les opposants plus modérés en les assurant de la bonne foi du gouvernement sur la question de leur liberté économique, de leur prospérité et de leur survivance linguistique et culturelle[23].

Il en résulta qu'au moment de l'adoption du projet de loi sur la langue, l'opposition anglophone avait pour ainsi dire disparu. Les conseils scolaires anglo-protestants et anglo-catholiques firent bien quelques menaces de ne pas appliquer les dispositions de la loi en matière d'enseignement pendant l'année scolaire à venir. Un groupe d'avocats promit d'entamer des poursuites à l'encontre de la loi. Différents organismes prirent un certain nombre d'initiatives individuelles destinées à promouvoir une plus grande solidarité parmi les groupes ethniques minoritaires habituellement divisés. Mais le sentiment le plus répandu parmi les anglophones était le découragement. Toute la combativité qui pouvait subsister était réorientée contre le projet de loi sur la consultation populaire qui venait tout juste (20 août 1977) d'être déposé à l'Assemblée nationale[24].

Le comportement et les attitudes que nous venons de décrire reflétaient une dissonance croissante entre la forte perception de soi à titre de «groupe majoritaire» que les Anglo-Québécois avaient conservée en raison de leur passé, et la conscience grandissante de la réalité de leur statut de «groupe minoritaire» et de leur impuissance politique[25]. Cette dissonance s'est manifestée de plusieurs façons. Au début, il y avait ce contenu émotif excessif, particulièrement évident dans les protestations contre la Loi 22, mais qui se reflétait aussi parfois dans des manifestations paranoïaques contre le Parti québécois[26]. Par la suite, tout ceci fut remplacé par des sentiments d'impuissance et de désespoir. Il devint tout à fait apparent que la communauté anglophone avait besoin de résoudre cette dissonance psychologique en redéfinissant sa perception d'elle-même et en se créant un nouveau rôle au Québec, à moins de décider carrément de se retirer de la province (possibilité qui ne s'offre pas à la plupart des membres de la minorité anglophone pour des raisons purement économiques).

La phase de prise de conscience et d'action positive d'un groupe minoritaire

La troisième phase de la prise de conscience des Anglo-Québécois commença peu après l'élection du gouvernement péquiste et s'intensifia après l'adoption de la Loi 101. On peut l'intituler «la prise de conscience et l'action positive de groupe minoritaire». Elle impliquait l'acceptation par la communauté anglophone de son infériorité numérique et, conséquemment, de sa sujétion aux contraintes subies par toutes les minorités politiques qui opèrent dans le cadre des règles du jeu politique démocratique[27]. Cela ne signifie pas la soumission passive à une majorité dominante, le retrait de la vie politique, économique, sociale et culturelle de la province ou l'abandon des droits individuels ou collectifs du citoyen en régime démocratique, mais bien plutôt la modification de certaines attitudes, de certains types de comportement, afin de les rendre plus adaptables à la nouvelle configuration du rapport des forces dans une province gouvernée par une élite plus nationaliste et plus orientée vers l'indépendance.

La première étape de cette nouvelle phase exigeait des anglophones un examen à froid de ce qu'était devenu leur pouvoir politique. On avait dit avant le mois de novembre 1976 qu'ils étaient suffisamment nombreux et occupaient des positions suffisamment stratégiques pour empêcher une victoire du Parti québécois s'ils agissaient en bloc. L'examen des résultats de l'élection de 1976 dément ces assertions. Les anglophones avaient en fait la possibilité de bloquer la victoire péquiste dans 25 comtés tout au plus, soit environ 23 pour cent des comtés de la province. De plus, les sondages d'opinion publique menés à mi-chemin au cours de la campagne électorale montraient que l'opposition des anglophones au «péquisme» et à l'indépendance, qui avait été à peu près unanime lors des élections de 1970, s'était en partie résorbée. Dans certains comtés à forte concentration de Néo-Québécois non francophones, particulièrement ceux qui comprenaient un mélange italo-français dans le nord-est de Montréal, on retrouvait un soutien considérable pour le Parti québécois, sinon pour l'indépendance[28]. Même si tous les anglophones s'étaient unis derrière un parti fédéraliste unique, comme le Parti libéral ou l'Union nationale, ils n'auraient pas disposé d'un avantage numérique suffisant pour faire contrepoids au revirement du vote populaire constaté le 15 novembre dans les comtés francophones et «mixtes». Ils ne pouvaient non plus empêcher le passage massif des sièges d'un camp à l'autre, passage découlant surtout des particularités du système électoral pluraliste.

La seconde étape dans le processus de réévaluation appelait une tentative de définir et de mettre en action un nouveau rôle politique plus positif pour les anglophones du Québec. Il était d'abord nécessaire de construire des ponts entre les différents groupes ethniques composant la communauté linguistique minoritaire et d'établir un ensemble plus unifié de structures communautaires, puis de faire fonctionner ces nouvelles structures en harmonie politique avec les structures correspondantes de la communauté francophone majoritaire.

En fait, l'effort de renouvellement s'exerça d'abord dans l'arène politique par la création de fronts, de mouvements et de groupes de pression politiques communs. Le premier groupe d'importance à voir le jour fut le Mouvement Québec-Canada, association de gens de la masse dont la carte de membre coûtait deux dollars et qui regroupait des fédéralistes des deux communautés linguistiques. Il prit naissance dans la région de Hull-Ottawa, peu après l'élection du 15 novembre, à l'initiative du député libéral Michel Gratton, et s'étendit rapidement au reste du Québec, y compris la plupart des régions anglophones. Son objectif était de faire valoir les avantages pour le Québec de demeurer dans le Canada et d'aider à unir les partis et groupes fédéralistes en vue de la lutte référendaire. En septembre 1977, lorsque commença le débat sur la consultation populaire, il comptait déjà 100 000 membres[29].

Aux premiers stades de la réorganisation politique de l'après-1976, cette association assuma un rôle de chef de file parmi les autres groupes promoteurs de l'unité canadienne, et les anglophones y étaient fortement représentés à la direction. Par la suite, le Mouvement Québec-Canada se trouva mêlé à une dispute avec ces autres groupes et les partis politiques pour avoir accepté une subvention du gouvernement fédéral, dispute qui fut toutefois réglée rapidement[30]. À l'automne 1978, le Mouvement Québec-Canada s'était solidement rangé avec les autres groupes et partis fédéralistes sous la bannière du Comité Pro-Canada. Dans la période qui suivit immédiatement le 15 novembre, il remplit une fonction majeure, celle de lien entre les anglophones du Québec et leurs homologues francophones fédéralistes.

Le Comité d'action positive (CAP), créé en janvier 1977 par un avocat de Montréal, Alex Paterson, et un professeur de philosophie de l'Université McGill, Storrs McCall, se révéla plus près des préoccupations du Québec anglophone. Son objectif explicite était d'aider à unir les anglophones du Québec et à les faire participer plus activement au processus politique de la province. Cet organisme joua un rôle actif dans la formulation d'une réponse anglophone modérée et constructive à la Loi 101; plus tard, il fournit l'apport le plus important à la critique fédéraliste sur la législation référendaire. Tout ceci mena à la formation d'un comité pré-référendaire chargé de préparer la voie à une action fédéraliste unifiée pendant la campagne référendaire. Le Comité d'action positive fut d'abord conçu comme un regroupement des élites montréalaises des milieux de l'éducation, des professions libérales et des affaires, mais il se construisit graduellement une base populaire et comptait environ 25 000 membres au début de 1978[31].

Un certain nombre d'autres organismes ayant pour but de stimuler les groupes fédéralistes du Québec, anglophones et autres, virent le jour tels le Conseil pour l'unité canadienne, Participation Québec, Rallye Canada et Decision Canada. Ils furent presque tous absorbés dans l'organisme plus vaste créé à la suite de l'adoption en 1977 de la Loi 92, loi du Parti québécois sur la consultation populaire. L'organisme en question, qui fut initialement nommé Comité pré-référendaire, fut, plus tard, renommé Comité Pro-Canada.

La véritable union des groupes favorables à l'unité et des partis politiques fédéralistes se produisit en décembre 1977 lors d'une réunion organisée à Québec par le Conseil pour l'unité canadienne. Pas moins de sept groupes pour l'unité et sept partis fédéralistes fédéraux et provinciaux fusionnèrent en un seul organisme; lors d'une rencontre ultérieure, un comité exécutif de 28 membres fut créé, présidé par Claude Castonguay, actuaire et ancien ministre du cabinet Bourassa, une personnalité québécoise considérée comme relativement non partisane. En plus des chefs des partis politiques, on retrouvait au sein de la direction des représentants du Comité Québec-Canada et du Comité d'action positive, dont plusieurs anglophones. Cinq sous-comités furent mis sur pied pour coordonner les activités des groupes et assumer la responsabilité du financement et de l'organisation de la campagne référendaire, et cela jusqu'au niveau des bureaux de scrutin[32].

Toutefois, cette apparente unité d'organisation et d'objectif parmi les anglophones et les francophones fut de courte durée. En avril 1978, un différent s'éleva entre le comité exécutif du Comité pré-référendaire et l'un de ses principaux membres, le Mouvement Québec-Canada, principal responsable de l'organisation de la campagne proprement dite. Le Mouvement avait demandé et obtenu du gouvernement fédéral une subvention de 265 000 $ pour l'aider à financer ses activités d'organisation et d'information. Lorsque des porte-parole du Parti libéral du Québec et de l'Union nationale demandèrent au Mouvement de refuser la subvention, ses membres s'opposèrent à cette ingérence, votèrent unanimement de conserver l'argent et menacèrent de se retirer du comité national. On régla rapidement la question par un compromis, mais le Mouvement Québec-Canada fut forcé d'abandonner son ancien rôle de principal organisateur et coordonnateur de la campagne référendaire fédérale[33]. Bien que non prédominant, l'élément anglophone était disproportionnellement plus important au sein du Mouvement que dans l'organisme plus large qui englobait divers groupes fédéralistes. La dispute eut donc pour effet de réduire l'influence globale du groupe minoritaire anglophone dans le camp politique fédéraliste.

Un événement plus important touchant la participation politique anglophone se produisit simultanément en avril 1978 avec l'élection de Claude Ryan, ancien rédacteur en chef du journal *Le Devoir*, à la tête du Parti libéral du Québec. L'élection de M. Ryan eut pour effet immédiat de remonter le moral des Libéraux. Le nouveau chef fit clairement savoir qu'il entendait jouer un rôle prépondérant à la direction du camp fédéraliste provincial. Lorsque Claude Castonguay, alléguant une surcharge de travail, quitta la présidence du Comité pré-référendaire en août 1978, M. Ryan réussit à placer un de ses conseillers les plus proches, l'avocat montréalais Michel Robert, au poste de président du comité nouvellement rebaptisé Comité Pro-Canada. Le rôle du comité allait être réduit à celui de point de convergence de l'information pour les différents groupes et partis favorables à l'unité. De leur côté, les partis politiques assumeraient à nouveau, au niveau des districts, la plus grande part de la responsabilité concernant le référendum et allaient mener la bataille référendaire proprement dite[34].

Cette initiative de M. Ryan et des Libéraux du Québec se heurta immédiatement à la résistance des autres partis fédéralistes du Québec, tels l'Union nationale et le Parti créditiste, qui voyaient leurs rangs graduellement décimés par la renaissance libérale. En février 1979, après plusieurs mois de querelles internes, M. Robert proposa la dissolution du Comité Pro-Canada. On décida en fin de compte d'en conserver la structure, mais son efficacité globale fut en pratique réduite à néant[35]. Ainsi fut également éliminé tout rôle significatif indépendant pour les anglophones du Québec dans la lutte référendaire, car leur représentation aux échelons supérieurs du Parti libéral du Québec, là où se prenaient les décisions, continuait à être très faible.

Après 1976, fut créée une autre tribune destinée à favoriser la participation politique et l'intégration culturelle de la communauté anglophone: le Conseil québécois des minorités. Il s'agissait d'un organisme fédératif composé d'environ 100 personnalités influentes non francophones venant d'environ 80 organismes communautaires minoritaires de la province. Le Conseil fut en grande partie créé de l'initiative des chefs du Comité d'action positive et de Participation Québec[36]. Sa première réunion eut lieu en mai 1978 et on y établit comme objectif une plus grande compréhension entre la communauté majoritaire et les communautés minoritaires, la promotion du bilinguisme et la recherche des intérêts communs des minorités[37]. Parmi les principaux groupes représentés au Conseil, on retrouvait le Consiglio Italiano Educativo, la Confederation of Indians of Quebec, la Provincial Association of Catholic Teachers et la Federation of Anglo-Protestant Parents of Quebec. Tôt après sa création, il apparut que des divisions commençaient à se manifester sur la stratégie à adopter — opposition ou collaboration — par rapport au parti au pouvoir et à ses adhérents[38].

Les efforts dans le domaine de la participation politique et de l'intégration culturelle des anglophones ne se sont pas, jusqu'à maintenant*, révélés très fructueux. Entre-temps la vitalité de la communauté anglophone continue d'être graduellement minée par un exode croissant de ses éléments les plus jeunes et les plus dynamiques[39]. Il subsiste, par conséquent, un besoin urgent de redéfinir et de réorienter les stratégies et les modes de comportement anglophones dans le domaine culturel et, surtout, dans le domaine politique. À cet égard, l'expérience acquise depuis 1976 peut s'avérer instructive.

En premier lieu, le processus de reconstruction et de réorientation de la communauté anglophone visant à maximiser son potentiel politique a été entrepris d'une manière structurellement incorrecte, soit par une tentative de construire une cohésion communautaire et des alliances politiques à partir du haut plutôt qu'à partir de la base. Le Comité Québec-Canada, le Comité d'action positive et le Comité Pro-Canada étaient tous des tentatives de créer des structures politiques à partir d'éléments extérieurs à la communauté anglophone, ou à partir de petits groupes d'élite, et d'étendre ensuite ces structures au niveau populaire. Cette façon

* Le lecteur se rappellera que le présent article a été écrit en 1979.

de procéder comporte le défaut de trop reposer sur l'initiative et la persévérance de quelques activistes de groupes minoritaires, accaparés par un aspect unique du problème, et dont l'engagement peut être éphémère et sujet aux vicissitudes du leadership, des événements ou des personnalités. Il serait plus sage de construire sur la base des structures existant déjà dans les différents groupes communautaires, tels les associations ethniques, les groupes culturels, les associations religieuses ou organismes voués à l'enseignement. Le Conseil québécois des minorités semble constituer un pas en ce sens, pourvu qu'il vienne à bout de sa fragmentation du départ et élabore des structures plus cohérentes et des positions communautaires unifiées.

En second lieu, en matière de politique, la communauté anglophone s'est trop appuyée ces derniers temps sur l'orientation fournie par les élites francophones au sein des principaux partis politiques, mouvements ou groupes de pression, et pas assez sur sa propre capacité d'exercer un leadership fondé sur l'appui populaire. Avant les années 1970, il existait une tendance à s'en remettre aux dons d'entremetteurs des principaux acteurs de l'élite anglophone qui exerçaient, dans les coulisses, une influence considérable sur les élites politiques francophones. C'était là le jeu politique qui prédominait pendant la phase de «confiance en soi et de conscience d'appartenance à un groupe majoritaire». Ces dernières années, avec le déclin de l'influence de ces «entremetteurs d'élite» sur les chefs politiques francophones (de plus en plus sûrs d'eux et indépendants), un grand vide est apparu au niveau du leadership chez les anglophones. La fragmentation par groupes ethniques qui continue d'exister au sein de la communauté linguistique minoritaire a creusé davantage ce vide[40]. Il n'est pas surprenant, par conséquent, que la communauté ait placé sa confiance dans ceux des chefs francophones, et leurs conseillers, qu'elle considérait comme les plus sympathiques aux demandes des groupes minoritaires. Ainsi, Robert Bourassa et les conseillers anglophones de son entourage étaient vus comme les protecteurs des intérêts anglophones; lorsqu'il apparut que ces intérêts étaient trahis, comme ce fut le cas avec la Loi 22, les illusions tombèrent rapidement. La fragmentation dans l'appui politique qui s'ensuivit affaiblit l'impact de la communauté anglophone sur la vie sociale et politique du Québec. Le danger existe qu'une telle situation se reproduise si les anglophones décidaient d'appuyer à fond, et exclusivement, Claude Ryan et qu'à son tour il les déçoive*.

Une approche beaucoup plus sensée consisterait à développer un leadership politique indigène plus fort, capable de maximiser l'apport de la communauté minoritaire au processus politique. Il est cependant très difficile de construire un tel cadre de leadership pendant une période de déclin démographique et d'instabilité. Il faudrait tout d'abord que l'hémorragie subie par la communauté anglophone, et plus spécialement par l'élément de cette population que forment les jeunes diplômés des niveaux collégial et universitaire, puisse être au moins ralentie, sinon arrêtée. On pourrait alors créer un réseau intercommunautaire d'élites ethniques,

---

* Note des responsables du volume: C'est précisément ce qui semble avoir été le cas.

religieuses et éducatives qui s'appuieraient sur les membres de leurs secteurs respectifs, et seraient assistées d'un second groupe de leaders qui, eux, s'occuperaient surtout de l'organisation politique. Il devrait être possible de mettre sur pied une telle organisation au sein des partis politiques les plus importants, au niveau des districts et des bureaux de scrutin. Le besoin se fait sentir d'une sorte de «prosélytisme» de quartier, comme cela se pratique dans de nombreuses grandes villes des États-Unis et dans d'autres régions du Canada.

Les anglophones peuvent jouer un rôle important dans la période post-référendaire. Par exemple, ils peuvent mettre à l'épreuve la sincérité du gouvernement du Québec qui invitait les non-francophones à jouer un rôle plus actif dans le «nouveau» Québec en s'intégrant davantage dans le réseau social, économique et politique global de la province. Une première étape en ce sens consisterait à donner suite aux efforts déjà entrepris au sein du Conseil des minorités par des groupes ouverts à la coopération. Cela implique le renversement des barrières institutionnelles entre anglophones et francophones, un contact plus soutenu avec les media francophones, des activitées culturelles et artistiques intégrées, l'acceptation et la poursuite du processus de bilinguisation et de francisation, déjà plus ou moins amorcé. La communauté anglophone pourrait aussi servir de pont entre le Québec et le reste du Canada anglais en se faisant auprès des autres Canadiens les interprètes sympathiques de l'évolution et des demandes des francophones.

NOTES

(1) Tout au long de cet article, les termes «Québécois anglophone» et «Québécois non francophone» seront utilisés indifféremment, sauf lorsqu'on voudra faire une nette distinction entre ceux qui sont essentiellement de langue anglaise (soit les Anglo-Saxons, les Juifs, les Allemands et d'autres groupes d'immigrants arrivés très tôt) et ceux qui utilisent encore largement leur langue d'origine (tels les immigrants italiens, grecs et portugais arrivés plus récemment). Dans ces cas, «anglophones» fait référence au premier groupe et «Néo-Québécois non francophones» (appelés parfois «allophones») au second. Ces termes, venus du français, sont des additions récentes au vocabulaire anglais du Québec. Ils ne sont pas définis de façon très précise, et les deux principales communautés linguistiques ne les utilisent pas toujours de la même manière. Cette définition très large du terme «anglophone», qui recouvre de nombreux groupes ethniques, semble justifiable dans une perspective psychosociale (par opposition à structurelle), c'est-à-dire une perspective qui s'intéresse aux attitudes et aux perceptions plutôt qu'aux institutions.

(2) Vu l'absence de documents de recherche sur la communauté anglophone du Québec, le présent article repose dans une large mesure sur des impressions personnelles bien plus que sur des données scientifiques.

(3) L'auteur a initialement appliqué ces concepts à la communauté anglophone du Québec dans l'article de Michael B. Stein, «Le Bill 22 et la population non francophone au Québec . . .», et plus en détail dans Michael B. Stein, «Le rôle de Québébois non francophones . . .»

(4) Voir Richard J. Joy, *Languages in Conflict*, p. 104.

(5) *Ibid.*, p. 86 (tableau 41), p. 105 (tableau 54). Voir également Norbert Lacoste, *Les caractéristiques de la population du grand Montréal* et «Les traits nouveaux de la popupulation du «Grand Montréal». Bien entendu, malgré cet équilibre global, des changements importants se sont produits dans la composition interne des deux groupes linguistiques pendant cette période, y compris la diminution globale de l'élément anglo-saxon dans la population anglophone et l'augmentation proportionnelle des groupes d'immigrants non francophones. La persistance dans les attitudes ne peut donc être attribuée (uniquement ou principalement) à un facteur de stabilité dans les caractéristiques démographiques de la population.

(6) Voir, par exemple, R.E. Simeon et D. Elkins, «Regional Political Cultures in Canada», tableau 1, p. 406, 2, p. 407, 3-6, p. 410 et p. 414.

(7) Cette observation est appuyée dans *The Impact of French-English Differences on the Governmental Structures of Metropolitan Montreal*, d'Andrew Sancton. Gary Caldwell établit un point similaire dans *English-speaking Quebec in the Light of its Reaction to Bill 22*, pp. 17-18. Mes remerciements vont à ces deux auteurs qui m'ont permis de consulter ces travaux non publiés.

(8) Les francophones du Québec possédaient de même leurs propres institutions.

(9) Cette observation est le fruit d'impressions personnelles et mériterait d'être documentée d'une façon plus systématique. Parmi les études qui traitent d'aspects reliés au reportage, dans les media francophones et anglophones, des relations biculturelles pour le Canada dans son ensemble, voir *A Content Analysis of Thirty Canadian Newspapers*, 1er janvier au 31 mars 1965, de Jean Bruce et *Canadian Newspaper Coverage of the F.L.Q. Crisis . . .*, d'Arthur Siegel, ainsi que l'article de M. Siegel dans le présent recueil.

(10) Joy montre qu'en 1961, dans les faubourgs les plus à l'ouest et dans les secteurs centre-ouest de Montréal, respectivement 59% et 52% de la population parlaient uniquement l'anglais. Les populations respectives de ces régions étaient de 85 000 et de 307 000. Voir Joy, *op. cit.*, p. 104 (tableau 53); voir également l'article de Richard Arès, «Les langues parlées chez les groupes ethniques de Montréal», *Le Devoir*, 16-18 juillet 1974.

(11) Cette observation est fondée sur des rapports et des données généralement bien connus des anglophones du Québec. Pour une perspective semblable, voir Caldwell, *English-Speaking Quebec in the Light of its Reaction to Bill 22*, p. 12.

(12) Cette nuance m'a été suggérée par Kenneth McRoberts dans une communication personnelle.

(13) Voir, de Jeremy Boissevain, *Les Italiens de Montréal, l'adaptation dans une société pluraliste*, Ottawa, Information Canada, 1971, chapitre IV.

(14) Par exemple, dans la crise scolaire de Sain-Léonard (1967-1969), la communauté italienne s'est tournée vers l'association de parents dirigée par un anglo-catholique, Robert Beale, et les media anglophones du Québec pour trouver un soutien et une direction. Voir, de John Parisella, *Pressure Group Politics: A Case Study of the Saint-Leonard School Crisis*, mémoire de maîtrise, Université McGill, 1972.

(15) Pour un examen détaillé des attitudes et du comportement des anglophones face au Bill 22, voir l'étude de cas du présent auteur dans *Choix* et dans *Québec's Language Policies...*, pp. 243-261, dir. John R. Mallea. Voir également *English-Speaking Quebec in the Light of its Reaction to Bill 22*, de Gary Caldwell.

(16) Voir l'article de M. Tetley dans le présent recueil.

(17) Même si le monde des affaires dominé par les anglophones était initialement assez hostile au projet de loi 22, il s'apaisa considérablement à la suite des amendements apportés à l'étape de la première lecture. Les règlements qui suivirent tenaient compte, dans une large mesure, des représentations du monde des affaires et furent aussi, par conséquent, bien accueillis.

(18) *Ibid.* Voir aussi, de Stanley M. Cohen, «Jewish Concerns in Quebec», *The Canadian Zionist* (janvier-février 1977), pp. 10-12, 15.

(19) *The Montreal Star*, 30 avril 1977, p. A-13.

(20) *The Montreal Star*, 30 avril 1977, p. A-9.

(21) *The Gazette*, 9 juillet 1977, p. 1.

(22) Cette première impression d'une attitude favorable des francophones envers la Loi 101 fut étayée par la plupart des sondages ultérieurs qui indiquent que plus de 50% de la communauté francophone québécoise appuyait la loi sur la langue.

(23) Voir, par exemple, *The Montreal Star*, 3 mai 1977, «Laurin Tries again to Allay English Fears».

(24) Voir, par exemple, *The Gazette*, 13 août 1977, p. 7, «As Battle of Bill 101 Subsides, PQ Turns its Guns on Referendum Law».

(25) Sur la théorie de la dissonance cognitive, voir, de Leon Festinger, *A Theory of Cognitive Dissonance*, (Stanford, Stanford U. Press, 1962), chapitre 1.

(26) Si l'on veut un exemple d'un tel comportement, il suffit de penser à la menace que fit Charles Bronfman (président de Distiller's Seagram et propriétaire des Expos de Montréal), soit de retirer les Expos et Seagram de Montréal si le Parti québécois gagnait les élections. Il fit marche arrière et présenta ses excuses le jour suivant. Voir le *Montreal Star*, 15 novembre 1976, p. A-3. Voir aussi, de Peter C. Newman, *Bronfman Dynasty* (Toronto, McClelland & Stewart, 1978):275-276.

(27) Festinger parle d'une dissonance qui se réduit par «l'addition de nouveaux éléments cognitifs». Voir Festinger, *op. cit.*, pp. 21-24. L'acceptation par un groupe de son statut de groupe minoritaire représenterait un tel élément cognitif.

(28) D'après une analyse de l'après-élection de 1976 par Maurice Pinard et Richard Hamilton, communiquée personnellement à l'auteur par le professeur Pinard.

(29) *The Gazette*, 14 septembre 1977.

(30) *The Gazette*, 10 et 28 avril 1978. Voir aussi note 33.

(31) Entrevue avec Storrs McCall, coprésident du Comité d'action positive, 26 février 1979.

(32) *The Gazette*, 16 janvier 1978.

(33) *The Gazette*, 10 et 28 avril et 8 mai 1978.

(34) *The Gazette*, 4 septembre 1978, p. 3.

(35) *The Globe and Mail*, 27 février 1979, article de William Johnson.

(36) *Le Devoir*, 13 mars 1978, p. 7.

(37) *The Gazette*, 20 mai 1978, article de Gretta Chambers, «Can anglos accept minority status?».

(38) Entrevue avec Michael Yarosky, directeur général du Jewish Community Research Institute, le 26 février 1979.

(39) *Le Devoir* 25 mars 1978, 6 mars 1979. Voir aussi, de Andrew Phillips, «English College Crowd Will Quit Québec: Study», *The Gazette*, 22 mars 1978.

(40) Sur ce point, voir, de G. Caldwell, *English-Speaking Quebec in the Light of its Reaction to Bill 22*, p. 18.

Les groupes du Québec et leurs appellatifs

Edouard Cloutier

EDOUARD CLOUTIER est membre permanent du département des sciences politiques de l'Université de Montréal. Il a aussi déjà été rattaché au Centre d'études canadiennes-françaises de l'Université McGill. Analyste de la situation socio-politique du Québec, et particulièrement des relations ethno-linguistiques, il a agi, à ce titre, comme conseiller auprès de M. Claude Morin, ministre des Affaires intergouvernementales.

Chaque année, lors de mon exposé d'introduction au cours «Le Québec et le Canada», dispensé dans le cade du programme d'études canadiennes-françaises de l'Université McGill, les étudiants me demandaient immanquablement une définition des termes «Canadiens anglais», «Canadien français», »Québécois», «francophone», «anglophone», etc. Je dois avouer que malgré de nombreux efforts pour différencier et éclaircir les diverses caractéristiques de ces appellatifs, ni les étudiants, ni le professeur lui-même ne trouvaient de réponse vraiment satisfaisante, surtout parce que, semblait-il, le sens de ces désignations variait énormément selon la personne qui les employait et selon les motifs de cette personne.

Évidemment, il est facile de consulter les documents officiels comme les lois sur la citoyenneté et les dictionnaires de recensement pour définir des notions comme «Canadien», «Canadian», «langue maternelle» française ou anglaise et «origine ethnique». Malgré les sérieux désaccords qui continuent de diviser universitaires et chercheurs sur le sens et l'emploi exacts de ces expressions, on peut quand même discerner certaines caractéristiques généralement reconnues et relativement précises sur lesquelles baser des définitions (par exemple, on peut considérer comme étant de langue maternelle anglaise le citoyen qui, à la question: «Quelle est la première langue que vous avez apprise et que vous comprenez encore?», répond «l'anglais»).

Toutefois les définitions théoriques de ce genre servent presque exclusivement aux travaux de recherche et s'avèrent donc peu utiles pour qui veut décrire et analyser la signification sociologique de l'emploi des termes en question dans le quotidien de la majorité des gens, y compris des chercheurs. Il suffit de jeter un coup d'oeil sur n'importe quel texte (à l'exception, nous le répétons, de certains énoncés théoriques sur des sujets précis, démographiques, particulièrement) ou de prêter une oreille attentive à n'importe quelle forme de communication verbale (y compris les discussions en classe) pour constater la grande diversité des sens (quelquefois incompatibles) que l'on donne à des termes comme «Canadien», «Canadien anglais» et «anglophone».

En classe, cette diversité semait une certaine confusion, que je ne pouvais dissiper en me contentant d'expliquer que la signification des appellatifs varie grandement, dans une société en constante évolution, selon le locuteur et les circonstances de l'énoncé (à qui, devant qui le locuteur parle-t-il?). Perplexes, mes étudiants demandaient sans relâche: «Mais, que voulez-vous dire quand, ici en classe, vous nous parlez de Canadiens français, des anglophones, etc.?» Je répondais invariablement que cela dépendait du contexte, jusqu'à ce que je décide, un beau jour de 1977, d'inverser des rôles et de demander aux étudiants ce qu'eux entendaient par ces mots. C'est ainsi qu'a commencé l'expérience dont je vais maintenant rendre compte.

Je dis d'abord aux étudiants que certains grands points de référence communs devraient être établis afin que tous ceux qui participeraient à l'expérience sachent ce dont il était question. Nous avons donc convenu que tous adopteraient les définitions de «langue maternelle» et d'«origine ethnique» utilisées pour les recensements au Canada, et je les ai écrites au tableau.

J'inscrivis ensuite au tableau trois listes d'appellatifs français et anglais suggérés par les étudiants; c'étaient, selon eux, les appellatifs que les personnes de langue maternelle ou d'origine française, anglaise ou autre utilisaient pour désigner leur propre groupe et les autres.

Il en est ressorti que:

a) la personne d'origine ou de langue maternelle française (que nous appellerons *Franco*) peut être appelée: «Canadien français», «French Canadian», «Français», «French», «Québécois», «Quebecer», «French Quebecer», «Canadien», «francophone», «Frog», «Franco-québécois», «Pea Soup» et désignée encore par différentes autres variantes combinatoires ou orthographiques;

b) la personne d'origine ou de langue maternelle anglaise (*Anglo*) peut être appelée: «Canadien anglais», «English Canadian», «English», «Anglais», «Québécois», «Quebecer», «English Quebecer», «English Quebecois», «Québécois anglophone», «Anglophone Quebecer», «Canadian», «anglophone», «Bloke», «Anglo québécois», «Anglo», «Tête carrée» et, ici encore, désignée par différentes autres variantes combinatoires et orthographiques;

c) la personne d'origine ou de langue maternelle autre que française ou anglaise (*Néo*) peut être désignée par toute les expressions mentionnées plus haut et par un certain nombre d'autres appellatifs comme «Néo-québécois», «New Quebecer», «Néo-Canadien», «New Canadian», «Canadien», «Italien», «Polish-Canadian», etc.

Je précisai aux étudiants que ces listes ne constituaient que des suggestions dont ils pourraient s'inspirer pour répondre à un questionnaire que je leur présenterai subséquemment; ils pouvaient donc utiliser tous les autres noms qui leur sembleraient convenir.

Après avoir écrit le questionnaire au tableau et en avoir donné lecture en français et en anglais (pour m'assurer que tous comprenaient bien), je demandai aux étudiants d'indiquer par écrit:

a) Leur propre identité

Le groupe auquel ils pensaient appartenir d'après les définitions du recensement qu'on venait d'établir. (Groupe A, *Francos*: d'origine ou de langue maternelle française; Groupe B, *Anglos*: d'origine ou de langue maternelle anglaise; Groupe C, *Néos*: d'origine ou de langue maternelle autre que l'anglais et le français).

b) L'appellatif qu'ils se donnent

Le nom qu'ils considéraient de façon générale comme l'appellatif qui leur convenait le mieux.

c) L'appellatif des différents groupes

L'appellatif qu'ils croyaient le plus couramment utilisé par les membres d'un groupe donné pour se désigner eux-mêmes ou pour désigner les membres d'un autre groupe.

Essais d'interprétation

Cet exercice, conçu au départ comme un simple moyen pédagogique pour bien faire saisir aux étudiants la complexité du processus d'attribution d'un appellatif, s'avéra beaucoup plus utile que je ne m'y étais attendu. Comme nous le verrons plus loin, ses résultats constituent une excellente matière à réflexion pour l'analyse des rapports entre Anglos et Francos au Québec.

Mon analyse repose sur l'hypothèse générale suivante: l'étude du vocabulaire employé par les membres de groupes donnés pour désigner chacun d'eux peut être une source précieuse de connaissance des rapports entre ces groupes. La présente étude porte en particulier sur deux questions fondamentales. D'abord, les gens emploient-ils un vocabulaire uniforme pour désigner le groupe auquel ils appartiennent (auto-désignation) et ceux dont ils ne font pas partie (désignation des autres)? Deuxièmement, y a-t-il correspondance entre, d'une part, le vocabulaire utilisé par les membres d'un groupe pour se désigner eux-mêmes ou pour désigner les membres d'un autre groupe et d'autre part, celui qu'utilisent les membres d'un troisième groupe pour désigner les membres du premier ou du deuxième groupe?

La reconnaissance généralisée d'un même appellatif pour une collectivité donnée doit être perçue comme un facteur important de sa capacité d'action et de réaction face aux autres groupes, au même titre, bien entendu, que la reconnaissance générale d'un même appellatif pour les autres groupes. Ainsi, si l'on analyse une société en fonction de ses rapports de classes, il est nettement insuffisant de conclure, à partir de certains critères, comme la propriété des moyens de production, à l'existence «objective» de certaines classes. On devra aussi déterminer dans quelle mesure les gens sont conscients de leur appartenance à une classe et de l'appartenance d'autres personnes à une autre classe. (De nombreux marxistes affirment en fait que la conscience de classe est partie intégrante de l'appartenance à une classe.) L'uniformité du vocabulaire utilisé pour désigner son propre groupe et les autres est un très bon indice de cette conscience de classe.

Il ne fait aucun doute que toute étude de la société et de la politique québécoises actuelles comporterait de sérieuses lacunes si elle négligeait les facteurs ethniques et linguistiques qui interviennent dans la formation et la dynamique des rapports sociaux. Je soutiens que la conscience de ces facteurs et, partant, leur contribution aux actions et réactions collectives qu'ils suscitent, peut se mesurer au degré d'uniformité des appellatifs utilisés pour désigner Francos et Anglos. J'étudierai donc l'identité propre des étudiants (appelés ci-après «sujets»), le nom qu'ils s'attribuent et celui qu'ils attribuent aux Anglos et Francos, afin d'évaluer l'uniformité des appellatifs à l'intérieur de chaque groupe et le degré de concordance d'un groupe à l'autre.

Je soutiens en outre que les éléments des appellatifs en disent long sur la perception de soi et des autres et, conséquemment, sur la relation entre soi et les autres. Dans le cas des Anglos et des Francos du Québec, les appellatifs peuvent comporter un ou deux des éléments suivants: «Canada» (comme dans «Canadian» et «Canadien»), «Québec» (comme dans «Quebecer» et «Québécois»), «Franco» (comme dans «Canadien français», «Français», «francophone» ou «Franco-québécois»), «Anglo» (comme dans «English Canadian», «Anglophone», «English-speaking Canadian» ou «English Quebecer») et «Néo» (comme dans «Neo-Canadian» ou «Néo-Québécois»). Les deux premiers éléments indiquent l'appartenance à une entité territoriale et politique, les troisième et quatrième l'appartenance à un groupe ethnique ou linguistique et le dernier, la nouveauté relative de l'appartenance. En plus du degré d'uniformité des appellatifs, je tiendrai également compte, par conséquent, de la nature de l'appartenance qu'ils révèlent.

Je tiens enfin à souligner que les résultats présentés dans les pages qui suivent sont de nature purement heuristique, ne portant que sur un groupe de sujets bien précis et plutôt restreint.

Auto-désignation des sujets

Les soixante-douze étudiants qui assistaient au cours le jour de l'expérience se sont classés comme suit: 40 dans le groupe A (Francos), 14 dans le groupe B (Anglos) et 14 dans le groupe C (Néos), tandis que 4 ont décidé de ne se classer dans aucun de ces groupes et ont été par conséquent écartés de l'étude. La proportion d'étudiants, élevée dans le groupe A et faible dans les groupes B et C, par rapport aux inscriptions à l'Université McGill, s'explique par le fait que le cours était donné en partie en anglais et en partie en français. Ces chiffres montrent également que notre étude portait sur deux groupes de sujets bien distincts: d'une part, des jeunes gens d'origine ou de langue maternelle française inscrits dans un établissement anglophone, d'autre part, des jeunes gens d'origine et de langue maternelle anglaise ou autre inscrits à un cours bilingue dispensé dans un établissement anglophone. Il faudra garder ces particularités à l'esprit au moment de conclure l'analyse.

Les appellatifs choisis par les sujets pour se désigner eux-mêmes sont présentés à la figure I, qui indique un consensus (29 sur 40) chez les sujets du groupe A, mais non chez ceux des groupes B et C. Ainsi, les membres du groupe A ont employé dans leur appellatif 30 fois l'élément «Québec», 10 fois l'élément «Franco» et 7 fois l'élément «Canada»; dans le groupe B, on a relevé 4 fois «Québec», 8 fois «Anglo» et «Canada» et dans le groupe C, 1 fois «Québec», 4 fois «Néo», 1 fois «Franco» 1 fois «Anglo» et 9 fois «Canada». De plus, deux sujets de chacun des groupes B et C ont opté pour des appellatifs français (Canadien et Québécois), alors qu'aucun sujet du groupe A n'a choisi d'appellatif anglais. Enfin, quatre sujets (un du groupe B et trois du groupe C) ne se sont donné aucun appellatif.

À mon sens, ces données indiquent que les sujets francos utilisent un vocabulaire plus uniforme que les sujets anglos et néos et sont de ce fait plus susceptibles d'avoir une commune perception d'eux-mêmes.

Elles révèlent aussi que les sujets francos ont préféré l'élément «Québec» à l'élément «Canada» dans une proportion de 30 contre 7, alors que les sujets anglos et néos exprimaient la préférence contraire dans des proportions respectives de 4 contre 8 et de 1 contre 9, ce qui indique que les groupes diffèrent non seulement par le degré d'uniformité de leur vocabulaire, mais aussi par son orientation. À ce titre, il importe de faire remarquer que les Anglos tendent plus que les Néos à choisir l'élément «Québec» dans les appellatifs qu'ils se donnent. Il faut aussi noter que les sujets anglos sont plus enclins à employer des éléments ethnolinguistiques (8 éléments sur 20) que ne le sont les sujets francos et néos (respectivement 10 sur 47 et 2 sur 16).

Auto-désignation des Francos selon l'identité des sujets

Analysons maintenant les réponses données à la question: «Comment les membres du groupe A vivant au Québec se désignent-ils eux-mêmes?». La figure II présente les résultats par groupe de sujets. Un coup d'oeil rapide montre clairement qu'environ 8 sujets sur 10, quelle que soit leur propre identité, s'accordent pour choisir le terme «Québécois». Cela signifie que non seulement les sujets francos font preuve d'une très grande uniformité dans l'appellatif qu'ils se donnent, mais que cette uniformité est largement reconnue par les sujets anglos et néos.

Les appellatifs que, selon les sujets du groupe A, les Francos du Québec se donnent correspondent de très près à celui que se donnent effectivement les sujets de ce groupe (Figure I). «Québec» est l'élément le plus souvent utilisé (33 fois), suivi de «Franco» (6 fois) et de «Canada» (5 fois). Il semble donc y avoir une concordance générale entre l'appellatif que les sujets du groupe A se donnent personnellement et celui par lequel les membres de leur propre groupe s'identifient. Il faut aussi signaler que les sujets voient dans l'auto-désignation des Francos

AUTO-DÉSIGNATION DES SUJETS, SELON LEUR IDENTITÉ

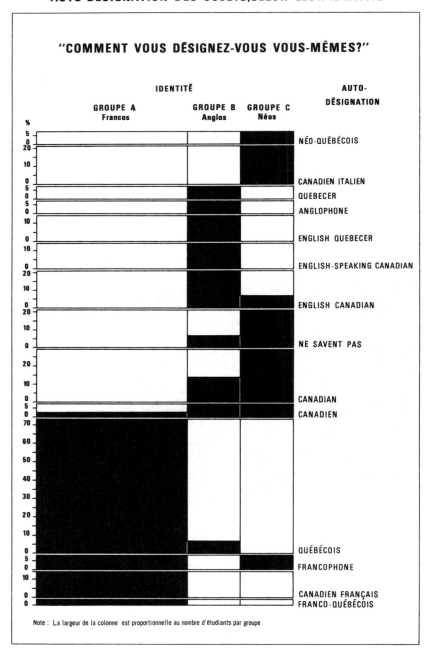

"COMMENT VOUS DÉSIGNEZ-VOUS VOUS-MÊMES?"

Note : La largeur de la colonne est proportionnelle au nombre d'étudiants par groupe

"COMMENT LES MEMBRES DU GROUPE A VIVANT AU QUÉBEC SE DÉSIGNENT-ILS EUX-MÊMES?"

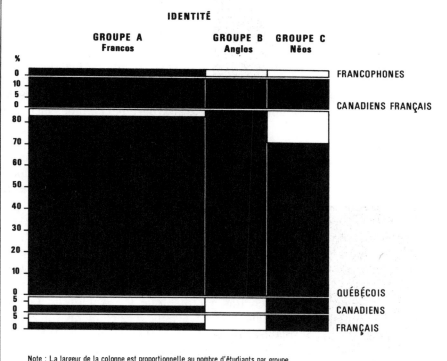

Note : La largeur de la colonne est proportionnelle au nombre d'étudiants par groupe

l'évocation d'une entité territoriale ou politique avant tout (plus de 80% des éléments).

Auto-désignation des Anglos selon l'identité des sujets

La question était formulée ainsi: «Comment les membres du groupe B vivant au Québec se désignent-ils eux-mêmes?». Les réponses, présentées à la figure III, indiquent qu'il n'y a pas de cohésion chez les sujets du groupe B quant à l'appellatif que se donnent les Anglos du Québec (13 sujets proposèrent 8 appellatifs différents).

Il y a donc un manque général d'uniformité dans le vocabulaire utilisé pour désigner les membres de ce groupe. On dénote en fait une différence notable entre la fréquence des appellatifs utilisés par les sujets pour se désigner eux-mêmes (Figure I) et celle des appellatifs que ces mêmes sujets croient utilisés par les membres du groupe B vivant au Québec pour se désigner eux-mêmes (Figure III). Alors que dans le premier cas les éléments «Anglo» et «Canada» apparaissent tous deux 8 fois et «Québec» 4 fois, dans le second cas, «Canada» ne revient que 4 fois, «Québec» se présente 6 fois et «Anglo» conserve à peu près la même proportion, figurant dans 9 réponses. Les sujets du groupe B semblent donc croire que les Anglos du Québec sont plus portés qu'eux-mêmes à se désigner comme Québécois que comme Canadiens.

L'opinion voulant que les membres du groupe B vivant au Québec se désignent par l'appellatif «Anglo» est plus répandue chez les sujets du groupe C que chez ceux du groupe B. D'autre part, les sujets qui croient que les membres du groupe B se donnent un appellatif comportant l'élément «Québec» sont plus nombreux dans le groupe B que dans le groupe C. Les sujets du groupe A expriment des opinions assez divergentes quant à l'appellatif que se donnent selon eux les Anglos du Québec (40 sujets ont proposé 8 appellatifs). La majorité d'entre eux est d'avis cependant que leur auto-désignation comprend les éléments «Canada» ou «Anglo».

Les sujets néos sont plus enclins à croire que les Anglos du Québec emploient un élément ethnolinguistique pour se désigner (12 éléments sur 17) que ne le sont les sujets anglos et francos (respectivement 9 éléments sur 19 et 24 sur 59).

De façon générale, ces résultats montrent que l'on ne perçoit pas de consensus, ni au sein des groupes de sujets, ni d'un groupe à l'autre, quant à l'appellatif qu'emploient les Anglos du Québec pour se désigner (sauf pour ce qui est de l'élément «Anglo» de cet appellatif). La différence la plus marquée est que les sujets francos sont beaucoup plus portés que les sujets anglos et néos à croire que l'appellatif comporte l'élément «Canada».

Désignation des Anglos par les Francos, selon l'identité des sujets

Analysons maintenant les réponses qu'ont données les sujets à une question plus complexe: «Comment les membres du groupe A vivant au Québec désignent-ils les membres du groupe B vivant au Québec?». Les réponses, qui apparaissent à la figure IV, permettent de faire les observations suivantes.

Premièrement, dans les trois groupes, la majorité croit que les Francos du Québec appellent les Anglos du Québec «les Anglais», bien que cette majorité varie d'un groupe à l'autre (13 sur 14 dans le groupe C, 28 sur 40 dans le groupe A et 8 sur 14 dans le groupe B).

Deuxièmement, les sujets des trois groupes ont presque tous retenu l'élément «Anglo» dans l'appellatif qu'ils ont proposé.

Troisièmement, la proportion des sujets croyant que les *membres* du groupe franco désignent les *membres* du groupe anglo en employant l'élément «Canada» est plus élevée dans le groupe B que dans les groupes A et C. À cet égard il est intéressant de noter, comme l'indique la figure III, qu'une forte proportion des *sujets* francos croyaient, à tort semble-t-il, que les Anglos se désignaient au moyen de l'élément «Canada».

Désignation des Francos par les Anglos, selon les groupes de sujets

On a aussi demandé aux sujets: «Comment les membres du groupe B vivant au Québec désignent-ils les membres du groupe A vivant au Québec?». Les réponses, reportées à la figure V, révèlent trois tendances.

La première est qu'à l'intérieur de chacun des trois groupes et de l'un à l'autre, les sujets s'entendent pour retenir l'expression «French Canadians» comme appellatif donné aux Francos du Québec par les Anglos de la même province. Cependant, la proportion des sujets ayant choisi cet appellatif va décroissant du groupe A (34 sur 40) au groupe C (9 sur 14) et au groupe B (6 sur 14).

Deuxièmement, les sujets anglos sont plus portés que les sujets francos et néos à croire que les Anglos du Québec emploient l'élément «Québec» pour désigner les Francos de la province.

De même, et c'est là notre troisième observation, les sujets francos sont plus enclins que les sujets anglos et néos à croire que les Anglos du Québec ont recours à l'élément «Canada» pour désigner les Francos du Québec.

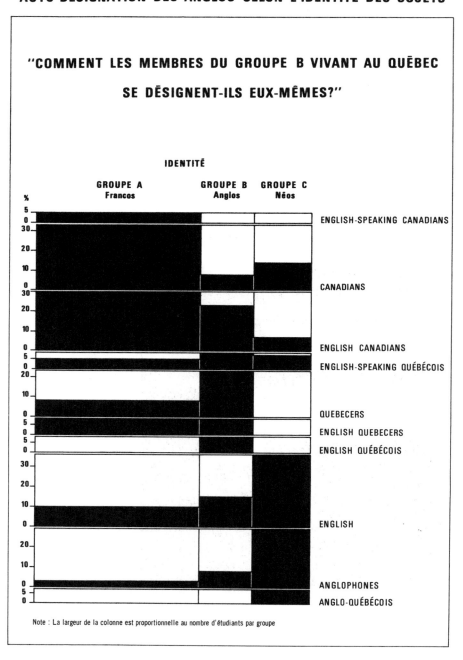

Note : La largeur de la colonne est proportionnelle au nombre d'étudiants par groupe

DÉSIGNATION DES ANGLOS PAR LES FRANCOS SELON L'IDENTITÉ DES SUJETS

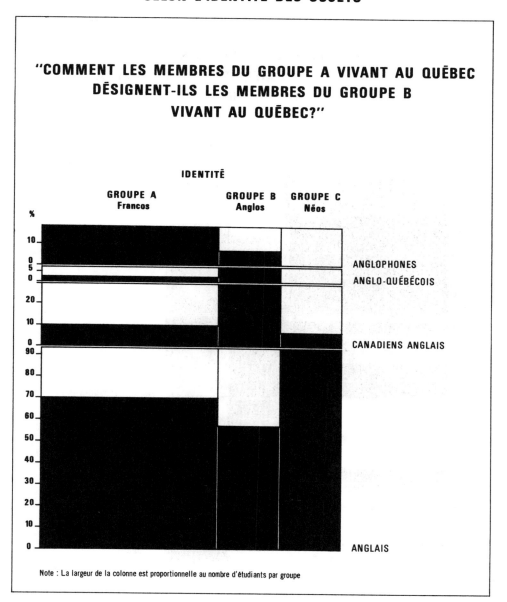

"COMMENT LES MEMBRES DU GROUPE A VIVANT AU QUÉBEC DÉSIGNENT-ILS LES MEMBRES DU GROUPE B VIVANT AU QUÉBEC?"

IDENTITÉ

GROUPE A
Francos

GROUPE B
Anglos

GROUPE C
Néos

ANGLOPHONES

ANGLO-QUÉBÉCOIS

CANADIENS ANGLAIS

ANGLAIS

Note : La largeur de la colonne est proportionnelle au nombre d'étudiants par groupe

143

DÉSIGNATION DES FRANCOS PAR LES ANGLOS
SELON L'IDENTITÉ DES SUJETS

"COMMENT LES MEMBRES DU GROUPE B VIVANT AU QUÉBEC DÉSIGNENT-ILS LES MEMBRES DU GROUPE A VIVANT AU QUÉBEC?"

IDENTITÉ

GROUPE A
Francos

GROUPE B
Anglos

GROUPE C
Néos

FRENCH CANADIANS

QUEBECERS

FRENCH

QUÉBÉCOIS

FRENCH QUÉBÉCOIS

FRANCOPHONES

Note : La largeur de la colonne est proportionnelle au nombre d'étudiants par groupe

144

Conclusion

Pour terminer, nous récapitulons maintenant nos observations: premièrement, les Francos du Québec sont perçus comme étant d'accord sur leur propre appellatif, désignation que les autres groupes semblent aussi leur reconnaître. De plus, cet appellatif dénote plus souvent une appartenance à une entité territoriale et politique (Québec plutôt que Canada) qu'une appartenance ethnolinguistique.

Deuxièmement, aux yeux des sujets, les Anglos du Québec ne s'accordent pas sur leur appellatif, ce qui nous porte à conclure à leur difficulté d'acquérir une conscience collective. En outre, abstraction faite de l'élément «Anglo», on remarque des divergences considérables entre les groupes de sujets quant à l'appellatif que se donneraient les Anglos; les sujets francos ont tendance à y inclure l'élément «Canada», les sujets anglos l'élément «Québec» et les sujets néos ni l'un ni l'autre de ces deux éléments. Ces divergences trahissent un désaccord marqué parmi les membres des trois groupes au sujet des Anglos, qui sont perçus principalement comme des Anglo-Canadiens par les Francos, comme des Anglos-Québécois par les Anglos et simplement comme des Anglos par les Néos. Enfin, l'appartenance ethnolinguistique semble plus présente dans les appellatifs que s'attribuent les Anglos que dans ceux que se donnent les Francos.

Troisièmement, il y a entente chez les Francos du Québec quant à leur manière de désigner les Anglos de la province, insistant sur l'élément ethnolinguistique de l'appellatif. En fait, les Francos semblent en général retenir l'élément «Anglo» plus que ne le font les Anglos eux-mêmes.

Quatrièmement, on a tendance à croire que les Anglos du Québec ont principalement recours à l'appellatif «French-Canadian» pour désigner les Francos du Québec, mettant ainsi l'accent à la fois sur l'élément «Franco» et sur l'élément «Canada»; mais il faut par contre noter que les Francos semblent plus enclins que les Anglos à croire que ceux-ci les appellent Canadians.

Pour que nos conclusions soient plus que provisoires, il faudrait qu'elles soient revues en fonction d'un nombre beaucoup plus élevé de sujets, plus particulièrement de sujets autres que des étudiants, ce qui permettrait des extrapolations pour l'ensemble de la population adulte. Je serais porté à croire que les réponses fournies par des sujets plus âgés indiqueraient une répartition très différente de l'identité et des appellatifs qu'ils s'attribuent, étant donné les modèles de socialisation différents qui avaient cours au Québec avant les années 1960 au chapitre des appellatifs rattachés au groupe ethnique et à la langue.

D'après la connaissance que j'ai des étudiants de l'Université de Montréal et de l'Université du Québec à Montréal, je ne crois pas toutefois que les résultats différeraient beaucoup si l'expérience était menée auprès d'étudiants d'universités de langue française.

L'intégration des anglophones à la société québécoise

Sheila McLeod Arnopoulos

SHEILA MCLEOD ARNOPOULOS est co-auteur, avec M. Dominique Clift, de *The English Fact in Quebec*, dont la version française a reçu le Prix du gouverneur-général en 1980. Journaliste au *Montreal Star* pendant dix ans, elle reçut plusieurs prix pour ses articles sur les travailleurs immigrants et sur les travailleuses non syndiquées. Considérée comme une autorité dans le domaine des rapports entre francophones et anglophones, elle est la seule anglophone membre du Conseil de la langue française du gouvernement du Québec.

Avec l'usage croissant du français dans tous les domaines à Montréal, les 700 000 anglophones de la métropole se voient de plus en plus obligés d'être non seulement bilingues, mais aussi biculturels. Jusqu'à une époque récente, nombre des membres de la communauté anglophone de Montréal estimaient avoir droit à toute liberté de fonctionner exclusivement en anglais, en particulier dans les secteurs des affaires et de l'éducation. C'était l'opinion des chefs de file traditionnels de la communauté anglophone, qui, pour la plupart, étaient de descendance britannique. Pour les media anglophones, le Bureau des écoles protestantes et nombreux hommes d'affaires éminents, les anglophones du Québec faisaient partie de la majorité anglophone du Canada.

Par le passé, les anglophones de la province s'en étaient bien tirés avec cette attitude. En effet, le fossé entre les communautés francophone et anglophone était si large que les anglophones pouvaient agir comme s'ils vivaient en Ontario plutôt qu'au Québec. Ils fondaient et finançaient leurs propres écoles, services sociaux, galeries d'art, hôpitaux et universités, et ils avaient leurs quartiers bien à eux. Mieux encore, ils dominaient le monde des affaires au Québec et influaient sur les activités commerciales au Canada par l'entremise des sièges sociaux d'entreprises situés à Montréal.

En raison de l'exode de ces entreprises vers l'Ontario et l'Ouest du pays, et du fait que le gouvernement québécois finance et contrôle désormais les services municipaux, éducatifs, sociaux et médicaux, les anglophones du Québec ne peuvent plus vivre en vase clos. Ils sont maintenant contraints de s'intégrer au milieu francophone, ce qui signifie qu'ils doivent accepter le statut de minorité et les compromis qui s'ensuivent. Bien des membres de la communauté anglophone n'acceptent pas facilement cet état de choses; certains, surtout ceux de l'ancienne génération, tentent d'éviter la francisation ou partent pour l'Ouest.

Par ailleurs, à l'insu des journalistes et des leaders traditionnels du monde anglophone, un nombre grandissant de Québécois de langue anglaise s'adaptent très bien aux changements actuels. Ils apprennent le français, et parfois même vont s'installer dans un quartier francophone, envoient leurs enfants à l'école française et s'orientent vers des secteurs d'activité entièrement francophones. La plupart gardent leur identité propre, c'est-à-dire qu'ils s'intègrent à la société québécoise francophone, mais sans y être assimilés. Ils acceptent cependant leur statut de minorité et la nécessité d'être à la fois bilingue et biculturel dans le Québec d'aujourd'hui.

Ces personnes qui ont choisi de s'intégrer au Québec français sont en général inconnues des éléments plus conservateurs de la communauté anglophone, parce qu'elles n'ont mis sur pied aucun mouvement comme *Le Comité d'action positive*, et qu'elles ne font généralement pas de déclarations sur la situation politique. Ainsi, la plupart n'ont pas pris part aux débats sur les Lois 22 et 101.

Une question surgit à l'esprit: en cette période de tensions entre franco-phones et anglophones au Québec, quels anglophones sont capables de s'adapter sur le plan culturel, d'accepter un statut de minorité et de vivre dans une société biculturelle?

Je me suis intéressée à cette question vers la fin des années 1970, après l'accession au pouvoir du Parti québécois. À l'époque, nombre d'anglophones jugeaient inutile d'essayer de se rapprocher de la communauté francophone parce qu'ils croyaient qu'ils s'en verraient automatiquement rejetés. Pour déterminer si cette crainte était justifiée, j'ai décidé de m'adresser à des anglophones qui s'étaient efforcés d'une façon ou d'une autre de s'intégrer au milieu francophone. J'écrivis d'abord une série d'articles pour le *Montreal Star*. Par la suite, j'élargis mon champ d'étude en vue de présenter une thèse en sociologie à l'Université Concordia. Cette étude servit à la rédaction de l'un des chapitres de l'ouvrage *Le fait anglais au Québec*[1] dont Dominique Clift et moi sommes les auteurs.

Aux fins de mon étude, j'ai mené des recherches auprès des anglophones qui ont choisi de travailler dans un milieu exclusivement français. Selon un sondage sur la langue du travail effectué par Dominique Clift pour le *Montreal Star* en 1976[2], environ 20% des anglophones de Montréal travaillent uniquement en français. Certains sont cols bleus dans des secteurs d'activité entièrement franco-phones, tandis que d'autres occupent un poste de prestige en milieu francophone. C'est sur ces membres peu connus de la communauté anglophone que j'ai centré mes recherches.

L'étude a démontré que la plupart des anglophones de Montréal qui s'intè-grent à la communauté francophone ne font pas partie de la communauté anglo-phone traditionnelle. Ce sont pour la plupart des juifs, des descendants d'immi-grants européens, des Américains ou des Anglais récemment arrivés au Québec, ou encore des Canadiens venant d'autres provinces, tous, en quelque sorte, margi-naux, étrangers à la culture de la communauté anglophone montréalaise. C'est cette marginalité, cette absence d'identification aux valeurs culturelles du milieu anglo-phone local qui leur permet d'adhérer à une autre réalité culturelle.

Les sources de cette marginalité sont diverses. Pour certains, c'est l'appar-tenance à un milieu socio-économique défavorisé ou à une idéologie de gauche, mais, pour la plupart, c'est une ascendance ethnique mixte. Afin d'expliquer la plus grande adaptabilité de ces personnes sur le plan culturel, je me suis fortement inspirée d'ouvrages sociologiques portant sur «l'individu marginal», écrits par des théoriciens comme Everett Stonequist et Georg Simmel[3]. Pour Stonequist, «l'in-dividu marginal» issu d'un milieu ethnique mixte est un asocial. «L'étranger», comme le nomme Simmel, est beaucoup plus créateur, et c'est ce modèle «d'indi-vidu marginal» qui s'applique le mieux ici. L'«étranger» de Simmel est un «hy-bride culturel», le produit de l'interpénétration des cultures associée aux migrations massives du XXe siècle. Cet «étranger» vit dans *un no man's land* culturel qui lui permet de participer à différentes cultures et de jouer le rôle important d'intermédiaire entre groupes antagonistes.

Mon étude a porté sur l'expérience d'anglophones montréalais dans trois secteurs de travail: les universités francophones, la fonction publique et le monde des affaires.

Les universités francophones

Bob et Henrietta Cedergren sont des anglophones qui, bien que n'ayant aucune notion du français à leur arrivée au Québec, s'intégrèrent à la vie d'une université francophone. M. Cedergren est un biochimiste du Minnesota qui est venu enseigner à l'Université de Montréal en 1967.

Selon un règlement officieux de l'Université, les anglophones nouvellement engagés jouissent d'un traitement de faveur durant les six premiers mois où ils apprennent le français. Ainsi, le département de biochimie permit au professeur Cedergren de faire des recherches et de donner un cours en anglais pendant qu'il poursuivait son apprentissage du français. L'année suivante, plus sûr de lui, il acceptait une charge d'enseignement à plein temps; depuis, toute sa vie se déroule en français.

«Il m'a fallu six mois pour comprendre la langue et encore six mois pour apprendre à m'exprimer correctement . . . et je fais encore beaucoup d'erreurs», dit-il. Toutefois, il se sent à l'aise en milieu francophone. Il vit dans un quartier francophone, a des amis de langue française, lit les journaux français, fait partie d'associations francophones et envoie son enfant à l'école française.

Le seul endroit où Bob Cadergren parle anglais, c'est à la maison, avec sa femme Henrietta, qui est également anglophone. À son arrivée à Montréal, elle non plus ne parlait pas français, mais elle l'apprit pendant qu'elle enseignait l'anglais dans un collège de langue française. Aujourd'hui, elle enseigne au département de linguistique de l'Université du Québec.

Les Cedergren ne constituent pas un cas rare. Ils sont plutôt l'exemple type d'Américains ou d'anglophones venus de l'étranger, qui avaient une connaissance plus ou moins grande du français lorsqu'ils arrivèrent dans le milieu universitaire francophone, et qui maintenant s'intègrent à la vie québécoise. Parmi ceux-ci, mentionnons Ben Higgins, économiste en développement, qui a travaillé à l'Université de Montréal pendant plusieurs années; John Reighard et Kathleen Connors, linguistes; George Baylor, psychologue; Colin Davidson, architecte. . . et bien d'autres. La plupart de ces personnes se considèrent comme des immigrants en pays francophone et trouvent tout naturel de se mêler à la majorité. Certains d'entre eux ont voté pour le Parti québécois, sont favorables au mouvement indépendantiste et regardent les anglophones natifs de Montréal avec une certaine suspicion.

Leonard Dudley, économiste, et Iain Gow, politicologue, sont deux Ontariens qui se sont fondus au milieu francophone. Le professeur Dudley avait acquis des notions élémentaires de français en exerçant des emplois d'été en France et au Québec; il a parfait ses connaissances de la langue après être entré au service de l'Université de Montréal en 1970. Quant au professeur Gow, il apprit le français en travaillant à Paris pour le ministère des Affaires extérieures. Plus tard, il s'inscrivit à un programme de doctorat à l'Université Laval puis fut engagé par l'Université de Montréal en 1964. Comme tous les professeurs anglophones que j'ai interviewés, le professeur Gow souligne qu'il écrit assez bien le français, mais fait encore des erreurs. D'ordinaire, il fait donc vérifier ses textes par un collègue francophone avant de les remettre. «Travailler en français rend la tâche un peu plus difficile... mais pas tellement», dit-il, se faisant le porte-parole de bien d'autres qui vivent la même situation.

Il y a peu de Montréalais d'origine anglo-saxonne dans les universités francophones, mais par contre, on y trouve beaucoup de membres de la communauté juive de langue anglaise. Parmi ceux qui sont à l'Université de Montréal, mentionnons Melvin Charney, architecte, Leo Roback, spécialiste en relations de travail, et Ethel Roskies, psychologue. Un grand nombre ont étudié à cette université et, une fois diplômés, y ont obtenu un poste.

Certains professeurs d'origine juive expliquent leur orientation vers un milieu francophone par le fait que leurs liens avec la communauté anglophone n'avaient jamais été très étroits, et que l'Université McGill s'était montrée peu accueillante à leur égard. Selon le professeur Roskies, beaucoup de Juifs «se sentent marginaux», et il importe peu dans quelle communauté ils éprouvent cette marginalité. Le professeur Roskies obtint un baccalauréat ès arts de l'Université McGill et, en 1961, malgré son vocabulaire restreint en français, elle s'inscrivit à la faculté des études supérieures de l'Université de Montréal après avoir entendu parler de l'excellent programme de psychologie clinique qu'on y offre. L'Université McGill, a-t-elle ajouté, n'était pas très enthousiaste à l'idée de l'accepter parce qu'elle avait des enfants, tandis que l'Université de Montréal tint uniquement compte de ses résultats scolaires. «L'Université de Montréal, dit-elle, a toujours été plus ouverte aux femmes.»

Se reportant en arrière, en 1961, au moment où elle entrait à l'université, elle déclare qu'il fallait «être d'une race particulière pour franchir la barrière» entre les deux solitudes. À ce moment-là, ajoute-t-elle, l'Université de Montréal était un endroit très catholique. Pourtant, même si elle venait d'un milieu juif orthodoxe, et qu'elle parlait à peine le français, elle s'est toujours sentie la bienvenue. Les non-francophones comme elle avaient le droit de rédiger les travaux et les examens en anglais, et l'on était toujours prêt à l'aider.

La fonction publique

La fonction publique provinciale ou municipale n'a jamais attiré beaucoup de personnes de langue anglaise. Diverses études montrent que moins de deux pour cent des postes de cadre dans la fonction publique du Québec sont occupés par des anglophones. Ceux qui constituent ce faible pourcentage sont en grande partie des hommes d'un certain âge qui sont entrés à la fonction publique avant la Révolution tranquille pour défendre les intérêts des anglophones.

Alan Wright, ancien professeur qui a travaillé en français pendant trois ans comme directeur adjoint des programmes d'études au ministère de l'Éducation, fait exception à la règle. M. Wright entra dans à la fonction publique parce qu'il voulait se plonger dans la société francophone du Québec. Il a quitta son emploi en 1974, mais non parce qu'il ne se sentait pas accepté. Un autre emploi lui avait été offert, et il voulait élargir son expérience. Il étudie actuellement à l'Université de Montréal en vue d'obtenir un doctorat.

Deux autres anglophones se sont aventurés dans le secteur de l'administration publique: Ken Cavanagh, relationniste au Conseil scolaire de l'Île de Montréal, et Alex Kowaluk, urbaniste au service d'habitation et d'urbanisme de la Ville de Montréal. Il y a quinze ans, tous deux ne parlaient qu'anglais. Aujourd'hui, ils travaillent presque exclusivement en français. Ici encore, ces anglophones ont opté pour un milieu de travail francophone parce qu'ils voulaient participer plus activement à la vie du Québec français. À leurs yeux la communauté anglophone était trop restrictive.

Pour M. Cavanagh, l'apprentissage du français fut un processus long mais plutôt facile. Comme tant d'anglophones issus du réseau des écoles de langue anglaise de Montréal, il savait à peine quelques mots de français à la fin de ses études au Collège Loyola en 1967. Il se familiarisa avec cette langue en exerçant son premier emploi à la brasserie Molson à titre de relationniste anglophone. «J'étais entouré de collègues francophones, explique-t-il, et c'est alors que j'ai commencé à comprendre le français.» Deux ans plus tard, il obtenait un poste à la Commission des écoles catholiques de Montréal où il travaillait encore en anglais, mais était, là encore, entouré de francophones, si bien qu'il apprit à parler couramment français. Mais il franchit la plus importante des barrières linguistiques quand il obtint un emploi au Conseil scolaire de l'Île de Montréal. Ce poste, qu'il occupe encore aujourd'hui, comporte entre autres fonctions celle de rédiger en français des communiqués de presse, des discours, des rapports et des bulletins. «Il y a eu des périodes difficiles, surtout au début, admet-il. Je n'oublierai jamais le jour où le président du Conseil m'a demandé de préparer un discours de dix pages en français pour le lendemain matin. J'ai passé la nuit à le rédiger.» Aujourd'hui, cependant, il se sent presque aussi à l'aise en français qu'en anglais.

La transition de l'anglais au français n'a toutefois pas été aussi facile pour Alex Kowaluk. Après avoir terminé ses études en architecture à l'Université

McGill, il travailla pendant dix ans pour des bureaux d'architectes anglophones avant d'entrer en 1966 au service d'urbanisme de Montréal. «Je connaissais alors environ cent mots de français», dit-il. M. Kowaluk quitta le milieu anglophone du travail principalement parce qu'il ne se sentait pas accepté par les anglophones de vieille souche. «Je ne me sentais pas à ma place sur le plan social», déclare-t-il. Immigrant ukrainien issu d'un milieu ouvrier, je n'avais tout simplement pas la bonne façon de me vêtir, de parler et ainsi de suite . . . Idéologiquement aussi, je me sentais étranger . . . Très conscient des distinctions sociales, j'avais tendance à m'opposer aux valeurs de l'entreprise privée.«

Pendant la période où il travaillait pour des entreprises anglophones, M. Kowaluk se lia d'amitié avec quelques artistes francophones, et il s'aperçut alors qu'il se sentait plus à l'aise avec ces derniers qu'avec ses collègues de langue anglaise. «Je pouvais être moi-même avec eux . . . Ils aimaient ma façon de voir les choses . . .» C'est alors qu'il envisagea de travailler dans un milieu francophone, et il choisit le service d'urbanisme de Montréal parce qu'il avait le sentiment de travailler pour la collectivité, ce qui était plus conforme à ses idéaux.

Les entreprises francophones

Durant cette période de tension politique, peu d'hommes d'affaires anglophones songeraient à passer d'un milieu de travail totalement anglais à un autre complètement français. Pourtant, il y a de plus en plus d'anglophones qui travaillent en français dans des entreprises francophones, comme le Mouvement des caisses populaires Desjardins, Hydro-Québec et Sidbec, ou des firmes d'ingénieurs-conseils comme Surveyer, Nenniger et Chênevert (SNC), et cela ne semble pas soulever de difficultés particulières.

Terence Dancy, vice-président du service des développements techniques à Sidbec, commenca assez tard dans sa carrière à travailler en français. M. Dancy, qui est d'origine britannique, oeuvra dans l'industrie sidérurgique américaine pendant plusieurs années jusqu'à ce que Sidbec, qui était à la recherche d'un expert en méthodes nouvelles de production de l'acier, eut recours à ses services. Arrivé au Québec en 1970, au moment des «événements d'octobre», il ne se laissa pas rebuter par les troubles politiques. Ni lui ni sa femme ne parlaient français, mais ils se consacrèrent à l'apprentissage de cette langue qu'aujourd'hui ils parlent couramment. «Nous estimions que c'était la seule chose sensée à faire dans un milieu où la majorité des gens parlent français», déclare M. Dancy. Depuis qu'en 1968 Sidbec s'est porté acquéreur de Dosco, compagnie sidérurgique dont le siège social était en Nouvelle-Écosse, la proportion des cadres anglophones unilingues est tombée de 35% à moins de 10%. Fait à noter, bon nombre des anglophones qui n'ont pas appris le français sont des Montréalais de longue date.

Irving Ellenbogen et Harry Rapoport firent aussi la transition de l'anglais au français. Tous deux sont issus de familles immigrantes juives de la classe ouvrière. M. Ellenbogen commença à travailler en français en 1967 au moment où il entra à Hydro-Québec comme programmeur-analyste. À son arrivée, il connaissait très peu la langue. «Mais je ne m'en faisait pas pour ça, dit-il. J'étais très content de travailler en français. Au début, je trouvais un peu difficile d'écrire, mais les choses se sont rapidement améliorées... il n'y a plus de problème.» Bien qu'il ne travaille pas dans sa langue maternelle, M. Ellenbogen se sent à l'aise à Hydro-Québec, plus en réalité que dans bien des entreprises dirigées par des anglophopnes.

Harry Rapoport travaille depuis quinze ans comme ingénieur chez Surveyer, Nenniger et Chênevert (SNC). Jusqu'à la fin des années 1960, la plupart des ingénieurs de SNC étaient de langue anglaise, bien que deux des trois associés de cette entreprise aient été Québécois de langue française. Avec la Révolution tranquille et l'arrivée d'ingénieurs francophones, la compagnie, qui compte maintenant plus de mille employés, s'est peu à peu francisée. Au cours des quatre dernières années, M. Rapoport a participé à un certain nombre de travaux exécutés entièrement en français, en dépit du fait qu'il aurait pu continuer à travailler en anglais. Il a trouvé la tâche difficile au début parce qu'il ne parlait pas aussi bien le français que l'anglais. «J'éprouvais souvent des maux de tête à la fin de la journée parce que je n'étais pas habitué à travailler en français. Ça me demandait beaucoup d'efforts», dit-il. M. Rapoport estime que travailler en français exige plus de lui, mais il soutient la promotion du français comme langue de travail dans la province et est donc prêt à faire l'effort nécessaire.

Un noyau de nouveaux leaders

Quel rôle ces anglophones «marginaux» vont-ils jouer dans l'avenir du Québec? Forment-ils une minorité négligeable... ou sont-ils l'avant-garde d'une nouvelle élite qui remplacera peu à peu celle des hommes d'affaires anglophones qui quittent le Québec?

Dans le monde incertain des relations entre anglophones et francophones au Québec, les «marginaux» m'apparaissent comme une nouvelle force créatrice entre ces deux communautés isolées et opposées l'une à l'autre. De ce fait, ils peuvent jouer un rôle historique important dans l'évolution des relations intergroupes. Médiateurs, ils sont peut-être aussi le prototype de l'anglophone québécois des années 1980. Il faut noter qu'en plus d'être bilingues, ces «marginaux» sont aussi biculturels.

Pour qu'à longue échéance les anglophones prospèrent au Québec, ils doivent manifestement sortir de leurs ghettos et se mouvoir dans les communautés anglophone et francophone comme le font les francophones en dehors du Québec. Jusqu'à présent, une bonne partie de la communauté anglophone s'y est opposée avec opiniâtreté. Cependant, une fois que la tension politique actuelle aura disparu, la situation changera peut-être. En essayant d'établir des rapports plus cordiaux avec les francophones, il se peut que la majorité des anglophones découvre alors que la voie a déjà été préparée par ceux qui sont aujourd'hui considérés comme des marginaux.

D'aucuns peuvent se demander pourquoi ces «marginaux», comme on les a appelés, gardent le silence? Quelle influence peuvent-ils exercer s'ils ne se mettent pas davantage en évidence? Quelques-uns d'entre eux sont toutefois devenus des personnalités, dont la plus connue est peut-être Abe Limonchik, ancien président du Regroupement des citoyens de Montréal, principal parti d'opposition au conseil municipal de la métropole. Descendant d'immigrants juifs, M. Limonchik est à l'emploi d'une importante entreprise anglophone. Toutefois, il est marié à une Québécoise de langue française, et il s'est toujours senti à l'aise au sein des communautés francophone, anglophone et juive de la métropole. Le Regroupement des citoyens de Montréal constitue l'une des rares organisations où anglophones et francophones oeuvrent côte à côte sans qu'il y ait de réelles frictions entre les ethnies. L'une des principales raisons de cet état de choses est la présence de personnes comme M. Limonchik, qui peut s'identifier à plusieurs cultures, sans se sentir particulièrement lié à aucune.

Dans son étude sur les grands hommes, l'historien Frede? rick Teggart souligne l'importance historique du «marginal» ou de «l'étranger», ce type d'homme qui n'est pas guidé par une ligne de pensée immuable et qui, par conséquent, en vient à jouer un rôle indispensable dans les rapports entre groupes culturels différents. Dans son ouvrage intitulé *Processes of History*, Teggart déclare ce qui suit:

> Alors que, historiquement, le progrès a toujours dé-coulé du choc des groupes, la réponse se produit dans l'esprit des individus, ce qui nous amène à constater que toutes les époques de transition ont ceci en commun qu'elles constituent des périodes d'éveil intellectuel chez l'individu et d'émancipation de l'initiative indivi-duelle dans la pensée et l'action [...] L'étude appro-fondie des biographies d'hommes éminents est le meil-leur moyen de se rendre compte que le progrès se réalise aussi aujourd'hui par le processus historique d'individualisation de la pensée...[4].

À l'heure actuelle, il semble probable que les futurs «hommes éminents» de la communauté anglophone du Québec seront ces «marginaux», qui sont à l'aise dans plus d'une culture. Avec ces hommes à leur tête, les anglophones pourront peut-être abandonner leur attitude conservatrice et paranoïaque et entrer dans une nouvelle ère.

NOTES

(1) Dominique Clift et Sheila McLeod Arnopoulos, «Le fait anglais au Québec».

(2) Dominqiue Clift, *The Montreal Star*, Language and Work Series, 27 mars, 29-31 mars, 1-2 avril, 1976.

(3) Everett V. Stonequist, *The Marginal Man, A Study in Personality and Culture Conflict*, New York, Russell and Russell, 1961. Aussi: Georg Simmel, *Soziologie*, Leipzig, Duncker und Humlat, 1908.

(4) Frederick Teggart, *Processes of History* (New Haven, 1918):155-156.

Troisième partie

LES MILLE ET UNE FACETTES DE L'ANGLOPHONIE QUÉBÉCOISE

L'image d'un Québec anglais monolithique, entièrement protestant, anglo-saxon et opulent, s'estompe graduellement sous l'effet du débat actuel et des changements profonds que ce groupe linguistique a connus depuis la seconde guerre mondiale. Nombreux sont aujourd'hui les anglophones qui réfutent l'idée d'une communauté, fût-elle géographique, sociologique ou idéologique; on croit plutôt en une sorte de mosaïque de groupes ethniques dont l'anglais constituerait la langue dominante ou, plus simplement, la langue «passe-partout». De plus, il semble que l'élément qui donne une certaine cohésion à cette mosaïque ne soit pas la langue elle-même, mais plutôt un certain attachement au Canada, une propension à la mobilité à l'intérieur du continent et peut-être même une recherche plus profonde de progrès matériel par le truchement de l'entreprise privée, dont le milieu est plus ouvert au changement. Toutes les généralisations hâtives si courantes autrefois à l'égard des «Anglais» étaient sans doute dues au fait que ce sont principalement des Britanniques qui ont bâti «l'empire commercial du Saint-Laurent» et fondé les principales institutions du Québec anglophone; rappelons entre autres les McGill, McTavish, McGregor, McConnell, Webster et Price, fondateurs de commerces, journaux, écoles, universités, hôpitaux, organismes de charité. L'âpre dichotomie des populations anglaise et française ainsi évoquée dissimule pourtant une autre forme de dualité, dont le souvenir persiste encore dans certaines régions rurales du Québec, cette dualité qui s'établissait sur des distinctions fondées sur la religion catholique ou protestante, dont la liberté d'exercice était garantie par l'Acte de l'Amérique du Nord britannique — distinctions qui sont encore aujourd'hui cause d'affrontements. De l'interpénétration de ces deux dualités naquit un groupe intermédiaire particulier, celui des catholiques anglophones qui, sans posséder d'institutions autonomes d'importance, a joué pendant longtemps un rôle prépondérant de médiateur dans la société québécoise.

Dès la fin du 19e siècle, la situation se complique du phénomène de l'immigration massive, qui amène d'autres groupes désireux de partager l'existence de l'un ou l'autre des peuples fondateurs tout en jetant les bases de structures autonomes. Les Juifs constituaient un de ces groupes; différents par la langue, la religion, la façon de se vêtir, ils étaient aussi animés d'un sens profond de l'histoire, d'un réel souci de contribuer à l'édification au Nouveau Monde d'une société plus démocratique et plus juste. C'est ce que décrit David Rome, en même temps qu'il fait état des tensions que dut subir ce groupe, pris sur la ligne de feu entre les populations anglophone et francophone.

Plus tard, arrivèrent en grand nombre d'autres immigrants d'origines diverses: Européens de l'Est, Italiens, Grecs, Arméniens, Portugais, Égyptiens, Antillais. La majorité d'entre eux, tôt ou tard, s'intégrèrent au milieu anglophone afin de s'assurer l'accès aux institutions scolaires et au marché du travail, sans pour autant rechercher la complète assimilation, comme Rome le démontre clairement dans le cas des Juifs. Il n'en demeure pas moins que le Québec anglais s'en trouva profondément transformé.

Aujourd'hui, on s'attend de moins en moins à ce qu'un Québécois anglophone soit d'origine britannique ou de religion protestante. Par ailleurs, les nom-

161

breux groupes ethniques qui ont adopté la langue anglaise possèdent généralement peu d'institutions qui leur soient propres, et sont très peu enclins au consensus. Les *institutions* anglophones du Québec demeurent donc, en grande partie, d'inspiration britannique et protestante; mais elles ont confié leur *gérance* à des personnalités qui, en plus d'être puissantes et capables de se faire entendre, sont recrutées dans d'autres pays anglophones — Afrique du Sud, États-Unis, Australie — ou dans les autres provinces du Canada, (et par conséquent rarement enracinées dans le milieu). De plus, ces institutions desservent une *clientèle* aux origines les plus diverses, et la divergence croissante entre tous ces éléments constitue l'un des grands problèmes de la nouvelle société anglophone québécoise.

En observant de plus près la structure du groupe anglophone, on y découvre d'autres disparités, créées celles-là par la situation géographique ou la condition sociale. Ainsi, la démarcation se fait de plus en plus prononcée entre les anglophones de la région métropolitaine montréalaise et ceux des milieu ruraux (ou «off-island») — Stuart Richards nous décrit plus loin les caractéristiques particulières et l'isolement social de certains groupes anglophones des Îles de la Madeleine — les conditions économiques ne sont pas seules en cause. Les populations rurales se sentent de plus en plus aliénées de cette anglophonie montréalaise devenue très cosmopolite, et donc de moins en moins enracinée. Elles ont aussi le sentiment que la plupart des institutions anglophones ne servent que les intérêts des Montréalais.

Quant à la condition sociale, il semble, chose assez curieuse, que l'oeuvre théâtrale de David Fennario, le réveil de la mémoire collective à Pointe-Saint-Charles («The point») et à Verdun, de même que l'élection d'un gouvernement qui se veut social-démocrate à Québec, aient remis en lumière le fait qu'il existait autrefois à Montréal une importante classe ouvrière irlandaise et de nombreux petits artisans anglais, et qu'il en existe encore aujourd'hui un certain nombre. Relativement effacés, peu organisés, entretenant avec leurs homologues francophones des relations plutôt ambiguës, ils ont au moins refait surface, en dépit de l'impression créée par l'écrivain Gabrielle Roy, qui opposait le misérable quartier francophone de Saint-Henri à l'élégant quartier anglophone de Westmount, en dépit aussi des incitations répétées de l'élite anglophone à se regrouper en fonction de bases ethniques, plutôt que sur les bases de classe sociale, pour la défense des intérêts linguistiques de leur communauté. L'étude de Carla Lipsig-Mummé rend plus présent le monde oublié de la classe ouvrière anglophone du Québec.

Ces aspects multiples et changeants du Québec anglophone reflètent une grande diversité d'intérêts et d'idéologies selon les individus, certains manifestant un sens plus aigu du lieu et de l'histoire, d'autres, le goût de la mobilité et l'indifférence face au passé; d'autres encore apprécient la langue comme instrument de culture et moyen d'identification, tandis que certains la considèrent d'un point de vue strictement utilitaire, comme moyen de communication; et tout cela est joint à une conscience de classe qui atténue le sentiment d'appartenance à une ethnie particulière. En d'autres mots, il semble bien qu'au sein de cette communauté linguistique, la pluralité et la divergence d'intérêts ne font avec le temps que s'intensifier.

Les Juifs dans le Québec anglophone

David Rome

DAVID ROME est archiviste auprès du Congrès juif canadien. Il a passé les premières années de son enfance en Colombie-Britannique mais il habite au Québec depuis de nombreuses années. Au cours de sa carrière, il a travaillé dans chacune des universités montréalaises, de même qu'au ministère des Affaires culturelles. Membre actif de la communauté juive de Montréal, M. Rome est l'auteur de nombreux écrits sur les Juifs du Canada.

Il arrive souvent que l'étude d'un groupe humain révèle des faits complexes et inattendus. C'est bien ce qui se produit dans le cas de l'élément juif de l'«anglophonie» québécoise, elle-même société fort complexe. Il y a vingt ans encore, l'ensemble de l'élément juif était anglophone, ne fût-ce que par une association étroite et délibérée avec le groupe anglais. Depuis lors, toutefois, des Juifs francophones en nombre croissant ont immigré au Québec. Leur présence a transformé lentement le profil de la communauté juive; ils ont obligé celle-ci à modifier, ou du moins à remettre en question, certaines de ses valeurs et allégeances fondamentales. Pourtant, ce n'est pas la première fois qu'est remise en question l'identification des Juifs à l'«anglophonie» protestante. Dans la première partie du siècle, la question scolaire et la grande crise économique avaient déjà donné lieu à une certaine réévaluation de leur identité et de leurs fidélités.

Il convient, en tout premier lieu, de nous demander comment les Juifs, dont la plupart n'étaient ni français ni anglais (que ce soit de langue ou de culture), en étaient venus à se confondre aussi totalement et passionnément avec le Québec anglais. Pour répondre à cette question, nous devrons scruter l'histoire de la communauté juive du Québec.

Les Québécois, comme tout autre peuple, entretiennent une vénération pour leurs origines, et comme beaucoup d'autres peuples, ils sont attachés à la légende d'une sorte d'âge d'or bien à eux, non sans analogie avec une Genèse, un Éden et l'espoir d'une parousie. Les Juifs, avec leur très ancien héritage propre, sont des premiers à comprendre ce qu'il y a de sacré et de formateur dans cet entrelacement intime de l'histoire, de la légende glorieuse, de la généalogie, de la religion, des mœurs et de la fierté collectives, qui donne leur couleur particulière aux aspirations d'un peuple.

Dans toute cette tapisserie québécoise où figurent prêtres, «coureurs de bois», héros militaires, marins, «voyageurs», explorateurs, défricheurs et «habitants», seigneurs, pieuses mères de famille, il est presque tragique que les Juifs n'occupent nulle part une place. Toutefois il faut rappeler ici que la civilisation de la Nouvelle-France fut créée sous des bannières médiévales toujours prêtes à se lever contre le Juif, éternel ennemi en ce monde. Des lois très strictes, réaffirmées par les plus hautes autorités, interdisaient l'entrée des Juifs au Nouveau Monde, et à plus forte raison leur participation à l'édification d'une nation française. Bien sûr, les mêmes lois interdisaient la présence des protestants, mais il y en eut quand même un certain nombre qui s'établirent dans la colonie, ce que ne put faire aucun Juif.

Il n'est pas difficile d'imaginer tout ce qu'entraîne, dans le rêve québécois d'aujourd'hui, cet héritage de l'ancienne Inquisition, et cela d'autant plus que jamais aucun élément du mouvement nationaliste, ni aucun des chefs religieux, ou de ceux qui prêchaient la tolérance, ni même les agnostiques, ne l'ont formellement désavoué. Les Juifs du Québec attendent en vain le désaveu d'une position antijuive qui fut des plus absolue. Ils estiment que, si les personnalités politiques sympathiques aux électeurs juifs et qui ont su, ailleurs, se faire les champions de grandes et profondes transformations, jugent imprudent de toucher si peu que ce soit à cet aspect de la psychologie nationale, c'est sûrement que l'antisémitisme reste puissant et qu'il est intimement mêlé à la trame de la mémoire commune. Les Juifs sont sensibles à toute indication des orientations que pourra prendre la société québécoise. Ce Québec, qui entend sans équivoque être français, s'attachera-t-il à faire revivre la société ethniquement monolithique que la France catholique avait fondée dans la vallée du Saint-Laurent, où il n'y avait place pour des citoyens d'aucune autre origine ou religion, ou bien s'apprête-t-il à créer une société ouverte, du genre de ce que nous connaissons en Amérique du Nord et qui accepte la diversité dans les origines culturelles, ethniques et religieuses? La question n'est pas nouvelle au Québec, et il est certain qu'elle a fait l'objet de beaucoup de réflexion ces dernières années. Il reste que bien des Québécois, parce qu'elle est délicate et de grande portée, ne l'abordent qu'avec une infinie prudence, ce qui n'est pas pour rassurer les Juifs.

S'il n'y eut pas de Juifs en Nouvelle-France, ce fut dès la Conquête qu'il en arriva. Pour qui connaît l'histoire juive, il y a là un fait symbolique. La Conquête, au Québec, n'évoque pas seulement une défaite sur le champ de bataille, ni un simple changement de régime ou de constitution. Elle fut l'effondrement complet et la destruction d'un monde auquel on tenait, tout comme les deux destructions du Temple de Jérusalem continuent encore, dans la sensibilité historique intime des Juifs, à être liées aux mots «jérémiades» et «lamentations».

Le fait même de l'arrivée en Nouvelle-France de personnes d'un certain type à un tel moment de cataclysme ne pouvait que confirmer, pour le moins, l'identification du Juif en tant que démon et ennemi de Dieu. La première rencontre du Québec francophone et du Néo-Québécois juif se présentait bien mal.

La suite des événements fut par bonheur moins tragique qu'on eût pu s'y attendre. Léthargie? Indifférence? C'est peut-être simplement que l'histoire du Québec n'était pas vraiment commencée. Les Juifs arrivés avec les Britanniques mirent peu de temps à nouer des liens avec les immigrés venus de France durant le siècle précédent. Au surplus, à la différence de leurs frères de race et de religion qui viendraient au cours du siècle suivant, les Juifs qui immigrèrent entre 1760 et 1865 ne firent en somme que passer d'un Londres anglais à un Canada anglais, ou encore d'une colonie anglaise à une autre colonie anglaise.

Ils possédaient d'avance les précieux privilèges britanniques de liberté et de virtuelle égalité, vivement appréciés à cette époque d'avant Napoléon. Ils arrivaient ici avec les Anglais et en tant qu'Anglais, comme faisant partie de l'organisation commerciale de la colonie. Toutefois, ils n'appartenaient pas, comme beaucoup d'autres Anglais, à l'étroite organisation gouvernementale, capitaliste, professionnelle ou dirigeante de la colonie.

À la différence de ce qui se produirait, avec les générations futures d'immigrants juifs, dans les années 1880, ils s'éparpillèrent — peut-être parcequ'on leur permit de s'éparpiller, ou encore parce qu'ils furent les bienvenus — partout dans la province. Ils s'installèrent, qui à Yamachiche, qui à Berthier, qui à Rivière-du-Loup, comme à Saint-Denis, à Québec, à Saint-Mathieu, à Trois-Rivières, ou à Montréal. Ils épousèrent des Canadiennes françaises, des Amérindiennes, des Anglaises, ils firent du commerce avec les agriculteurs (les «habitants»), ils engagèrent des «voyageurs» qui pénétrèrent dans le grand intérieur canadien, où eux-mêmes ne manquèrent pas d'aller. Ils mirent leurs filles pensionnaires chez les Ursulines; leurs fils furent des officiers bien acceptés par les soldats canadiens comme par les aumôniers militaires catholiques.

La chronique du temps nous fait voir que les deux éléments linguistiques évitaient subtilement, et de manière efficace, de se heurter; Londres, d'ailleurs, veillait au grain. Tout visait à favoriser les bons rapports entre les divers éléments de la population. Les Juifs en bénéficiaient particulièrement. Quoique uniformément fidèles à l'Angleterre, peut-être même fanatiquement parfois, ils évoluaient en deçà des sphères du pouvoir, et d'autre part, leurs relations avec les Canadiens français n'avaient pas à souffrir, à cette époque, de certaines attitudes catholiques antisémites d'outre-mer. S'il y eut des limites au développement de leur condition économique, politique ou sociale, on ne pourrait guère l'expliquer par des préventions qui se seraient exercées contre eux dans leur nouveau pays.

On était au dix-huitième siècle. L'arène politique ne leur était pas encore familière. Ils la laissaient volontiers au *Goyim*, héritiers de ce monde. Nulle part ailleurs non plus, en 1775, les Juifs ne faisaient de politique. Rien d'étonnant, par conséquent, à ce qu'Aaron Hart mît ses enfants en garde contre les discours en public, dont, expliquait-il, il n'y avait rien à gagner.

Les fils d'Aaron Hart n'en firent pas moins le saut dans l'arène politique, avec succès parfois, et d'autres fois en vain, et cela dans des circonscriptions francophones telles que Trois-Rivières, Sorel et Champlain. Les mésaventures d'un Ezékiel Hart à l'Assemblée n'atténuèrent en rien l'appui indéfectible de ses électeurs catholiques; ses mésaventures, d'ailleurs, ne résultaient d'aucun antisémitisme, s'expliquant uniquement par les moeurs politiques de l'époque, chaque parti s'efforçant d'affaiblir l'autre par un constant recours à l'expulsion.

Au long du siècle qui s'était ouvert sous des augures aussi peu prometteurs, on cherche en vain la trace d'un incident, d'un débat le moindrement acrimonieux, entre le Juif et le Canadien français.

Les manuels d'histoire font très justement état de la grande fidélité des Juifs du Québec à la Couronne britannique, grâce à laquelle ils avaient pu venir au Canada. On ne doit pas s'imaginer pour autant qu'il n'y avait rien de complexe en ce qui les concernait. Prenons leur situation juridique, par exemple: en dépit de toutes les libertés qu'apportait avec lui le drapeau britannique, les synagogues n'étaient toujours pas reconnues en tant que lieux de culte, et ce n'était pas la seule limite qui fut imposée aux droits des Juifs dans l'Empire britannique de l'époque. Lorsque Aaron Hart mourut, on ne trouva aucun moyen d'enregistrer son décès; c'est presque «illégalement» qu'il mourut, et que naquirent ses enfants et la plupart de ses petits-enfants.

Le combat qui fut livré pour le redressement d'une telle injustice, combat mené en fait contre les Anglais du Québec, fut plus que le simple soutien d'une «juste cause». Il joua un rôle de toute première importance dans la guerre «tranquille» des catholiques francophones pour ce que des historiens aussi modérés que Pagnuelo ont défini comme la liberté de religion au Canada, en d'autres mots la liberté des catholiques de constituer une Église. Naturellement, les catholiques francophones appuyèrent la volonté juive d'obtenir une synagogue, un cimetière, un registre de l'état civil (naissances, mariages, décès), le rabbinat, etc. Il résulta de toutes ces pressions qu'en 1832 la liberté et l'égalité des religions furent instituées au Bas-Canada, et qu'aujourd'hui encore les lois du Québec et celles de l'Ontario définissent plus explicitement les droits du citoyen que les lois de toute autre province canadienne. Il sortit de cette alliance politique, de portée limitée mais fort importante, entre les Juifs et les Québécois francophones, et cela tout naturellement, l'octroi, beaucoup plus large et plus important, de la totalité des droits civiques aux Juifs. Il s'agit là d'un événement tellement précoce dans l'émancipation civique des Juifs à l'échelle mondiale que l'on ne saurait l'expliquer en dehors de la situation particulière dans laquelle se trouvait le Québec français et catholique en tant que colonie de l'Angleterre protestante.

Dans un Québec qui luttait pour sa survie et pour ses droits, l'égalité sociale constituait un objectif à atteindre et une arme de combat. Le Québec avait accepté la présence des protestants et n'en était pas encore à craindre tout ce qui était étranger. Les Juifs n'étaient pas les seuls allogènes. Ils étaient acceptés, assimilés, parfois même convertis; et les évêques faisaient volontiers halte chez les Hart. D'ailleurs, à cette époque, si peu nombreux qu'ils fussent, les Juifs n'étaient pas unanimes en politique; il y avait aussi des Joseph et des Hart prenant parti pour l'opposition.

Papineau, qui avait obtenu l'universalité des droits pour les Juifs, prit volontiers un Juif pour seul compagnon de son exil en Europe. Dans les rangs des Patriotes qui firent le coup de feu en 1837, il y eut un Kaufman, qui avait traduit son nom en Marchand; seule sa bonne étoile le fit sortir de la prison tant redoutée de Montréal; il fut plus tard échevin dans cette ville. Un dénommé Judah, député de la circonscription francophone de Champlain sous l'Union (avant la Confédération), fut tout près d'être ministre; on le retrouve plus tard conseiller juridique de diverses congrégations catholiques. Vers la fin de la période considérée, un autre Juif fut échevin à Montréal. Plus tard encore, un autre fut rédacteur en chef du journal *La Presse* dont il était un des fondateurs.

C'est cette alliance des catholiques et des Juifs qui explique la dichotomie politique de l'infime communauté juive dans la première moitié du dix-neuvième siècle.

* * *

La décennie de 1870 n'est pas près d'être oubliée, ni par le monde entier, ni par le peuple juif: c'est alors que fut inventé l'antisémitisme raciste et biologique. Son adoption par les nationalismes xénophobes et les ultrapatriotismes alors en montée; la liaison de ces mouvements avec l'Église, et le repli de celle-ci dans un conservatisme extrême; la manifestation soudaine de ces tendances antisémites en Russie suivie par le phénomène des *progroms*, lesquels déclenchèrent un exode sans précédent, massif, irrépressible, des Juifs vers l'Occident; également, le nouveau dynamisme d'une Allemagne unifiée; la défaite de la France; l'horreur créée par la Commune de Paris, et enfin le premier Concile du Vatican, tout cela eut un immense retentissement en France et au Québec.

L'Église catholique devint agressivement ultramontaine: interdiction de tout rapport avec les «infidèles»; la franc-maçonnerie vint à être perçue comme le principal ennemi de l'Église et fut explicitement associée aux Juifs, et ce, même dans le reste du Canada. Les traumatismes subis par la France se communiquèrent au Canada français. Le sentiment national, au Québec, devint aversion et crainte devant «les autres». Les institutions ecclésiales, aussi bien anciennes que nouvelles, et notamment la chaire et la presse, véhiculèrent fréquemment l'extrémisme.

Le fait que les immigrants juifs arrivant alors de Russie, parfois sous la pression des forces internationales mentionnées, étaient totalement différents, du point de vue social, et même du point de vue religieux, de leurs frères canadiens (dont certains étaient de la septième génération en ce pays), constitue un élément important du climat social du Québec au tournant du siècle. Ces nouveaux immigrants provenaient de milieux économiques bien différents de ceux auxquels appartenaient ici les David, les Judah ou les Joseph; leurs aspirations religieuses et la langue qu'ils parlaient n'étaient pas moins différentes, et leurs traditions sociales et politiques, si riches fussent-elles en elles-mêmes, ne pouvaient guère être considérées comme britanniques. Leur mise, leur apparence même, étaient insolites. Et toutes ces différences ne paraissaient pas devoir s'estomper bientôt, en tout cas pas avant l'éventuelle assimilation.

Les spectacles étranges qui s'offraient ainsi sur les quais de débarquement avaient tout pour étonner une société québécoise relativement homogène et qui se méfiait de l'étranger incroyant. En dépit de cette ambivalence, les événements d'Europe firent de Montréal et du Canada le nouveau domicile d'un grand nombre de Juifs fuyant les conséquences, certaines et prévues dès le début, du racisme européen; déjà Staline et Hitler se profilaient à l'horizon. L'exode de ces Juifs n'obéissait pas toujours à des mobiles logiques (ni à leurs propres yeux ni à ceux des observateurs). Ce qu'ils cherchaient, c'était le rêve américain, symbole de liberté, d'égalité, de paix, de stabilité, d'acceptation, et c'était aussi la continuité juive. On ne saurait qualifier de tout à fait chimérique la vision qui les entraînait. Pour quel autre groupe de réfugiés le Nouveau Monde se sera-t-il révélé plus nécessaire que pour les Juifs d'Europe, victimes de la dure réalité de l'Histoire? En tout cas, ceux qui prirent la fuite, que ce fût pour aller à Jérusalem, à Montréal ou à New York, restèrent vivants. Les autres périrent. S'il n'y avait pas eu cette migration, l'épopée commencée par Abraham aurait bien pu se terminer au moment de l'affaire Dreyfus ou dans les camps nazis.

Le nouveau monde où affluaient les Juifs, c'était en réalité une chaîne de grandes villes cosmopolites: Buenos Aires, Johannesburg, Jérusalem, Londres, Adélaïde, Montréal... Dans le cas de Montréal, l'idée de nouveau monde s'encadrait dans certaines réalités locales qui n'ont pas toujours été bien comprises. Aucun élément de la population ne s'opposait à fond à l'entrée des Juifs au Canada. Les protestations qui s'élevèrent au Québec vinrent des mouvements ouvriers nouvellement créés bien plus que des milieux nationalistes.

De 1880 à 1914, il entra donc des dizaines de milliers de Juifs, en un flot croissant, ce qui élargit la communauté juive à l'ensemble du territoire canadien. En pratique, ils étaient amenés au Canada par le gouvernement libéral anglophone d'Ottawa, persuadé que le pays tirerait avantage d'une croissance résultant de l'immigration. À défaut d'immigrants britanniques (et français?), on pouvait toujours se rabattre sur les Juifs. La paix régnant dans le pays, et le civisme de la population permettraient d'assimiler suffisamment les nouveaux arrivants, qui troqueraient bien un jour leurs vestes en peau de mouton contre des pardessus croisés.

De tout cela le Québec se tenait à l'écart. Ce que faisait Ottawa ne regardait qu'Ottawa. On ne voit aucune indication d'un désir du Québec d'intervenir, ce qui ne veut pas dire qu'il aimait ce qui se passait ou se réjouissait des nouvelles arrivées. En fait, il mit en garde ses protestants contre l'idée de réchauffer le «scorpion» juif contre leur coeur. Mais dès lors qu'il tolérait ces immigrants (lesquels s'établissaient de préférence dans ce port de l'est du pays, Montréal, tout comme ils préféraient New York), le Québec ne détestait pas les voir se tourner vers les Anglais plutôt que vers les Canadiens français. Il ne ferma pourtant jamais ses institutions ni aux Juifs ni aux autres immigrants. Les hôpitaux catholiques étaient ouverts aux Juifs. Le jeune Juif qui désirait s'inscrire aux collèges ou universités catholiques y était le bienvenu et on le dispensait des exercices religieux. Donc, même à cette époque, les discriminations de ce genre furent rarement rapportées. Lorsque des Juifs de Montréal, vers 1890, voulurent avoir leurs propres écoles (ce que ne prévoyait aucune disposition de la loi de la confédération), la Commission scolaire catholique imagina un mode de procéder qui lui permit, sans poser de conditions, sans intervention de sa part et sans qu'elle y gagnât quoi que ce soit, de percevoir elle-même les impôts scolaires des Juifs et de les leur remettre intégralement à leurs propres fins scolaires. Ironiquement, ce n'est que lorsque les Juifs le demandèrent eux-mêmes que fut mis un terme à cette entente.

Lorsque le Comité protestant du Conseil de l'instruction publique et les commissions scolaires protestantes prirent à leur charge l'enseignement des «non-protestants et non-catholiques», ce fut en assumant de propos délibéré de lourdes obligations financières et de grands risques sur le plan constitutionnel. Il n'y eut pas moins de risque d'ailleurs à faire déclarer légalement protestants les enfants juifs aux fins de l'enseignement. Le Canada français n'éleva aucune protestation tandis que ces immigrés, qui n'étaient de langue ni française ni anglaise et n'étaient pas catholiques, se rangeaient progressivement du côté des protestants. Il ne leur adressa aucun geste de bienvenue, ne fit aucune tentative pour les convertir, mais, peu à peu et de plus en plus vivement, animé par un mélange de sentiment religieux et de sentiment national, il donna libre cours à une campagne antisémite qui, rétrospectivement, après ce qui s'est vu sous Hitler, fait encore frémir.

Cette campagne fut organisée à peu près officiellement par l'Église catholique et menée principalement par le journal l'*Action catholique* et le bulletin *La Semaine religieuse de Québec*. Le talentueux nationaliste Tardivel jeta son journal *La Vérité* dans la lutte, et sa virulence ne fut surpassée que par celle de son fils. L'Association canadienne de la jeunesse catholique était en première ligne de combat, et les prêtres rivalisaient entre eux pour inventer, ou pour exhumer d'on ne sait quel lointain passé, des mensonges et des histoires de pure fabrication allant du «meurtre rituel» aux falsifications du Talmud, aux conspirations mondiales, aux Protocoles des sages de Sion, etc. Vers le début du siècle, l'affaire Dreyfus se propagea au Canada, où le martyre français de la discrimination fut jugé et condamné sans fin par l'opinion québécoise, longtemps même après avoir été disculpé en France. En 1913, lorsque les tribunaux russes acquittèrent Beilis, qu'on accusait d'avoir assassiné un enfant chrétien, les meilleurs journaux du Québec y virent la preuve de la douteuse compétence de la justice russe!

En 1913 encore, la haine du Juif atteignit un paroxysme lors du procès Ortenberg-Plamondon, qui fut une des manifestations sociales les plus significatives des annales de la nation québécoise. L'incitation antisémite atteint son sommet par suite du discours d'un notaire de Québec parlant sous les auspices d'un important groupement de jeunesse catholique, et des citoyens avaient été malmenés. Il y eut poursuite. La procédure fut sans doute assez mal engagée. En tout cas, le tribunal de première instance rendit une fin de non-recevoir.

Ce qu'il y eut de plus important encore que le tort subi et le jugement du tribunal fut que, pendant le procès, un bon nombre d'hommes d'Église, bardés de diplômes mais d'une stupéfiante ignorance, appuyèrent les accusations les plus extravagantes contre la communauté juive. Ce fut un affrontement assez terrifiant, juste au moment où se tenait le procès de Kiev où Beilis était accusé d'avoir commis un meurtre rituel, horrible invention également diffusée par le très sérieux quotidien qui s'intitulait *L'Action catholique*. Les prêtres québécois qui lançaient de telles accusations contre les Juifs ne furent pas réduits au silence par le jugement rendu dans la cause Ortenberg-Plamondon. Pendant une bonne dizaine d'années, ils continuèrent à reprendre ces accusations, sans jamais faire l'objet d'un désaveu ni d'une protestation catholiques, si ce n'est, et de façon hésitante, du côté du gouvernement libéral d'Ottawa, dirigé par le Québécois Laurier, qui continuait toujours à faire venir d'Europe des immigrants, juifs entre autres.

Comme le Québec n'était pas seul à s'agiter contre les Juifs, et que, dans l'esprit des ultramontains, il ne faisait pas de doute que quelque noir dessein se tramait, le Québec entendit parler très tôt des aspirations juives relatives à la Terre sainte. Le projet sioniste, suivi avec inquiétude et hostilité par les milieux ecclésiastiques du Québec, leur parut être un plan d'action de la totalité du peuple juif contre la chrétienté. C'est pourquoi l'expulsion des musulmans de Jérusalem par des armées chrétiennes, en 1917, fut jugée comme de mauvais augure pour le Québec. Les disciples locaux du Sauveur préféraient de loin l'autorité musulmane sur les Lieux saints à l'autorité britannique, jugée trop peu antijuive.

La Russie alimenta elle aussi l'hostilité à l'endroit des Juifs. Les puissants ecclésiastiques et journalistes du Québec accueillirent mal la déposition du Tzar, en dépit du remplacement de son gouvernement par la démocratie de Kerensky, de même style que celle du Canada. Les Juifs, eux, ne pouvaient que se réjouir de la chute de celui qui était à leurs yeux un nouvel Aman. Lorsque les communistes, en 1917, prirent le pouvoir en Russie, l'*Action catholique* y vit une confirmation de ses soupçons à propos des Juifs, sans tenir compte du fait que les bolcheviks cherchaient à détruire le judaïsme dans leur propre pays, et même en Palestine. À partir de cette époque, les Juifs ne furent plus des démons maçonniques, mais des démons communistes.

* * *

Ainsi repoussée, la communauté juive ne pouvait guère hésiter à faire comme la plupart des autres communautés d'immigrés au Québec, et aussi comme les minorités francophones des autres parties du continent, et, à se ranger du côté de l'univers anglophone, politiquement fort, économiquement attirant et dont la suprématie culturelle s'imposait partout. En conséquence, l'histoire de la communauté juive du Québec au XXe siècle suit essentiellement celle des rapports entre Anglais et Juifs. Notons cependant que les Juifs du Québec, s'ils se sont associés de la sorte aux Anglophones, ne se sont pas nécessairement identifiés à eux. S'ils l'avaient fait, le Québec n'aurait pas vu fleurir chez lui la riche culture juive du Canada; la vitalité actuelle de celle-ci montre bien qu'il n'y eut pas intégration.

Sur le plan de la politique canadienne, dès le début du XXe siècle diverses personnalités dans les partis considérèrent les Juifs et les autres immigrés comme naturellement destinés à voter pour les libéraux. Le parti conservateur, pour sa part, leur témoignait peu d'intérêt. Au Québec, ni l'un ni l'autre parti ne leur en témoignait le moindrement. Les libéraux de leur côté trouvaient un certain appui auprès de citoyens réfléchis qui voyaient dans les nouveaux arrivants une source d'idées progressives en ce qui concerne l'interconfessionnalité, l'amélioration de l'éducation et l'accroissement de la tolérance.

Cette sorte d'alliance politique fut favorisée par diverses circonstances, certaines peu perceptibles, d'autres manifestes. Pour les réfugiés du Tzarisme russe, l'épithète même de «libéral» était puissamment attrayante (tout comme, aux États-Unis, celle de «démocrate»), tandis que le mot «conservateur», compris à la russe, avait de quoi effrayer. De cette alliance naquit, pour les Juifs, une certaine force politique, limitée il est vrai à quelques zones urbaines, et il y eut une «représentation» juive aux échelons municipal, provincial et fédéral à Toronto et à Winnipeg, de même qu'à Montréal. Cependant, il s'établit aussi une tradition (qui heureusement ne dura pas) en vertu de laquelle un Juif ne pouvait se faire élire que dans une «circonscription juive».

C'est sur le plan de l'éducation, dans le cadre du système confessionnel sanctionné par la Constitution, que furent instaurés de façon contractuelle et mûrement pesée, après maints débats poursuivis dans un esprit de bonne volonté, les fatidiques bons rapports entre la communauté juive du Québec et les élites anglophones. La question qui se posait n'était pas celle de la langue. C'est d'une identification organique, juridique, du Juif et du protestant qu'il s'agissait. (Où donc étaient les théologiens judaïques à cette époque?)

Le Canada français n'était pas formellement en cause, si ce n'est du fait que ce fut le gouvernement du Québec qui consentit par la voie législative au remarquable accord réalisé entre les protestants et les Juifs. Plus tard, Henri Bourassa et Louis-Alexandre Taschereau devaient signaler ce qu'il y avait dans cet accord de dangereux pour le catholicisme français. Mais ils ne le firent que plus tard, et dans l'atmosphère d'hostilité du moment leur avertissement ne fut pas entendu. Du côté juif, les dirigeants de la communauté furent massivement appuyés dans leur projet d'assimilation culturelle (mais non religieuse) au sein de l'anglophonie québécoise.

Dans leur décision de partir pour le Nouveau Monde, les Juifs étaient mus par une aspiration politique dont l'un des rêves essentiels était celui d'une école publique qui fût neutre sur le plan de la religion et qui fût fréquentée par tous les enfants à titre égal. Ils estimaient qu'une telle école existait aux États-Unis; c'était un genre de système scolaire dont les Juifs ont toujours été les partisans les plus fidèles, et peut-être aussi les plus grands bénéficiaires. Ni l'un ni l'autre des deux réseaux confessionnels du Québec ne répondait cependant à cette description idéale. L'école protestante parut aux Juifs plus proche d'une telle école, parce que moins strictement confessionnelle et aussi, animée par un moindre prosélytisme que l'école catholique. Les Juifs, bien sûr, ne reconnurent jamais qu'ils se seraient trouvés moins bien à leur aise dans un système scolaire national unique, au sein d'un Québec majoritairement francophone et possédant une personnalité catholique, mais cela, c'est une autre histoire!

Bien des protestants, au fond d'eux-mêmes, souhaitaient un système scolaire unique, et ils prévoyaient que la présence d'enfants juifs, et même de commissaires juifs, dans le système protestant hâterait éventuellement la création d'un système neutre. Il est assez remarquable qu'aucun observateur catholique, à l'époque, ne s'inquiéta de ce que faisaient ensemble protestants et Juifs, ne souhaitant de mal ni aux uns ni aux autres, mais tout de même un peu. Ce que ne voyaient pas les catholiques, c'est que l'école catholique est tout à fait possible à côté d'une école protestante, mais pas du tout à côté d'une école neutre.

Depuis cent cinquante ans, les Juifs du Québec faisaient instruire leurs enfants comme ils l'entendaient, dans leurs écoles de synagogue, dans leurs écoles du baron Hirsch, dans de prestigieuses écoles privées, et personne ne s'était jamais demandé si un Juif était un protestant. L'identification des deux, au début du siècle, devint affaire d'idéal social. Cependant, les idéologues juifs, et particulièrement les sionistes travaillistes, opposés à tous rapports trop étroits avec les partis politiques, libéral comme conservateur, s'opposèrent aussi, et pour les mêmes raisons, à l'établissement d'un lien organique avec le système scolaire protestant: les Juifs devaient aspirer à la création des structures scolaires et politiques distinctes que permettait la constitution multiculturelle du Canada. On ne les écouta pas, bien sûr, et cela finit par coûter cher. En acceptant ainsi ce rapprochement avec les protestants, les Juifs sacrifiaient la possibilité de posséder une identité scolaire indépendante et libre, en tant qu'élément qui ne fût rattaché à rien d'autre dans le grand tout québécois; ils renonçaient à tout ce qu'aurait pu leur permettre éventuellement la possession d'un système scolaire à eux. Et de plus, au cours des années, ils devinrent le pilier financier du système scolaire anglophone de Montréal.

Leurs enfants étaient bien traités dans les écoles protestantes, mais les Juifs n'en ratèrent pas moins leurs deux objectifs principaux. Tout d'abord, pour des raisons, sociologiques et autres, les élèves juifs furent dans une grande mesure tenus à l'écart de leurs camarades protestants, et bien sûr, les ponts se trouvèrent totalement rompus entre eux et les francophones. De plus, les parents n'obtinrent pas de siéger (aspiration ambiguë) au sein des commissions scolaires protestantes, si ce n'est après un demi-siècle, en 1965, lorsque prit fin la phase protestante de l'enseignement confessionnel.

Au sein de la communauté protestante, le projet d'accorder aux Juifs le statut de chrétiens souleva un intéressant débat qui, dans l'ensemble, fut caractérisé par la sagesse et une grande largesse de vues. La plupart des membres des commissions scolaires et du Comité protestant du Conseil de l'instruction publique jugeaient de leur devoir de bien accueillir tous les allogènes arrivant à Montréal et d'assurer une bonne instruction à leurs enfants, dans l'intérêt de la société québécoise, et en particulier de sa composante anglophone. À long terme, les avantages d'une telle attitude se révéleraient beaucoup plus grands que les frais immédiats et les ennuis auxquels elle avait pu donner lieu. La preuve en fut donnée aux anglophones par la mesure dans laquelle ils ont pu attirer dans leur camp à peu près toute l'immigration, même catholique; grand succès, qui, toutefois, devint dangereusement explosif quand le Québec français commença à le voir comme une menace.

Il y eut toutefois des dirigeants protestants qui entrevirent des difficultés d'ordre pédagogique, non pas tant pour ce qui était d'enseigner aux enfants juifs (rarement considérés, on le sait, comme faibles en classe!) ou à des immigrés, ne possédant pas même une connaissance élémentaire de l'anglais, mais pour ce qui était de transmettre à leurs propres enfants les traditions et l'esprit protestants en présence de camarades non protestants. Autrement dit, ils prévoyaient la rapide disparition du caractère proprement protestant de leur système scolaire, seul système appartenant constitutionnellement au protestantisme, de même qu'à la langue anglaise. De façon plus précise, ils voyaient déjà les parents juifs tenter de pénétrer, comme leurs enfants, dans le système scolaire en s'y faisant élire comme membres des commissions scolaires, ce qui d'après eux sonnerait le glas, à toute fins pratiques, du protestantisme montréa? lais.

Le débat tout empreint de civilité qui se poursuivit à Montréal avec les protestants, fait contraste avec les attitudes antijuives que prirent en 1906 de nombreuses personnalités appartenant aux mêmes confessions, en Ontario et ailleurs, lors du débat sur le *Lord's Day Act* (Loi sur le jour du Seigneur). Les clercs militants de l'*Alliance for the Defence of the Sabbath* manifestèrent à cette occasion une hostilité, jusque là dissimulée, à l'égard des Juifs, qui surprit bien des gens. Leur zèle ne manqua pas d'avoir un certain retentissement au Québec, où pendant des années, les éléments locaux de la *Lord's Day Alliance* injectèrent leur antagonisme dans le débat sur la question scolaire de Montréal. L'accord n'en fut pas moins conclu, et de façon honorable, et il fut inscrit dans les lois du Québec.

Pendant les vingt premières années du siècle, tout alla bien, comme on l'avait prédit: les enseignants traitaient leurs élèves juifs de façon loyale; le milieu protestant tolérait l'accroissement des frais; les catholiques étaient soulagés de voir les étrangers ni catholiques ni protestants ailleurs que chez eux. Les problèmes qu'entraînait la présence des enfants juifs dans le système chrétien se réglaient d'eux-mêmes, une ségrégation s'instituant du fait de la tendance spontanée des immigrants à préférer certains quartiers de la ville. À l'école même, les maîtres parvenaient souvent à grouper les élèves juifs dans des classes parallèles; dans un cas, on construisit même l'école secondaire Baron Byng afin que la *High school* de la rue de l'Université pût conserver son caractère d'école chrétienne.

Pour la communauté juive du Québec, le premier quart du vingtième siècle fut une des meilleures périodes de son histoire. Elle vit l'institution d'une solide et profonde alliance culturelle, et dès lors politique, entre Juifs et anglophones, alliance d'où étaient exclus les francophones. Si ces derniers montrèrent au début de vifs sentiments antisémites, il y eut bientôt une période d'extrême tranquillité. La stabilité à l'école était un réel triomphe pour l'idéologie des Juifs, transplantée d'Europe continentale, selon laquelle la meilleure manière de résoudre le problème historique de l'installation des Juifs au sein d'une société consistait en l'adoption par eux du style de vie, du système d'éducation et des aspirations sociales d'un pays démocratique. Au Nouveau Monde, il s'agissait en général de la démocratie anglo-saxonne américaine, dont l'anglophonie québécoise faisait figure de prolongement naturel.

Cependant, les élèves juifs devenaient de plus en plus nombreux dans les écoles protestantes, et des tensions commençaient à se manifester de tous côtés. Ironie des événements, la crise se déclara en 1924, lorsqu'il y eut le plus d'élèves juifs; si l'on avait patienté une seule année de plus, peut-être aurait-on calmé les appréhensions des protestants. Mais on voulut répondre à la situation à mesure qu'elle se développait... Les parents juifs commencèrent à réclamer une représentation au niveau du gouvernement des écoles; les maîtres se plaignirent de la difficulté d'enseigner en même temps aux Juifs et aux chrétiens; il fut question de l'aspect financier de l'éducation... et l'ensemble du problème scolaire du Québec éclata, avec tant de force qu'aujourd'hui encore il demeure sans solution.

Le conflit fut à la fois grave et très civilisé. De profondes divergences, qui se manifestèrent au sein même de la communauté juive, aboutirent à plusieurs regroupements distincts autour de positions différentes, nettement définies. Juifs et protestants s'affrontèrent à l'Assemblée législative, dans les journaux, devant une commission spéciale d'enquête instituée par le gouvernement provincial, devant les tribunaux, et jusque devant le Conseil privé, à Londres. Au cours des années, naquit — ou se révéla — une hostilité religieuse et culturelle profonde et inattendue. Des amitiés existant jusqu'alors en dépit des divisions religieuses en furent détruites. Les protestants refusaient de voir siéger des Juifs à leur côté dans les commissions scolaires chargées d'instruire les enfants des deux communautés. Il y eut des paroles blessantes qui ne furent jamais ni retirées ni désavouées.

Et soudain, d'une autre direction, un nouvel ennemi surgit, qui n'avait pas de lien direct avec les questions débattues mais qui se révélait assez menaçant pour aggraver encore la tension à laquelle était soumise alors l'alliance entre Juifs et anglophones. En 1930, au moment où le problème des écoles allait trouver sa solution — tout le monde s'étant enfin mis d'accord: les Juifs, les protestants, le Parlement et les tribunaux — l'Église catholique du Québec, des plus hauts degrés de sa hiérarchie, fit entendre sa voix: elle ne tolérerait pas que les Juifs, dans quelque domaine que ce fût, soient reconnus comme les égaux des catholiques. Avec une fermeté brutale, probablement sans exemple dans l'histoire du Québec, elle faisait ainsi abroger un nouveau contrat et une nouvelle loi.

L'autorité ecclésiastique fit plus que mettre en pièces le fragile accord péniblement réalisé sur le plan scolaire. L'attitude qu'elle adopta à cet égard donna le branle à un mouvement antisémite, dirigé par Adrien Arcand, dont on peut dire rétrospectivement qu'il était sans précédent en Amérique du Nord et qu'il n'avait guère été égalé dans aucun pays d'Europe de l'Ouest. Les Juifs du Québec se trouvèrent à la fois isolés et assaillis.

Leur situation était toutefois différente de celle qui existait au même moment en Ontario. L'anglophonie québécoise n'a peut-être jamais commis d'actes hostiles à l'endroit des Juifs, comme il y en eut sur les plages de Toronto. Il n'y avait pas au Québec de mouvement fasciste anglophone. Mais il n'y eut guère, non plus, de voix qui s'élevât du milieu protestant québécois pour défendre les Juifs — ni même pour défendre la démocratie — comme tentèrent de le faire Henri Bourassa et Taschereau. Au Québec, comme ailleurs dans le monde, les Juifs se trouvaient soudain isolés face à une menace venant du pays même comme de partout. Ce fut une épreuve très dure, dont la communauté juive ne s'est pas encore complètement remise.

Ni l'anglophonie du Québec ni celle du Canada ne demandèrent de lois contre les haines raciales ou religieuses. L'attitude adoptée par Mackenzie King à l'endroit de l'Allemagne nazie et d'Hitler restait ambiguë, mais elle n'en était pas moins cordiale. Au cours des années, et surtout des mois, qui précédèrent la seconde guerre mondiale, la menace du fascisme plana au Canada, ce qui ébranla la confiance que les Juifs avaient dans les Anglo-Canadiens, avec lesquels ils avaient cherché à s'identifier, sinon à se confondre. Cette crise de confiance se trouva aggravée encore du fait que les Juifs au même moment tentaient désespérément de sauver le plus grand nombre possible de leurs frères d'Allemagne et de Pologne. Les Anglais, au port d'Halifax et dans les bureaux fédéraux d'Ottawa, fermèrent à ces réfugiés les portes du pays de façon plus impitoyable que jamais auparavant. Un tel traitement de leurs frères livrés aux angoisses de l'Holocauste fit éclater les liens que les Juifs avaient noués avec les protestants entre 1903 et 1923.

Au long des années 1920 et 1930, le nationalisme québécois avait assumé une forme et un nom qui ne laissaient pas de ressembler à l'hitlérisme, au patriotisme polonais et aux divers mouvements de quislings et de chemises brunes qui, sous leurs bannières nationalistes, entretenaient une même attitude férocement haineuse à l'endroit des Juifs, et communiaient aux mêmes Écritures, ainsi qu'aux Protocoles des sages de Sion. En fait, le concordat entre Hitler et le Vatican porta le Québec catholique à prendre pendant des années la défense de l'idéologie et de l'action hitlériennes, jusqu'à ce que les nazis eussent trahi les catholiques allemands en violant de façon cynique le concordat.

Quand la seconde guerre mondiale éclata et que le Canada y prit part, ce ne fut nullement à cause d'une conviction bien ancrée; ce fut plutôt le revirement d'une attitude antérieure qui aurait bien pu le conduire à une position semblable à celles de l'Irlande ou de l'Afrique du Sud.

Cet ensemble de circonstances, ainsi que de tragiques mésintelligences internes au Québec, firent que les Juifs du Québec furent marqués plus profondément que les autres éléments de la société canadienne. Le ciment qui avait tenu ensemble la communauté juive et l'anglophonie s'était désagrégé, mais le catholicisme traditionnel et l'isolationnisme du Québec ne pouvaient plus se distinguer de la sympathie pour l'hitlérisme, ce qui approfondissait le gouffre entre la francophonie québécoise et la communauté juive. Le cri de «À bas les Juifs», jeté lors des rassemblements contre la conscription, ne pouvait pas ne pas avoir été entendu. S'il s'est produit bien des transformations radicales au Québec depuis les années trente, les vieilles blessures ne sont pas fermées pour autant et elles continuent à suppurer. La compréhension entre Canadiens français et Juifs avait pris fin et la situation semblait irréversible.

* * *

La mort d'Hitler ouvrit de nouvelles possibilités à la race humaine. Ce jour-là, en particulier au Québec, les calculs que l'on avait pu faire en prévision de sa victoire ou simplement de sa survie ou de celle de certains principes qu'il avait soutenus, tout cela fut mis de côté. En quelques années, les derniers vestiges du racisme avaient disparu. L'église, privée d'une grande partie de sa puissance, se mit à repenser non pas tant ses enseignements que la portée sociale concrète de ses positions. À la suite de l'archevêque Charbonneau, elle renversa diamétralement son discours raciste et ses attitudes xénophobes. Après la mort de Duplessis, les aspirations nationales se transformèrent en recherche d'un patriotisme québécois moins répressif et appuyé davantage sur une éthique. Le Québec cessa de s'opposer à l'accueil au Canada des survivants et des victimes des événements d'outre-mer. Partout au Canada, les barrières raciales maintenues contre les Juifs furent supprimées. Ses oeillères enlevées, le Québec comprit rapidement que les immigrants étaient fort nécessaires et acceptables et que ni les ministres juifs ni les juges juifs ne dénaturaient la loi. D'autre part, si les premiers immigrants les plus remarqués furent les Juifs, les vannes une fois ouvertes laissèrent bientôt passer en plus grand nombre encore Italiens, Allemands, Hongrois, Vietnamiens, Chiliens, Haïtiens et autres, tous bien accueillis.

Pour les Juifs d'Allemagne et de Pologne, les portes s'ouvraient trop tard. Il y avait eu Treblinka. À l'ordre du jour québécois, en ce qui concerne les Juifs, les priorités de l'après-guerre ne portèrent plus sur l'immigration, mais sur d'autres questions, notamment celle d'Israël; et par ces changements d'orientation se trouva affaiblie davantage encore l'identification à l'anglophonie, en dépit du maintien de la communauté de langue, acquisition remontant à l'enfance des Juifs québécois de naissance, en dépit aussi de la communauté de culture économique.

Le milieu du siècle marqua un nouveau départ, à la fois pour les Juifs, pour le Québec et pour le monde en général. Une menace mortelle avait été écartée, et l'humanité pouvait de nouveau entretenir des aspirations et parler de liberté. Ce fut une période imprécise, pendant laquelle les Juifs cherchèrent un équilibre nouveau après le traumatisme de l'Holocauste. Israël, restauré après deux mille ans, créait un incommensurable appel d'énergie tant sur le plan intellectuel que sur le plan matériel. La communauté juive du Québec se trouvait radicalement transformée par l'arrivée de dizaines de milliers de survivants du massacre qui avait eu lieu outre-mer. Réfugiés d'une sorte d'univers surréaliste, ayant échappé à un gouffre d'horreur, ils arrivaient dans un Québec paisible qui ne pouvait, par définition, se représenter cet aspect des quatre mille ans si divers de l'histoire des Juifs. Ces survivants étaient la quintessence même de cette tragique histoire, mais en même temps le symbole et la conséquence de l'isolement d'un Israël qui incarne l'éternelle espérance messianique des Juifs. Leur vécu faisait partie tout à la fois des rêves, des cauchemars et des modes d'expression de chacun des Juifs.

Les immigrés apportaient aussi un défi aux capacités d'imagination du Québec nouveau. Leur présence avait des conséquences dont il fut dûment tenu compte et qui ne furent pas sans exercer une influence certaine sur le gouvernement québécois. En même temps, tous ces événements donnèrent lieu à la cristallisation de deux héritages puissants, le québécois et le juif; c'est une donnée qui n'a pas toujours été appréciée comme elle devait l'être, ce qui a inspiré une certaine discrétion, dissimulant souvent la transformation intime et profonde des coeurs.

Il faut dire que l'immigré avait connu ailleurs des nationalismes et des indépendantismes modernes et en avait souffert. Il faut dire aussi qu'au milieu du siècle, comme cinquante ans plus tôt, jamais les fonctionnaires de l'Immigration ni les auxiliaires sociaux n'avaient renseigné les immigrants sur le pluralisme du Canada où ils venaient s'établir, et encore moins sur le Québec français. Il n'est guère étonnant dans ces conditions que les Juifs, au Québec, n'aient pas toujours jugé correctement la physionomie nou? velle du nationalisme québécois. Dans la ferveur des années 1960, ils n'ont pas su voir que l'une des aspirations les plus prononcées de l'époque allait dans le sens de l'accroissement des droits et libertés des groupes ethniques et des minorités. Le Canada fit très tôt, et de manière très ouverte, un pas dans cette voie en créant, sous le gouvernement Pearson, la Commission royale d'enquête sur le bilinguisme et le biculturalisme. «Mais pourquoi deux cultures seulement?», demanda Michael Gerber, du Congrès juif canadien. Du côté des Ukrainiens et d'autres minorités de l'Ouest, les revendications étaient plus presssantes encore. Le gouvernement plia. Le quatrième volume du rapport de la Commission exprima, encore que bien symboliquement, la transformation profonde qui s'était opérée dans la topographie humaine du pays. Pour le Canada anglais, le message était clair: il n'y avait plus à espérer que les groupes d'immigrés se fondraient dans l'anglophonie.

Les conséquences d'une telle prise de conscience pour la vie interne des communautés ethniques, et en particulier des Juifs, se manifestèrent rapidement et avec intensité. Les communautés se mirent à recevoir massivement des fonds du Secrétariat d'État et d'autres services fédéraux, mais cela risquait en même temps de compromettre leur autonomie et leur liberté d'action et de faire d'eux des instruments du gouvernement central.

Pour les Canadiens français, la menace était plus grave encore. Ils ne constituaient plus l'une des deux seules cultures officielles du pays. Le jeu des rapports interethniques se compliquait de plus en plus. En raison d'une tradition de xénophobie, on pouvait craindre une résurgence des conflits raciaux au Québec. Cependant, l'appui donné au multiculturalisme par le gouvernement fédéral arrivait à un moment où le Québec se montrait plus généreux à l'endroit des immigrés, ce qui comportait d'une part la reconnaissance de leur identité distincte, et d'autre part un effort d'assimilation.

Le 16 novembre 1976, l'anglophonie se trouva brusquement face à face avec la réalité. Il y a eu dans la communauté juive, au cours des mois qui suivirent l'élection de M. Lévesque, de la frayeur et même de la panique, ainsi que des propos et des gestes malheureux. Une vague d'émigration a entraîné hors du Québec aussi bien des Juifs que d'autres anciens élèves des écoles anglaises, ce qui a accentué encore le déplacement vers l'ouest de l'axe du pouvoir au Canada, déplacement déjà amorcé par les effets économiques de l'ouverture de la Voie maritime du Saint-Laurent et par ceux de la découverte du pétrole dans l'Alberta. Il serait périlleux, cependant, de prédire ce que sera l'avenir de Montréal et de la communauté juive du Québec à la seule lumière de ces événements et circonstances. Notons seulement que des forces dont la portée est considérable s'exercent actuellement au Québec.

Depuis une vingtaine d'années, il est venu des immigrants juifs, en nombre relativement important, dont la première langue est le français et non pas le yiddish, le polonais, l'allemand ou le russe. Cette donnée constitue pour eux un avantage, mais ils n'en ont pas moins dû, comme leurs prédécesseurs pauvres et nouvellement arrivés, traverser une pénible adaptation. Les années ont passé, toutefois, et les événements ont donné à ces juifs un rôle complexe, mais authentique, à jouer dans la transformation intérieure de la communauté juive du Québec et dans les rapports de celle-ci avec l'ensemble de la société. Ces nouveaux venus n'ont pas connu l'Holocauste, ni le fascisme en Europe ni les tendances fascisantes au Canada, ni non plus la culture yiddish. L'influence qu'ils exercent provient d'une tradition latine, méditerranéenne, véhiculée par une langue qui est chère aux Québécois francophones. Et pendant tout ce temps, une génération suit l'autre sur les rives du Nouveau Monde. La communauté juive du Québec poursuit son existence, bénéficiant de l'expérience de chaque nouvelle vague d'immigrants, et les liens entre elle et la société qui l'a accueillie se renforcent. Un bilan global de la situation ne serait pas facile à établir. Notons pourtant le déclin du yiddish en tant que langue de la communauté et de sa littérature, la disparition des idéologies inspirées par ses institutions, l'unanimité virtuelle autour des grandes lignes de son orientation, les traditions quasi gouvernementales, ou du moins les traditions «maison», de ses institutions, le rôle dominant des natifs du Québec parmi ses membres les plus militants, la disparition des formes religieuses européennes traditionnelles, liées à la synagogue, etc.

En 1982, le jeune Juif québécois est aussi loin du Québec des Groulx et des Arcand que le jeune «Québécois pure laine». La rue Saint-Denis, l'Université de Montréal, René Lévesque, Claude Ryan, *Le Devoir*, sont des réalités quotidiennes pour ce citoyen passé par l'«immersion» française. Le caractère absolument pacifique du nationalisme québécois des dix dernières années le porte à considérer avec une certaine réserve les attitudes rigides des notables de sa communauté et celles de générations antérieures. Pour qui visite les écoles secondaires juives, il est souvent étonnant de constater la totale ouverture d'esprit qui y règne. Par-delà une saine interrogation sur l'avenir, on découvre chez ces jeunes, presque avec surprise, un grand amour de Montréal, de *leur* Montréal, sinon même de *leur* Québec.

La classe ouvrière anglophone:
fragmentation et silence

Carla Lipsig-Mummé

CARLA LIPSIG-MUMMÉ est sociologue industrielle, et actuellement professeur à l'Université Concordia. Au début de sa carrière, elle travailla comme recherchiste et organisatrice syndicale auprès des ouvriers agricoles et du vêtement. Elle a participé à des programmes de formation de la main-d'oeuvre pour le compte de la Fédération nationale des enseignants du Québec et du Collège canadien des travailleurs. Ayant sa résidence principale à Montréal, elle prépare actuellement des études sur le travail à domicile ainsi que sur les travailleurs immigrants, pour le compte du Conseil central de la Confédération des syndicats nationaux.

Dans le cadre du débat sur l'avenir politique du Québec qui nous monopolise depuis 1976, et de la question plus globale et plus ancienne encore de la décolonisation culturelle, divers corps intermédiaires ont évoqué les intérêts de la classe ouvrière anglophone sans que celle-ci toutefois les ait définis elle-même. Ainsi, à l'occasion de la polémique engendrée par la présentation du Projet de loi 101, les groupes de pression linguistique qui représentaient l'élite anglophone, soit les compagnies et les professionnels, ne cessaient de citer en exemple le cas de l'ouvrier anglophone pour faire ressortir que tous les Anglais n'étant pas des capitalistes, aucun d'entre eux ne devrait être «puni» à ce titre. À l'autre extrémité du continuum social anglophone, les groupes qui appuyaient dans une certaine mesure le Projet de loi 101 et qui s'enthousiasmaient pour le projet social innovateur du Parti québécois s'inquiétaient de voir les ouvriers anglophones les moins qualifiés pénalisés par leur unilinguisme au travail et demandaient au gouvernement de leur assurer un recyclage linguistique approprié ainsi que la sécurité d'emploi.

L'empressement, opportuniste ou idéaliste, des divers groupes d'intérêts à définir en son nom les choix essentiels de la classe ouvrière anglophone fait ressortir à la fois le mutisme des ouvriers anglophones eux-mêmes et la confusion qui règne quant à leur place dans la structure sociale québécoise. Je souhaite, dans le présent article, soulever certaines questions concernant la situation historique des ouvriers anglophones au sein de la classe ouvrière québécoise et proposer certains motifs expliquant l'absence d'une intervention concertée de leur part dans les débats politiques actuels.

Permettez-moi de commencer par quelques définitions. J'entends par Québécois anglophone une personne d'origine britannique, domiciliée au Québec, qui, ayant l'anglais pour langue maternelle, comprend toujours cette langue aujourd'hui. Si cette définition est loin de me satisfaire, je l'ai tout de même retenue parce que c'est celle qui est généralement utilisée dans les rencensements et autres documents de nature démographique[1].

La définition de classe ouvrière est nécessairement plus complexe. J'entends par classe ouvrière l'ensemble de ceux qui reçoivent un salaire en échange de leur travail, mais qui n'exercent pas de contrôle sur le capital ou sur le travail d'autres personnes, de même que tous ceux qui travaillent dans des établissements de formation et pour l'État, mais qui n'ont pas la responsabilité d'en élaborer ni d'en faire appliquer les orientations[2]. Autrement dit, il s'agit des cols bleus et cols blancs qui travaillent dans les domaines des mines, des industries de fabrication, de la construction, du commerce, des agences immobilières, des sociétés de financement, des transports et des communications, de même que du personnel de soutien des écoles, universités, hôpitaux, oranismes sociaux, C.L.S.C., media, et des cols bleus de l'administration publique fédérale, provinciale et municipale.

On trouve de plus, en marge de la classe ouvrière, et en situation pradoxale par rapport à celle-ci, ceux qui «mettent en application, mais n'élaborent pas les le plan national ou régional et où les marchés sont habituellement domestiques), un secteur dans lequel prédomine le capital de l'État, et un secteur mixte dans lequel le capital de l'État se combine avec celui de l'un ou de l'autre secteur. La prédominance de l'un ou l'autre type de capital dans les différentes industries varie d'un pays à l'autre, mais en général les industries extractives, celles qui sont engagées dans les combustibles et la production de machinerie lourde, de même que celles qui exigent une technologie de pointe, sont sous le contrôle du capital international. Il ne reste plus que deux sortes d'industries entre les mains du capital national: les industries traditionnelles des débuts de la révolution industrielle, qui sont peu concurrentielles, désuètes, instables et à base de main-d'oeuvre, et les entreprises purement artisanales, dont les structures de production n'ont pour ainsi dire pas changé depuis le dix-neuvième siècle. On comprend facilement que les travailleurs de ces trois secteurs économiques, sans compter les employés de l'État, définissent leurs intérêts de façon bien différente, puisque les objectifs qu'ils poursuivent et les limites de leurs exigences à l'égard de l'employeur divergent tellement.

La fragmentation de la classe ouvrière commence à se cristalliser vers la fin du dix-neuvième siècle. Et ce n'est pas par hasard que la période de 1870 à 1920, au cours de laquelle les Américains commencèrent à investir leurs capitaux dans l'exploitation et la transformation de certaines des matières premières du Québec (celles qui deviendraient le moteur de l'économie) coïncide avec l'émergence de nouvelles formes d'industrialisation qui transforment la main-d'oeuvre, avec la première grande vague d'immigration des temps modernes, avec la fragmentation des secteurs économiques selon le type de capital et avec la cristallisation d'une séparation économique des ethnies en groupes exclusifs et concurrents.

Entre 1870 et 1920, la production industrielle commença à s'enraciner profondément au Québec[4]. La transformation s'opéra sur une économie qui avait été caractérisée, au dixneuvième siècle, d'une part par une production artisanale pré-industrielle et d'autre part par une concentration massive de la main-d'oeuvre dans la construction de voies de communication. La production artisanale se caractérisait par une division du travail relativement sommaire, par une main-d'oeuvre composée d'au moins 50 pour cent d'Anglais, d'Écossais, de Gallois et d'Allemands, et par quelques rares travailleurs hautement qualifiés, qui étaient responsables d'une grande partie des tâches menant à la confection du produit fini, et qui jouissaient d'une latitude considérable dans l'exercice de leur métier.

Par ailleurs, ce sont les milliers d'ouvriers irlandais non qualifiés qui, construisant les canaux et les chemins de fer, jetèrent les bases de la future production industrielle[5].

L'apport de capitaux étrangers initia deux grands changements au sein de cette économie essentiellement artisanale. Tout d'abord, au cours des années 1890, dans l'acier, des méthodes véritablement industrielles commencèrent à être utilisées pour l'extraction des matières premières et leur transformation. Ces nouvelles entreprises industrielles se caractérisaient par une division du travail très complexe, politiques gouvernementales, ceux qui diffusent mais ne contrôlent pas» les idées, les idéaux et les valeurs, soit les salariés, professionnels surtout, des media, écoles, universités et organismes de santé et de bien-être[3].

Je dirais qu'en dernière analyse, la classe dont l'individu est issu détermine sa profession, laquelle détermine en retour son appartenance de classe, le facteur par lui-même le plus important dans la formulation des options politiques. Ceci ne veut pas dire qu'aucun autre facteur n'ait d'influence sur les perceptions politiques: il est certain en effet que la langue, la culture, le sexe et la communauté peuvent modifier pour un temps le choix profesionnel et, dans certains cas même, le renverser. Je n'irais pas non plus jusqu'à dire que l'intervention des individus en politique soit toujours, voire généralement, fonction des «vrais» intérêts de sa classe. Je pense plutôt que, lorsqu'un projet politique propose ou entraîne des changements significatifs dans le *rapport de force* économique, comme le Parti québécois a de toute évidence commencé à le faire, la configuration des intérêts des classes sociales tend à la longue à se cristalliser par rapport à l'ordre social qui émerge, et il devient plus facile que d'habitude d'en cerner l'essence même. Quels sont les intérêts des anglophones au sein de la classe ouvrière québécoise et comment se sont-ils dessinés?

Bien qu'il se soit fait récemment beaucoup de recherches sur la structure des classes au Québec, la plupart ont porté sur l'émergence d'une classe de fonction-naires petits-bourgeois francophones et sur les rapports entre le Parti québécois et les différentes parties d'une bourgeoisie nationale. Nous sommes cependant très peu renseignés sur la composition de la classe ouvrière, et encore moins sur le rôle qu'y jouent les travailleurs de langue anglaise.

Ce que nous savons, c'est que la classe ouvrière du Québec est marquée de divisions qui sont à la fois les conséquences historiques d'une dépendance écono-mique exérieure et du rôle joué par l'immigration dans l'économie. Le premier clivage provient de la division de l'économie en divers secteurs, chacun dominé par un type de capital différent, qui fractionne la classe ouvrière en trois groupes au moins, chacun identifiant ses intérêts et stratégies en fonction du type de capital qui prédomine dans son secteur. Le second vient recouper le premier et fragmente la classe ouvrière en groupes ethniques exclusifs. Permettez-moi de m'arrêter à chacun de ces deux clivages.

Les systèmes économiques comme le nôtre, dans lequel le capital étranger en arrive à jouer un rôle directif, tendent à la longue à se fragmenter; en effet, les capitaux étrangers qui sont investis dans les différents secteurs industriels finissent habituellement par absorber le capital national, de sorte que certains secteurs industriels sont dominés par le capital international tandis que d'autres, secon-daires, demeurent aux mains de capitalistes du pays. À la longue, il devient possible de discerner un secteur économique internationalisé (dans leuqel le pro-cessus de production est l'objet d'une intégration internationale et où le marché est international), un secteur national (dans lequel la production n'est intégrée que sur l'embauchage massif de manoeuvres spécialisés (issus de la main-d'oeuvre franco-phone qualifiée, non qualifiée et agricole), une fragmentation de la tâche dévolue à chaque travailleur, et l'absence de toute tradition artisanale à l'intérieur de l'industrie[6]. Autrement dit, dès 1900, le Québec était initié à un nouveau mode de production au sein de nouvelles industries qui n'avaient aucun passé artisanal dans lequel puiser.

Le deuxième grand changement eut lieu quand la production industrielle, agissant comme pôle d'attraction, entraîna l'industrialisation partielle mais imparfaite de nombreuses activités jusqu'alors artisanales. Ce fut le cas de l'industrie du textile, du vêtement, de la chaussure et d'autres industries secondaires légères[7], où les changements en question avaient débuté dès les années 1870. Au début du vingtième siècle, il existait donc au Québec trois formes de production, correspondant chacune àdifférents types d'industries.

La répartition et la composition des ethnies dans la classe ouvrière du Québec moderne avait commencé à se fixer vers 1920, année qui constitue un jalon sur lequel se greffent quatre vagues d'immigration. La première, amorcée dans les années 1820, s'était poursuivie jusque vers 1880, amenant des artisans qualifiés allemands, écossais, anglais et gallois qui vinrent combler les premiers besoins industriels du Québec. La seconde, commencée après 1848, se prolongea pendant trois quarts de siècle, amenant des journaliers irlandais pour effectuer les travaux extérieurs qui demandaient le moins de qualifications, soit le creusement de canaux et la construction de chemins de fer. La troisième vague d'immigration, qui commença dès le début du vingtième siècle, vit arriver des ouvriers non qualifiés aussi bien que qualifiés et des manoeuvres spécialisés du sud de l'Europe, d'Europe Centrale, d'Europe de l'Est, et de Scandinavie, qui firent concurrence aux franco-phones non seulement dans les entreprises de production des industries urbaines semi-industrialisées mais aussi dans les emplois qualifiés du secteur des mines; ils firent aussi concurrence aux anglophones qui recherchaient des emplois de travailleurs qualifiés dans le textile et le vêtement, et aux journaliers irlandais. La quatrième vague d'immigration, qui s'étend de 1945 à nos jours, visait surtout à attirer les professionnels et les futurs entrepreneurs. Nous en reparlerons plus loin.

Chacune de ces vagues d'immigration transforma la démographie de la classe ouvrière. Si la première vague fit des artisans britanniques protestants les pionniers de la classe ouvrière du dix-neuvième siècle, tant en nombre qu'en force pour ce qui est de la syndicalisation, la troisième vague opposa les immigrants aux travailleurs francophones non qualifiés et spécialisés, et aux anglophones habilités à exercer des métiers hautement spécialisés dans les industries qui étaient soit demeurées artisanales, soit en voie d'industrialisation imparfaite. Si cette troisième vague, dans aucun secteur, n'opposa anglophones et francophones, elle contribua cependant à polariser les travailleurs anglophones québécois aux deux extrémités du continuum des qualifications. À l'une des extrémités, le travail occasionnel, qui ne requérait pas de qualifications, continuait d'attirer un grand nombre d'Irlandais. À l'autre extrémité se retrouvaient les artisans anglophones, dans trois types d'emplois. Ou bien ils étaient recrutés pour former ce noyau d'artisans qualifiés (mécaniciens, soudeurs, charpentiers, ajusteurs-monteurs, modeleurs-mécaniciens) dont avaient besoin les chemins de fer, l'industrie lourde et les mines, ou encore, ils continuaient de travailler dans les industries demeurées artisanales; nombre d'entre eux devinrent vers la fin des années 1930 de petits hommes d'affaires dans l'ébénisterie, la couture, le rembourrage et la réparation d'appareils électriques. Certains anglophones, enfin, constituaient la main-d'oeuvre la plus qualifiée des secteurs en voie d'industrialisation où ils travaillaient, par exemple, comme typographes pour la presse ou maîtres tailleurs dans la confection pour hommes. Somme toute, mis à part le travail de manoeuvre dans lequel les anglophones catholiques continuaient à être largement représentés, les Québécois anglophones protestants, dans les années 1920, prédominaient encore dans les métiers artisanaux qui avaient monopolisé la main-d'oeuvre industrielle avant sa transformation. Ils commençaient également à occuper les emplois qualifiés dans les nouvelles industries[8].

Pour résumer, disons que les artisans anglophones du dix-neuvième siècle devinrent une composante majeure de l'aristocratie ouvrière du début du vingtième siècle, exerçant leurs métiers dans les industries qui tombaient sous l'empire du capital international aussi bien que dans celles qui, artisanales ou en voie d'industrialisation, étaient entre les mains du capital national.

Au terme des cinquante années qui suivirent, cependant, les ouvriers qualifiés anglophones avaient, à quelques importantes exceptions près, déserté le secteur de l'industrie lourde dominé par le capital international et les industries nationales semi-industrialisées: automobile, acier, caoutchouc, produits chimiques mais aussi vêtement, textile, bonneterie, chaussures. Ils sont toutefois demeurés présents comme ouvriers qualifiés dans l'industrie de la machinerie lourde là où le travail était organisé par corps de métiers. Ils «réapparurent», si l'on peut employer cette image, prolétarisés, surtout à titre de travailleurs à la chaîne, dans l'industrie lourde, mais pas dans l'industrie secondaire légère. Ils conservèrent une place importante dans les très petites entreprises artisanales: fabrication, rembourrage et réparation de meubles, réparation d'appareils électriques, services contractuels à domicile et réparation de vêtements; cependant, la démarcation entre artisan et entrepreneur était souvent floue et une même personne pouvait, d'artisan salarié qu'elle était, devenir propriétaire de sa propre entreprise, puis redevenir salariée. Exception faite de cette dernière catégorie, les cols bleus anglophones ne continuèrent à exercer leur métier que là où ils étaient syndiqués et reconnus comme entité distincte des manoeuvres spécialisés, comme électriciens, soudeurs, ajusteurs-monteurs, charpentiers et plombiers, dans les chemins de fer et les industries de la construction, et comme machinistes dans l'industrie lourde lorsque les usines étaient organisées par corps de métiers.

Voilà pour la diminution en importance des ouvriers qualifiés anglophones dans l'industrie au cours des dernières décennies. Voyons maintenant dans quels autres types d'emplois les travailleurs anglophones se retrouvent aujourd'hui.

Ils travaillent comme manoeuvres spécialisés, encore que leur proportion tende à décroître[9]. En 1951, en effet, 34,88% de la main-d'oeuvre anglophone masculine et 25,9% de la main-d'oeuvre féminine travaillaient dans les industries de fabrication, mais en 1971, ces pourcentages étaient tombés respectivement à 29,59% et 16,62%.

Dans le secteur de la fabrication, les anglophones ont presque complètement abandonné les industries secondaires légères où prédominent maintenant les femmes et les immigrants. Ainsi, en 1971, moins de 3,9% des travailleurs du vêtement étaient anglophones; dans le secteur de l'alimentation, le pourcentage des anglophones par rapport à la main-d'oeuvre totale était de 8,5%. Dans le travail du bois, de l'extraction des métaux et des produits miniers, mieux rémunéré, où la technologie est plus avancée, mais où les qualifications sont mal reconnues, les anglophones représentaient moins de 11% de la main-d'oeuvre masculine. Ce n'est que dans l'outillage électrique, les pâtes et papiers, l'imprimerie et l'édition, l'équipement de transport et la fabrication métallurgique que les ouvriers anglophones masculins représentaient plus de 11% de la main-d'oeuvre de chacune des industries. Dans l'imprimerie et l'édition, ainsi que dans le domaine de l'outillage électrique, les anglophones représentaient respectivement 20,25 et 28,4% de la main-d'oeuvre masculine. Dans le premier cas, il s'agit d'un domaine organisé par corps de métier qui fut longtemps une source d'emploi pour les ouvriers anglophones qualifiés; quand au secteur de l'outillage électrique, il est organisé sur des bases artisanale et industrielle.

Voilà pour les travailleurs masculins et les industries de fabrication. Dans les autres industries réservées aux hommes par tradition: construction, abattage et autres opérations forestières, pêche, piégeage et exploitation minière, la participation anglophone fut faible. En 1971, les ouvriers anglophones représentaient seulement 6,16% de la main-d'oeuvre masculine dans l'industrie de la construction, 4,05% dans l'industrie forestière, 12,5% dans l'exploitation minière, mais 21,6% dans le domaine de la pêche et du piégeage, secteur d'emploi restreint et en voie de disparition. Une seule industrie importante, celle des transports, plus particulièrement des chemins de fer, comptait un pourcentage significatif de salariés anglophones en 1971, soit 17,8%. Dans tous ces secteurs, le pourcentage des anglophones par rapport à la main-d'oeuvre anglophone totale et à la main-d'oeuvre dans chacune des industries n'a cessé de décroître depuis 1951.

En ce qui concerne les emplois féminins par tradition, les anglophones désertaient petit à petit les postes qu'elles avaient occupés depuis toujours. Contrairement aux femmes des autres groupes ethniques, les anglophones du Québec n'avaient jamais été nombreuses à travailler comme piqueuses à la machine et monteuses dans le vêtement. En 1971, la main-d'oeuvre de cette industrie ne comptait que 2,3% de femmes anglophones par rapport à 42,6% de francophones. Le secteur de la fabrication enregistra une augmentation de 16,7% au Québec entre 1951 et 1971 mais, en 1971, il employait 9% de moins de femmes anglophones qu'en 1951. Fait intéressant, les femmes anglophones tendaient beaucoup plus que les francophones et les immigrantes à trouver du travail comme employées de bureau dans les industries lourdes «mâles» comme celles du bois, de l'extraction des métaux et minerais. En fait, les employées de bureau anglophones de l'industrie lourde constituaient pour ainsi dire le seul groupe important de non-francophones de ce secteur.

Le commerce de détail, autre domaine d'emploi typiquement féminin, avait vu doubler le nombre de ses employées depuis 1951. Mais l'apport des ouvrières anglophones diminua sur deux plans: par rapport au nombre total de femmes dans cette industrie, le pourcentage d'anglophones est passé de 13,6% en 1951 à 11,55% en 1971, et par rapport à toute la main-d'oeuvre anglophone féminine, il est passé de 10,1% à 9,5%. Dans le domaine de l'hôtellerie et de la restauration, la main-d'oeuvre féminine a également doublé entre 1951 et 1971, mais ce secteur n'employait que 3,89% de femmes anglophones en 1971 en comparaison de 6,52% en 1951. Enfin, au chapitre des services personnels où la main-d'oeuvre n'a pas même augmenté d'un millier au cours de ces vingt années, le pourcentage de femmes anglophones est passé de 8,3% à 5,9%. En réalité, le nombre de femmes dans ce secteur a diminué de presque 3 000 personnes et un tiers environ de cette baisse est imputable aux anglophones.

Autrement dit, depuis la fin de la deuxième guerre mondiale, la population active anglophone, tant masculine que féminine, quitte les emplois traditionnels de cols bleus et de cols blancs, et ce mouvement est généralement plus rapide chez eux que dans le reste de la population québécoise en général, où il tend même, parfois, à être inverse. Essentiellement, la population active de langue anglaise s'est marginalisée de deux façons par rapport à la classe ouvrière traditionnelle. D'abord elle est allée grossir les rangs des travailleurs occasionnels, aide-livreurs, veilleurs de nuit et expéditionnaires temporaires. Alors que, chez les anglophones, seulement 2,28% des hommes et 1,27% des femmes étaient classés parmi les travailleurs occasionnels en 1951, ces pourcentages étaient passés à 8,03 et 11,25 respectivement en 1971. En second lieu, la population active anglophone s'est déplacée vers les emplois qui chevauchent la classe ouvrière et la bourgeoisie, vers ces professions que j'ai qualifiées de «contradictoires» parce que leurs titulaires exercent un certain contrôle sur le travail des autres ou formulent et mettent en application les orientations gouvernementales.

Ces professions «contradictoires» se retrouvent principalement dans le domaine de la santé et du bien-être social, dans l'enseignement, l'administration publique provinciale, fédérale et municipale, et dans divers services offerts au secteur des affaires. Les postes de ce type ont plus que triplé depuis le milieu des années 1950; ils peuvent être répartis en deux grandes catégories: ceux qui relèvent directement ou indirectement de l'État et ceux qui relèvent du secteur privé.

Les «services aux entreprises» occupent donc une place à part par rapport aux autres professions et activités économiques. Les anglophones, et plus particulièrement les hommes, sont beaucoup plus nombreux que n'importe quel autre groupe ethnique dans ce domaine qui emploie presque deux fois plus d'anglophones qu'en 1951.

L'État, soit directement ou indirectement, représente de plus en plus pour les anglophones, une source d'emplois nombreux tout comme pour les francophones d'ailleurs. Quant aux immigrants, ils sont quasi absents du secteur public. Ainsi, en vingt ans, l'effectif anglophone dans l'enseignement a grosso modo triplé, tout comme la main-d'oeuvre totale dans ce même domaine. Dans le secteur de la santé et du bien-être social également, le personnel anglophone a augmenté au même rythme que la main-d'oeuvre totale. Le personnel francophone a certes augmenté davantage, mais ce qui se dégage ici, ce sont deux contrastes plus importants. En premier lieu, peu d'anglophones travaillent dans les services gouvernementaux (ils ne représentent que 4,5% de toute la fonction publique provinciale); en second lieu, la différence entre les divers groupes ethniques dans les secteurs gouvernementaux ou para-gouvernementaux est moins frappante que ne l'est l'écart entre les sexes, quelle que soit l'ethnie. Pour les femmes des deux grands groupes ethniques, l'État constitue le plus grand employeur, le domaine qui a attiré le plus grand nombre de nouveaux travailleurs, celui vers lequel se sont tournés ceux qui abandonnent les emplois traditionnels de la classe ouvrière. En 1971, 26,98% de femmes anglophones et 29,85% de femmes francophones travaillaient, directement ou indirectement, pour l'État. Chez les hommes, les chiffres sont beaucoup plus bas: seulement 6,4% d'anglophones et 7,49% de francophones travaillaient dans ce secteur en 1971. Ces statistiques représentent toutefois une augmentation de 100% dans l'un et l'autre groupe par rapport à 1951.

En somme, l'abandon des emplois traditionnels de la classe ouvrière semble s'effectuer à un rythme plus rapide chez les Québécois anglophones que dans la société québécoise en général. Les travailleuses anglophones semblent se déplacer vers le secteur public et les travailleurs anglophones vers des emplois de cols blancs dans le secteur privé, plus particulièrement dans les activités qui desservent le monde des affaires. Pour les anglophones, hommes ou femmes, ce déplacement vers le secteur des services s'est accompagné d'un gonflement très marqué du nombre de manoeuvres occasionnels non qualifiés. Le travail artisanal, ce bastion des anglophones au début du vingtième siècle, a perdu de l'importance pour cet élément de la population de sorte que les artisans anglophones jouent maintenant un rôle moindre dans ce secteur. Le profil qui se dessine est celui d'une population ouvrière anglophone située aux deux extrémités de l'échelle des qualifications et du continuum social, et quasi absente du centre de la gamme, soit des activités économiques et des professions qui sont les sources traditionnelles d'emploi de la classe ouvrière.

Voilà pour les changements dans la distribution des ouvriers anglophones depuis la fin du dix-neuvième siècle. Maintenant que nous savons comment la répartition de la classe ouvrière anglophone a évolué dans les différents secteurs économiques, nous sommes en mesure de proposer certaines explications au sujet de son silence généralisé sur les questions politiques actuelles.

La possibilité des ouvriers anglophones, ou de quelque minorité que ce soit, d'intervenir *en tant que travailleurs* dans les débats politiques est fonction de deux facteurs. Ils doivent d'abord avoir une conscience collective de leur identité en tant que travailleurs anglophones formant un groupe distinct. Cette conscience peut très bien se limiter à l'échelle de l'usine ou du bureau, mais elle doit être collective. De plus, il est indispensable qu'il existe un syndicat ou quelqu'autre association professionnelle que les travailleurs puissent influencer ou qui leur serve d'instrument dans la formulation et la diffusion de leur position.

Tous les travailleurs anglophones ne sont pas à même de remplir ces deux conditions préalables. En effet, ils sont souvent rassemblés dans des secteurs où le syndicalisme ouvrier est absent ou très faible[10]. Et s'ils sont parfois regroupés en associations, celles-ci ne deviennent jamais des instruments de politisation à moins qu'elles ne soient en voie de syndicalisation. Deuxièmement, il est peu probable que les monteurs à la chaîne anglophones, éparpillés dans les usines où la main-d'oeuvre est syndiquée par activité économique, s'identifient comme ayant des intérêts distincts de leurs collègues francophones et, le cas échéant, leur nombre serait trop infime pour avoir la moindre portée. Les syndicats industriels sont des structures plutôt égalitaires; la similitude du travail accompli, ajoutée à une tradition de militantisme très récente, contribuent davantage à l'intégration des ethnies qu'à la polarisation, et l'action concertée en vue d'objectifs économiques y est un enjeu plus pressant, ce qui revient à dire que les travailleurs anglophones du secteur de la production ne se sentent pas suffisamment différents de leurs collègues francophones pour militer comme minorité ethnique distincte.

Les ouvriers qualifiés anglophones qui sont syndiqués par métiers font face à d'autres obstacles non moins importants. Alors que leur proportion au sein de plusieurs syndicats de métiers est forte par rapport à leur représentation dans la population active en général, ils sont pourtant loin d'être majoritaires dans aucun de ces syndicats. La structure de la syndicalisation par corps de métier, qui disperse ses membres dans des centaines de chantiers où ils se retrouvent mêlés aux membres d'autres syndicats, qui ne leur laisse comme dénominateur commun que leur métier et ne les regroupe que pour des réunions, constitue d'une part un sérieux obstacle à la cristallisation d'une identité dans les groupes minoritaires au sein du syndicat, et permet d'autre part à toute faction résolue de prendre en main et de manipuler les structures décisionnelles. Aurement dit, bien que l'on soit porté à croire les artisans anglophones enclins à se constituer en groupe de pression à l'intérieur de leurs syndicats, les structures des syndicats de métiers rendent la chose extrêmement difficile.

Il n'y a que dans les professions à caractère linguistique que se retrouvent les conditions nécessaires à la cristallisation d'un groupe de pression dans la classe ouvrière anglophone[11]. En effet, dans l'immense secteur d'emploi où les travailleurs anglophones se retrouvent en nombre croissant — les services publics et parapublics — il semble possible de voir les ouvriers anglophones constituer un groupe à part, poursuivant ses objectifs ethniques particuliers par le biais du syndicat. Dans les domaines de la santé, du bien-être et de l'enseignement, les services sont divisés selon la langue dans laquelle ils sont dispensés. Là, en effet, les anglophones obtiennent et conservent leurs postes parce qu'ils sont capables de travailler en anglais, ce qui a contribué à développer chez eux un sens de leur identité collective distincte. De plus, là où ils sont constitués en syndicats (dans les secteurs hospitalier et scolaire), ceux-ci sont composés majoritairement d'anglophones et d'immigrants et, généralement, sauf dans les cégeps, isolés du grand bloc syndical francophone[12]. Ce sont ces travailleurs qui s'opposent à la transformation du Québec en une société monoculturelle: littéralement, leur subsistance même dépend du maintien d'un biculturalisme artificiel, étayé de l'extérieur. Il est donc tout à fait logique, pour ce qui est des travailleurs de langue anglaise, que ce soit seulement chez les employés anglophones du secteur public et parapublic — c'est-à-dire ceux des systèmes scolaires anglophones, protestant et catholique, et des organismes de bienêtre et de santé anglophones de toutes confessions — que puisse se manifester une opposition systématique, voire désespérée, au projet culturel du Parti québécois. Les ouvriers anglophones des autres secteurs économiques n'ont ni la motivation, ni les mécanismes nécessaires pour adopter une attitude minoritaire défensive et agir en vue de neutraliser ce projet culturel.

Mais l'opposition organisée des anglophones à la décolonisation culturelle du Québec a encore une autre signification: le secteur gouvernemental et les employés anglophones et francophones des réseaux de services se disputent les crédits. Cette concurrence risque, à moyenne échéance, de miner, sinon de détruire la solidarité des Fronts communs. Et, que l'État-employeur encourage ou non cette concurrence, elle ne pourra que lui être profitable lors des négociations à venir dans le secteur public.

En résumé, donc, il m'apparaît justifié de dire que, au début des années 1980, il ne peut être question de classe ouvrière anglophone en tant qu'entité cohérente. En effet, les travailleurs anglophones sont dispersés à travers la classe ouvrière de sorte que ce n'est que là où les services doivent être dispensés en anglais qu'ils sont regroupés en nombre suffisant pour intervenir comme groupe de pression linguistique... Le fait que cette cristallisation de l'identité repose sur une concurrence avec les francophones qui occupent le même rang dans l'ordre économique affaiblira réellement et dans un avenir rapproché, je le crains, la capacité des travailleurs québécois en général d'affronter l'employeur, qu'il soit du secteur public ou du secteur privé.

donc peut-être pas
Front commun
rel. non plus → identité ailleurs

194

NOTES

(1) Je crois que pour donner une définition réaliste de la catégorie «Québécois anglophone», il faut dépasser le critère étroit et parfois simpliste de «l'ascendance». J'y vois plutôt une catégorie socio-culturelle fortement étayée par une base économique, qui décrit un groupe non seulement ethnique et linguistique mais également culturel, facteurs qui, ensemble, constituent un pôle d'attraction pour les autres populations immigrantes. Définir le Québécois anglophone comme une personne originaire des îles britanniques, c'est exclure, au Québec du moins, les groupes d'immigrants tels que les Allemands et les Finlandais, de même que les Juifs et les Italiens qui, ayant immigré avant la Première Guerre mondiale, se sont ralliés depuis longtemps à ce pôle. En outre, cette définition fondée sur l'origine ethnique assimile les Irlandais au bloc britannique, ce qui passe sous silence, pour n'en pas dire davantage, les différences culturelles et politiques considérables qui séparaient les Anglais et les Écossais d'une part, et les Irlandais d'autre part avant 1920, de même que leurs cheminements professionnels respectifs qui n'ont cessé de diverger. Cette définition ne tient pas compte non plus, semble-t-il, du nombre appréciable d'Irlandais catholiques qui se sont intégrés à la majorité francophone au dix-neuvième siècle.

(2) Frik Olin Wright, *Class, Crisis and the State* (Londres, New left Books, 1978):96-97.

(3) Ibid, p. 97.

(4) André Gosselin, *L'évolution économique du Québec: 1867-1896.*

(5) Noël Vallerand, *Histoire des faits économiques de la vallée du Saint-Laurent: 1760-1866.*

(6) Au sujet de l'intégration des francophones ruraux à ces industries, voir Everett C. Hugues, *Rencontre de Deux Mondes.*

(7) Canada, *Royal Commission on the Relations of Labor and Capital in Canada, 1899,* pp. 314-320, 364-365.

(8) Par «prédominance», je ne parle pas nécessairement de supériorité numérique mais d'une représentation proportionnelle plus forte doublée d'une position stratégique dans l'industrie.

(9) Les données qui suivent sur l'emploi et l'industrie sont tirées, à moins d'indication contraire, du Recensement de 1971, *Tendances de l'activité économique, 1951-1971* (Cat. 94-793) Tableau 6, pp. 21-24.

(10) Plus particulièrement le domaine de la finance (les banques) et le commerce de détail.

(11) L'imprimerie et l'édition constituent l'une des industries du secteur privé dans laquelle la langue de travail pourrait mener à la cristallisation d'un groupe de pression au sein de la classe ouvrière anglophone.

(12) Cet isolement est illustré par le fait que les enseignants des écoles primaires et secondaires à l'emploi de la CEPGM, les enseignants catholiques anglophones à l'emploi de la CECM, les travailleurs professionnels et non professionnels de tous les grands hôpitaux anglophones sont intégrés à des syndicats qui ne sont affiliés à aucune des trois centrales. Pour ce qui est des travailleurs sociaux anglophones des organismes parapublics, ils ne sont, en général, pas syndiqués. Quant aux professeurs des universités McGill et Concordia, ils adhèrent à la FAPUQ. Ceux de Concordia viennent juste de se syndicaliser, tandis que ceux de McGill sont les seuls membres de la FAPUQ étant non syndiqués.

La communauté anglophone de Grosse-Île, aux Îles de la Madeleine. Plan d'aménagement et mines de sel

Stuart Richards

STUART RICHARDS, après avoir été directeur de l'École intermédiaire de Grosse-Île, a accédé au bureau de la Commission scolaire régionale de Gaspésie. Natif des Îles-de-la-Madeleine, il est diplômé de l'Université Bishop, où il achève un programme de maîtrise. Son mémoire porte sur l'histoire de l'enseignement protestant dans les Îles.

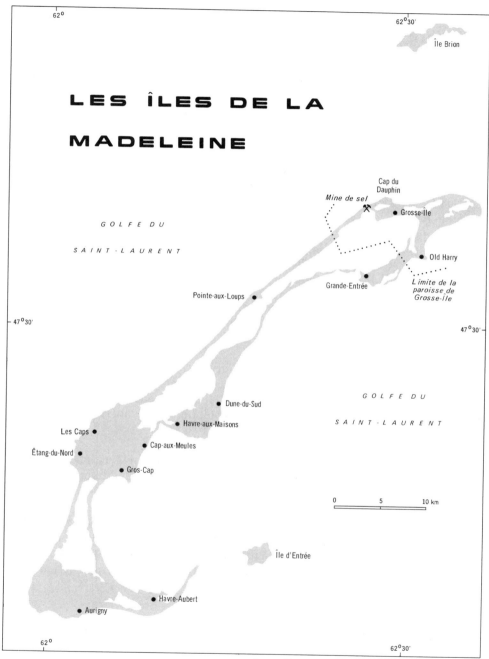

LES ÎLES DE LA MADELEINE

Île Brion

62°

62°30'

Cap du Dauphin

Mine de sel

● Grosse-Île

G O L F E   D U

S A I N T - L A U R E N T

● Old Harry

Grande-Entrée ●

Limite de la paroisse de Grosse-Île

Pointe-aux-Loups ●

47°30'

47°30'

G O L F E   D U

S A I N T - L A U R E N T

● Dune-du-Sud

● Havre-aux-Maisons

Les Caps ●

Étang-du-Nord ●

● Cap-aux-Meules

● Gros-Cap

0   5   10 km

Île d'Entrée

● Havre-Aubert

● Aurigny

62°

62°30'

Source : Ministère des Mines et des Relevés techniques, Ottawa

Les Îles-de-la-Madeleine s'étendent sur une longueur d'une centaine de kilomètres dans le golfe Saint-Laurent. Des douze îles qu'elles comprennent, six sont reliées par des dunes de sable et des marécages. Les autres, isolées au large et dont la superficie varie entre quelque centaines de mètres carrés et quelques hectares, sont inhabitées, à l'exception d'une seule, l'Île-d'Entrée, où vivent environ 200 personnes de descendance écossaise.

Selon les chiffres du gouvernement provincial, les îles comptaient, en 1978, de 16 500 à 17 000 habitants, dont environ six pour cent d'anglophones, pour la plupart descendants d'Anglais, d'Écossais et d'Irlandais venus s'y établir au début du XIXe siècle.

À leur arrivée, il y a plus de 150 ans, les populations anglophone et francophone s'installèrent sur des îles différentes. La séparation des deux groupes, favorisée par les nombreuses frontières naturelles que présentent les îles, se poursuit depuis lors. Aujourd'hui, on retrouve donc la population anglophone dans deux municipalités, Grosse-Île et l'Île-d'Entrée, tandis que les francophones occupent les Îles du Havre-Aubert, du Cap-aux-Meules, du Havre-aux-Maisons, de la Grande-Entrée et l'Île-aux-Loups.

Une telle répartition de la population a beaucoup nui au développement économique des îles. Le présent exposé fait ressortir les problèmes qui en ont résulté.

Il ne s'agit pas ici de rappeler l'histoire des Îles-de-la-Madeleine ni même celle de leur population anglophone, mais plutôt d'observer une petite communauté anglophone d'environ 500 habitants, Grosse-Île, de souligner certaines influences internes et externes qui ont déterminé son évolution et d'identifier les problèmes que la communauté doit surmonter pour assurer sa survie.

Pour bien comprendre la communauté de Grosse-Île, il faut d'abord prendre connaissance des coutumes de ses habitants et des structures traditionnelles de son économie.

Les premiers colons anglais s'établirent dans les îles au cours des années 1820. Comme à cette époque la chasse au morse et au phoque déclinait à la suite d'une surexploitation, ils cherchèrent à tirer leur subsistance à la fois de la mer et de la terre. La pêche devint leur principale activité commerciale, et l'agriculture, l'activité complémentaire.

Ce mode de vie exigeait la participation de chacun des membres de la famille. Les hommes et les garçons plus âgés s'adonnaient généralement à la pêche, tandis que les femmes et les jeunes enfants cultivaient le jardin, soignaient les animaux et vaquaient aux petits travaux de la ferme. Chaque famille constituait une petite entreprise autonome.

S'il est vrai que l'agriculture, les tâches partagées par la famille et, parfois, le travail rémunéré dans les Maritimes, étaient considérés comme des compléments indispensables à la sécurité matérielle, il n'en reste pas moins que, à tout égards, c'était la pêche qui assurait la vie de la collectivité. Tout était centré sur les activités de pêche et l'exploitation des ressources de la mer.

L'industrie de la pêche occupait la majeure partie de l'année. Pendant l'hiver (janvier - février - mars), on préparait les bateaux, on réparait les vieilles trappes, on en construisait de nouvelles, on mettait au point les moteurs, on effectuait les réparations nécessaires. En avril commençait la pêche au hareng; suivait, en mai, juin et juillet, la pêche au homard et, de juillet à septembre, la pêche au maquereau et à la morue.

Pour les insulaires qui en dépendaient, la pêche représentait davantage un mode de vie qu'une simple occupation. La mer, le poisson, les agrès, le temps beau ou mauvais, étaient au centre des conversations des pêcheurs comme de leurs activités. Au travail ou au repos, à la maison ou entre voisins, on finissait inévitablement par parler de pêche. Ce mode de vie et de travail s'est maintenu presque inchangé jusque dans les années 1950.

Bien qu'il soit impossible d'établir une comparaison entre la communauté de Grosse-Île et les autres communautés des îles, il est certain que Grosse-Île était relativement prospère. C'est du moins l'impression que donnent les nombreuses personnes qui parlent du «bon vieux temps». On s'accorde à dire que de 1945 à 1960 environ, Grosse-Île était une communauté florissante. Tel n'était pas le cas de toutes les communautés de langue anglaise des îles. La population anglophone de Cap-aux-Meules, par exemple, qui avait toujours été plus ou moins constituée d'entrepreneurs et d'hommes d'affaires, avait beaucoup perdu de son influence et s'était, à toutes fins utiles, assimilée à la majorité francophone.

Mais la prospérité de Grosse-Île se vit peu à peu menacée par certains changements dont les effets ont commencé à se faire sentir au début des années 1960, c'est-à-dire l'augmentation de la flotte de pêche hauturière et la baisse du volume des prises sur les côtes.

C'est la pêche à la morue et au hareng qui, au début des années 1950, fut le plus touchée par la modernisation de la flotte hauturière et l'apparition de palangriers, de senneurs et de chalutiers dans le golfe Saint-Laurent et autour des îles.

En onze années seulement, soit de 1952 à 1963, le nombre de navires de haute mer immatriculés aux Îles-de-la-Madeleine est passé de 5 à 163 et la quantité totale de prises, de 1,8 million à plus de 50 millions de livres.

Cet accroissement spectaculaire du nombre de prises devait bientôt avoir un effet désastreux sur la pêche côtière. En 1958, les prises totales de morue et de hareng par les pêcheurs côtiers aux Îles-de-la-Madeleine s'élevaient à 30,5 millions de livres. Vers 1965, elles diminuaient chaque année d'environ un million de livres; au début des années 1970, la baisse devenait alarmante, et, en 1975, le volume total des prises n'était plus que de 7,5 millions de livres.

L'expansion de la flotte hautière avait eu pour but d'accroître la participation du Québec dans ce secteur, d'augmenter la productivité de ses travailleurs et de stabiliser le niveau de l'emploi chez les pêcheurs hauturiers et les travailleurs des usines de transformation. En fait, cette expansion eu pour effet de réduire les activités de pêche dans le golfe, non seulement celles de la flotte hauturière, mais également, et de façon plus importante et plus tragique, celles des pêcheurs côtiers. En d'autres mots, le programme d'expansion s'est avéré des plus néfastes: il déséquilibra le mode de subsistance de milliers de pêcheurs côtiers de la région du golfe, c'est-à-dire de la Gaspésie, des Îles-de-la-Madeleine, de la Nouvelle-Écosse, du Nouveau-Brunswick, de l'Île-du-Prince-Édouard et de Terre-Neuve.

Intervention du gouvernement

Au début des anntées 1960, les gouvernements fédéral et provincial commençaient à se rendre compte qu'un grand nombre de petites communautés étaient en difficulté. La première intervention directe du gouvernement fédéral pour remédier à la situation fut d'accorder des prestations d'assurance-chômage aux pêcheurs, considérés dorénavant comme «chômeurs saisonniers». L'industrie de la pêche prit dès lors une nouvelle orientation: en plus de fournir une denrée commerciale, elle permettait aux pêcheurs de devenir admissibles aux prestations d'assurace-chômage.

La diminution des réserves de poisson ainsi que l'augmentation des paiements de transferts effectués sous forme de prestations d'assurance-chômage amenèrent une diminution des activités de pêche. L'économie diversifiée et le mode de vie traditionnel furent graduellement remplacés par l'alternance de périodes de travail suivies de périodes de chômage, formule qui devint vite très sécurisante. En effet, les paiements de transfert, tout comme autrefois les moyens de subsistance complémentaires, assurent aux Madelinots un minimum de sécurité matérielle et leur permettent de continuer à vivre dans la communauté de leur choix, selon un mode de vie (la pêche) qu'ils connaissent bien et qui les satisfait.

Mais la politique du gouvernement n'a pas que des effets bénéfiques: elle a également provoqué dans la communauté, et notamment chez les jeunes, un changement d'attitude peu souhaitable. De façon générale, elle ne favorise guère l'effort et l'initiative. L'assurance d'un revenu, moyennant un minimum d'efforts, risque d'engendrer une certaine apathie et de miner la vitalité et le dynamisme d'une communauté.

La dépendance de la population envers les paiements de transfert entraîne généralement un manque d'intérêt à l'égard de l'économie régionale. Les gens ne ressent plus la nécessité de participer à la vie de la région et, par conséquent, ils s'isolent. C'est apparemment ce qui s'est produit à Grosse-Île au cours des années 1960. Bénéficiant d'une certaine sécurité économique, la population a donc réduit au minimum ses contacts avec les Madelinots de langue française.

Le plan du BAEQ

Le gouvernement provincial, prenant lui aussi conscience de la situation inquiétante où se trouvaient de nombreuses petites communautés, entreprit à son tour de lutter contre la pauvreté en milieu rural. Avec l'aide du gouvernement fédéral, il mit sur pied le Bureau d'aménagement de l'Est du Québec (BAEQ), dont le mandat consistait à étudier les problèmes de la région la plus pauvre du Québec et à proposer des solutions.

Le BAEQ s'intéressa particulièrement au cas des Îles-de-la-Madeleine. En 1966 et 1967, il publiait son plan de développement du territoire pilote, consacrant deux volumes aux Îles-de-la-Madeleine. Comme une partie du plan visait l'agglomération de Grosse-Île, nous en donnerons ici un bref aperçu.

Le plan proposé par le BAEQ relativement à la croissance économique et au développement des îles portait principalement sur les trois points suivants: 1) la modernisation et la rationalisation des activités de pêche, et la mécanisation de l'industrie de transformation du poisson; 2) le développement du tourisme et de l'agriculture; 3) la réorganisation de l'infrastructure et des services, ce qui impliquait la centralisation de ces services et de la population.

Le projet prévoyait alors l'établissement d'un centre principal, Cap-aux-Meules, autour duquel serait regroupée la plus grande partie de la population. L'industrie de la pêche reposerait sur la pêche hauturière, l'utilisation de grandes embarcations et la mécanisation des usines de transformation.

La plus controversée des recommandations du plan fut celle portant sur la réorganisation et la centralisation des services et de la population. La partie est des îles, où se trouve la municipalité de Grosse-Île, devait être fermée et la population réinstallée dans la partie ouest, près de Cap-aux-Meules.

Cette recommandation souleva l'étonnement et la colère de toute la population de l'île, de sorte que les représentants du BAEQ ne donnèrent pas suite au projet de transfert de la population. À Québec cependant, les planificateurs, qui avaient pris le plan au sérieux, n'oubliaient pas l'idée: elle devait refaire surface en 1971.

Du plan du BAEQ et des débats qui ont suivi, la population de Grosse-Île aurait dû tirer les leçons suivantes: 1) les représentants du gouvernement s'inquiétaient beaucoup de l'importance des paiements de transfert, nécessaires pour subvenir aux besoins de la communauté; 2) la communication entre les populations anglophone et francophone des îles était, à tout le moins, extrêmement limitée; et 3) Grosse-Île devrait s'engager davantage au niveau régional de façon à ce que ses habitants puissent prendre une part active dans les discussions ultérieures concernant l'avenir des îles.

Mais ces leçons ne furent pas comprises, du moins de la majorité des gens, qui retombèrent dans leur état d'apathie initial, fermement convaincus que le plan et ses recommandations étaient à tout jamais oubliés.

Comme ils se trompaient! En novembre 1972, le principe de base du BAEQ était repris dans un autre plan de développement: le *Plan d'aménagement d'ensemble des Îles-de-la-Madeleine*, élaboré par la firme d'urbanistes-conseils de Gaston Saint-Pierre, et plus connu sous le nom de «Plan Saint-Pierre». Sans en faire une étude détaillée, rappelons ses objectifs généraux et certaines de ses recommandations, surtout en ce qui a trait à Grosse-Île.

Le Plan Saint-Pierre avait un triple objectif: 1) identifier les ressources physiques et humaines dont pouvaient disposer les îles et déterminer leurs possibilités de développement; 2) élaborer un plan concret de développement; 3) doter chaque municipalité d'un plan de zonage approprié.

L'orientation générale du plan, telle que perçue par la communauté anglophone, était à peu près la même que celle proposée par le BAEQ six ans plus tôt. La population devait être regroupée en trois régions économiques, Cap-aux-Meules, Îles-du-Havre-Aubert et Grande-Entrée. Des dix-huit petits ports de pêche, treize seraient fermés, tandis que les cinq autres seraient agrandis afin de répondre aux besoins de la pêche hauturière. Enfin, le plan prévoyait l'intensification du développement industriel et des investissements dans les trois régions désignées.

La partie du plan consacrée à Grosse-Île reprenait presque intégralement les propositions du BAEQ, à la différence que, cette fois, la population devait être relogée près de la municipalité de Grande-Entrée. Il y était question de créer une réserve écologique dans la région de la Grosse-Île et d'héberger les touristes dans les maisons de Grosse-Île et de Pointe-aux-Loups, désormais vides, par suite du déménagement de leurs anciens occupants.

Comme on pouvait s'y attendre, les propositions du Plan Saint-Pierre ne furent pas accueillies très favorablement par les habitants de Grosse-Île, qui réagirent cette fois de façon mieux concertée et plus habile. Aussitôt connues les propositions, le conseil municipal, fort de l'appui de toute la population, mit sur pied un comité de citoyens pour exercer des pressions et demander des renseignements et des explications. Le conseil municipal et le comité de citoyens s'adressèrent tous deux au député des îles à l'Assemblée nationale ainsi qu'au ministère des Affaires municipales et à divers autres ministères pour obtenir de l'aide et des explications. Le conseil municipal adoptait en même temps un résolution demandant au ministre des Affaires municipales de ne pas approuver la section du plan se rapportant aux communautés de Grosse-Île, Old-Harry et Pointe-aux-Loup et réclamait une nouvelle étude de la région ainsi que les raisons justifiant le déplacement de la population.

Il est intéresant de noter que cette action concertée contre le plan eut comme conséquence indirecte de faire prendre conscience aux habitants de Grosse-Île que, pour la deuxième fois en six ans, on leur proposait un plan de développement qui entraînait la disparition de leur communauté. La population décida donc d'élaborer son propre plan en partant du principe que Grosse-Île devait continuer d'exister. Les représentants élus présentèrent la proposition au conseil de comté où ils reçurent l'appui des autres municipalités.

Ces efforts semblèrent porter fruit, du moins en ce qui concerne Grosse-Île. Les représentants du ministère des Affaires municipales précisèrent que le Plan Saint-Pierre n'avait rien d'officiel et qu'il était simplement un instrument de travail. Cette déclaration eut toutefois un effet regrettable sur la communauté: la lutte n'étant plus nécessaire, les comités de planification et de développement furent dissous et leur plan de rechange ne fut jamais mis par écrit. Comme cela s'était produit six ans auparavant, les gens de Grosse-Île eurent la certitude d'avoir gagné une autre bataille dans leur lutte contre toute intervention extérieure. Cependant, leur tranquillité, encore une fois, devait être de courte durée. Dès l'automne 1973 en effet, le sel, les mines et la SOQUEM étaient devenus le sujet général des conversations à Grosse-Île.

SOQUEM (Société québécoise d'exploration minière) s'était intéressée officiellement aux Îles-de-la-Madeleine à partir de 1972. Ayant acquis les droits d'un prospecteur indépendant en vue de poursuivre les travaux d'exploration dans la partie occidentale des îles, elle confirmait vers la fin de l'année la présence d'un important gîte de sel sur l'Île-du-Havre-Aubert.

L'année suivante, les prospecteurs commencèrent à amener leur équipement dans la partie est des îles, soit à Grosse-Île. À l'été 1974, ils y avaient effectué dix sondages d'exploration qui permirent d'établir l'existence de deux gîtes, un premier sous la dune du Nord, à environ un quart de mille de l'agglomération de Grosse-Île, et un second qui s'étendait sous l'île entière. La profondeur des gisements variait de 100 à 3 200 pieds.

Les travaux d'exploration se poursuivirent jusqu'au printemps de 1975; la compagnie tenta alors d'effectuer un levé sismique exigeant l'explosion de charges souterraines dans l'île. À l'été, Grosse-Île était choisie comme l'endroit le plus propice à l'exploitation d'une mine. Mais avant de prendre une décision définitive, certains facteurs devaient être précisés: 1) l'importance des gisement de sel, de différentes qualités; 2) les méthodes d'extraction les plus efficaces; 3) la rentabilité du capital investi; 4) les modes de financement, et 5) le choix de l'emplacement d'un port en eau profonde dans l'île.

En juin 1976, SOQUEM se déclara enfin prête à mettre en chantier le projet de la Grosse-Île. Elle allait d'abord forer un puits d'exploration, afin d'acquérir plus de certitude sur certains points dont dépendait la décision finale. À peu près à la même époque, des porte-parole de divers ministères provinciaux se déclaraient en faveur du projet, promettant leur appui à la construction du port et offrant d'acheter la plus grande partie du sel produit (sans doute pour l'utiliser sur les routes du Québec). Peu après cas assurances, la supervision du forage du puits d'exploration fut confiée à LOUVEM, société minière appartenant à SOQUEM. À la fin de l'année, on se préparati à commencer la construction.

Les habitants de Grosse-Île réagirent de diverses façons à cette nouvelle intervention. Quelques-uns, généralement favorables au projet, acceptèrent de collaborer à sa réalisation en travaillant comme manoeuvres, en louant des chambres ou en fournissant des services de base. D'autres, au contraire, craignaient les effets de la mine et des installations portuaires sur l'industrie locale de la pêche. Néanmoins, la plupart des gens attendaient passivement la suite des événements. Il n'y eut pas de fortes réactions, et certainement pas d'action concertée comme celle qui avait suivi l'annonce du plan du BAEQ et du Plan Saint-Pierre.

Participation locale

C'est justement vers cette époque (1976), que le Service de l'éducation des adultes de la Commission scolaire régionale de la Gaspésie, dont relèvent les écoles protestantes des îles, commença à se préoccuper de développement communautaire et de la façon de le promouvoir. Des tentatives peu fructueuses avaient été faites au cours des années antérieures, avec la participation des comités de planification et de développement formés à l'occasion des protestations contre le Plan Saint-Pierre. Les circonstances semblaient maintenant favorables. On engagea donc un coordonnateur-animateur à temps partiel. Celui-ci fut amené à collaborer avec le conseil municipal, alors aux prises avec le projet de la mine. Il faut se rappeler qu'il existait au sein de la communauté une certaine ambivalence au sujet du projet, ce qui rendait plus difficile encore la tâche des conseillers. Après mûre réflexion et de nombreuses discussions, il fut généralement admis que la population n'était pas suffisamment au courant des divers aspects de la question et qu'il était primordial de l'informer. Le conseil municipal chercha donc à obtenir des renseignements, mais il devint vite évident que les représentants du gouvernement et des compagnies ne faisaient pas beaucoup d'efforts dans ce sens.

Pendant ce temps, le conseil, aidé par le coordonnateur, commençait à préciser ses sujets de préoccupation: 1) le nombre d'emplois que les habitants de Grosse-Île pouvaient s'attendre à obtenir à la mine et dans les secteurs connexes, 2) le stockage éventuel du sel et ses effets, 3) les conséquences possibles de l'exploitation minière sur la nappe phréatique, 4) les conséquences de la construction d'installations portuaires sur les fonds de pêche du littoral, 5) la durée de rentabilité de la mine, 6) l'élimination des déchets et 7) les problèmes de logement, entre autres, qu'entraînerait l'arrivée massive de main-d'oeuvre spécialisée. Cette liste, pourtant loin d'être exhaustive, démontrait l'importance d'être pleinement renseigné. On se rendit compte qu'il serait impossible de répondre à plusieurs de ces questions avant d'avoir effectué les études d'impact appropriées. C'est ce qu'exigea donc le conseil en insistant pour que la population soit aussi consultée.

Au cours du printemps et de l'été de 1977, le conseil municipal commença à étudier les moyens d'amener les représentants du gouvernement et de la compagnie à donner de l'information. Ayant fait connaître ses inquiétudes aux autres communautés des îles, il obtint l'appui du Comité de l'environnement des Îles-de-la-Madeleine. Il s'adressa également aux journalistes et, finalement, le *Montreal Star* publia un article sur le projet.

Appuyé par différents individus et organismes, le conseil municipal obtint, après beaucoup d'efforts, que le Conseil consultatif de l'environnement tienne des audiences publiques sur le projet. Après quelques faux départs, les audiences eurent finalement lieu les 24, 25, et 26 janvier 1978.

Étant donné l'impact que les audiences eurent sur la communauté, nous en étudierons les effets attentivement. Il en découla tout d'abord un rapport qui fut présenté au ministre responsable de l'environnement et dont les principaux points sont les suivants: 1) La procédure de prise de décision relativement à la mise en place des divers éléments du complexe mine-port comportait de sérieuses lacune. 2) La décision finale devrait tenir compte des intérêts des habitants des Îles-de-la-Madeleine et du Québec tout entier, et assurer la protection de l'environnement. 3) Pour parer au manque de coordination des parties, il faudrait mettre sur pied un comité coordonnateur dont feraient partie des promoteurs, des représentants des ministères et les membres de l'administration locale à titre de représentants des habitants des îles. 4) Les Madelinots avaient le droit d'être correctement informés, et on ne leur avait pas procuré d'information adéquate. 5) Les Madelinots n'avaient pas été consultés et ils n'avaient pu participer à l'élaboration du projet, qui était pourtant suseptible de modifier de nombreux aspects de leur société et de leur économie. 6) Des études socio-économiques et culturelles devraient être effectuées en collaboration avec des organismes gouvernementaux et la population locale.

Moins évident, mais tout aussi important, fut l'effet de ces audiences sur la population, qui en vint à modifier sa perception d'elle-même et de son rôle au sein de la région.

Les audiences se traduisirent immédiatement par un appui massif de la population aux efforts du conseil municipal. En effet, même si certains groupes approuvaient le projet, la plus grande partie de la population appuyait de toute évidence la démarche du conseil, lui apportant ainsi le courage et le support dont il avait grand besoin.

La valeur éducative des audiences ne fait aucun doute. Hommes, femmes et enfants y ont trouvé des modèles sur le déroulement des réunions, l'art oratoire et les règles à observer. Beaucoup se sont trouvés, souvent pour la première fois, face à face avec les «mystérieux» fonctionnaires. Ils se sont aussi rendu compte que lorsque des gens de la région parlaient de leur communauté, de nombreux «étrangers» les écoutaient.

Les audiences, également, donnèrent à la population confiance en elle-même. Elle se rendit compte que, souvent, l'information donnée par les fonctionnaires était erronée, et parfois même aberrante. Toute cela contribuait à donner l'assurance qu'ils étaient les mieux habilités à discuter des problèmes de leur communauté. Ils savaient ce qu'ils voulaient, et ils se devaient de le dire aux prétendus «spécialistes» venus d'ailleurs.

Les audiences publiques remplirent deux fonctions importantes, qui se sont précisées au fil des événements. Premièrement, elles ont favorisé l'émergence et l'affermissement de chefs de file locaux, principalement parmi les membres du conseil municipal, autour desquels se sont regroupés d'autres membres de la communauté; deuxièmement, elles ont contribué à établir d'utiles relations entre les représentants anglophones et francophones des îles. En effet, pendant les audiences, de nombreux francophones ont accordé leur appui au conseil et on s'est aperçu que tous les habitants des îles, tant anglophones que francophones, avaient les mêmes préoccupations. Ces deux facteurs devaient jouer un rôle important dans le déroulement du plan d'aménagement des îles.

En août 1977, conformément à la politique de décentralisation du gouvernement provincial, le conseil de comté (regroupement des maires de toutes les municipalités) se vit offrir la possibilité de participer à la gestion et à la mise en valeur des ressources des îles. Il s'agissait d'un projet pilote se fondant sur des principes différents de ceux des deux plans précédents — celui du BAEQ et le Plan Saint-Pierre. Cette fois, en théorie du moins, l'initiative devait revenir aux municipalités des îles.

En novembre, ayant accepté de relever le défi, le conseil de comté avait engagé quatre coordonnateurs. Ceux-ci avaient le mandat d'amorcer des discussions sur l'économie des îles, ce qui n'était pas une tâche facile.

Pour ces coordonnateurs, les audiences publiques de janvier 1978 ont en fait résolu plus d'un dilemme. Premièrement, on y a insisté sur le fait que le projet mine-port devait constituer un élément du plan de développement. Deuxièmement, au cours de ces audiences, il devint évident pour les coordonnateurs que tout débat sérieux sur l'avenir des îles exigeait la participation de représentants de la communauté anglophone. Finalement, l'expérience acquise au cours des audiences pouvait servir à l'élaboration du plan d'aménagement des îles.

Au cours des premiers mois de 1978, les habitants des îles se voyaient donc offrir un nouveau plan, qui découlait cette fois-là d'une initiative locale et avait pour objectif d'étudier les ressources des îles et de proposer des moyens de les mettre en valeur et d'atteindre à l'auto-suffisance.

La structure finalement adoptée fut celle de groupes de discussion, appelés modules, portant chacun sur un secteur de ressource et formé de diverses personnes directement intéressées. Le module de l'agriculture devait, par exemple, inclure des agriculteurs, des producteurs indépendants ainsi que des représentants de chacune des municipalités.

Au cours des premiers mois, la participation des habitants de Grosse-Île fut intense et très active, les représentants de la communauté qui formaient le module mine-port dirigeant, à toutes fins pratiques, l'ensemble des activités. Ils cherchèrent d'abord à préciser le mandat du module. Ce faisant, les membres du module s'aperçurent que la tâche qu'ils s'étaient fixée était si considérable qu'il serait nécessaire de créer des sous-comités. À la demande expresse des représentants de Grosse-Île, quatre sous-comités furent créés portant respectivement sur la mine, le port, les lagunes, et l'étude socio-économique recommandée par le Conseil consultatif de l'environnement.

L'étude socio-économique devint l'un des plus importants sujets de préoccupation des représentants de Grosse-Île. Ne voulant surtout pas d'une étude semblable aux deux précédentes, celle du BAEQ et le Plan Saint-Pierre, ils revendiquèrent le droit pour les insulaires de déterminer la portée et les modalités de la nouvelle étude, ce que, après bien des discussions, ils ont finalement obtenu des ministères qui devaient assurer le financement. Ils mirent donc sur pied un comité de coordination pour superviser l'engagement de spécialistes et coordonner leurs activités.

Les représentants de Grosse-Île jouèrent un rôle très important dans la création et l'animation du module mine-port, mais leur participation aux autres modules fut moins enthousiaste; dans certains cas, les habitants de Grosse-Île n'étaient même pas représentés. Cette situation était due en premier lieu au fait que le module mine-port était de toute évidence le plus important lors de la phase initiale du projet. En effet, à cause de ses conséquences directes sur la vie de la communauté, ce projet était prioritaire et on devait y consacrer toutes les énergies disponibles. En second lieu, on ne trouvait pas dans la communauté un nombre suffisant de personnes bilingues pour participer aux autres modules. La communauté eut, en effet, beaucoup de mal à trouver quelques traducteurs et personnes-ressources. Les personnes bilingues qui étaient disponibles, et on pouvait les compter sur les doigts de la main, étaient débordées de travail. Malheureusement, ce problème existe toujours et nuit grandement à la participation de Grosse-Île à l'ensemble du plan.

Depuis la mine de sel

À l'été de 1982 la mine de sel était déjà ouverte, quelque 125 personnes y travaillaient, et la production allait commencer. Indépendamment des conséquences de la présnce de cette mine, je suis d'avis que parmi les événements récents qui ont marqué l'histoire de Grosse-Île, les plus importants ont sans doute été — si l'on s'en tient à ceux d'origine locale — les audiences publiques (tenues en 1978) concernant le projet de mine de sel, et l'instauration du Plan d'aménagement des îles. Le public, stupéfait par les événements qui avaient précédé ces audiences, avait compris que Grosse-Île devait prendre ses affaires en mains. Les audiences donnèrent lieu à un débat public portant non seulement sur la mine mais sur le sort même de la collectivité. Elles produisirent une atmosphère qui amenèrent les gens à prendre conscience d'eux-mêmes et à exprimer leurs désirs quant à leur avenir collectif. Ils acquirent même suffisamment d'assurance pour s'attaquer aux problèmes de la collectivité et de son orientation.

Le Plan d'aménagement des îles fournit un cadre qui permit à la population anglophone de s'engager dans les prolèmes concernant l'ensemble des Îles-de-la-Madeleine. Ce programme bien sûr eut des résultats plutôt décevants. Toutefois, en y participant, la communauté anglophone fut forcée de prendre conscience d'elle-même et de manifester (probablement pour la première fois) ses aspirations et ses attentes.

Il ne faut pas croire pour autant que ce processus d'introspection est terminé. Car en effet, comme l'ont démontré l'expérience du BAEQ et celle du projet de Saint-Pierre, Grosse-Île a tendance à retomber dans l'apathie après une période de crise. Mais cette fois-ci, ses dirigeants sont convaincus qu'il ne devrait pas y avoir rechute, même s'il faut admettre que par suite des récents développements politiques — tels le projet de réforme scolaire — il se manifeste un certain pessimisme, une certaine inquiétude devant l'orientation que se donne l'ensemble de la société québécoise, et qui est loin d'inspirer confiance.

Si la collectivié doit maintenir la vitalité, la croissance qu'elle a connue au milieu des années 1970, elle doit continuer à manifester ses besoins, ses aspirations. Il existe une ferme conviction que tout effort visant à lui assurer une plus grande viabilité économique, voire l'autosuffisance, doit reposer principalement sur l'industrie de la pêche et sur le mode de vie qui s'y rattache. Par ailleurs, on se rend compte que la pêche, qui n'est pas strictement réglementée, ne pourra continuer de satisfaire aux besoins sans cesse croissants de la population.

Il faut trouver un complément à l'industrie de la pêche, et la mine de sel n'a pas apporté la solution recherchée. En effet, à peine un cinquième des quelque 125 emplois qu'elle a créés sont allés aux résidents de Grosse-Île; quant aux services connexes, ils ne leur ont été d'absolument aucun profit sur le plan de l'emploi. La construction navale et l'agriculture sont des possibilités d'activités complémentaires, si l'on tient compte des ressources humaines et matérielles du milieu. Mais ces deux industries n'offrent guère de perspectives de croissance: la première desservant une flotte stable et la seconde — plus précisément la culture en serre — s'adressant à une clientèle fort restreinte. D'autre part, certains progrès réalisés dans le secteur secondaire semblent avoir profité principalement aux communautés d'autres îles. (On pense ici, par exemple, aux efforts visant à améliorer et à diversifier les moyens de transformation des produits de la pêche).

Néanmoins, les dirigeants de Grosse-Île demeurent convaincus que les besoins de la collectivité ne pourront être satisfaits que si eux-mêmes s'engagent dans la planification sur le plan régional. Mais si on veut assurer à Grosse-Île une présence permanente dans le milieu régional, ainsi qu'une autosuffisance locale solide, certaines conditions s'imposent. Il faudra entre autres une direction bilingue, sûre d'elle-même dans ses rapports avec le milieu francophone. Le fait qu'une proportion importante de jeunes anglophones fréquentent maintenant la polyvalente de langue française laisse présager l'expansion du nombre d'anglophones bilingues. À d'autres égards, toutefois, les anglophones de Grosse-Île perdent confiance. Ils doutent que les francophones puissent assurer l'avenir du Québec sans recourir à une centralisation déshumanisante et à la suppression des particularités locales, des diversités culturelles.

La question de confiance est fondamentale. Grosse-Île ne survivra que si elle a confiance en elle-même. Elle a besoin d'être dirigée, mais de façon souple; elle doit être sûre d'elle-même mais sans devenir présomptueuse, et elle doit avoir un rôle à jouer au sein de l'ensemble formé par les Îles-de-la-Madeleine. Cela exige l'engagement tant des individus que des institutions, sur le plan local. Seul un débat efficace au sein de la collectivité permettra aux dirigeants de sentir qu'ils défendent, non pas leurs points de vue personnels, mais les sentiments et le mode de vie d'une communauté tout entière.

Quatrième partie

CRISES AU SEIN DES INSTITUTIONS

Selon les sociologues, la survie d'une collectivité, à plus forte raison s'il s'agit d'une minorité, dépend dans une large mesure de la viabilité et de la diversité de ses institutions, c'est-à-dire de son degré de «institutional completeness». Aux yeux de l'observateur le moins averti, le Québec anglophone possède précisément un tel réseau complet d'institutions: écoles, universités, radio, télévision, journaux, institutions financières et commerciales, services médicaux, juridiques et autres services professionnels, structures politiques, englobant une foule d'activités gérées par des anglophones dans l'intérêt particulier de la population anglophone. Il semble donc que la survie de ce groupe linguistique soit pour longtemps assurée.

Une étude plus rigoureuse de la situation révèle cependant que, au cours des dernières années, bon nombre des institutions du monde anglophone québécois ont connu des crises répétées qui ont nui non seulement à leur bon fonctionnement mais aussi à la population à qui elles s'adressent. Ces crises sont accentuées par la tendance qu'ont les anglophones à se retirer des institutions qu'ils partagent avec la majorité, au point que se manifeste aujourd'hui ce qui est perçu comme une dualité de plus en plus discordante: gouvernement «francophone» versus milieu d'affaires «anglophone», Montreal Board of Trade versus Chambre de commerce du district de Montréal, fonction publique francophone versus entreprises privées anglophones, écoles anglaises versus écoles françaises, commissions scolaires catholiques versus commissions scolaires protestants... et la liste pourrait s'allonger à l'infini. En raison de cette dualité évidente, les crises sont en général perçues en termes de «eux» et «nous», les problèmes des uns (la minorité) étant une conséquence de l'action des autres (la majorité). Une fois la polarisation installée, il n'est pas facile de rétablir de bonnes relations ni un certain degré d'intégration, comme en fait foi la tentative d'attirer un plus grand nombre d'anglophones dans la fonction publique québécoise (voir David Allnut dans ce recueil).

En fait, la rupture et les crises ont été consacrées par le silence de l'intelligentsia et des media anglophones. Les affirmations des leaders des institutions sont rarement discutées ou remises en question et leurs analyses rarement débattues. Il ne semble pas y avoir actuellement d'observateurs impartiaux pour diagnostiquer les crises, établir entre elles des parallèles, apporter une dimension historique, un sens de la perspective. Rares sont ceux qui mettent en doute l'assertion, par exemple, que la Sun Life du Canada a été «chassée» du Québec, ou encore qu'il n'y a «pas de place pour les anglophones» au sein de la fonction publique québécoise. Il est difficile de discerner les raisons de ce silence des leaders du monde anglophone et des media, bien que quelques-uns l'attribuent à l'aliénation d'un nombre important de journalistes et d'universitaires, nouveaux venus ou simplement de passage au Québec et à qui font défaut le sens nécessaire de l'histoire, la participation à la vie québécoise et la compréhension intuitive des événements. Étant donné la situation, les crises sont vécues, au mieux, dans l'isolement; au pire, elles sont considérées comme de ténébreuses machinations de la majorité francophone.

Le scénario est plutôt sombre, tout comme ses implications. Ces crises au sein des institutions ne sont pourtant pas le fruit du hasard. Elles constituent une autre manifestation des tensions qu'éprouve l'«anglophonie» québécoise, forcée de s'accommoder à une majorité qui s'affirme, au nationalisme québécois, et au pouvoir croissant de l'État. Si les institutions ne parviennent pas à faire face à ces crises et persistent à ne vouloir les résoudre qu'en multipliant les affrontements, et, finalement, en quittant la province, et si l'intelligentsia néglige d'en rechercher les causes profondes, il se peut que l'anglophonie québécoise soit privée d'ici peu d'une part des institutions et de l'élite professionnelle essentielles à sa survie à longue échéance, et cela se sera produit sans qu'elle ait été à aucun moment consultée. En juin 1979, peu après sa décision belliqueuse de transférer son siège social à Toronto, la Sun Life avait déjà perdu 30% de son chiffre d'affaires au Québec; sa décision qui a entraîné le déracinement brutal de nombreuses familles, menace aussi la viabilité de l'une des dernières grandes institutions montréalaises du secteur privé où il est encore possible de travailler exclusivement en anglais. Mais, la Sun Life n'est peut-être pas la seule à avoir réagi de façon aussi émotive aux événements. Même cette institution vénérée qu'est l'Université McGill a envisagé plus d'une fois la cynique possibilité d'abandonner la province et le peuple qui l'a soutenue depuis des générations, pour les «pâturages plus verts» de l'Ontario.

Heureusement, tout n'est pas encore perdu. L'«affaire» de la Sun Life constitue en quelque sorte un repère dans le débat — comme on peut en juger par les répercussions économiques et constitutionnelles dégagées dans les textes reproduits ici — qu'elle a suscité chez trois membres du département d'économie de l'Université McGill (Brecher, Kierans et Naylor) ainsi que dans les démarches entreprises par l'avocat Richard Holden en vue d'empêcher la compagnie de transférer son siège social à Toronto. Parmi les leaders religieux, l'Église unie s'est distinguée au cours des dernières années par son examen de conscience honnête et la remise en question de son rôle dans un Québec nouveau, face aux aspirations des francophones (voir à ce sujet le texte de Nathan Mair). De leur côté, depuis le tout début de la récente controverse entourant un projet de réforme scolaire, éducateurs, porte-parole et membres des commissions scolaires anglophones se sont retrouvés au coeur de la mêlée.

À notre époque, c'est faire acte de courage que d'essayer de tisser, d'une expérience à l'autre et à travers les crises diverses, un solide ensemble de valeurs, une tradition intellectuelle et culturelle pour le Québec anglophone, une véritable conscience collective. William Tetley, dont l'expérience est décrite ailleurs dans le présent recueil, est l'un des rares individus ayant tenté de le faire. Au cours des six ans et demi qu'il a passés au sein du cabinet libéral, il a voulu «...convaincre le Québec anglophone d'accepter le fait français afin que celui-ci devienne partie intégrante du Québec, et défendre les droits des anglophones au sein du cabinet, tâche [...] certes exaltante, mais souvent aussi mal comprise et pleine de désagréments. Les gens le comprennent et l'apprécient mieux aujourd'hui...»

En situation majoritaire, le rôle de soutien que joue une tradition intellectuelle n'est peut-être pas indispensable, mais lorsqu'un peuple et les institutions qu'il a créées se retrouvent dans une position minoritaire, l'existence d'une telle tradition est essentielle à sa survie. Des indices nous permettent de croire que certaines personnes prennent enfin conscience de ce fait et sont prêtes à assumer un leadership spirituel et intellectuel, et que les media sont disposés à informer le public de leurs préoccupations. Reste à savoir si les dirigeants des institutions les écouteront. Holden a perdu la bataille qu'il a menée pour empêcher la Sun Life de quitter le Québec; la position que défendait Tetley au sujet de la loi sur la langue était certes beaucoup plus cohérente que celle de l'establishment anglophone du monde de l'enseignement; mais, ironiquement, c'est seulement aujourd'hui que, démuni de pouvoir, il reçoit le crédit qu'on lui avait refusé lorsqu'il était ministre.

Les Églises protestantes

Nathan H. Mair

NATHAN MAIR travaille actuellement comme agent du personnel auprès du conseil de Montréal-Ottawa de l'Église unie du Canada. Dans deux ouvrages publiés sous les auspices du Comité protestant du Conseil supérieur de l'éducation, il a fait l'historique de l'aspect moral et religieux de l'enseignement protestant au Québec. Il fut aussi directeur des études au United Theological College de l'Université McGill pendant dix ans.

Quelques jours après l'accession au pouvoir du Parti québécois, en novembre 1976, l'Exécutif du Conseil général de l'Église unie du Canada faisait paraître un document où figurait la déclaration suivante:

> Nous reconnaissons qu'il y a aujourd'hui quelque chose de nouveau, voire pour certains, de passionnant, sur la scène canadienne. Nous entrons dans une période remplie de possibilités et non de frustrations, d'espoir et non de désespoir. Il y a place pour un dialogue ouvert entre associés au sein de la société canadienne[1].

Le document réaffirmait la position formulée en 1972 par l'Église unie, selon laquelle:

> Le facteur décisif dans la formation des structures politiques futures doit être la libération des Canadiens français de tout sentiment d'asservissement, ce pour quoi il faut être prêt à une remise en question de la structure actuelle de la Confédération[2].

En 1977, un groupe de travail spécial chargé par l'Église unie d'entreprendre une étude approfondie de la question remettait un rapport dans lequel la nouvelle situation au Québec était considérée comme riche de perspective:

> Nous avons là une occasion peu commune de faire en sorte que nos lois (peut-être même notre Constitution) et nos institutions religieuses, reflètent véritablement la réalité de notre coexistence de même que nos aspirations.
>
> ... nous attirons également l'attention [...] sur les droits collectifs, sur les droits des communautés et des peuples. Parmi ces droits, nous comptons celui que possèdent les collectivités de prendre les mesures nécessaires à leur survie et à leur épanouissement.
>
> Nous demandons une garantie aussi bien des droits individuels que collectifs dans une situation où s'affrontent tant d'intérêts contradictoires. Mais nous sommes également persuadés que la défense des intérêts individuels n'est pas nécessairement la voie tracée par l'Évangile, qui prône que l'on doit mourir à soi-même et naître aux autres.
>
> ... par voie de référemdum, le peuple du Québec aura l'occasion de choisir [...] d'avoir une certaine emprise sur sa destinée...

. . . il sera possible à la majorité de vraiment prendre en main les leviers de commande au Québec et de le faire en bâtissant une société dans laquelle tous les éléments de la population auront leur juste rôle à jouer.

Que le Québec demeure au sein de la Confédération canadienne ou s'en sépare, les Québécois anglophones auront une occasion de plus de découvrir et de démontrer ce que peut être le rôle d'une minorité responsable. Nous sommes convaincus que les anglophones qui habitent le Québec et s'y sentent chez eux ont une contribution importante à apporter, et qu'ils sauront découvrir la meilleure façon de le faire [3].

À l'époque, certains prédicateurs parlaient en terme de «phénomène d'exode» vécu par les Canadiens français du Québec qui avaient rompu leurs chaînes et qui, ne se contentant plus de survivre, avaient pris le chemin de leur épanouissement collectif.

En règle générale, les Canadiens ne connaissaient sans doute pas les sentiments ainsi exprimés par les autorités ecclésiastiques, et il n'est pas sûr que ceux qui les connaissaient les aient partagés. Ces sentiments reflétaient-ils néanmoins l'opinion de la majorité des membres de l'Église unie ou des autres anglophones protestants du Québec? Il est probable que non. Une bonne part de ce discours pouvait être ignoré du fait même qu'il provenait de fidèles d'autres régions du Canada, éloignés en quelque sorte du lieu des hostilités. Il y avait, bien sûr, quelques idéalistes et radicaux. Toutefois, les vrais sentiments de la plupart des anglophones protestants du Québec se traduisaient plutôt par des soupirs à propos de la «période d'épreuves que traverse l'Église protestante dans son ensemble» ainsi que par des déclarations comme la suivante:

L'élection du gouvernement Lévesque est l'événement le plus marquant de l'histoire des Églises protestantes du Consistoire de Montréal et d'Ottawa. Le Projet de loi 101 est devenu une loi qui entrave sérieusement le recrutement de pasteurs dans la section québécoise. Bon nombre de nos Églises ont été éprouvées par le départ de familles pour l'Ontario et l'Ouest canadien. À l'approche du Référendum, une grande incertitude règne au sein des Églises protestantes du Québec, et ceci crée un climat de tension qui affecte toutes leurs activités[4].

Si les Québécois francophones étaient en route vers la «terre promise», les Québécois anglophones (la plupart des protestants sont de ce groupe) n'ont eu de temps et d'énergie que pour leur survie. Le Référendum tenu en 1980 a peut-être apporté une note d'espoir pour la majorité des Québécois anglophones, mais la réélection du Parti québécois en 1981, la mise en vigueur des dispositions du Projet de loi 101 et les rumeurs de modification du système d'enseignement ont confirmé que leurs inquiétudes étaient justifiées. Les protestants du Québec continuent de se sentir brimés et défendent dans un langage belliqueux leurs droits en vertu de l'A.A.N.B. Les «enthousiastes» sont rares et beaucoup ne semblent pas disposés à discuter avec les francophones des rêves nationalistes qu'ils caressent. Il se peut que cette «attitude défensive» des anglophones protestants du Québec puisse s'expliquer par la configuration démographique de la province, l'histoire des valeurs et des institutions anglaises et les événements récents survenus au Québec.

* * *

Lors du recensement de 1971, environ 500 000 Québécois, soit à peu près 8% de la population, ont déclaré être de religion protestante. Les catholiques constituaient 87% de la population (de ce nombre, 7% étaient des anglophones et 6% des membres de la communauté italienne et d'autres groupes ethniques non anglophones), les Juifs 2%, les orthodoxes 1% et les autres, y compris ceux qui déclaraient n'appartenir à aucune religion, 2%. La répartition des confessions protestantes était la suivante:

> Anglicans — 181 875
> Églises unie du Canada — 176 825
> Presbytériens — 51 785
> Baptistes — 37 820
> Luthériens — 23 45
> Témoins de Jéhovah — 17 130
> Pentecôtistes — 8 535
> Unitariens — 2 715
> Armée du Salut — 4 030
> Autres — 23 030

Quelque 100 000 Québécois de religion protestante ont déclaré lors du recensement que leur langue maternelle était le français. (Bon nombre de ces personnes sont simplement des «non-catholiques», qui n'appartiennent à aucune confession protestante particulière.) Il apparaît donc que seulement 400 000 protestants au Québec peuvent être considérés comme des «anglophones». Qui sont-ils?

Les protestants ne sont certainement pas tous de la vieille souche des «Anglo-saxons de race blanche». En effet, il existe au moins une congrégation noire importante. On retrouve aussi des protestants d'origine chinoise, japonaise, coréenne, arménienne, hongroise, yougoslave, portugaise, ainsi que des congrégations formées d'autres groupes «ethniques». Les congrégations actuelles, qui auparavant regroupaient presque exclusivement des Anglo-saxons de race blanche, comptent maintenant un grand nombre de Noirs, quelques Chinois et autres membres de race différente. Au Québec, le nombre des descendants de «protestants anglo-saxons de race blanche» doit être de 300 000, peut-être plus. Nous ne citons ces chiffres que parce qu'ils permettent de rectifier certaines idées fausses qui servent souvent à caractériser les protestants de la province. En effet, les protestants du Québec forment un groupe multiconfessionnel, multiethnique et multilingue. Ils sont répartis dans toutes les couches de la société, bien que les anglophones blancs d'origine anglo-saxonne et celtique (mais pas tous, loin de là) se retrouvent en général dans les classes moyenne et supérieure. Le nombre des protestants décroît rapidement par rapport à celui de l'ensemble de la population, et il en va de même leur influence au sein de la société. Dans le passé, les protestants, bien qu'étant en minorité, avaient pris l'habitude de s'imposer dans les domaines des affaires et de l'éducation au Québec.

En fait, une bonne partie de l'histoire des institutions du Québec doit être considérée à la lumière de la situation propre à cette province, où deux groupes, les anglophones et les francophones, se considérant chacun comme une minorité, prirent des mesures pour assurer leur survie. Le peuple canadien français résista à toutes les tentatives d'assimilation, conscientes ou non, de la part des maîtres britanniques. L'Église catholique lui servit de rempart et se vit confier une grande autorité pour protéger la culture et former l'esprit du Canada français.

Les immigrants protestants apportèrent à la province les valeurs et les ambitions (esprit d'initiative et ingéniosité, insistance sur la valeur de l'effort et de la concurrence, conception pratique du monde matériel, ouverture à la recherche de vérités nouvelles) que précisément la morale catholique québécoise souvent désapprouvait, mais qui étaient nécessaires pour exploiter les possibilités de ce nouveau pays et bâtir une nation industrielle moderne. Les anglophones se rendirent donc maîtres de l'économie du Québec, laissant les francophones dominer la politique provinciale ce qui était logique en raison de la supérioté numérique de ceux-ci. Beaucoup d'Églises protestantes, surtout dans les grands centres et les petites villes industrielles, prospérèrent grâce à l'appui des propriétaires et dirigeants d'industries et d'établissements financiers.

Les écoles de la communauté protestante symbolisaient l'unité culturelle des anglophones protestants du Québec lesquels comptaient sur elles pour défendre et propager leur culture, ainsi que pour préparer la nouvelle génération à une vie utile et profitable. Les francophones protestants, au nombre et à l'influence limités, étaient, jusqu'à la fin des années 1950, en grande partie ignorés, anglicisés, voire isolés. Même si les rapports entre les Églises et les écoles protestantes étaient ni structurés ni officiels (comme ils l'étaient chez les catholiques), la nécessité de leur collaboration mutuelle est demeurée, au Québec, une réalité importante beaucoup plus longtemps que dans les autres régions protestantes du Canada. Le réseau scolaire anglophone était, de par la loi, *protestant*. Les pasteurs protestants venaient en visite officielle; on les choisissait pour être membres du *Comité protestant* et des conseils scolaires, dont souvent ils étaient nommés présidents. Le culte protestant et l'étude de la Bible étaient considérés comme allant de soi dans le programme scolaire. Les dispositions de l'article 93 de l'A.A.N.B. et les lois québécoises de 1869 et 1875 sur l'enseignement accordaient aux communautés catholiques et protestantes du Québec une responsabilité et une autorité réelles à l'égard des écoles publiques qui, de droit ou de fait, appartenaient à l'un ou l'autre de ces deux groupes. À partir de 1903, les Juifs furent légalement considérés comme des «protestants aux fins scolaires», mais ce n'est que depuis la dernière décennie qu'ils peuvent devenir membre des commissions scolaires partout dans la province.

La Révolution tranquille des années 1960 marqua la fin des arrangements historiques qui définissaient au Québec les rapports entre anglophones et franco-phones, catholiques et protestants. Un nouveau nationalisme apparut qui procla-mait la nécessité pour les Québécois de devenir «maîtres chez nous», autant sur le plan politique qu'économique. Si le Québec devait changer pour répondre aux exigences des temps modernes, il devait le faire en gardant présente à l'esprit la destinée du Québec français.

Au début, il y avait au sein des Églises protestantes (et chez les Québécois anglophones en général) un appui marqué pour certaines aspirations du peuple canadien français. La plupart convenaient avec Gérin-Lajoie que le réseau scolaire devait être réformé pour que tous les Québécois puissent jouir de chances égales. Les protestants estimaient que dans la mesure où leurs institutions seraient proté-gées, la création d'une administration scolaire cohérente et unifiée relevant d'un ministre de l'Éducation, comme dans les autres provinces, représenterait un grand pas en avant pour le Québec. En outre, nombre d'anglophones protestants étaient en faveur d'une plus grande économie des ressources et d'une responsabilité accrue du gouvernement provincial en matière de financement du système d'enseigne-ment. Qui plus est, (même si on ne l'avouait pas ouvertement) la modernisation du réseau scolaire francophone, pour qu'il rivalise d'excellence avec celui des écoles protestantes, se faisait attendre depuis longtemps. Il y eut une participation protes-tante à la restructuration scolaire.

C'est alors qu'au milieu de revendications pour l'indépendance du Québec, une nouvelle priorité se cristallisa chez les Québécois francophones. En effet, avec l'adoption de nouvelles valeurs sociales, leur taux de natalité avait fléchi. On sentait la culture canadienne française sérieusement menacée, submergée qu'elle était dans une Amérique du Nord anglophone (un fait que la télévision, peut-être, leur rappelait sans cesse.) Il était bien connu que les immigrants arrivant au Québec optaient habituellement pour l'école anglaise. Chargée d'étudier la question, la Commission Gendron souligna qu'il était essentiel, pour la survivance du français et des Québécois en tant que peuple assumant sa propre destinée socio-économique, d'adopter des lois pour promouvoir et garantir l'usage du français qui devait devenir la langue normale de travail au Québec.

Parallèlement, les anglophones protestants se rendaient compte, depuis 1964, du fossé qui les séparait des francophones. En plus de s'exprimer dans une autre langue, les francophones pensaient différemment, se fixaient d'autres buts et possédaient une échelle de valeurs différente.

Ainsi, les éducateurs anglophones étaient sidérés de voir le peu d'importance accordé aux intérêts des anglophones et des protestants dans le monde de l'enseignement au Québec. Les enseignants qui avaient connu l'ancien système d'enseignement protestant et qui, en dépit de nombreux conflits internes, l'avaient perçu comme une grande famille, s'aperçurent soudain qu'ils faisaient partie d'une vaste organisation impersonnelle avec laquelle ils avaient peu d'affinités. Les anglophones se mirent à craindre pour leur avenir au sein d'un Québec nouveau où primeraient la culture, les intérêts et les objectifs de la population francophone.

* * *

La réaction des Églises protestantes, qui se replièrent sur elles-mêmes, misant tout sur la survie, (bien qu'il faille admettre que beaucoup de congrégations étaient depuis longtemps déjà ancrées dans cette attitude de lutte pour la survie), doit être considérée comme une conséquence logique de la perte de pouvoir des anglophones protestants, particulièrement dans les affaires et l'éducation, domaine qui leur avait ménagé une place de choix dans la société québécoise et les avaient établis en tant que groupe distinct et influent.

Aujourd'hui, nombre de congrégations protestantes s'en tiennent à une attitude défensive et anxieuse et ont perdu leur intérê pour les activités communautaires extérieures à leur congrégation. En effet, les programmes et les services auxquels les protestants donnaient leur appui depuis des générations sous forme d'aide financière ou de bénévolat (dans les hôpitaux, bibliothèques, collèges et centres de services sociaux), ont maintenant peine à subsister par manque de participants et de fonds. De nombreuses congrégations traversent une véritable période de crise et ne pourront survivre si la tendance se maintient. En raison de la diminution des ressources et des activités de la communauté protestante, il est devenu très dificile pour leurs Églises d'avoir un jugement objectif sur la situation du Québec ou d'envisager leur rôle éventuel dans la province.

Tous les protestants cependant, ne voient pas l'avenir d'une façon aussi pessimiste. Au début de l'été 1977, des représentants d'une des Églises prenaient connaissance d'un rapport rédigé par un comité qui préconisait l'adoption d'une «perspective chrétienne» face à la situation au Québec. Voici quelques extraits de ce «manifeste»:

> ... le nouvel espoir qui anime nos concitoyens francophones...

. . . que les chrétiens sont appelés à s'engager dans les affaires communautaires, et, sans orgueil ni recherche du pouvoir, à assumer leur part de responsabilité envers la société.

. . . la nécessité d'une «nouvelle race d'anglophones» [. . .] voués au Québec et à la contribution unique qu'ils peuvent apporter au Canada. . .

. . . que nous sommes préparés à vivre au Québec comme groupe minoritaire [. . .] à titre d'élément créateur [. . .] pour favoriser une société meilleure. . .

. . . qu'il est essentiel [. . .] de protéger la langue, la culture et le patrimoine français [. . .] le gouvernement peut se voir obligé de recourir à des mesures qui pourraient sembler excessives ou artificielles. . .

. . . que l'Église de Jésus-Christ transcende les distinctions de race, de nationalité, de langue, etc., mais que la libération est toujours liée aux réalités quotidiennes. . .

Le rapport déplorait:

. . . la tendance de certains de nos frères anglophones à s'abandonner à l'anxiété, au ressentiment [. . .] à l'apathie, qui les empêchent de profiter des circonstances actuelles. . .

. . . la subsistance d'intérêts étroits d'ordre racial, économique ou autre qui donnent priorité à l'égocentrisme et à la poursuite de fins qui sont à l'encontre de l'appel du Christ à la solidarité humaine. . .

. . . la tendance de certains à voir la situation actuelle comme une lutte pour la survie du Canada français et non pour celle de notre pays en tant qu'entité distincte sur le continent nord-américain et force créatrice dans les affaires du monde en général. . .

. . . l'impuissance de certains chrétiens à mettre de côté leur fidélité à l'égard de la culture et des traditions au profit d'une plus grande fidélité envers Dieu [. . .] et, d'autre part, leur oubli du précepte chrétien voulant que la foi passe outre aux particularités comme la nation, la race, la langue et la culture. . .[5]

Le «manifeste» fut longuement débattu, et reçut quelque approbation, mais il fut finalement décidé d'en reporter l'adoption à une date indéterminée. Le comité spécial qui l'avait rédigé fut dissout quelques mois plus tard, et on recommanda d'inscrire au programme des comités permanents la question que ses membres avaient eu pour tâche d'étudier («l'avenir de l'Église unie au Québec»).

Depuis lors, ces comités ont fait du bon travail, mais l'Église unie a laissé passer une occasion de se prononcer à un moment qui était important dans l'histoire du Québec. Cette situation illustre bien l'incertitude (on pourrait presque parler de «paralysie») qui règne au sein des Églises protestantes québécoises lorsqu'il s'agit de prendre des mesures décisives en la matière; les Églises protestantes, reflets du Québec anglophone en général, se sentaient trop menacées par le cours des événements pour être objectives ou pour prendre des risques.

Toutefois, quelques signes d'espoir apparaissent, dont certains peut-être ne représentent que des stratégies de survie plutôt que des preuves de courage et d'engagement vis-à-vis du Québec. En voici des exemples: nomination d'agents spécialement chargés d'aider les Églises protestantes dans les rapports entre anglophones et francophones; utilisation d'enseignes et d'en-têtes portant le nom français des Églises et des établissements nir au Québec les congrès nationaux des Églises protestantes; promotion ou mise sur pied par les Églises de programmes accélérés d'apprentissage du français; exigence que les membres du clergé protestant acquièrent une meilleure connaissance de la langue française.

Il se produit aussi des changements plus profonds. Un rapport reçu par le Synode général de l'Église anglicane affirme ce qui suit:

> Le développement graduel, en milieu francophone, d'un anglicanisme qui s'est surtout limité aux besoins d'une population unilingue d'origine anglo-saxonne ou celtique, n'a pas favorisé le dialogue[6].

> Un nombre important d'anglicans reconnaissent la priorité du français et se préparent sérieusement en conséquence [. . .] Les anglicans sont parmi ceux qui vendent leur maison et quittent la province [. . .] mais il y en a qui restent. . .[7].

Le centre Dialogue, un organisme de l'Église unie du Canada, s'est donné comme priorité de préparer les anglophones à jouer un rôle significatif dans la société québécoise. Les séminaires sont aussi la scène d'acivités qui, à notre avis, sont des signes encourageants. Lors du synode annuel du diocèse de Montréal tenu le 27 avril 1978, l'évêque anglican de Montréal faisait la déclaration suivante:

> Le Séminaire diocésain de Montréal a décidé de rester au Québec [. . .] Avec la nomination de [. . .] comme

directeur à plein temps [...] nous nous sommes engagés à préparer des hommes et des femmes à exercer
leur ministère au Québec [...] dans la langue de la
majorité [...] aussi bien qu'en anglais[8].

Un directeur francophone, M. Pierre Goldberger, se trouve maintenant à la
tête du Séminaire uni, établissement qui a commencé une complète réorientation de
ses méthodes et ses programmes afin de participer pleinement à la nouvelle société
québécoise. L'Institut de Montréal pour le ministère, sous l'égide des collèges
anglican, presbytérien et de l'Église unie de l'Université McGill, offre plusieurs
programmes d'étude sur le rôle de l'Église au Québec. Ici et là dans les différentes
congrégations, se retrouvent des particuliers, des groupes d'étude et des comités de
travail qui, dépassant la question des droits des anglophones, se penchent sur celle
de la responsabilité que doivent assumer les protestants. Ce que ces personnes et
groupes cherchent à savoir se résume à ceci: Quelles conclusions peuvent être tirées
quant au rôle des protestants au Québec lorsqu'on se base sur les convictions et les
valeurs qui forment l'identité protestante?

L'une des convictions ancrées dans le protestantisme est que «nul n'a
jamais vu Dieu», ce qui signifie qu'aucune culture, aucune philosophie, aucune
personne, aucun groupe de personnes sur la terre ne peut se poser comme représentant infaillible de Dieu, car il devient dès lors une idole ou une idéologie plutôt que
le porteur de la vérité. L'Évangile revêt des formes culturelles particulières; son
message est transmis par des êtres enracinés dans une époque et un lieu donnés,
mais il ne peut jamais leur être définitivement identifié. Les protestants croient que
la parole vivante de Dieu se révèle par les événements et les hommes d'aujourd'hui
suivant le même Esprit (sinon les mêmes «mots» ou messages concrets) qu'elle le
fit autrefois par son messager unique, Jésus-Christ. Le contenu du message est
cependant toujours renouvelé. Il parle de l'avenir, mais sans oublier le passé. C'est
donc lorsqu'ils oublient les valeurs matérielles que les protestants restent le plus
fidèles à eux-mêmes, lorsqu'ils sont prêts à apprendre une nouvelle vérité, d'où
qu'elle puisse venir, et à s'engager dans la voie que Dieu leur a tracée.

Ceci étant connu, le fait d'identifier trop étroitement les Églises protestantes au milieu anglophone du Québec ne peut que déformer leur message. La
tâche première des Églises est de faire réfléchir les anglophones (et les francophones) sur le but ultime de leurs institutions et de leurs formes culturelles. Si la
survie est un besoin humain irrépressible, elle n'est pas un but ultime. Les cultures,
comme les personnes, sont temporelles, c'est-à-dire qu'elles meurent un jour. Leur
puissance intrinsèque vient sûrement de ce qu'elles servent une fin plus importante
qu'elles-mêmes. L'esprit protestant exige donc de toutes les institutions une sérieuse réflexion, ainsi qu'un examen de leurs buts ultimes. Les protestants, au nom
de la justice, peuvent s'opposer à certaines dispositions du Projet de loi 101, mais
ils doivent aussi tenir compte des droits collectifs et individuels des francophones
du Québec. Il est un précepte protestant qui se révèle particulièrement pertinent de

nos jours: celui qui nous rappelle que les privilèges et les droits ne constituent pas des fins en soi et n'ont d'importance qu'en fonction des responsabilités que celui qui en jouit peut assumer et des services qu'il peut rendre. En effet, c'est plus dans la recherche de la justice pour les autres que pour soi-même que se manifeste l'esprit du christianisme.

De toutes les déclarations portant sur le rôle éventuel des Églises protestantes dans le Québec de demain, l'une des plus utiles que connaisse l'auteur est celle de Douglas Hall, de la Faculté des études religieuses de l'Université McGill. M. Hall, l'un des auteurs du «manifeste» précité, formule l'opinion suivante:

> Le mandat de l'Église protestante du Québec est donc de se mesurer à nouveau, peut-être pour la première fois, aux réalités du contexte dans lequel elle se trouve. À cette fin, elle doit abandonner cette version idéologique de la foi chrétienne qui l'a isolée des réalités de la culture au sein de laquelle elle vit depuis des siècles et s'attacher à élaborer son «évangile» de façon graduelle, lente, expérimentale, et ce, uniquement en fonction du «nouveau Québec». Il me semble que ce mandat a commencé, dans une mesure assez importante, à être compris et accepté [. . .] Nous n'avons pas encore pénétré bien avant dans cette terre incertaine, cette «terre inconnue», que représente «le nouveau Québec». Nous reconnaissons que nous y sommes des étrangers et que nous devrons beaucoup écouter avant de mériter le privilège de prendre la parole... [9].

Seul l'avenir dira si l'Église protestante a su assumer durant les années 1980, un rôle de leadership au sein de la communauté anglophone et trouver de nouvelles façons de contribuer sensiblement à l'avenir du Québec. Il se peut naturellement que la question soit tranchée par des forces ou des événements dont nous n'avons encore aucune idée. L'émergence des pays du Tiers-Monde qui réclament un partage plus équitable des richesses et l'immense influence économique qu'exercent soudainement les pays producteurs de pétrole du Moyen-Orient et d'ailleurs, susciteront peut-être des événements qui exigeront une redéfinition du rôle du Québec. Qui sait si l'apparition de nouvelles cultures, de nouveaux ordres économiques et de nouvelles échelles de valeurs ne rendra pas archaïques les anciens nationalismes et ne modifiera pas les structures et les rapports existant dans les sociétés québécoise et canadienne. La plupart des Églises protestantes devront prendre des décisions importantes quant à leur ministère et aux formes qu'il doit prendre vis-à-vis du monde séculier. Il leur faudra aussi créer de nouveaux modes de diffusion de la foi chrétienne en fonction des méthodes d'apprentissage et des moyens de communication qui continueront à évoluer au fil des progrès technologiques. Les Églises verront peut-être le nombre de leurs membres diminuer, surtout si les difficultés, le doute et l'attrait de la nouveauté deviennent la règle du jour. Les

Églises protestantes du Québec pourront-elles faire plus que survivre? Seront-elles en mesure de montrer aux citoyens du Québec, du Canada et du monde, la voie d'une vie plus pleine pour la plus grande gloire du Seigneur? La réponse est sans doute en gestation à l'heure actuelle.

NOTES

(1) Statement Regarding Canadian Unity in the Light of Recent Political Developments in the Province of Quebec«, Exécutif du Concile général de l'Église unie du Canada, p. 18.

(2) *Ibid.*

(3) *Record of Proceedings of the 27th General Council of the United Church of Canada.* 21-30 août 1977 (Église unie du Canada, 1977):292-293.

(4) »On the Way — Sur le Chemin«, *Record of Proceedings of the Montreal and Ottawa Conference of the United Church of Canada.* Vol. 1, 1977-78, p. 32.

(5) Douglas J. Hall, «Being the Church in Quebec Today».

(6) Reginald Turpin, «The Church in Quebec».

(7) *Ibid.*

(8) Rév. Reginald Hollis, «The Bishop's Charge», *Proceedings of the One Hundred and Nineteenth Annual Synod of the Diocese of Montreal*, Avril 1978, p. 21.

(9) Douglas J. Hall, «A Generalization on the Theological Situation of Protestantism in Quebec».

La fonction publique québécoise

David Allnut

DAVID ALLNUT est directeur des relations publiques à l'Université Concordia. De 1973 à 1976, il travailla à Québec pour le gouvernement libéral de l'époque, tout d'abord comme adjoint exécutif à trois ministres de l'Éducation, et plus tard à titre d'adjoint administratif à Robert Bourassa. Il vient de terminer un mémoire sur la présence des minorités dans la fonction publique du Québec, dans le cadre d'un programme de maîtrise à l'École nationale d'administration publique (Université du Québec).

Dans vingt ans d'ici, un exposé sur les anglophones dans la fonction publique du Québec fera sans doute penser à un obscur traité sur les dinosaures. En effet, le concept est en passe de devenir anachronique, s'il ne l'est déjà.

En été 1978, Patrick Kenniff, avocat de Québec et vice-doyen à la faculté de droit de l'Université Laval, fut nommé sous-ministre adjoint au ministère des Affaires municipales. Les media présentèrent sa nomination comme un grand pas, non pas tant pour le ministère des Affaires municipales mais plutôt pour la communauté anglophone. Les anglophones avaient gravi un échelon de plus dans la fonction publique québécoise et Kenniff était haut placé au sommet de l'échelle*.

Kenniff fut évidemment agacé par cette interprétation de sa nomination. Il avait mérité le poste en raison de sa compétence et supposait qu'aux yeux du ministre, il était le meilleur candidat. Il n'était pas le meilleur anglophone, mais le meilleur pour ce poste. Et tout comme un nombre croissant d'anglophones au Québec, il n'était pas certain de ce que signifiait le terme «anglophone», de toute façon. Il travaillait en français depuis des années, sa famille était francophone, sa vie sociale se déroulait en milieu francophone et le seul aspect de sa vie qui semblait justifier l'étiquette «anglophone» était son passé: il avait grandi dans l'Ouest de Montréal et avait étudié au Collège Loyola. D'ailleurs, de nos jours, que signifie vraiment un nom? Si l'ex-ministre d'État à la réforme parlementaire Robert Burns a pu passer pour un francophone, Patrick Kenniff le peut aussi.

Pour les quelques anglophones qui travaillent au sein de la fonction publique au Québec, l'étiquette «anglophone», de plus en plus, n'a qu'une valeur historique. «Il faut presque devenir francophone si on veut travailler pour le gouvernement du Québec», dit Harold Hutchison, membre de la Commission de la fonction publique (CFP). C'est là une réalité à laquelle les anglophones doivent faire face, que ce soit au niveau provincial ou municipal.

Hutchison est depuis dix-sept ans à l'emploi du gouvernement du Québec. Au début de sa carrière, le *Chronicle Telegraph* était encore au journal quotidien qui desservait une communauté anglophone dont le nombre allait périclitant, mais qui était encore assez considérable. Au fil des années, cependant, le quotidien s'est fait plus mince et graduellement sa parution est passée de quotidienne à hebdomadaire. De nombreux anglophones quittaient la ville pour aller se joindre à d'autres noyaux anglophones ailleurs dans la province. Mais il y en avait par contre qui se regroupaient et pénétraient de plus en plus les communautés francophones; ils le faisaient à titre personnel, maintenant que les anciennes associations anglophones se démantelaient et ils découvraient que ce n'étaient plus les articles du *Chronicle Telegraph* et de la *Gazette* de Montréal qui alimentaient leurs discussions, mais bien ceux du *Soleil*, de Québec, et du *Devoir*, de Montréal.

---

* Kenniff monta encore plus haut en 1980, lorsqu'il devint sous-ministre au même ministère.

Les parents de M. Hutchison sont anglophones et ses grands-parents étaient Irlandais. Toutefois, au moment de sa nomination à la CFP en 1979, quand je lui ai demandé de me décrire son expérience comme anglophone dans la fonction publique québécoise, il me fit comprendre que ma question ne mènerait pas bien loin: «Je ne crois pas que vous puissiez me considérer comme un anglophone. Je travaille en français depuis toujours. Presque toute ma vie se passe en français.» En fait, M. Hutchison a fait la plus grande partie de ses études dans des établissements francophones.

La notion de «fonctionnaire anglophone» semble donc s'effriter devant les attitudes, ce que prouvent aussi les statistiques qui portent sur ce petit groupe en voie de disparition, qui refuse d'ailleurs de se considérer comme un groupe. En mai 1979, il n'y avait que 521 anglophones parmi les 73 185 employés à temps plein et à temps partiel des 46 principaux ministères, commissions et organismes publics dont le recrutement, pour la plupart, est régi par la Loi sur la fonction publique. D'autres organismes, comme Hydro-Québec, recrutent directement leur personnel. Chez ceux que l'on appelle les haut-fonctionnaires, c'est-à-dire jusqu'au poste de sous-ministre inclusivement, on ne retrouve que 28 anglophones. De même, on ne compte que 110 anglophones parmi les «professionnels». Enfin, de tous les cols bleus à l'emploi du gouvernement, 370 sont inscrits comme anglophones.

Dans la plupart des cas, il y a eu des changements considérables: proportionnellement, l'Administration québécoise compte beaucoup moins d'anglophones que par le passé. La croissance phénoménale de la fonction publique dans les années 1950, et plus encore dans les années 1960 et 1970, s'est accompagnée d'une diminution relative du personnel anglophone, dont la proportion est passée d'environ 7% à 0,7% aujourd'hui. L'augmentation numérique des fonctionnaires anglophones n'a été que marginale, alors que la fonction publique, elle, a fait d'énormes bonds en avant.

Le nombre restreint d'anglophones dans la fonction publique explique, dans une certaine mesure, pourquoi l'expression «fonctionnaire anglophone» tend à perdre de son sens. À l'époque où les anglophones représentaient 7% de la fonction publique, beaucoup d'entre eux s'identifiaient à un élément ostensiblement anglophone, tant au sein de la collectivité de la ville de Québec que dans l'Administration, où l'anglais se parlait beaucoup plus. Aujourd'hui, cet élément est invisible, il ne reste qu'un petit nombre d'anglophones dispersés, qui en fait se comportent pour la plupart comme des francophones.

Il est difficile d'obtenir des données claires sur l'origine ethnique ou linguistique des fonctionnaires avant les années 1960. Bien souvent, il faut recourir aux souvenirs de fonctionnaires chevronnés pour apprendre quelque chose sur la présence anglophone d'il y a plusieurs décennies. Roch Bolduc, président de la Commission de la Fonction publique, fait partie de ces anciens. Considéré, avec une demi-douzaine d'autres, comme l'un des grands mandarins de la Révolution tranquille, il a occupé la plupart des postes clés de la fonction publique au cours de sa longue carrière à Québec. Il se rappelle l'époque où l'ancien ministère des Mines «comportait au moins quatre services administratifs composés presque exclusivement de Québécois anglophones, chargés pour la plupart de questions techniques. Au ministère des Finances, deux services, qui s'occupaient entre autres de la gestion de la dette publique, étaient exclusivement anglophones puisqu'ils devaient traiter avec des banques des autres provinces et des États-Unis.»

Le secteur de l'éducation a toujours attiré beaucoup d'anglophones, et ce pour deux raisons. Premièrement, avant la création du ministère de la Jeunesse, puis du ministère de l'Éducation, au début des années 1960, l'enseignement relevait du Département de l'instruction publique, composé de deux comités distincts, l'un catholique, l'autre protestant. Chaque confession exerçait ainsi un contrôle direct sur tous les aspects de l'enseignement dans son réseau d'écoles. À cette époque, et jusqu'à un certain point aujourd'hui encore, les protestants étaient presque uniquement des Québécois anglophones; c'étaient donc ces derniers qui occupaient à Québec les postes administratifs qui concernaient leur secteur d'enseignement. Aussi, dans les années 1950, le personnel protestant comptait 30 à 35 fonctionaires anglophones, alors que le nombre de francophones travaillant dans la division catholique était quatre fois plus élevé.

Quand le ministère de l'Éducation fut créé, à partir de cette double structure bureaucratique, de nombreux anglophones demeurèrent en place et certains y sont encore aujourd'hui, bien que dans des postes moins importants.

Les anglophones étaient aussi attirés par ce secteur à cause de la clientèle même du ministère de l'Éducation, qui garantissait une certaine représentation anglophone. En effet, l'éducation est le seul secteur de l'Administration qui offre aux contribuables un traitement linguistique particulier, du moins sur une si grande échelle. En effet, la planification scolaire ne peut que tenir compte de la langue dans laquelle les services sont dispensés.

Selon M. Bolduc, les anglophones n'occupaient que dix à quinze des quelque 200 postes supérieurs qui existaient dans l'ensemble de la fonction publique vers le milieu des années 1950. Quant aux Québécois non francophones qui oeuvraient dans la fonction publique ces dernières années, il est possible d'en évaluer le nombre avec plus de précision grâce à une étude sur l'origine ethnique des fonctionnaires menée en mars et avril 1979: outre les 521 anglophones dont nous avons parlé plus haut, la fonction publique comptait alors 798 Français, 134 Italiens, 16 Grecs, 34 Allemands, 24 Portugais, 32 Espagnols, 154 fonctionaires provenant d'autres pays d'Europe, et 262 employés d'origine autre.

Le nombre des anglophones n'est notable que dans 14 des 46 ministères et organismes visés par l'étude. Le terme «notable» est sans doute ici quelque peu exagéré: de ces 14 entités, c'est le ministère du Revenu qui compte le plus haut pourcentage d'employés anglophones, et il est de 0,6%!

Ainsi, bien que le recensement partiel de 1976 ait indiqué que 13% de la population du Québec avait l'anglais pour langue maternelle, les anglophones ne représentaient à cette époque que 0,7% de l'effectif total de la fonction publique québécoise. Quant aux autres groupes non francophones, ils constituaient 6,2% de la population, mais ne représentaient que 0,9% du personnel de la fonction publique.

La faible représentation des minorités culturelles dans l'Administration, des anglophones en particulier, n'a jamais reçu beaucoup d'attention, en partie parce qu'on ne les a jamais considérés comme étant opprimés ou comme méritant une attention particulière. Les anglophones ont toujours été attirés par le secteurs privé où les salaires étaient relativement élevés et la langue de travail, la leur. Notons, en passant, que les anglophones au sein des principales administrations municipales du Québec, notamment à Montréal, sont si peu nombreux que c'en est embarrassant; chose peut-être plus étonnante encore, il en est de même dans la fonction publique fédérale au Québec même.

Les francophones, pour leur part, et particulièrement ceux qui voulaient travailler dans leur propre langue, ont pris des orientations différentes, l'une étant l'administration publique qui commençait à jouer un plus grand rôle dans l'économie et dans la société en général.

* * *

Bien que les statistiques sur la présence des minorités au sein de l'administration publique québécoise révèlent une situation peu enviable, d'autres provinces accusent aussi, à ces degrés divers, une sous-représentation des minorités ethniques. En Ontario, par exemple, où les francophones constituent 10% de la populatio, ils ne représentent que 5% du personnel de l'administration publique. Au Nouveau-Brunswick, les francophones représentent environ 40% de la population, mais seulement 29% des employés de la fonction publique. La Commission royale d'enquête sur le bilinguisme et le biculturalisme a soulevé un autre aspect intéressant de cette question des minorités dans son rapport, publié en 1969, à savoir que les membres de groupes minoritaires qui occupaient des postes au sommet de l'échelle salariale les avaient obtenus en raison, soit de leurs connaissances linguistiques, soit d'aptitudes particulières qu'on ne retrouvait pas dans le groupe majoritaire. Les employés issus de groupes minoritaires, en général, n'étaient pas des gestionaires polyvalents capables de passer d'un ministère à l'autre au gré des défis.

Dans la fonction publique québécoise, la situation est semblable: ou bien les fonctionnaires appartenant à des groupes minoritaires occupent des postes hautement spécialisés, ou bien ils effectuent un travail de bureau ou un travail manuel, et se retrouvent de ce fait en marge du régime de carrière de la fonction publique.

La Commission Gendron, en 1971, signala certains problèmes, en particulier celui de la sous-représentation des non francophones, et le fait que ceux qui détenaient un poste dans la fonction publique se situaient en général au bas de l'échelle salariale. Mais aucune mesure n'a été prise avant 1978, soit avant que le gouvernement péquiste n'annonce ses intentions dans *La politique québécoise du développement culturel*. Dans ce Livre blanc sur la culture au Québec, hautement louangé (ou décrié, selon le point de vue), le gouvernement demandait aux Québécois de resserrer leurs liens avec les minorités. «Encore faut-il que, dans ses structures mêmes, dans ses services administratifs, l'État commence par donner l'exemple,» y lit-on. Se référant au rapport de la Commission Gendron sur l'infériorité salariale et la sous-représentation des minorités, le Livre blanc disait: «Le gouvernement actuel a l'intention de s'attaquer aux causes de cette situation anormale. De toutes les manières, les administrations qui relèvent du gouvernement québécois devront s'employer, par leur composition comme par leurs comportements, à favoriser une égalité effective et l'établissement de liens significatifs entre Québécois de toutes origines.»

Des vingt groupes de travail qui, après la publication du Livre blanc, furent créés pour préparer la rédaction et la mise en vigueur de mesures législatives en ce sens l'un était expressément chargé de rendre la fonction publique plus représentative de la population dans son ensemble.

Malgré l'inertie bureaucratique et les aléas de la politique qui ont empêché le comité de mener à terme ses travaux, le gouvernement a quand même dévoilé en mars 1981 un «plan d'action à l'intention des communautés culturelles», *Autant de façons d'être Québécois*, qui comprend principalement des dispositions visant à augmenter la représentation des minorités ethniques au sein de la fonction publique. Instaurées en vue de corriger la situation déplorable dns laquelle nous nous trouvons, ces mesures, certaines du moins, sont vraiment originales encore que modestes et prudentes. La réforme la plus audacieuse permettrait aux candidats qui postulent un emploi de répondre en anglais aux questions du jury, celu-ci tenant pour acquis que la capacité de comprendre les questions posées en français est significative d'une certaine connaissance d'usage de la langue officielle.

Malheureusement, le programme d'égalité quant à l'emploi pour les minorités culturelles ne constitue qu'un des trois volets du programme d'égalité des chances mis en oeuvre par le gouvernement au cours des dernières années. Les deux autres concernent les femmes, sous-représentées aux échelons supérieurs, et les personnes handicapées. Enfin, le gouvernement est en train de mettre sur pied un quatrième programme, cette fois pour les autochones. Posé en termes simples, le problème, à notre avis, est le suivant: il n'y aura jamais suffisamment de postes vacants pour que puissent être atteints les objectifs globaux des programmes d'égalité en emploi pour les femmes, les minorités cultuelles, les personnes handicapées et les autochtones. Sans compter, bien sûr, le fonctionnaire masculin, francophone et blanc, dont les aspirations légitimes exigent qu'on lui laisse une place pour entrer et monter dans les rangs de la fonction publique.

* * *

Nous avons tenté d'expliquer, de façon générale, pourquoi l'expression «fonctionnaire anglophone» était un anachronisme. Mais comment se fait-il que les anglophones, même s'ils se débarrassent de cette étiquette linguistique, refusent d'entrer dans la fonction publique québécoise en plus grand nombre?

Les raisons, il nous semble, sont assez évidentes: les titulaires de fonctions administratives doivent savoir bien parler et écrire le français, plus particulièrement s'il s'agit d'un poste à Québec qui est certes aussi française que n'importe quelle autre ville de la francophonie, Paris inclus. Aujourd'hui, on ne peut plus faire semblant d'être bilingue. L'aptitude à travailler en français est constamment mise à l'épreuve, sans compter que la Loi 101, la Charte de la langue française, exige que tous les employés de l'administration publique communiquent entre eux et avec le public francophone dans la seule langue officielle, soit le français.

Cette contrainte à elle seule empêche bien des «semi-bilingues» d'entrer dans l'administration publique au Québec, alors qu'il y a des années la chose leur était encore possible, et que même ceux qui n'avaient qu'une maigre connaissance du français y avaient leur place.

Mais derrière ces barrières manifestes se cachent des forces plus subtiles. Le «réseau des anciens camarades de classe» dont les anglophones se sont servis pendant des générations rue St-Jacques (alors que les amitiés du banc de l'école et un diplôme de l'Université McGill étaient le gage d'accès aux postes prestigieux), est maintenant en vigueur dans la fonction publique. La différence, c'est qu'un séjour à l'école des Hautes études commerciales (HEC), affiliée à l'Université de Montréal, ouvre plus de portes qu'un passage à l'Université McGill et dans les écoles privées anglophones.

Il y a de fortes chances qu'un diplômé des HEC, qui occupe un poste important, soit mieux disposé envers un candidat qui possède une formation que lui-même connaît et respecte.

L'autre aspect du recrutement qui joue à l'encontre d'une augmentation du personnel anglophone est celui de la tenue des concours. Comme ils sont ouverts aux candidats qui ont une expérience pertinente, et que celle-ci dans la plupart des cas peut s'acquérir au sein de la fonction publique d'abord et avant tout, les postes vacants ont tendance à être comblés par des gens en place, ceux-ci étant à 98% des francophones, évidemment. C'était certainement le cas en 1974, quand une étude gouvernementale sur le recrutement démontra que 48% des postes supérieurs avaient déjà été accordés, par voie non officielle au moment du concours. Et quand il s'agissait de pourvoir aux postes vacants, pour lesquels un candidat sur deux était de l'extérieur, 81,4% des emplois allaient à des candidats qui étaient déjà au service du gouvernement.

Le système favorise tout naturellement la nomination de francophones aux échelons supérieurs. Aussi injuste qu'il puisse paraître, le mode de recrutement est biaisé en faveur de la population que l'employeur connaît le mieux, soit les siens. Une bonne vieille coutume répandue à travers le monde...

On peut sans doute reprocher aux gouvernements antérieurs de ne pas avoir su attirer l'attention des minorités sur les perspectives d'emploi. Les statistiques sur les avis de concours dans la presse écrite sembleraient justifier l'adoption de mesures correctives. D'avril à décembre 1978, le gouvernement a publié 600 avis de concours dans *Le Soleil*, 400 dans *La Presse* , 250 dans *Le Devoir*, mais seulement 75 dans la *La Gazette* et 35 dans le *Montreal Star*. S'il faut éliminer le *Star* où il y avait grève pendant la majeure partie de cette période, les chiffres concernant *La Gazette*, eux, semblent indiquer que la politique gouvernementale en ce domaine laisse grandement à désirer. Il est de plus important de noter que tous ces avis paraissent en français seulement. Comme le soulignait le rapport de la Commission royale d'enquête sur le bilinguisme et le bicultralisme, les avis publics dans les media anglophones étaient destinés principalement au recrutement d'un personnel hautement spécialisé, dans les domaines de l'énergie, des mines, de la fabrication ou de la traduction. «Peut-être devrions-nous annoncer tous les postes également dans tous les principaux journaux du Québec, anglais aussi bien que français. Évidemment, les restrictions budgétaires nous empêcheraient sans doute de le faire», concède Roch Bolduc, président de la Commission de la fonction publique.

Étant donné que le système renforce déjà le préjugé favorable au recrutement des francophones, parce que la fonction publique a tendance à recruter au sein de sa propre communauté, et vu le rôle que joue le «réseau des anciens camarades de classe», il semble tout à fait injuste que le gouvernement maintienne cette politique mal équilibrée à l'égard de la communauté on francophone. Apparemment, le gouvernement n'est pas le seul coupable. Rien ne prouve encore, font remarquer certains fonctionnaires, que les anglophones et les membres des autres minorités culturelles *sont intéressés à faire partie de la fonction publique*. Entre février 1980 et février 1981, 70 avis de concours ont paru dans la *Montreal Gazette* ainsi que dans six autres journaux anglais au Canada: 62 personnes seulement ont posé leur candidature aux postes annoncés.

À ce chapitre, il faut souligner le rôle qu'ont joué les universités francophones et anglophones dans le processus. Les établissements francophones ont toujours orienté beaucoup de leurs programmes en fonction des besoins de la fonction publique québécoise, provinciale ou municipale, en gardant aussi à l'esprit, quoique de façon moins marquée, ceux de la fonction publique fédérale. L'École nationale d'administration publique (ÉNAP) de l'Université du Québec représente sans aucun doute l'effort le plus important de la communauté francophone en vue de former des administrateurs publics.

La façon dont on a claironné l'ouverture de la *School of Public and Community Affairs* de l'Université Concordia montre combien les établissements anglophones ont tardé à comprendre la responsabilité qu'ils avaient de préparer des candidats à l'administration publique. Si l'idée de former de futurs gestionnaires d'État s'est fait attendre — trop attendre — c'est que, par tradition, la communauté anglophone a toujours été tournée vers le secteur privé; qui plus est, la majorité des anglophones québécois qui ont suivi des cours en administration publique l'ont fait dans la perspective d'une carrière dans la fonction publique fédérale. Nombreux ont été les diplômés qui ne parvenaient pas à maîtriser la «langue officielle». L'Université Concordia se glorifie de ce que son école des *Community and Public Affairs* est la première école anglophone du genre d'où sortent des diplômés bilingues aptes à faire carrière au Québec; c'est là une déclaration assez surprenante si l'on songe qu'elle arrive vingt ans après le début de la Révolution tranquille.

Il ne faut pas reculer bien loin pour revenir à l'époque où le français était enseigné comme une matière abstraite. «Parlez le bon français, non pas le français du Québec» disait-on. Du coup, l'idée de travailler plus tard en français devenait une abstraction. Même si certains étaient assez réalistes pour saisir que le français n'était pas une matière abstraite et qu'il était possible qu'ils aient à travailler en français, seule une fraction d'entre eux, sans doute, imaginaient une journée complète de travail et de loisirs, d'affaires et de vie sociale dans la langue qu'on ne leur apprenait que quelques heures par semaine. Il est certain que si les anglophones en général avaient envisagé leur avenir de la sorte, ils auraient «bien fait leurs devoirs» au sens propre comme au sens figuré.

* * *

Ainsi, comme la ville de Québec, principal centre de l'administration publique, est presque exclusivement francophone, les anglophones qui entrent au service de l'État doivent réorienter tout leur comportement et *vivre* en français. Il va sans dire que tous ne peuvent pas le faire, et que, d'un autre côté, beaucoup ne le font pas simplement parce qu'ils ne le veulent pas, aussi catégoriquement que bien des francophones qui se refusent à vivre dans une culture «étrangère». L'on se rend compte aujourd'hui que bilinguisme n'est pas synonyme de biculturalisme et que si certains sont favorables à l'idée de vivre dans l'autre culture, certains s'y opposent parce que c'est un comportement imposé. Aussi regrettable que cela puisse être, les bilingues font souvent preuve d'un esprit de clan aussi prononcé que les unilingues. Ajoutons simplement que le choc culturel vécu par un Montréalais anglophone qui s'installe à Québec peut être aussi traumatisant qu'il peut être enrichissant. D'aucuns ne peuvent pas ou ne veulent pas changer de cap.

Pierre Martin, jusqu'à tout récemment haut fonctionnaire au bureau même du Premier ministre, soit le Conseil exécutif, s'est heurté à ce problème. Principal éclaireur du gouvernement du Québec en matière de recrutement des haut fonctionnaires, il avait traiter avec des hommes et des femmes qui touchaient déjà un traitement de 50 000 $, 60 000 $ ou 70 000 $ par année. Il cherchait à recruter des anglophones mais la majorité des candidats éventuels refusaient obstinément de venir s'installer à Québec. L'un d'entre eux, pressenti pour un poste clé dans un des plus importants ministères, lui répondit qu'il serait heureux d'accepter pourvu qu'il n'ait pas à venir habiter la capitale.

Ce que les motifs d'ordre culturel et les modes de recrutement n'expliquent pas, les considérations financières peuvent l'expliquer. Bien que la situation ait changé depuis le milieu des années 1970, le secteur privé, demeuré le bastion des anglophones, rémunérait mieux ses professionnels, et, s'il ne drainait pas les éventuels fonctionnaires québécois, la fonction publique fédérale était susceptible de le faire parce qu'elle offrait de meilleurs salaires que son pendant provincial. Une étude du gouvernement du Québec révèle que les salaires moyens dans le secteur public en 1975 étaient de 3 400 $ inférieurs à ceux du secteur privé.

Aussi paradoxal que cela puisse paraître, la Loi 22 du Parti libéral et l'actuelle Loi 101 du Parti québécois ont sans doute contribué à la réorientation de la communauté anglophone de la capitale fédérale vers Québec, ce qu'un ensemble de faits semble étayer. D'abord, les lois de l'Assemblée nationale ont eu sur la vie du citoyen un impact beaucoup plus direct que toutes les mesures adoptées par le parlement fédéral au cours des dernières années. Tandis qu'à Ottawa c'est du coût estimatif de la défense et du prix des aliments que l'on discute, à Québec, c'est l'avenir personnel des citoyens qui est mis en jeu, et les anglophones qui voient leur influence sociale s'affaiblir se sentent directement affectés par les pressions qui s'exercent sur eux.

Que les pressions soient réelles ou imaginaires, les anglophones, de plus en plus, ont les yeux braqués sur Québec où pourtant, pendant le premier mandat du gouvernement actuel, ils n'ont pas eu de représentants à l'Assemblée nationale (ce qui n'était pas arrivé depuis des décennies). Deuxièmement, outre que l'influence du Québec est perçue comme de plus en plus forte, la réticence ou l'incapacité du gouvernement fédéral à agir pour rétablir la situation qui prévalait avant la Loi 22 a enseigné à de nombreux anglophones que c'est au Québec qu'ils doivent s'adresser s'ils veulent au moins être entendus. Troisièmement, il serait utile de faire remarquer ici qu'un nombre assez considérable d'anglophones ont décidé de quitter le Québec, laissant derrière eux une communauté anglophone réduite, mais dont une proportion accrue est prête au changement, ou, à tout le moins, prête à se lancer dans le débat qui se déroule à Québec.

Tout ceci a pour résultat que les anglophones sont beaucoup plus au fait, non seulement des rouages politiques au Québec, mais aussi de l'appareil de l'État et des possibilités d'emploi qui peuvent s'y trouver.

Toutes considérations politiques mises à part, divers groupes, dont certains sont francophones, se sont inquiétés du nombre décroissant d'anglophones dans la fonction publique québécoise. L'un d'eux, le Centre des dirigeants d'entreprises (CDE), adressait en 1973 un mémoire à l'ancien gouvernement Bourassa, dans lequel il réclamait des législateurs qu'ils mettent un frein au déclin de la représentation anglophone dans la fonction publique et renversent la tendance en affectant plus d'anglophones à des postes supérieurs, afin de permettre à «la population anglophone de participer davantage à l'évolution du Québec». Par la suite, Participation Québec et, plus tard, le Conseil des minorités du Québec, prirent la relève.

Mais même les meilleures intentions peuvent s'envoler en fumée, et jusqu'à maintenant aucun gouvernement n'a réussi à atteindre les objectifs exposés dans les recommandations de ces différents organismes.

Le premier ministre Lévesque, en 1974, à l'époque où il était chef de l'opposition mais ne siégeait pas à l'Assemblée nationale, laissait entendre dans une entrevue accordée à un journaliste de *La Presse*, qu'il ne voyait pas pourquoi les anglophones bilingues ne pourraient pas travailler dans la fonction publique, ajoutant «sauf pour des raisons de climat». M. Lévesque s'était donné beaucoup de mal pour expliquer que depuis des années les francophones, de plus en plus massivement, en plus de se sentir une identité culturelle, nourrissaient des sentiments «nationalistes» à l'égard du Québec, et que les anglophones qui se considéraient «Canadiens d'abord» pourraient trouver difficile de travailler dans une atmosphère habitée par de telles convictions.

Pour des raisons que j'ai déjà mentionnées, les distinctions comme celles qu'établissait M. Lévesque sont en train de s'estomper, particulièrement chez les anglophones qui sont déterminés à demeurer au Québec. Au cours de la même entrevue, M. Lévesque avait ajouté qu'il n'y avait pas de quoi s'alarmer, la fonction publique fédérale et les secteurs clés de l'entreprise privée étant plus ouverts que jamais aux anglophones à la recherche d'un emploi. N'est-ce pas normal, même si c'est peut-être déplorable, avait-il dit dans ce style que l'on lui connait si bien, que les indigènes (francophones) se cramponnent à leur seule source d'emploi importante, du moins tant que la situation «coloniale» ne sera pas corrigée?

Sans vouloir jouer sur les propres mots de M. Lévesque, je dirais que les anglophones devraient s'attendre à un meilleur accueil au gouvernement à mesure que la Loi 101 arrache au «colonialisme anglophone» le contrôle des entreprises privées et que les dispositions successives de cette loi entrent en vigueur. À défaut de mesures parallèles, c'est-à-dire l'ouverture de la fonction publique aux anglophones et aux «allophones», comme on les appelle pour les besoins de la cause, la situation deviendra à la fois anormale et déplorable. En attendant, il ne faudrait pas s'attendre à des miracles instantanés. Le programme d'égalité des chances en emploi préconisé par le gouvernement a besoin d'un soutien politique ferme de la part de tous les membres du Cabinet, et il n'est pas encore évident que la cause des minorités jouisse du même appui que celle des femmes. Même avec les meilleures intentions du monde, il faudra, à notre avis, au moins dix à vingt ans avant que la participation des minorités culturelles au sein de la fonction publique corresponde à leur représentation démographique.

* * *

Il semble que le gouvernement aurait intérêt à s'assurer qu'un nombre croissant d'anglophones et de représentants d'autres groupes minoritaires participent à l'administration publique. Ce serait, à tout le moins, un moyen de gagner une partie de la population à la cause du Québec, même si la définition de «la cause» ne correspond pas nécessairement chez tout le monde à celle que lui donne le gouvernement. L'objectif à atteindre, en dernière analyse, c'est que les différents éléments de la société québécoise travaillent à un projet collectif commun.

Plus la fonction publique se fera le catalyseur de la fusion de nos différentes communautés, s'efforçant d'assurer une meilleure représentation des groupes non francophones dans ses rangs, plus notre société se sentira unie et cimentée.

Loin de moi l'idée de proposer une représentation proportionnelle des groupes minoritaires, qui conduirait aux injustices caractéristiques des quotas. Les ministères ne seraient plus que des collections de spécimens symboliques conformes à la loi au lieu d'être des réservoirs de véritables ressources. Non, ce dont je parle, c'est la nécessité d'abattre les obstacles inapparents dont je cite un exemple personnel: à l'automne 1975, quand Raymond Garneau, ministre des Finances, se vit confier par surcroît le porte-feuille de l'Éducation, que venait de quitter Jérôme Choquette à cause de la question linguistique, je fus nommé son chef de cabinet. La nomination n'était que temporaire, les ministres de l'Éducation se succédant à une allure folle à cette époque. Néanmoins, dans les sinueux corridors de l'immense «Complexe G», les remarques fusaient: Comme c'est bizarre, un anglophone comme chef de cabinet dans un ministère aussi étroitement lié à la culture que celui de l'Éducation! Si on peut comprendre cette réaction, l'expliquer même, je suppose, on peut aussi se demander si elle est acceptable.

J'ai eu beau me dire que ces plaisanteries étaient déplacées, elles ne m'en poussent pas moins à me poser des questions sur mes convictions quant à ma propre «anglicité». Certes, j'ai été élevé dans un foyer anglophone et je n'ai pas maîtrisé le français avant l'âge de 20 ans. Mais, en écrivant ce texte, je me rends compte que le mot «concours» me vient plus spontanément que «compétition». Ma femme est francophone, nos enfants sont francophones et notre vie familiale l'est aussi, presque exclusivement.

Je pense que la meilleure façon de conclure est encore de reformuler pour mon propre compte la remarque de Harold Hutchison: «À vrai dire, je ne suis pas certain qu'on puisse me donner le nom d'anglophone». Je laisse aux autres auteurs du présent ouvrage le soin d'en soupeser les implications.

L'affaire de la Sun Life

Eric Kierans

Irving Brecher

Thomas Naylor

ERIC KIERANS, économiste et ancien membre des gouvernements libéraux aux niveaux fédéral et provincial, fut associé de près aux changements qui marquèrent la Révolution tranquille. Il vient de prendre sa retraite comme membre du département d'économique de l'Université McGill.

IRVING BRECHER, rattaché au département d'économique de l'Université McGill depuis nombre d'années, en est le directeur depuis juin 1981. Ancien vice-président du Conseil économique du Canada, il s'intéresse de près à la politique économique du Canada et aux problèmes du Tiers-Monde.

THOMAS NAYLOR est professeur associé d'économique à l'Université McGill.

Les trois articles qui suivent, inspirés par la décision de la Sun Life de déplacer son siège social vers Toronto, ont été publiés dans le *McGill Journal of Political Economy*, no 3, 1978, après avoir d'abord paru dans la *Gazette*. Nous les reproduisons ici tels qu'ils étaient présentés dans le *Journal*, l'article de Kierans étant suivi de la réplique de Brecher, les deux textes étant ensuite commentés par T. Naylor.

Pour l'autonomie des provinces

Eric Kierans

Si, en analysant les motifs qui ont poussé la Sun Life à déplacer son siège social vers Toronto, la population du reste du Canada arrive à mieux discerner les forces agissant sur les orientations politiques au Québec, l'affaire de la Sun Life n'aura pas été vaine.

L'homme politique oeuvrant sur la scène provinciale, qui s'efforce de protéger et de promouvoir les intérêts et le bien-être de sa communauté, se heurte dans sa planification à deux obstacles majeurs: le premier, c'est, bien entendu, le pouvoir exercé par le gouvernement fédéral; le second, l'impuissance économique actuelle des gouvernements provinciaux face aux grandes sociétés et à leur résistance au changement. Or les provinces, devant ces contraintes qui, conjointement ou isolément, gênent la réalisation de leurs objectifs propres, ne réagissent pas toutes avec une égale vigueur.

La deuxième guerre mondiale terminée, le Canada résolut de trouver à l'effort de guerre un substitut d'égale force capable, en temps de paix, de cimenter le pays sur les plans industriel et économique, sinon militaire. Désireux avant de tout de conserver le contrôle extraordinaire sur les impôts et les dépenses publiques qu'il exerçait pendant la guerre, Ottawa crut bien avoir trouvé ce substitut dont il révéla la la formule dans le document *Travail et revenus*, présenté au Parlement par le Très Honorable C.D. Howe, en avril 1945. Ce document énonçait les objectifs du fédéral et «déclarait *ouvertement* qu'il préconisait un niveau élevé et stable du travail et des revenus [. . .] comme étant le but principal de sa politique».

Si personne n'a jamais pris ombrage des ces objectifs, nombreux sont ceux, particulièrement au Québec, qui s'insurgèrent contre la volonté de les poursuivre par l'exercice des pouvoirs arbitraires qui avaient été de rigueur pendant la guerre.

En déclarant explicitement que cette politique «doit être acceptée sans réserve par tous les groupes et toutes les organisations économiques comme étant l'objectif national qui surpasse en importance tous les intérêts de partis ou de groupes», le document venait d'allumer le brandon de discorde qui depuis ne s'est jamais éteint entre le gouvernement fédéral et les provinces en matière de juridiction, de souveraineté et de priorités.

Que voulait Duplessis et que veulent, depuis, tous les premiers ministres du Québec? Ils veulent que les provinces récupèrent un certain contrôle de leur économie, sachant parfaitement bien qu'une province dépendante économiquement n'a aucune chance de mener à bien les projets sociaux, politiques et culturels qu'elle juge prioritaires. En 1945, on commença à organiser le Canada, à l'organiser à partir d'en haut et d'un océan à l'autre en un état unitaire, à le doter d'une image et d'une politique nationale qui évoluèrent, non pas comme un tout qui serait la somme de ses parties, mais comme un entité nouvelle, distincte et étrangère aux valeurs et intérêts de ses constituantes.

Sans le moindre débat parlementaire, le pluralisme des générations précédentes s'évanouit, et les nouvelles politiques présentées au cours des conférences fédérale-provinciales avaient l'allure d'autant de faits accomplis. Les provinces dussent-elles avoir des priorités propres, ce que l'on n'admettait pas, elles étaient noyées dans le grand dessein national.

Membre fondateur du moindre organisme international existant, le Canada, exalté, se lança tête première dans le jeu du commerce international, des mouvements de capitaux, de la relance et de l'interdépendance, sans même avoir pris la précaution élémentaire de se construire, au pays, des fondations solides et une économie équilibrée. On ne s'engage pas dans le commerce et l'intégration mondiale du capital, de la main-d'oeuvre et des ressources sans avoir d'abord garanti ses positions chez soi, sans avoir d'abord atteint, par le biais de politiques intérieures, un niveau convenable d'emploi, de productivité et de maîtrise de sa propre économie.

Le Canada a commis l'erreur monumentale de viser d'abord le marché international, et d'orienter sa croissance sur l'exportation; il s'est spécialisé comme fournisseur de matières premières que drainent la main-d'oeuvre, le capital et l'esprit d'initiative étrangers. Au pays, nous avons ouvert la porte à la pénétration et à la domination étrangères en important équipement, éléments de machines, technologie; nous avons dû troquer nos terres, nos ressources et notre marché intérieur contre les liquidités nécessaires à notre équilibre budgétaire.

Certes, ce qui s'achète doit se payer, mais nous avons manoeuvré de façon à nous condamner à payer à perpétuité en dividendes, en services administratifs ainsi qu'en dépendance face à la prospérité internationale. Les profits et les surplus qui devraient nous permettre d'investir dans notre propre avenir tombent dans le gousset des autres. Comment les Canadiens peuvent-ils spéculer et investir dans de nouveaux secteurs, lorsque 70% des profits de l'industrie primaire et 50% de ceux du secteur secondaire appartiennent à quelques centaines de grandes firmes étrangères qui ne manquent pas de chats à fouetter de leur côté? La politique nationale s'est servie des sociétés multinationales pour faire du Canada un satellite au sein d'une économie mondiale d'interdépendance. Résultat: nous sommes plus que jamais dépendants des cycles de l'économie mondiale et des humeurs des géants mêmes que nous avons créés. Le cosmomonstre a beau faire les quatre cents coups, les politiciens et bureaucrates fédéraux ne peuvent rien que trépigner d'impuissance. *Ottawa n'a qu'une issue: faire faux bond à son histoire et repartir à zéro.*

Faut-il s'étonner, devant cet état de faits, que les provinces prennent des initiatives et cherchent à équilibrer leur économie, ainsi qu'à s'assurer les profits d'une planification désormais plus stable et diversifiée comme le font l'Alberta, avec son *Héritage Fund*, la Saskatchewan qui s'approprie ses ressources en potasse, et le Québec qui essaie, cahin-caha, de devenir le champion *de facto* de l'amiante?

Le plus grand coup de barre que doit donner Ottawa à sa vision de la nation axée sur une économie spécialisée, rationalisée et impersonnelle, ne peut venir que du Québec dont les valeurs, la langue, la culture et les traditions sont à tel point différentes qu'il a à sacrifier beaucoup plus que les autres provinces pour se fondre dans l'interdépendance commune exigée par Ottawa.

Le Québec a essayé de s'adapter; c'était cela la Révolution tranquille. Réorganisant le système pédagogique de fond en comble, il dut faire bon marché de ses valeurs spirituelles et culturelles traditionnelles afin d'être en mesure de répondre à la demande des appareils bureaucratiques privés et publics en techniciens, gestionnaires et administrateurs. Accusée de ne plus être dans le coup avec son enseignement classique désuet (ce qui est discutable), la province fit un immense effort d'adaptation.

On était en droit de s'attendre à ce qu'en toute justice les milieux d'affaires reconnaissent cet effort, à ce que l'inégalité des chances, si criante, s'estompe, à ce que les postes décisionnels deviennent accessibles à tous. L'instruction élargit les horizons, multiplie les choix, fait miroiter un éventail de possibilités pour les jeunes, hommes ou femmes; s'ils ne trouvent pas à exploiter leurs connaissances, à mettre leurs aptitudes en pratique, à participer à des décisions et des activités qui donnent un sens à leur existence, ils chercheront forcément à modifier les institutions et gouvernements de façon à renverser l'injustice et l'inégalité. C'est bien ce qui s'est produit.

Il serait profondément erroné d'interpréter le repli de la Sun Life dans la forteresse unilingue de Toronto comme le signe avant-coureur d'un exode massif des sièges sociaux de Montréal. La vérité sur toute l'affaire, c'est que la Sun Life doit quitter le Québec. Elle n'a plus le choix. Elle est devenue un anachronisme: une administration exclusivement anglophone dans une communauté francophone qu'elle n'a jamais reconnue. «Maître chez nous» était censé disparaître.

Délibérément aveugle aux changements qui balaient la province depuis une génération, la Sun Life est en mauvaise posture pour faire face aux mesures imminentes qui vont réglementer l'exploitation des sièges sociaux ou pour proposer la négociation: il lui faudrait demander une dispense complète des exigences de la Loi 101, concession qu'aucun gouvernement n'accepterait d'accorder.

De plus, comment justifier une dispense totale au vu du pourcentage infime de Canadiens français parmi les 1 800 salariés du siège social, et lorsqu'on sait qu'ils font presque tous partie du personnel subalterne des dactylos, messagers et commis, et qu'il ne s'en retrouve pour ainsi dire aucun dans l'administration, à quelque niveau que ce soit? Toute tentative pour apporter des changements rapides aux structures aurait tôt fait de jeter l'administration dans le chaos. La Sun Life récolte à présent les fruits de la suprême indifférence de son adminisration à l'égard du milieu. Jamais plus le Québec n'autorisera l'unilinguisme anglophone sur lequel la Sun Life avait misé.

D'autres entreprises ont appris à s'accomoder de l'évolution, à mieux gérer leurs affaires, ou du moins à préparer leur terrain; elles devraient être nombreuses à rester.

Le Canada ne peut plus s'en tenir aux principes contenus dans *Le Livre blanc sur le Travail et le Revenu*, à l'engloutissement des intérêts régionaux et provinciaux, à la transcendance d'un dessein global, d'un grand projet national qui nous incorporerait tous. Il n'y a pas de capitale sans arrière-pays, et les régions se rebiffent maintenant contre cette conception d'un noyau autour duquel gravitent des satellites. Plus les entités politiques sont petites, plus elles sont sensibles aux différences; peut-être se laisseront-elles convaincre d'utiliser leur main-d'oeuvre et leurs ressources pour créer des emplois et une production chez elles, au lieu de poursuivre prématurément les profits chimériques de l'interdépendance mondiale. Le Québec veut se reprendre en charge, et, j'en suis sûr, d'autres provinces en font autant. En plus de protéger sa communauté particulière, définie par sa langue et sa culture, il essaie, comme les autres provinces, de bâtir chez lui une économie plus diversifiée et équilibrée. Si les provinces se replient sur elles-mêmes, c'est peut-être que le gouvernement fédéral, trop longtemps, s'est, pour sa part, tourné vers l'extérieur, ce qui nous a valu les taux d'emploi et d'inflation élevés, et l'inégale répartition des richesses et des ressources que nous connaissons maintenant.

Il nous faut au Canada un nouveau fédéralisme, qui émergerait des provinces et régions pour remonter au sommet. Le fédéralisme qui nous a été imposé en ce jour d'avril 1945 est un moribond et il serait sage de l'admettre.

Kierans et la Sun Life:
Une recette pour le démembrement du Canada

Irving Brecher

L'article de Kierans constitue un effort remarquable qui ne saurait passer inaperçu. En effet, si les théorisations économiques et politiques verbeuses sont toujours déplorables, elles sont par surcroît dangereuses lorsqu'elles sortent de la bouche d'un homme public bien connu.

Tous les éléments d'un western captivant des années 30 y sont. L'intrigue est d'une simplicité parfaite, les méchants sont identifiés sans aucune équivoque et le héros, lui, chevauche au soleil couchant à la recherche de nouvelles conquêtes. On croirait une farce, si ce n'était aussi éminemment sérieux.

Mais attardons-nous un peu au scénario. Il y a trois sombres méchants dans la pièce: le gouvernement du Canada (ou «Ottawa», pour utiliser le gros mot à la mode), les sociétés dites «multinationales», et la compagnie d'assurance Sun Life, en particulier. Le héros, ou plutôt les héros, sont les gouvernements des provinces, celui du Québec, plus précisément, tout de blanc vêtus.

En fait, Kierans ne ménage qu'un rôle secondaire à la Sun Life, qu'il expédie en la qualifiant d'«anachronisme», d'«administration exclusivement anglophone», «délibérément aveugle aux changements qui balaient la province depuis une génération». Je laisse à d'autres, y compris à la Sun Life, le soin de vérifier cette attaque, n'étant pas parfaitement au fait du mode de fonctionnement de la compagnie, ni de ses attitudes et politiques à l'égard des aspirations du Québec francophone. Ce qui me paraît beaucoup plus intéressant, c'est le fait que le professeur Kierans n'établisse aucun rapport entre le problème de la Sun Life et le malaise profond que fait régner dans la communauté québécoise en général un gouvernement provincial obsédé par le Projet de loi 101 et qui considère la suppression des droits individuels fondamentaux des anglophones, voire des francophones, comme la clé du progrès de cette chose mystérieuse que l'on appelle la «collectivité». Il serait intéressant de savoir si, pour le professeur Kierans, cette suppression fait partie des «changements» auxquels les Québécois doivent apprendre à «s'adapter».

Mais revenons au thème central de l'histoire de Kierans. Elle se résume grosso modo comme suit: premièrement, depuis la deuxième guerre mondiale, le gouvernement fédéral, avec le machiavélisme qui le caractérise, s'est servi de ses objectifs de plein emploi et de croissance pour renforcer son pouvoir aux dépens des provinces; deuxièmement, il a ourdi une sorte de complot avec les sociétés multinationales et causé un tort considérable à l'économie canadienne en l'ouvrant aux capitaux internationaux avant que le pays ait atteint «un niveau convenable d'emploi, de productivité et de maîtrise de sa propre économie»; enfin, le Canada n'a plus qu'une solution: un «nouveau fédéralisme» qui confère aux provinces tous les pouvoirs nécessaires pour qu'elles créent «des emplois et une production chez elles, au lieu de poursuivre prématurément les profits chimériques de l'interdépendance mondiale». Ce que Kierans nous donne, c'est une recette pour transvaser dans de nouvelles outres le vieux vin du chauvinisme économique qui consistait à prendre la quantité habituelle d'anti-américanisme, de le saupoudrer généreusement de notre «statut de satellite au sein d'une économie mondiale d'interdépendance», et de couronner le tout en éliminant à peu près tous les objectifs nationaux pour leur substituer ceux des provinces. Cela n'est pas seulement une bêtise en matière d'économie, c'est une invitation au suicide collectif.

Dans une très large mesure, tous les gouvernements — à quelque niveau que ce soit — cherchent à maintenir et à élargir leurs pouvoirs. Mais de prétendre que c'était là le motif premier qui anima les politiques fédérales d'après-guerre en matière d'emploi et de sécurité sociale, c'est oublier un fait fondamental, à savoir que les exigences sociales et économiques des Canadiens étaient alors si massives que seuls le financement et le savoir-faire d'un gouvernement fédéral pouvaient y satisfaire. Bien entendu, avec les années, on s'est rendu à la constatation que les provinces pouvaient et devraient jouer un rôle plus important dans ces programmes et qu'il leur fallait, pour ce faire, des moyens financiers suffisants. Il y eut, de fait, des tansferts de ressources considérables au profit des provinces, qui sont maintenant engagées à fond dans l'application de grands programmes sociaux et économiques. Si cet argument prouve que les politiques publiques doivent être améliorées, il ne permet en rien d'affirmer que le gouvernement fédéral devrait renoncer à sa responsabilité suprême qui est de promouvoir l'unité nationale et le bien-être économique de la population. Le plaidoyer de Kierans en faveur d'une économie fermée pour le Canada est vraiment une merveille! Si encore il parlait du Pakistan, du Nigéria ou de la Jamaïque, ses arguments seraient peut-être plus compréhensibles, sans être nécessairement défendables pour autant. Le problème du Canada ne vient pas de ce qu'il «se lança tête première dans le jeu du commerce international», mais bien de ce qu'il ne s'est pas lancé assez loin et assez tôt. Nos barrières tarifaires et les restrictions imposées à l'étranger sur les exportations canadiennes ont paralysé trop longtemps la production nationale; et ce sont elles qui ont engendré les investissements étrangers massifs qui inquiètent tant de Canadiens. Il est beaucoup plus réaliste de voir dans le rapport tarif-investissements un cas de politique commerciale mal pensée qu'un cas de conspiration visant à imposer à l'économie canadienne un statut de «satellite». De toute manière, quelle que soit la signification de ce mot aérospatial dans le monde d'interdépendance qui est le nôtre, on peut dire que le satellite que nous sommes a réussi à devenir assez riche, merci. Les multinationales sont là pour de bon, que le professeur Kierans le veuille ou non. Le défi, ce n'est pas de se faire croire qu'elles disparaîtront, mais bien de s'en approprier les bienfaits et d'en minimiser les coûts. Il n'y a pas de solution facile, mais un fait est certain: la recette Kierans, d'un marché protégé, fermé, ne peut qu'éroder, sinon détruire notre capacité de maintenir le niveau de vie des

Canadiens au long des années 1980 et après. Ce qu'il nous faut, ce sont des mesures vigoureuses permettant de mieux intégrer le Canada à l'économie mondiale, non des discours de clocher visant à nous en extirper.

Nous en arrivons maintenant à la «pièce de résistance». La recette Kierans, mal inspirée, et dangereuse sur le plan mondial, est désastreuse pour l'unité canadienne. Elle nous sert un «nouveau fédéralisme qui émergerait des provinces et régions pour remonter au sommet». En réalité, ce n'est rien d'autre que la recette d'un nouvel isolationnisme qu'implanteraient des provinces ou régions souveraines dans une entité vague et nébuleuse appelée «Canada». J'ai évoqué plus haut les transferts massifs de ressources et de responsabilités qui ont été effectués en faveur des provinces au cours des trente dernières années; en réalité, bien des Canadiens en sont même à se demander si ce processus peut encore aller plus loin sans menacer le tissu confédératif. Mais ceci ne semble pas inquiéter le moins du monde le professeur Kierans. Au contraire, il semble rêver de transferts unilatéraux accrus, sinon comment chaque province pourrait-elle, comme il le dit, «bâtir chez elle une économie plus diversifiée et équilibrée»?

Quant à savoir quels grands pouvoirs devraient rester, en tout ou en partie, entre les mains du fédéral, là-dessus il reste muet, ce qui ne manque pas d'intérêt. La démarche que préfère choisir Kierans est la suivante: imputer à Ottawa tous les maux économiques du Canada et donner aux provinces toute la liberté qu'elles souhaitent pour poursuivre leurs fins propres, oubliant en cela, semble-t-il, l'impact des différentes politiques régionales sur les autres régions et sur le pays dans son ensemble.

Une présence fédérale assez forte pour protéger les droits des minorités, promouvoir le développement national ou amorcer une redéfinition et une redistribution sensées des pouvoirs fédéraux et provinciaux, tout cela est parfaitement étranger à la formule Kierans. On peut difficilement concocter une recette plus infaillible d'appauvrissement des Canadiens et de balkanisation du pays.

Kierans contre Brecher: un troisième point de vue

Thomas Naylor

Avant que ne s'apaise la tempête soulevée par l'affrontement public de mes deux collègues, MM. Kierans et Brecher, il serait peut-être indiqué de faire remarquer aux lecteurs de la *Gazette* que tous les économistes de l'Université McGill ne partagent, ni la nostalgie des «rois des États» du premier, ni la foi dangereuse et naïve du second dans le pouvoir politique centralisé. Tous deux ont avancé à la défense de leur thèse des arguments qui ne résistent pas à l'analyse. Commençons par étudier la position de départ de Kierans et par corriger certaines inexactitudes historiques sérieuses qui semblent avoir vicié la logique de son raisonnement.

Kierans identifie d'abord les deux contraintes qu'ont à subir les hommes politiques des provinces: l'autorité exercée par Ottawa, d'une part, et la concentration du pouvoir au sein des grandes sociétés, d'autre part. La première serait un effet de la deuxième guerre mondiale; quant aux causes de la seconde, elles ne sont pas analysées. Or il s'avère que, somme toute, ces deux contraintes se fondent en une seule, ce qui influe considérablement sur certaines des recommandations politiques découlant de l'article de Kierans.

La concentration du pouvoir économique en un petit réseau de grandes entreprises imbriquées les unes dans les autres est allée de pair avec la centralisation du pouvoir politique à Ottawa. Les deux phénomènes, issus du contexte socio-économique créé par la deuxième guerre mondiale, se sont développés ensemble et en symbiose. L'effort de guerre exigea de la part du gouvernement fédéral une planification serrée qui fit en sorte que les mécanismes du marché cessèrent d'être les seuls facteurs déterminants dans l'allocation des ressources. La concentration, dans les mains du fédéral, de la fiscalité et du pouvoir de dépenser devenant une conséquence logique. Il s'ensuivit également — par choix plutôt que par nécessité — qu'une grande part de la responsabilité en matière de planification et de livraison des biens fut remise, non pas aux gouvernements provinciaux dûment constitués, mais bien à un groupe de grandes sociétés qui virent leur pouvoir économique et politique s'accroître d'autant.

L'alliance des sociétés et du pouvoir politique fédéral, pendant et après la guerre, différait, sous plusieurs de ses aspects importants, de ce qu'on avait connu avant la guerre, alors qu'existait plutôt une sorte de fédéralisme corporatif plus ou moins structuré. Les conglomérats du secteur des transports et les grandes institutions financières, en effet, concentraient tout naturellement leur attention sur le gouvernement fédéral, qui détenait la haute autorité constitutionnelle sur les «réglementation». Quant à l'industrie primaire et secondaire, en excluant quelques cas, comme le cartel du fer et de l'acier, non seulement elle avait moins de pouvoir économique et politique, mais elle avait tendance à l'orienter davantage vers les provinces, qui tenaient les rênes des domaines constitutionnels les intéressant de plus près — contrôle des ressources naturelles, imposition directe, relations de travail. De plus, au chapitre des investissements dans l'infrastructure, il existait un partage des pouvoirs qui, s'il était parfois mal défini, avait au moins le mérite d'être fonctionnel: le gouvernemen fédéral avait assumé l'installation des grandes infrastructures — voies ferrées plus particulièrement — nécessaires à l'économie transcontinentale qui s'édifiait déjà avant la guerre; par contre, dans les années 1920, les postes les plus imposants du budget gouvernemental en immobilisations avaient été la construction de routes et l'électrificaion, deux domaines ressortissant exclusivement aux provinces. La deuxième guerre mondiale est venue rompre l'équilibre, économique autant que politique.

La guerre enfanta une élite commerciale et une intégration du monde des affaires qui firent disparaître les sphères traditionnelles d'influence économique; elle fit aussi naître à Ottawa une clique de mandarins bureaucrates, habitués à l'exercice d'une autorité centrale illimitée; la guerre consacra enfin le mariage de ces deux groupes qui se mirent à vivre une union permanente d'admiration et d'accommodement mutuels. Les pouvoirs des provinces étaient sapés, certes; mais, en outre, ces nouveaux processus d'intégration et de concentration étaient tels que dès qu'un palier de gouvernement exerçait son autorité dans le secteur des affaires, il s'ingérait automatiquement dans la sphère de compétence constitutionnelle de l'autre palier. Ainsi, par exemple, l'impôt fédéral levé sur le revenu d'une société manufacturière avait un impact simultané sur l'exploitation et l'utilisation des matières premières dans la province où cette société était installée. Il existait, certes, avant la guerre une interdépendance fédérale-provinciale au chapitre des décisions économiques, mais elle fut grandement accrue par le parallélisme économico-politique engendré par la guerre.

Mais ce n'est pas seulement par leur influence sur le revenu des entreprises et l'orientation des dépenses publiques qu'après la guerre les pouvoirs fédéraux accrus empiétaient sur les droits des provinces; l'ingérence fut encore plus frappante dans le domaine des services sociaux. Deux facteurs cruciaux permirent l'avènement de l'État-providence; d'une part, les autorités fédérales, politiques autant qu'économiques, avaient su tirer une leçon de la première guerre mondiale, à laquelle avait succédé la psychose d'une révolution bolchévique au Canada; s'ajoutait aux sombres réminiscences de la «Commune de Winnipeg», la puissance, bien réelle et grandissante au cours de la Crise, de la gauche au sein des syndicats et chez les travailleurs non syndiqués. L'État-providence avait pour fins, sur le seul plan fédéral, de désamorcer le mécontentement social et de saper l'influence politique de la gauche. Du même coup, il avait l'avantage appréciable, vu le spectre de la Crise et la possibilité d'un marasme économique après la guerre, de transférer au fédéral un pouvoir de dépenses accru et de contribuer ainsi à élargir le marché intérieur des titres fédéraux grâce à l'investissement obligatoire d'une partie des revenus des travailleurs; il garantissait en même temps que le fardeau du chômage, advenant une nouvelle crise, incomberait non plus à la classe moyenne supérieure et aux sociétés d'affaires, mais à la classe ouvrière elle-même. Au retour des temps difficiles, les transferts interclasses et intragénérations auraient cédé la place aux transferts intraclasses et intergénérations.

C'est là, nous semble-t-il, une vision plus juste des forces qui amenèrent, après la guerre, la centralisation du pouvoir politique au Canada, plus juste que celle de Kierans. Notre vision une fois acceptée remet en question, par ricochet, le deuxième grand point de sa thèse, à savoir que l'État fédéral, après la guerre, gorgé de pouvoirs illégitimes et cédant aux pressions des mandarins de l'économie, ouvrit prématurément les portes du Canada aux forces de l'intégration internationale. «Le Canada [. . .] se lança tête première dans le jeu du commerce international, des mouvements de capitaux, de la relance et de l'interdépendance, sans même avoir pris la précaution élémentaire de construire des fondations solides, une économie équilibrée au pays. On ne s'engage pas dans le commerce et l'intégration mondiale du capital, de la main-d'oeuvre et des ressources sans avoir d'abord garanti ses positions chez soi. . .» Il s'ensuivit, apparemment, que le Canada fut subitement réduit à l'état de satellite et devint beaucoup plus vulnérable aux influences de l'extérieur, politiques et économiques. Ainsi, semble dire Kierans, la grande entreprise est forcément internationale: elle concentre le pouvoir au plan de l'administration fédérale, à qui elle arrache ensuite les rênes du développement socio-économique du pays. Résultat: la réapparition récente de revendications de la part des provinces qui veulent restaurer le *statu quo ante bellum* et récupérer un certain contrôle de leurs destinées sociales et économiques.

Venant de Kierans, pourtant Montréalais d'origine, ex-politicien aguerri et ancien financier éminent, ces propos sont par trop teintées d'un esprit de clocher populiste. On comprend que Brecher ait senti le besoin de le critiquer, même si pour ce faire il vise à tous coups à côté de la cible.

La première erreur qu'énonce Kierans, et la plus grave, tient dans sa supposition qu'un petit pays peut ou pourrait, selon les règles du jeu actuelles, «garantir ses positions chez soi» avant de s'intégrer à l'économie internationale. Les pays comme le Canada doivent leur *naissance* même aux sociétés multinationales et au mouvement international du capital et de la main-d'oeuvre. La société multinationale est aussi canadienne que le rêve américain! Dès l'arrivée des premiers Blancs, la responsabilité de la colonisation, de l'administration et du commerce fut confiée aux représentants de grandes compagnies de traite à charte française et anglaise; l'économie canadienne qu'elles créèrent et le tissu de règles commerciales impérialistes-colonialistes qui s'ensuivit étaient forcément, dès le départ, une parcelle de l'économie mondiale, parcelle complètement asservie aux décisions d'une élite économico-politique d'outre-mer. La nature et les méca-nismes des contrôles extérieurs ont changé, mais la réalité est restée la même. Par conséquent, c'est se tromper doublement que de prôner le retour du «bon vieux temps»; c'est prétendre d'abord que la mainmise étrangère est une réalité nouvelle, ce qui est faux; c'est prétendre aussi que les provinces sont plus aptes à la combattre, ce qui est très improbable.

Si la présence étrangère a été un facteur constant du développement économique du Canada, ses formes particulières ont varié. Depuis que les sociétés multinationales travaillent à l'édification de l'intégration mondiale, les centres nerveux, en Amérique du Nord, se déplacent. Au Canada, l'industrie et le commerce avaient toujours obéi à deux grands axes de développement. Un axe transcontinental, avec Montréal pour tête de pont, drainait les ressources naturelles, agricoles surtout, de l'Ouest, et contrôlait l'échange transcanadien de biens et capitaux qui fit de Montréal le centre canadien des transports et des finances. L'axe du développement manufacturier, par contre, se profilait sur la croissance industrielle américaines; concentrée dans la région des Grands Lacs, l'industrie du corridor Windsor-Montréal, vivait d'un débordement de l'activité manufacturière américaine. La région de Toronto et tout le sud de l'Ontario devinrent donc le foyer du secteur secondaire.

Depuis la guerre les axes du développement ont changé. L'intégration continentale est venue dissoudre une économie transcontinentale déjà sérieusement ébranlée par la Crise, et la fusion verticale des secteurs primaire et secondaire en sociétés intégrées, souvent sous contrôle étranger, a réorienté le grand courant de l'économie vers Toronto et sa périphérie. Toronto, qui dominait déjà la vie industrielle du Canada, commença à supplanter Montréal comme centre commercial et financier également, avec pour résultat que, depuis la fin de la guerre, régulièrement, les sièges sociaux vont s'y installer. La décision de la Sun Life n'est rien d'autre que la plus récente manifestation d'un phénomène qui se poursuit depuis quelque temps déjà.

Mais revenons aux critiques que Brecher adresse à Kierans. Il lui reproche, entre autres, de ne pas faire le lien entre le départ de Montréal de la Sun Life et un certain malaise qui, à cause du Projet de loi 101, détériore le climat au Québec et décourage les investisseurs. Pour ma part, si j'ai bien compris le texte de Kierans, ce dernier voit dans le Projet de loi 101 le signe d'une nouvelle sensibilisation des provinces à leurs droits propres, sensibilisation qui, au Québec, revêt un caractère particulier vu la présence de la question de l'autodétermination. Selon Kierans, la décision de la Sun Life résulte de son refus d'adaptation aux dimensions particulières que prend ce réveil au Québec. À mon avis, dans toute cette histoire, le protagoniste et l'antagoniste ont autant tort l'un que l'autre. Tous deux se refusent à faire une distinction, pourtant cruciale, c'est-à-dire à discerner la «raison» du «prétexte». Le départ de la Sun Life me paraît avoir été inévitable. C'était l'une des plus grandes sociétés financières qui aient grandi à Montréal dans le contexte d'un axe de dévelopement transcontinental qui n'existe tout simplement plus. Il n'y a aucune raison de croire que pour décider d'élire domicile ailleurs elle avait des motifs autres que les dizaines de sociétés qui l'ont fait avant elle, sauf, peut-être, à un détail près: en posant ce geste inévitable, la Sun Life a choisi de créer une tempête, dans un effort simpliste et manifeste pour discréditer encore le gouvernement.

Le professeur Brecher ne serait certainement pas d'accord avec ce que je viens de dire. Pour lui, le départ de la Sun Life et le Projet de loi 101 lui-même sont les symptômes d'une situation engendrée par un gouvernement qui «considère la suppression des droits individuels fondamentaux des anglophones, voire des francophones, comme la clé du progrès de cette chose mystérieuse que l'on appelle la «'collectivité'». La plupart d'entre nous, j'en suis convaincu, ne voient pas dans les notions d'existence sociale collective, ou le besoin de renoncement individuel au profit du bien commun, autant de mystère que n'en voient les professeurs d'économie qui passent une partie incroyable de leur temps dans un monde livresque hanté de mains invisibles manipulant les fantoches d'une société où les loups s'entredévorent. Mais même en absolvant ce petit écart de perspective idéologique, on ne peut qu'être frappé par l'incohérence du raisonnement qui sous-tend l'argumentation de Brecher. Il est de plus en plus fréquent — mais non pour autant plus excusable — que, pour combattre le réveil nationaliste du Québec, on lui dénie le droit d'adopter des lois qui rappellent aux minorités leur statut de minorités, et qu'en même temps on accorde ce droit au gouvernement fédéral. Brecher, en autorisant le gouvernement central à intervenir, en le pressant, à vrai dire, de le faire, présuppose que le fédéral se servira de son pouvoir pour *défendre* les minorités, alors que le Québec s'en servira pour les *pourfendre*. Mise à part la réplique classique à laquelle on doit s'attendre inévitablement — parlez-en à un Canadien d'origine japonaise de la Côte ouest, pour voir — on ne peut que se raidir contre la logique qui fait croire que si les »aborigènes» se voient confier un certain contrôle politique, ils vont l'employer, non pas à redresser les injustices sociales, à développer et à équilibrer l'économie, mais bien à s'adonner perfidement à la persécution des minorités ethniques.

Il est donc manifeste que Brecher n'a pas la même vision que Kierans de la nature et du fonctionnement du gouvernement fédéral. Pour Brecher, en effet, la volonté de renforcement du fédéral n'est pas venue du refus de ses mandarins de renoncer aux pouvoirs extraordinaires que leur avait octroyés la guerre, mais bien du fait que «les exigences sociales et économiques des Canadiens étaient alors si massives que seul le financement et le savoir-faire d'un gouvernement fédéral pouvaient y satisfaire». Brecher saute donc d'une prémisse juste — la demande massive de sécurité économique — à une fausse conclusion — que seul un gouvernement fortement centralisé était à même de satisfaire ces besoins. Quant au prétendu «savoir-faire fédéral», il serait bon de rappeler que, jusqu'à la fin de la guerre, les programmes sociaux avaient été conçus et administrés par les provinces et que le «savoir-faire fédéral» ne consistait, pour une bonne part, qu'en son appropriation des idées et des ressources humaines des provinces. Les programmes provinciaux étaient modestes, il est vrai, limités qu'ils étaient par des considérations d'ordre financier. Mais que cette modicité serve à conclure à la nécessité d'une prise en charge par le fédéral, c'est là un paralogisme qui introduit subrepticement dans le débat un élément étranger et erroné. À l'origine était le pouvoir fédéral, et avec lui les ressources fiscales fédérales. À la fin de la guerre, étant donné que le gouvernement fédéral s'était, de fait, arrogé la part du lion en revenus fiscaux, deux types de planification lui étaient possibles: ou bien il rendait aux provinces ce qui leur revenait de part la constitution, et leur permettait d'adminis-trer les programmes sociaux, ou bien il renforçait encore le pouvoir central en les administrant lui-même. Ce n'est pas parce qu'il a opté pour la seconde orientation que l'on est en droit de prétendre, comme Brecher le fait, qu'*il était bien ou nécessaire qu'il le fasse.*

Les transferts intergouvernementaux massifs qu'évoque Brecher ne démen-tent en rien la sclérose et la surcentralisation de la fédération canadienne, bien au contraire. Les subventions accordées par le fédéral pour certains programmes provinciaux, loin d'être un signe de sain «fédéralisme coopératif», ne font qu'ac-centuer le pouvoir central. Tout comme l'«aide» aux pays en voie de développe-ment, que le professeur Brecher connaît bien, ces transferts intergouvernementaux ne font que restreindre la liberté fiscale des bénéficiaires puisqu'ils les forcent de leur côté à investir dans des activités qui complètent ou améliorent les programmes que le donateur a décidé de promouvoir. Dans un système fédératif, cette manière d'agir confirme encore que les ressources financières sont surcentralisées par rapport aux responsabilités en matière de dépenses, et elle mine la division consti-tutionnelle des pouvoirs.

Brecher s'efforce ensuite de donner la riposte à Kierans pour son dégoût explicite du processus d'intégration mondiale mené tambour battant par la société multinationale. Ce que je comprends de l'article de Kierans, et ici je m'écarte encore une fois de l'interprétation de Brecher, c'est que jamais il n'a posé l'autarcie comme objectif économique; pour lui, le mal ne vient pas de l'intégration interna-tionale en soi mais de ce que les conditions de sa réalisation au lieu d'être définies par une autorité nationale démocratique, le sont plutôt par une petite oligarchie étrangère aux mains de prétendues sociétés multinationales, euphémisme par lequel les technocrates désignent les grandes firmes américaines installées outre-mer. Pour Brecher donc, l'élite financière américaine est meilleur juge pour déterminer quels schèmes de production et de distribution sont le plus bénéfiques à un pays que les élus mêmes de ce pays. Quant à son affirmation gratuite voulant que les multinationales soient «là pour de bon», on ne peut dire de ce mélange d'incantation idéologique et de divination économique constitue en soi une garantie de réalisation concrète, surtout en notre monde où une pléthore de pays se mobilise pour prendre en mains, voire éliminer, la puissance économique et politique des sociétés multinationales. Il n'en reste pas moins que, pendant longtemps encore, les grandes sociétés demeureront un problème sérieux pour le Canada, aussi longtemps certes que les économistes libéraux avec leur foi aveugle dans le libre-échange et le libre mouvement des capitaux. Mais ce n'est là qu'une raison de plus pour suivre le conseil de Kierans et de nous attaquer sérieusement à la tâche de trouver des antidotes plus efficaces que ceux dont nous disposons à l'heure actuelle pour contrecarrer les pouvoirs de ces multinationales.

Soulignons en passant une autre incongruité dans l'éloge que fait Brecher des sociétés multinationales: dans les années 1950 et 1960, alors que le niveau de vie au Canada était le second au monde, que le taux de chômage était à 4% environ, et que les prix étaient relativement stables en dépit d'une croissance économique satisfaisante, les professeurs d'économie, c'était classique, enseignaient à leurs étudiants à se prosterner devant la libre entreprise internationale; ils y mettaient tout le zèle dont use leur profession pour refiler de spécieuses corrélations d'effets sous couleur d'analyser les causes. Maintenant que notre niveau de vie a chuté au huitième rang, que l'inflation atteint les 9%, que le taux de chômage — à en croire les statistiques habilement falsifiées du gouvernement fédéral — se situe autour de 8%, que l'industrie manufacturière ne fonctionne plus qu'à 80% de sa capacité et que les économies axées sur les ressourcess naturelles, comme celle du Nord de l'Ontario, menacent de régresser de façon dramatique par la seule faute de changements *administratifs* dans les priorités d'investissement des grandes sociétés, on nous parle encore de la multinationale comme d'une panacée! Drôle de logique, même pour un économiste!

Il est difficile de ne pas conclure que Brecher et Kierans font fausse route tous les deux, le premier avec sa défense passionnément confuse du fédéralisme centralisé et du pouvoir des multinationales, le second avec sa glorification plutôt naïve du droit des États. Depuis la guerre, le gouvernement est le jouet de l'élite financière, cela est incontestable. Mais pouvons-nous pour autant espérer vraiment que les gouvernements provinciaux, même revigorés par la récupération de leurs pouvoirs propres, se comporteront de façon différente? Les provinces, par nature, sont vulnérables à deux formes de pression, celle de leur population en général, et celle des mandarins financiers qui ont de gros enjeux dans la province. Étant donné que le fédéral, pour sa part, doit toujours jongler avec des demandes qui fusent de tous les coins du monde des affaires, il dispose au moins, pour veiller aux nécessités globales d'un développement économique gouverné par les grandes sociétés, d'une certaine vision qui lui permet de résister aux exigences déraisonnables de tel ou tel membre de la gent d'affaires privilégiée. Les provinces sont beaucoup moins bien armées pour l'autonomie d'action; et ce n'est pas par hasard que des actes de piraterie capitaliste, de filouterie comme ceux qu'a connus le Québec sous le dernier gouvernement libéral ou Terre-Neuve dans les dernières années du règne de Smallwood, se produisent plus souvent au palier provincial qu'au palier fédéral. La souplesse que permet aux provinces leur taille plus modeste peut donc augurer de bonne ou de mauvaise fortune, de mauvaise plus souvent qu'autrement. Qui plus est, le simple accroissement des transferts intergouvernementaux ne ferait sans doute rien de plus qu'éliminer leur ouverture face à la volonté populaire, puisqu'il alourdirait l'appareil bureaucratique sans vraiment ébranler la structure du contrôle par les grandes sociétés. Lorsque le souriant Bill Davis, l'ami de l'homme d'affaires, exhorte le gouvernement fédéral de mettre en veilleuse la première loi anti-coalitions du Canada qui montre vraiment les dents, dans le but de rassurer les investisseurs éventuels, quelle voix entendons-nous? Celle du populisme provincial, ou celle de la clique des géants de l'automobile qui contrôlent les usines de produits spécialisés de l'Ontario par le biais d'accords, plus ou moins légaux, d'approvisionnement à longue échéance? Somme toute, ni Brecher, avec sa louange inconditionnelle des multinationales et des mandarins fédéraux qui les servent, ni Kierans, avec son plaidoyer en faveur d'une redistribution du pouvoir politique dans le cadre de la structure économique actuelle, ne nous offrent d'alternative. Il vaudrait finalement beaucoup mieux se mettre à la tâche et réfléchir à une troisième option.

Cinquième partie

LE MONDE DE L'ENSEIGNEMENT

Les établissements d'enseignement ont toujours joué un rôle primordial dans la société anglophone du Québec, fait qui ressortit encore plus clairement au cours des dernières années. Cette place prépondérante qu'occupe le système d'enseignement dans la collectivité anglophone québécoise nous a amenés à lui accorder une attention particulière dans le présent recueil comme en témoigne, dans la première partie, l'article de A. Jones retraçant l'histoire du réseau scolaire de langue anglaise au Québec.

Bien entendu, l'école joue un rôle de premier plan dans toutes les sociétés industrialisées, mais d'autres motifs, d'ordre historique et sociologique, expliquent son importance pour le Québec anglais. De par la Constitution, l'école est la seule institution soutenue par des fonds publics qui intervienne dans la vie quotidienne de la grande majorité de la population, et son maintien, du moins quant à son caractère confessionnel, est garanti par l'Acte de l'Amérique du Nord britannique. En fait, comme Jones l'indique, les écoles publiques anglaises ont vu le jour bien avant les écoles publiques françaises et, jusqu'à tout récemment du moins, elles ont bénéficié d'une assiette fiscale relativement meilleure. Il faut dire que les anglophones du Québec ont toujours cru en leurs écoles et n'ont jamais hésité à consacrer le temps et les ressources nécessaires à la création d'un système public qu'ils considéraient, non sans raison, comme l'un des meilleurs du monde occidental, et auquel ils sont devenus très attachés. Dans ces circonstances, il n'est pas étonnant que le réseau parallèle d'établissements privés se soit très peu développé. Il existe à cet égard des différences marquées entre les systèmes d'enseignement anglophone et francophone.

Toutefois, l'importance du rôle qu'en est arrivé à jouer le système d'enseignement découle peut-être davantage de la faiblesse des autres grandes institutions sociales du Québec anglais. L'Église étant fortement morcelée (catholiques, anglicans, presbytériens, baptistes, etc.), aucune confession ne réussit à s'imposer à toute la population anglophone. De plus, au cours des dernières années, les diverses institutions religieuses perdirent l'assurance et même le personnel nécessaires pour s'affirmer davantage. Par ailleurs, le nombre d'anglophones dans la fonction publique du Québec n'a cessé de diminuer et le milieu des affaires a perdu de l'importance par suite du déploiement à l'échelle du continent nord-américain de l'activité productrice, et du déplacement, au pays, des centres de décision vers Toronto, et plus récemment vers l'Ouest. Il en est résulté que, dans la période d'après-guerre, la seule grande institution possédant suffisamment de ressources et de vitalité a été le système d'enseignement. Pour les raisons mentionnées par Caldwell au début de ce recueil dans son exposé sur la démographie, la clientèle scolaire et universitaire a continué d'augmenter — du moins jusqu'à l'adoption d'une législation linguistique plus rigoureuse, qui a pris forme dans les Lois 22 et 101 — tandis que les systèmes de valeurs dominants, le libéralisme et l'universalisme, favorisaient l'importation des ressources humaines nécessaires au développement du réseau anglophone d'enseignement.

La révolution tranquille, et le processus de modernisation qu'elle a enclenché, ont consolidé le pouvoir des établissements scolaires anglophones, qui, jusque-là, avaient des assises locales et comptaient pour leurs besoins financiers sur la population qu'ils desservaient. La restructuration scolaire et la réforme pédagogique ont mis un immense réservoir de ressources publiques à la disposition du système d'enseignement anglophone, déjà bien établi. Mais, chose plus importante encore, cette restructuration, foncièrement centralisatrice, particulièrement en ce qui concerne le système protestant, a institué un modèle d'organisation inconnu du Québec anglophone depuis le retrait des troupes britanniques: un réseau provincial financé à même les fonds publics. Outre le système scolaire traditionnel chapeauté par le ministère de l'Éducation, une foule d'organismes para-scolaires issus de la modernisation des structures de l'enseignement au Québec furent créés ou renforcés: syndicats d'enseignants, associations d'administrateurs, associations d'enseignants regroupés par discipline, sans parler des associations de commissions scolaires et de parents. Les installations scolaires, autrefois réparties sur de vastes territoires, furent centralisées afin d'améliorer les services et de rassembler une clientèle dispersée. Cependant, cette dernière mesure eut pour effet d'isoler les élèves anglophones de leur propre milieu — où souvent ils étaient en contact avec l'autre groupe linguistique — et de créer une technocratie puissante et lointaine, échappant à tout contrôle local.

Comme on pouvait s'y attendre, le secteur de l'enseignement se politisa et devint même une force considérable: durant une certaine période, ce fut le directeur général, (et non le président élu de la Commission des écoles protestantes du Grand Montréal, CEPGM) qui exerça le plus d'influence au sein du Québec anglophone. En fait, à la fin des années 1960 et au début des années 1970, le 6000 avenue Fielding, dans le West Island, siège de la CEPGM et de l'ACSPQ (Association des commissions scolaires protestantes du Québec), constituait le centre d'action politique du Québec protestant.

Aujourd'hui, craignant de se voir bientôt placé devant un fait accompli en ce qui concerne les projets gouvernementaux de restructuration scolaire, le secteur protestant tente de mobiliser la population.

Toutefois, on ne peut s'attendre à ce que les cadres des commissions scolaires se fassent les interprètes et les défenseurs des intérêts plus vastes de la population anglophone, à savoir sa survie à longue échéance. En bons dirigeants d'organisme, ils se sont surtout attachés jusqu'ici à défendre les intérêts immédiats de leurs établissements. Cet esprit de clocher a pu aussi être renforcé par le fait que les postes importants sont souvent occupés par des non-Québécois, qui n'ont vraiment d'attache que pour «leurs» établissements. D'où les cris d'alarme poussés à trois reprises lors de l'adoption de lois sur les langues (voir William Tetley dans le présent recueil), la reconnaissance tardive et récalcitrante de l'importance d'apprendre le français, la réaction méfiante à l'égard de la restructuration scolaire dans l'île de Montréal (Lise Bissonnette), et l'attitude distante, sinon totalement indifférente, des universités (Jean-Louis Roy).

Néanmoins, étant donné sa position cruciale au sein de la population anglo-québécoise, dont il est à certains égards le principal appui, le milieu enseignant aurait un rôle créateur à jouer en ce moment décisif, particulièrement dans les régions du Québec où les éducateurs constituent la seule élite anglophone. L'innovation dans la conception de programmes d'immersion en français (Lambert et Tucker), et une plus grande volonté de la part de certains élus à l'intérieur du système de s'affirmer ouvertement, constituent des signes encourageants. De même, les efforts répétés de la part du milieu enseignant anglophone en vue d'assurer une meilleure collaboration avec le secteur francophone sur la question de la réforme pédagogique témoignent d'une nouvelle attitude moins isolationniste.

Mais, aussi paradoxal que cela puisse paraître, le plus grand défi auquel doit maintenant faire face le système d'enseignement anglophone provient de l'intérieur. Consciente que ce système ne prépare pas les jeunes d'une façon qui leur permette de réussir au Québec, l'élite anglophone — dont une proportion surprenante appartient pourtant au monde de l'enseignement — a massivement délaissé les établissements anglophones du Québec. D'importants hommes d'affaires, membres de professions libérales, directeurs généraux, professeurs d'université, envoient maintenant leurs enfants dans des écoles privées de l'Ontario, tandis qu'un nombre croissant d'étudiants d'âge universitaire fréquentent les établissements des provinces voisines, notamment les universités Queen, Western, les universités de Trent, de Toronto, du Nouveau-Brunswick, et ce, tout en bénéficiant bien souvent d'un appui financier de sources québécoises.

Les enfants du programme d'immersion

Wallace E. Lambert

Richard G. Tucker

WALLACE LAMBERT, spécialiste de réputation internationale dans le domaine de l'enseignement des langues, fut avec M. Richard Tucker, l'un des pionniers de l'éducation bilingue pour les anglophones au Québec. Il est actuellement professeur de psychologie à l'Université McGill.

RICHARD TUCKER est directeur du Center for Applied Linguistics de Washington (D.C.). Il travailla auparavant avec M. Wallace Lambert, à l'UIiversité McGill. Parmi les travaux de recherche publiés par M. Tucker, mentionnons ses études sur l'enseignement et l'apprentissage des langues en milieu tant unilingue que bilingue.

Introduction

Le besoin actuel de méthodes nouvelles et diversifiées pour l'enseignement des langues secondes est l'une des manifestations évidentes de l'évolution rapide des pratiques linguistiques au Canada. Même si l'Acte de l'Amérique du Nord britannique de 1867 faisait de l'anglais et du français les deux langues officielles du pays, le français, en fait, a toujours été relégué au second plan, même dans la province de Québec. Avec les années, l'anglais s'est enraciné comme langue du travail dans le commerce et l'industrie[1]. La poussée de terrorisme qui sévit au début des années 1960 traduisait le ressentiment latent qu'éprouvaient un grand nombre de Canadiens français face à l'état d'infériorité auquel avait été réduite leur langue dans un pays soi-disant bilingue.

La décennie qui suivit fut marquée de changements rapides dans la politique linguistique tant fédérale que provinciale. Pinault et Ladouceur[2] faisaient remarquer que, durant cette seule décennie, on avait pris plus de mesures pour garantir, en théorie et en pratique, le maintien et la propagation du français au travail, qu'au cours des deux siècles précédents. C'est ainsi qu'avec l'adoption de la Loi 101, les enfants anglophones doivent désormais acquérir une connaissance pratique de la langue française dans le cadre de leur programme scolaire; de même, pour l'obtention d'un permis d'exercice, les autorités n'exigent plus le certificat de citoyenneté, mais une connaissance confirmée du français; enfin, le gouvernement exerce depuis quelques années des pressions directes sur les grandes sociétés et entreprises afin qu'elles l'aident à faire du français la langue du travail à tous les paliers de leur organisation. Dans l'administration fédérale, le bilinguisme constitue maintenant une condition préalable à l'avancement, et les fonctionnaires bilingues se voient accorder des primes.

Par ailleurs, en Ontario, dans les provinces de l'Atlantique et dans certaines régions de l'Ouest du pays, des petits groupes de Canadiens français craignent à nouveau pour la préservation de leur identité culturelle. Ils demandent que le gouvernement les aide à élargir la portée des programmes d'enseignement en français ou à en instaurer de nouveaux à l'intention de leurs enfants qui, en grand nombre, considèrent maintenant que leur langue maternelle est l'anglais.

Jusqu'à présent, toutefois, l'enseignement du français langue seconde n'a donné dans l'ensemble que des résultats décevants. Même au Québec où le cours de français langue seconde est obligatoire du début du cours primaire jusqu'à la fin du secondaire, les élèves qui passent leurs examens en langue et littérature françaises ne sont même pas capables d'entretenir une conversation simple. Après avoir étudié le français durant sept à douze années, la majorité d'entre eux n'est nettement pas en mesure de fonctionner dans un milieu francophone.

Le besoin de plus en plus marqué d'améliorer l'enseignement de la langue seconde a poussé un grand nombre de pédagogues à envisager l'adoption d'une certaine forme d'enseignement bilingue dans lequel les cours seraient donnés principalement dans la langue seconde ou langue cible. Cette approche s'appuie sur l'hypothèse selon laquelle l'élève peut assimiler assez facilement les matières enseignées dans la langue seconde et acquérir simultanément une connaissance du code linguistique lui-même[3]. Cette démarche s'est concrétisée entre autres dans un programme d'«immersion en bas âge». Le présent article constitue la version abrégée[4] d'un rapport portant sur un groupe d'élèves de Saint-Lambert qui s'est prêté à une telle expérience d'immersion[5].

Méthodologie

Les élèves de la classe expérimentale initiale du projet d'immersion ou «passage interlangues quotidien» de Saint-Lambert, ont maintenant terminé leurs études secondaires*. Nous leur avons demandé de faire un retour en arrière et d'évaluer ce que ce programme leur avait apporté. Nous avons posé les mêmes questions aux parents.

Ces élèves ont reçu, tout au long de leurs études, un enseignement particulier: dès la maternelle et la première année, ils n'utilisèrent à l'école que le français, langue tout à fait étrangère pour ces enfants provenant de foyers exclusivement anglophones et auxquels leur voisinage n'offrait pour ainsi dire aucun contact avec des francophones. Ils eurent l'occasion d'apprendre le français indirectement, parce que les matières scolaires étaient enseignées en français, et directement, par le biais de cours de français proprement dit. En 2ᵉ, 3ᵉ et 4ᵉ années, la plupart des matières étaient enseignées en français; toutefois, les cours d'anglais (deux périodes quotidiennes d'une demi-heure), d'éducation physique et d'arts plastiques étaient dispensés par des anglophones. Le temps consacré à l'enseignement en anglais augmenta en 5ᵉ année de sorte qu'en 5ᵉ et 6ᵉ années, deux dernières années du cours primaire, 60% des cours étaient dispensés en anglais et 40% en français. La structure du cours primaire était donc fonction du temps consacré au bain de langue française, mais il n'empêche que durant les premières années, toutes sortes d'«expériences» furent tentées dans la recherche d'enseignants, de méthodes et de matériel pédagogiques adéquats, tâtonnements dont la classe expérimentale eut à porter tout le poids.

Le programme d'études secondaires s'avéra moins bien structuré, malgré les efforts faits pour offrir des cours complémentaires de français et enseigner certaines matières dans cette langue. Comme nous le verrons tout au long du rapport, les élèves et les parents se sont montrés, dans l'ensemble, insatisfaits du programme complémentaire.

* * *

* Soit à la fin des années 1970.

274

Chaque année, on évaluait le progrès des élèves en français, en anglais et dans les autres matières, leurs aptitudes verbales et non verbales ainsi que leur attitude face aux anglophones et aux francophones. Les résultats étaient comparés avec ceux de groupes témoins d'écoles anglaises et françaises formés d'élèves de même niveau intellectuel et de même milieu socio-économique et, dans le cas du groupe anglophone, d'enfants issus de foyers qui manifestaient à l'égard de l'élément francophone des attitudes analogues à celles des membres de la classe expérimentale.

On n'a pas cherché à ne retenir que les meilleurs élèves, de sorte que les notes obtenues aux tests Q.I. variaient énormément, tant dans les classes expérimentales que dans les groupes témoins, et que chacun des groupes comptait quelques enfants manifestant des difficultés d'apprentissage. Soulignons que même si les élèves dont il est ici question appartenaient tous à la classe sociale moyenne, le programme ne s'adressait pas exclusivement à eux, au départ. Le même programme d'immersion fut d'ailleurs offert à des enfants du milieu ouvrier[6], et les résultats s'en sont avérés aussi positifs que chez les élèves de milieux plus favorisés.

Les résultats de nos tests annuels ont été regroupés dans une série de rapports[7]. L'analyse comparative de ces résultats nous a permis de constater que les élèves du groupe expérimental avaient fait, par rapport au groupe témoin francophone, des progrès remarquables dans tous les domaines d'apprentissage du français parlé, de la maternelle à la 6ᵉ année; dans les matières enseignées en français, comme les mathématiques, les sciences et l'éducation sociale, il en allait de même; ces enfants n'accusaient aucun retard dans les différents domaines d'apprentissage de l'anglais par rapport aux autres élèves du même âge et ne manifestaient aucun blocage intellectuel, à en juger par les tests d'intelligence; en fait, à la fin de leur cours ils obtenaient de meilleurs résultats que les élèves des groupes témoins aux tests de «divergence de vue» et de «créativité» [8]. En outre, tout au long de leurs études primaires, ils ont manifesté une attitude très favorable à l'égard des francophones et du programme d'immersion. Nous avons également constaté une baisse de progrès en français de la 3ᵉ à la 6ᵉ année, le temps imparti à l'enseignement dans cette langue étant réduit[9].

* * *

Ces jeunes ont maintenant terminé leurs études secondaires; cinq ans se sont écoulés depuis leur dernier examen, subi en 6ᵉ année, avant leur entrée à l'école secondaire. La plupart d'entre eux ont suivi, depuis, le programme complémentaire de français offert au secondaire, et passé, au cours des deux dernières années, les examens finals de français langue seconde et, dans certains cas, les examens de langue française conçus pour les élèves francophones du niveau secondaire.

Tous les élèves qui, douze ans plus tôt, s'étaient inscrits au programme d'immersion de la maternelle ainsi que leurs parents, reçurent des questionnaires devant permettre de connaître leur compétence en français, leur utilisation du français, leur évaluation des différents programmes d'enseignement du français et leurs projets d'avenir. Le même questionnaire fut remis aux élèves des groupes témoins anglophones et à leurs parents, à des élèves donc, qui avaient suivi le programme normal d'enseignement en anglais dans l'une des écoles publiques de Montréal dispensant un cours de français langue seconde à partir de la maternelle.

Dans ces écoles, le cours de français consistait en une période de 45 minutes par jour, au cours de laquelle les élèves devaient d'abord apprendre à s'exprimer oralement, notamment par l'audition et la mémorisation de chansons, d'exercices et de courts dialogues. Le programme de français langue seconde faisait appel à une méthode audio-orale relativement classique selon laquelle les enfants écoutent d'abord, miment ensuite, puis répètent les énoncés avec le professeur jusqu'à ce qu'ils puissent le faire seuls. Bien souvent, les leçons, strictement linguistiques, négligeaient la langue comme instrument de connaissance du milieu.

Les parents des élèves témoins de Westmount n'avaient accès à aucun programme d'immersion en bas âge dans leur localité. Ils étaient donc «obligés», si l'ont peut dire, d'inscrire leurs enfants à l'école anglaise traditionnelle. À Saint-Lambert, les parents furent répartis dans le groupe expérimental et le groupe témoin par tirage au sort. Six des élèves témoins anglophones avaient choisi de suivre le programme d'immersion «tardive» en 7e année, ce qui signifie que, cette année-là, l'enseignement leur avait été dispensé principalement en français par des professeurs francophones. Dans le présent rapport, nous évaluerons le groupe témoin anglophone en bloc, sans établir de distinction entre ceux qui ont suivi le programme d'immersion de 7e année et les autres; ce dernier programme n'était pas offert aux élèves ayant participé au programme d'immersion dès la maternelle.

Résultats: questionnaires distribués aux élèves

Comme les questionnaires suscitaient à la fois des réponses succintes, «quantifiables», et des commentaires détaillés, nous formulerons dans le présent rapport abrégé des conclusions sous deux formes: une forme objective donnant une évaluation statistique[10] des niveaux de compétence en français, du degré d'utilisation de cette langue dans la communauté, etc. et une forme subjective, résumant les commentaires formulés par les élèves et leurs parents, leurs impressions et opinions personnelles quant aux divers aspects de cette expérience.

Les comparaisons nous permettront d'évaluer dans quelle mesure le programme d'immersion dès la maternelle a été utile aux élèves anglophones, et les a préparés à faire face au bilinguisme qui est de rigueur dans le Québec d'aujourd'hui et dans d'autres régions du Canada. Autrement dit, nous essaierons de déterminer à quel point les cours d'immersion préparent les jeunes anglophones à l'école, au travail, et aux rapports sociaux en milieu bilingue.

Nous sommes arrivés notamment à la conclusion générale que ces jeunes gens sont, beaucoup mieux que leurs pairs, préparés à vivre en français. Par ailleurs, nous avons également constaté que, même pourvus d'une solide formation bilingue, beaucoup de ces jeunes communiquent difficilement avec le milieu francophone environnant, ce qui risque d'engendrer chez eux un sentiment de frustration en raison même de leur capacité d'évoluer en milieu bilingue. Nous nous demandons même si cette frustration, s'ajoutant à la montée croissante du chômage, ne va pas inciter un grand nombre d'entre eux à quitter le Québec. Nous analyserons donc avec autant d'attention la perception qu'ont les élèves du climat social dans le Québec d'aujourd'hui que la signification apparente de leurs réponses à nos questions.

Nous commencerons par résumer les réponses des élèves et des parents en mentionnant quelques résultats statistiques; cependant, nous nous reporterons tout au long de ce résumé aux commentaires ajoutés par les répondants à la suite de chacune de nos questions.

À la lecture de ces impressions[11] «familiales», on constate à quel point l'introduction d'une nouvelle formule d'enseignement, comme le programme d'immersion en bas âge, engage parents comme enfants et provoque d'importantes interactions à chacune de ses étapes. Comme nous le verrons plus loin, les élèves n'ont pas nécessairement les mêmes attentes que leurs parents face à cette expérience, même si, en général, les familles s'entendent sur son mode de déroulement et les avantages qu'elles en ont retirés.

Au tableau I figurent les données de base concernant les deux groupes de 11ᵉ année, le groupe expérimental (GE) qui comprend 17 élèves, et le groupes témoin anglophone (TA) qui en comprend 21. On trouve un nombre presque égal de filles et de garçons dans les deux groupes. En maternelle, le groupe expérimental comptait au départ 22 élèves et le groupe témoin 34, répartis en deux classes. Nous avons tenté de les rejoindre tous, soit par la poste, soit par téléphone lorsqu'ils habitaient toujours Montréal. Ils étaient presque tous en onzième année au moment de l'enquête; tous venaient de foyers anglophones et parlaient uniquement anglais à la maison ou au travail.

Tous les élèves du groupe expérimental inscrits en 11ᵉ année fréquentaient l'école publique depuis la maternelle. En fait, la grande majorité d'entre eux se sont suivis d'année en année, ce qui est assez rare maintenant, vu la tendance à répartir les élèves par niveau et par aptitudes. Contrairement à leurs pairs du premier groupe, un nombre important d'élèves témoins ont fréquenté l'école privée. [X^2 (d.l.,l): 3,82, p< ,05]. Cette différence pourrait s'expliquer simplement par le fait que, plus que les familles du groupe expérimental de Saint-Lambert, celles du groupe témoin, originaires pour la plupart de Westmount, doutaient de la qualité de

TABLEAU I — **Situation des élèves en 11ᵉ année**
Données de base

Groupe d'élèves

Sexe	Groupe expérimental (GE)	Groupe témoin anglophone (TA)
masculin	10	11
féminin	7	10
$X^2 = 0,01$; d.1. $= 1$; n.s.		
Répartition par classe		
10ᵉ année	1	2
11ᵉ année	15	17
12ᵉ année	1	2
$X^2 = 0,37$; d.1. $= 2$; n.s.		
École fréquentée actuellement		
Publique	17	15
Privée	0	6
$X^2 = 3,82$; d.1. $= 1$; $p < .05$		
Langue maternelle		
Anglais	17	21
(100% des participants)		

l'enseignement secondaire offert dans leur localité. On pourrait aussi l'attribuer au fait que les familles du groupe témoin, qui sont du même niveau social que celles du groupe d'immersion, ressentent davantage le besoin de s'en remettre au secteur privé, jugeant inadéquats, les cours dispensés par l'école publique dans certaines matières, les langues en particulier, ainsi que certains l'ont mentionné. De plus, il découle des commentaires reçus que les élèves du groupe d'immension prisaient beaucoup l'attention particulière qu'ils recevaient en tant que classe expérimentale ainsi que la cohésion qui régnait au sein de leur groupe. Il semble que la satisfaction éprouvée par les enfants et leurs progrès en français aient été les facteurs déterminants qui ont incité les parents du groupe d'immersion à laisser leurs enfants à l'école publique; sans cela, le taux de fréquentation de l'école privée aurait sans doute été tout aussi élevé chez eux.

* * *

Passons maintenant à l'analyse des résultats, plus précisément à la question de la compétence en français. Pour des raisons de concision, nous avons renoncé à reproduire ici les données statistiques qui nous ont permis de comparer la compétence des deux groupes en français.

Il convient de se rappeler, aux fins de comparaison, que les élèves témoins anglophones ont suivi le cours traditionnel en anglais et appris le français comme langue seconde à partir de la maternelle, à raison de 45 minutes par jour environ. Autrement dit, leur programme de français était nettement plus complet que les programmes de langues secondes ou étrangères offerts aux États-Unis, ou même ailleurs au Canada.

Nous nous fondons ici sur la *perception* qu'ont les élèves de leur compétence; même si ces auto-évaluations ont une forte valeur subjective et comportent un risque d'erreur, nous tenons à les utiliser puisque les élèves ont dû s'évaluer en fonction d'un même point de référence: le montréalais parfaitement bilingue.

Les élèves de 11ᵉ année du groupe expérimental estiment tous qu'ils peuvent parler, comprendre, lire et écrire le français assez bien, comparativement aux élèves du groupe témoin. Pour ce qui est de leur compétence, les élèves du premier groupe estiment qu'ils manient chaque aspect de la langue «assez bien», tandis que ceux du second groupe déclarent connaître le français «assez bien pour se débrouiller». Dans les deux cas, il existe des écarts statistiques appréciables, en faveur du groupe d'immersion, quant au degré de compétence que chacun des groupes s'attribue.

Il ressort clairement que les finissants du groupe d'immersion sont plus sûrs de leur capacité de communication en français que les finissants du groupe témoin. Ils se sentent beaucoup mieux préparés à fréquenter une université francophone, occuper un emploi exigeant la connaissance du français, faire leurs courses, demander ou donner des renseignements en français, ou participer à des activités sociales qui se déroulent uniquement en français. Fait intéressant à noter: les deux groupes se sentent de force égale pour ce qui est de lire les journaux français, mais les élèves du groupe d'immersion estiment avoir plus de facilité à comprendre les émissions de radio et de télévision françaises.

* * *

Pour ce qui est de l'utilisation du français en dehors de l'école, on ne s'étonnera pas d'apprendre que, ni les élèves du groupe d'immersion, ni ceux du groupe témoin ne parlent français avec leurs parents, leurs frères, leurs soeurs ou leurs camarades de classe. Cette constatation concorde avec l'opinion exprimée antérieurement par les élèves du groupe d'immersion à savoir que ce serait artificiel de parler français avec des locuteurs anglophones, même bilingues. De même dans ni l'un ni l'autre groupe, les élèves ne sont portés à aller voir des films français, à écouter la radio ou la télévision française, ou à lire des journaux ou des ou des livres français; les deux groupes indiquent qu'ils ne recourent guère aux media franco-phones. Il ressort des commentaires que les deux groupes semblent envahis par les media américains, qu'il s'agisse du cinéma, de la télévision, des revues ou des livres. On se demande bien d'ailleurs comment un media francophone, télévision ou autre, pourrait arriver dans un tel contexte à concurrencer, même un tant soit peu, les media anglophones.

Les deux groupes se distinguent toutefois sur un ensemble de points impor-tants touchant l'emploi du français dans la communauté francophone, du Québec en général. Les élèves du groupe d'immersion parlent «presque toujours» français avec leur professeur francophone alors que les élèves du groupe témoin ne le font que «parfois» (p< ,01). Les élèves du groupe d'immersion parlent français plus souvent que leurs pairs avec leurs amis (p< ,01) et voisins francophones (p< ,01); ils trouvent également plus d'occasions, dans leur vie quotidienne, de parler français à l'extérieur de l'école (p< ,01). On peut donc déduire qu'une fois atteint un certain niveau de compétence, les portes d'un nouveau monde linguistique commence à s'ouvrir. Le point à retenir cependant, c'est que les élèves des deux groupes divergent grandement dans leur propension ou leur facilité à *trouver* des occasions de parler français lorsqu'ils sont en milieu francophone.

On perçoit très bien la différence qui existe entre la capacité de communica-tion sociale des deux groupes dans les réponses au questionnaire. Abordant un inconnu francophone, les membres du groupe d'immersion sont plus portés à engager la conversation en français. En moyenne, ils le font «souvent» alors que les élèves du groupe témoin le font «parfois», (p< ,03). Fait peut-être encore plus intéressant à noter: les francophones sont également plus enclins à engager la conversation en français avec les élèves du groupe d'immersion («très souvent») qu'avec les élèves du groupe témoins «(parfois», p< ,02), et les élèves du groupe d'immersion sont plus portés à leur répondre en français que leurs pairs du second groupe (p< ,01). Il serait intéressant de pousser plus loin l'analyse de cette diffé-rence; on a en effet l'impression que les élèves du premier groupe réagissent davantage en francophones, qu'ils signifient mieux que les autres leur aptitude et leur intérêt à communiquer en français.

Néanmoins, il semble y avoir des limites aux rapports sociaux de ces jeunes anglophones avec les francophones. À la question de savoir s'ils assistent à des soirées où l'on ne parle que les français, une faible minorité seulement d'élèves des deux groupes a répondu par l'affirmative. De même, lorsqu'on leur a demandé s'ils participaient à d'autres activités communautaires exigeant d'eux qu'ils connaissent le français, la moitié au moins des élèves de chaque groupe ont répondu par la négative.

Ce n'est pas que les élèves de l'un ou l'autre groupe fuient délibérément les occasions de parler français; mais on remarque que les élèves du groupe d'immer-sion trouvent plus d'occasions que les autres à entrer en contact avec des franco-phones. Par exemple, ils sont plus portés à parler le français lorsqu'ils font des courses (p< ,02) ou lorsqu'ils demandent ou donnent un renseignement (p< ,02). Et même si les élèves des deux groupes déclarent avoir des amis francophones, la forme d'interaction linguistique avec ces derniers n'est pas la même dans les deux cas: les élèves du groupe expérimental n'utilisent alors jamais l'anglais, mais plutôt le français ou une sorte de franglais, alors qu'un petit nombre seulement d'élèves témoins parlent français dans ces situations (p< ,01).

Une question se pose alors: comment se fait-il que ces échanges avec des francophones qui s'effectuent essentiellement en français ne favorisent pas une plus grande intégration des élèves du groupe d'immersion à la société canadienne-française? Comment se fait-il que si peu d'élèves de ce groupe soient invités à des soirées de francophones ou à d'autres activités communautaires qui se déroulent en français?

Nous tenterons plus loin d'expliquer ces limites à l'interaction sociale des deux groupes.

* * *

Dans la dernière série de questions, nous avons demandé aux élèves d'esquisser leurs projets d'avenir. Après leur cours secondaire, la grande majorité des élèves interrogés comptent terminer leurs études collégiales ou universitaires en vue d'exercer une profession ou d'occuper un emploi de col blanc. À la question de savoir où ils prévoient se trouver dans quatre ans, les élèves en majorité, répondent qu'ils pensent *avoir quitté* le Québec.

Quant à savoir s'ils comptent approfondir leurs connaissances en français, la majorité des élèves interrogés ont répondu par l'affirmative; cet intérêt général pour le perfectionnement de leur français traduit une attitude politique à l'égard de la communauté francophone. Gardner et Smythe[12] ont constaté qu'une attitude favorable à l'apprentissage de la langue d'un autre groupe ethnolinguistique, jointe à la possibilité d'utiliser cette langue dans son milieu, accroît chez l'élève le désir d'en poursuivre l'étude et l'amène effectivement à le faire. Mais il est surprenant de noter que, dans les deux groupes, quelques élèves comptent abandonner l'étude du français, comme s'ils n'en voyaient plus l'utilité. Leurs attitudes ont peut-être pris une tournure négative, dans le sens que Gardner donne à ce mot.

Toutefois, à la question de savoir s'ils aimeraient apprendre une langue autre que le français, les deux groupes ont répondu différemment. L'apprentissage d'une autre langue semble intéresser davantage les élèves du groupe d'immersion (p< ,06), ce qui est probablement attribuable au fait qu'ils ont pris goût à la réussite: les élèves du groupe d'immersion, en effet, savent déjà par expérience qu'il est possible de maîtriser une langue seconde ou étrangère, ce qui les prédispose peut-être, par voie de conséquence, à en attaquer une autre. Le message que les professeurs de langue doivent retenir ici, c'est que l'acquisition de connaissances solides dans une langue seconde ou étrangère est susceptible d'accroître chez l'élève le désir d'en apprendre de nouvelles.

Résultats: questionnaire des parents

Un questionnaire fut aussi remis à chacun des parents. Nous avons d'abord remarqué que tous étaient anglophones et que la plupart avaient des doutes quant à leur compétence en français; interrogés sur leurs aptitudes en matières d'expression et de compréhension orale et écrite, ils ont coché la case «à peine assez pour se débrouiller».

Ces constatations sont intéressantes car ce sont les mêmes parents qui, il y a environ treize ans[13], disaient déplorer leur ignorance du français qu'ils avaient pourtant appris pendant quelque sept années au moins à l'école publique. En fait, l'intérêt qu'attachaient les parents du groupe d'immersion au renouvellement des méthodes d'enseignement du français remontait, semble-t-il, en grande partie à leur propre échec. Il est difficile toutefois de comprendre comment ces parents qui habitent depuis longtemps au Québec n'ont pas progressé davantage dans l'apprentissage du français, puisqu 80% de la population de la province est francophone. On pourrait expliquer cette lacune par le prestige de l'anglais par rapport au français, en Amérique du Nord; on pourrait également l'attribuer à un manque général d'intérêt pour la langue française et au désir de voir l'anglais supplanter le français comme langue du travail, même au Québec. Nous pourrions aussi avancer une autre explication, à savoir que ni les Canadiens français ni les Canadiens anglais n'ont réellement fait d'effort pour permettre à l'autre groupe ethnolinguistique d'assimiler leur langue et d'apprendre à les connaître. Cette interprétation nous est dictée par la constatation des nombreux obstacles auxquels s'étaient heurtés les élèves des deux groupes dans leurs tentatives d'échanges avec l'autre communauté; selon nous, leurs parents ont sûrement dû rencontrer les mêmes difficultés, une génération plus tôt.

La grande majorité des parents interrogé ont encouragé leurs enfants à pariciper à des activités en français, hors de l'école, comme le théâtre, les sports, l'athlétisme. Ils les ont également encouragés à utiliser le français dans leurs rapports avec la communauté, notamment à demander des renseignements en français et à se trouver des compagnons de jeu francophones.

De plus, l'expérience linguistique plus poussée des enfants a également incité les parents à s'améliorer en français; au moins le tiers des parents ont affirmé avoir été influencés en ce sens.

L'analyse des commentaires formulés par les parents sur le programme qu'ont suivi les enfants laisse apparaître une différence frappante: pour presque tous les parents du groupe expérimental, le programme d'immersion en bas âge a été un succès, alors que pour la grande majorité des parents du groupe témoin, les programmes traditionnels d'enseignement du français langue seconde ont été un échec (p< ,001). En outre, les parents du groupe expérimental, en grande majorité, ont déclaré qu'ils opteraient de nouveau pour le programme d'immersion dès la maternelle, alors que les parents du deuxième groupe étaient indécis quant au choix qu'ils feraient si c'était à recommencer (p< ,02).

Commentaires des élèves et des parents

Nous nous arrêterons maintenant aux commentaires formulés spontanément par les élèves et les parents. Ils sont extrêmement révélateurs, car ils permettent de déceler des impressions et des attitudes que le reste du questionnaire ne révèle pas. Nous avons déjà puisé dans ces commentaires pour les exemples plus haut, mais ici, au tableau II, nous indiquons la fréquence de certaines réactions qui reviennent tout au long des commentaires. Ces observations, même si elles concordent avec la partie objective du questionnaire, en disent cependant beaucoup plus long.

Le tableau II rend compte, sous forme de comparaison, d'un certain nombre de réactions récurrentes. Comme les observations étaient faites sans contrainte, leur contenu varie énormément; aussi, nous ne pouvions les soumettre à une analyse statistique car la codification des réponses aurait été difficile et nous ne disposions d'aucun moyen pour évaluer les cas d'absence de commentaires. Néanmoins, certaines tendances se dégagent clairement.

Nous avons constaté qu'environ 33% des élèves du groupe d'immersion avaient déjà travaillé en français à temps partiel ou pendant l'été, comparativement à 10% seulement des élèves du groupe témoin. Environ 70% des élèves du groupe d'immersion s'estiment capables de travailler en français, par rapport à 20% dans le groupe témoin, et, dans l'ensemble, les parents sont d'accord avec leurs enfants sur ce point (questions 1 et 2, tableau II). Environ 28% des élèves du groupe d'immersion s'estiment en mesure de faire leurs études collégiales ou universitaires dans des établissements francophones contre 10% seulement dans le groupe témoin.

Soit dit en passant, environ 56% des parents du groupe d'immersion estiment que leurs enfants pourraient s'inscrire dans des collèges francophones; autrement dit, ils sont plus optimistes que leurs enfants quant aux possibilités de réussite dans un établissement d'enseignement francophone. Les parents exagèrent peut-être la capacité de communication de leurs enfants en français, mais il n'en reste pas moins que le tiers environ des élèves du groupe d'immersion s'estime en mesure de suivre un programme de formation avancé dans un collège francophone.

TABLEAU II — Observations découlant des commentaires: Comparaison du groupe d'immersion et du groupe témoin

		Élèves du groupe d'immersion (N: 18)	Élèves du groupe témoin (N: 22)	Parents du groupe d'immersion (N: 16)	Parents du groupe témoin (N: 20)
1) L'élève a déjà travaillé en français	Oui	33	9	25	5
	Non	55	77	44	80
	Aucune réponse	11	4	31	15
2) L'élève est apte à travailler en français	Oui	72	22	75	20
	Non	6	18	6	20
	Aucune réponse	22	60	19	60
3) L'élève est apte à étudier dans un établissement francophone	Oui	28	9	56	5
	Non	22	27	19	20
	Aucune réponse	50	64	25	75
4) Attitude de l'élève à l'égard de son intégration au milieu francophone	Positive	72	41	88	70
	Négative	17	14	0	5
	Aucune réponse	11	45	12	25
5) Désir de demeurer au Québec ou de partir	Demeurer	39	18	38	30
	Quitter	56	73	38	30
	Aucune réponse	6	0	25	40
6) Confiance de l'élève dans sa capacité de devenir parfaitement bilingue	Confiant	72	27	81	20
	Peu d'espoir Trop tard	6	45	12	50
	Aucune réponse	22	27	6	30
7) L'élève a des amis francophones	Oui	50	27	38	30
	Non	33	50	38	10
	Aucune réponse	17	22	25	60
8) École publique ou école privée	Publique	100	64		
	Privée	0	36		
	Aucune réponse	0	0		

* Les chiffres indiquent des pourcentages.

L'un des sujets qui revient le plus souvent porte sur l'intérêt et la motivation des élèves à s'intégrer davantage à la société québécoise qui les entoure. Les élèves du groupe d'immersion sont mieux disposés à s'intégrer à la sociéé canadienne-française que les élèves du groupe témoin (72% contre 41%). Cette disposition résulte peut-être de leur plus grande facilité à communiquer en français.

Mentionnons qu'il s'agit là d'un autre point sur lequel les parents et les enfants du groupe témoin ne sont pas d'accord: 70% des parents du groupe témoin estiment que leurs enfants sont disposés à s'intégrer à la société canadienne-française contre seulement 40% des élèves (question 4, tableau II). Il s'agit là d'une divergence assez importante à nos yeux et nous nous demandons comment il se fait que les parents et les élèves émettent des vues aussi différentes sur des questions d'une telle importance. Il semble que les parents soient portés à réagir d'une façon plus conformiste, socialement.

Nous avons relevé dans chaque groupe, le nombre d'élèves qui comptaient rester au Québec malgré l'avenir politique et économique incertain de la province. Environ 40% des élèves du groupe d'immersion désirent rester (question 5, tableau II), par rapport à 20% dans le groupe témoin. (À noter qu'ici encore, les parents des élèves témoins pourraient avoir exagéré les dispositions de leurs enfants sur ces questions importantes: 30% des parents pensent que leurs enfants demeureront au Québec, contre 18% des élèves).

Ce qui nous étonne surtout, c'est qu'environ 56% des élèves du groupe d'immersion songent à quitter le Québec malgré leur compétence en français et leur désir de s'intégrer à la société canadienne-française. Cela nous étonne d'autant plus qu'au-delà de 70% de ces élèves estiment qu'ils pourraient devenir parfaitement bilingues s'ils avaient l'occasion de s'exercer comparativement à 27% seulement d'élèves du groupe témoin; ces derniers estiment qu'il est trop tard pour qu'ils puissent devenir parfaitement bilingues (question 6, tableau II). Sur cette question, les parents sont d'accord avec leurs enfants. Par ailleurs 50% environ des élèves du groupe d'immersion déclarent avoir des amis francophones (avec lesquels, on l'a déjà noté, ils ont tendance à parler français) contre 27% seulement des enfants du groupe témoin (qui ont l'habitude d'utiliser l'anglais ou le «franglais»; question 7, tableau II).

Le huitième et dernier point confirme que les élèves du groupe d'immersion sont demeurés dans le réseau des écoles publiques et que presque tous ont fait leurs études ensemble, alors que 25% des familles du second groupe se sont tournées vers le secteur privé. Cette popularité du secteur privé semble traduire chez les parents du groupe témoin un souci de l'avenir de leurs enfants au Québec, notamment un intérêt plus marqué pour la formation complète en français qu'offrent les écoles privées anglaises au Québec (voir les commentaires des élèves et des parents), et un désir d'offrir à leurs enfants un enseignement plus personnalisé. Si les familles du groupe d'immersion semblent plus satisfaites de l'école publique, c'est peut-être que le programme garantissait les progrès de leurs enfants en français, et aussi, un esprit de solidarité, une cohésion, bref, un enseignement plus individualisé.

Les observations donnent lieu à d'autres comparaisons intéressantes. L'une d'elles, qui nous paraît importante, concerne l'attitude des élèves et des parents du groupe d'immersion à l'égard de la fréquentation d'établissements francophones, qui permettrait aux jeunes anglophones de côtoyer des enfants de langue française et de communiquer avec eux en français. Les élèves et les parents de ce groupe nous ont semblé plus favorables à l'idée de pousser plus avant, de passer de l'immersion à la «submersion», en inscrivant leurs enfants dans des écoles françaises; cette idée leur semble même normale. L'attitude générale qui se dégage des commentaires, c'est qu'en dépit du succès du programme d'immersion, les élèves progresseraient plus encore s'ils fréquentaient l'école de langue française et étaient en contact direct avec des francophones. Il est intéressant de noter ici que cette attitude vient plus spontanément aux familles du groupe d'immersion qu'à celles de l'autre groupe, comme si les sujets du premier groupe s'inquiétaient moins que ceux du second de perdre leur anglais ou leur identité culturelle en fréquentant l'école française. Cette conclusion s'appuie sur le compte statistique suivant: cinq élèves et deux parents du groupe d'immersion ont proposé l'inscription à l'école française contre un élève et un parent seulement du groupe témoin. L'une des familles a proposé que les écoles soient «fusionnées», c'est-à-dire que les classes comprennent un nombre égal de francophones et d'anglophones et que l'enseignement soit donné tour à tour en anglais et en français. Toutefois, dans le groupe témoin, trois autres familles considèrent l'inscription à l'école française comme valable mais dans chacun de ces cas, les parents se sont inspirés des expériences vécues par leurs *autres* enfants qui ont suivi le programme d'immersion dès la maternelle ou, comme c'est arrivé pour l'un entre eux, ont fait leurs études secondaires dans une école privée de langue française. Ainsi, le nombre total de sujets qui ont proposé d'eux-mêmes comme solution d'envoyer leurs enfants dans des écoles françaises et qui comptaient déjà *dans leur famille* des ex-participants à un programme d'immersion en bas âge s'élève à 10 (7 élèves et 3 parents) contre 2 (1 élève et 1 parent) dans les autres cas. Il ressort donc que les parents et les élèves qui ont déjà une expérience du progamme d'immersion en sont en général satisfaits et trouvent naturel et profitable de pousser plus avant le processus en intégrant leurs enfants au système d'enseignement francophone.

Conclusions

Voici les conclusions auxquelles nous sommes parvenus après avoir analysé les réponses et les commentaires des parents et élèves des deux groupes.

1. Les élèves et les parents du groupe d'immersion ont grandement apprécié le programme d'immersion; la majorité d'entre eux choisiraient à nouveau le programme si c'était à recommencer. Cette satisfaction générale éprouvée par les

parents du groupe d'immersion — malgré leur mécontentement face aux programme d'études complémentaires de français offerts au secondaire — contraste très vivement avec le mécontentement général manifesté par les parents du groupe témoin à l'égard des programmes de langue offerts à leurs enfants. Ce sont les parents de ce dernier groupe qui sont le plus portés à critiquer sévèrement le système d'enseignement qu'ils considèrent avoir manqué à ses engagements envers eux et leurs enfants. Le secteur privé de l'enseignement leur semble plus apte également à assurer l'avenir de leurs enfants.

2. En général, les élèves du programme d'immersion donnent l'impression d'être à l'aise, assurés, et satisfaits de leurs progrès en français, lesquels dépassent de loin ceux que leurs pairs du groupe témoin ont atteints. Leur sentiment de réussite se traduit de diverses façons: a) ces élèves ont trouvé plus d'occasion de travailler à temps partiel ou l'été, en français, b) ils se sentent beaucoup mieux armés pour travailler en français, c) ils se sentent aussi beaucoup plus capables de poursuivre des études collégiales ou universitaires en français, et d) ils sont plus attirés par l'étude d'autres langues, comme si leur réussite en français et leur confiance dans la possibilité de maîtriser une langue étrangère, avait accru chez eux le désir d'en apprendre d'autres.

3. Les élèves du groupe d'immersion manifestent également une attitude plus positive à l'égard des Canadiens d'expression française et un plus grand désir de nouer des liens avec eux: ils sont aussi plus portés à parler français avec leurs amis francophones.

4. Les élèves du groupe d'immersion sont aussi plus nombreux que leurs pairs à vouloir rester au Québec; toutefois, la majorité des deux groupes songent à quitter la province au cours des prochaines années.

5. Les élèves du groupe d'immersion sont aussi beaucoup plus nombreux que leurs pairs à croire qu'avec l'exercice, ils pourraient devenir parfaitement bilingues. Les deux groupes de parents partagent sur ce point l'avis de leurs enfants. Les élèves du groupe témoin, pour leur part, semblent avoir peu d'espoir de jamais maîtriser le français ou croient qu'il est trop tard pour y arriver.

6. Ayant fait l'expérience du programme intensif de français, les élèves et les parents du groupe d'immersion voient mieux les mérites d'une intégration plus poussée qui pourrait aller jusqu'à la fréquentation d'une école de langue française. Au lieu de voir en cette intégration complète une mesure radicale qui risque de menacer leur langue et leur identité culturelle, un nombre important de parents et d'élèves du groupe d'immersion y voient le prolongement normal du programme d'immersion.

7. En somme, il ressort de l'analyse comparative des deux groupes que le programme d'immersion en bas âge constitue un moyen efficace de développer chez l'élève, non seulement une bonne capacité de communication en français,

mais aussi une confiance en son aptitude à travailler, à étudier et à vivre en français comme en anglais, une conviction qu'il peut, par l'exercice, devenir parfaitement bilingue, et une volonté et un désir de se mêler et de s'intégrer à la population candienne-française.

Par ailleurs, l'analyse a révélé que ces jeunes gens compétents et motivés se heurtent à différentes barrières lorsqu'ils essaient de pénétrer dans le milieu francophone qui les entoure. Certaines de ces barrières semblent enracinées dans la société canadienne-anglaise même, qui ne dispose pas de modèles ou d'exemples de communication avec les francophones; d'autres semblent toutefois ancrées dans la société canadienne-française qui, elle, n'offre pas de modèle de réponse susceptible d'encourager les anglophones qui font l'effort d'amorcer la conversation en français. De plus, ce groupe d'anglophones, qui a terminé ses études secondaires à la fin des années 1970, entre dans une société qui est beaucoup plus divisée et polarisée sur les plans ethnique et linguistique qu'elle ne l'était pour leurs parents ou grands-parents. On se demande comment ces jeunes peuvent apprendre à vivre ensemble alors que les écoles qu'ils fréquentent les séparent suivant leur religion et leur langue. Dans ces conditions, les enfants seraient en droit de se demander pourquoi la société *ne veut pas* qu'ils apprennent l'autre langue ou fréquentent les membres de l'autre groupe ethnolinguistique. Dans une vaste étude effectuée auprès d'élèves francophones du niveau secondaire, Gagnon[14] constata que la grande majorité des élèves trouvait tout naturel que les deux principaux groupes linguistiques du pays apprennent la langue de l'autre communauté; la meilleure formule d'apprentissage de la langue seconde restait encore selon eux l'enseignement et les échanges interpersonnels. L'enquête révélait aussi que plus de 70% des élèves interrogés souhaitaient pouvoir séjourner en milieu anglophone. Aujourd'hui, on ne s'étonnerait pas que les jeunes gens se demandent pourquoi la société leur rend si difficiles l'apprentissage de la langue seconde et les échanges sociaux avec l'autre groupe.

* * *

Comme ces barrières risquent d'engendrer de la frustration, il est important que les éducateurs et les technocrates réfléchissent à la question et trouvent des moyens d'aider les jeunes à comprendre leur société et à contribuer à l'améliorer. La présente étude nous a permis de faire plusieurs constatations: les élèves ont peu d'occasions de parler français en dehors de la classe; ils aimeraient participer davantage à des activités essentiellement francophones mais y sont rarement invités; il n'est pas facile pour eux de se lier d'amitié avec des francophones; enfin, la majorité des élèves des deux groupes songent à quitter le Québec dans les quatre prochaines années. Malgré l'attitude politique actuelle du Québec, qui empêche les élèves francophones d'acquérir une aussi grande compétence de la langue seconde que les anglophones, nombreux sont encore les Canadiens français qui souhaitent établir un contact avec les anglophones, mais qui se heurtent dans leurs efforts, aux mêmes obstacles que ces derniers lorsqu'il s'agit d'établir le contact avec la société canadienne-anglaise[15]. En analysant la situation des deux points de vue, on se rend compte à quel point la ségrégation ethnique et linguistique peut isoler des sous-groupes au sein d'une société. C'est là un problème que certains disent fort répandu dans la plupart des sociétés complexes et multiculturelles[16].

On pourra dire de cette méfiance sociale du contact entre groupes ethnolinguistiques, qu'elle traduit une recherche de la paix et de la sécurité que procure le fait de se sentir «entre semblables»[17]. Si cela est vrai, les tentatives d'échange trop poussées risquent fort de déranger les deux groupes. Placée dans le contexte canadien, cette hypothèse signifierait que les jeunes gens qui ont maîtrisé la langue seconde doivent être circonspects dans leurs efforts pour échanger avec l'autre groupe.

La conclusion la plus importante qui se dégage de la présente enquête sur le programme d'immersion, c'est qu'obligés d'insérer cette nouvelle méthode d'apprentissage dans un contexte social élargi, il nous a fallu prendre conscience de la nécessité de chercher des solutions aux problèmes de ségrégation et de clivage social au sein de la société canadienne. L'amorce d'une solution semble venir naturellement de l'expérience d'immersion même, notamment de ce que les élèves attendent de leur société: qu'elle leur offre l'occasion de mieux connaître l'autre groupe. Que ce soit en tant que parents, éducateurs ou hommes d'État, nous devons écouter et essayer de comprendre les revendications de ces jeunes. Il est fort possible que les solutions recherchées se trouvent dans les questions qu'ils nous posent. Nous sommes d'avis que le Canada, et plus particulièrement le Québec, offre aux chercheurs une mine de solutions qui feraient appel à la bonne volonté de ces deux groupes de jeunes gens.

NOTES

(1) D. Lieberson, *Language and Ethnic Relations in Canada.*

(2) Pinault et Ladouceur, *National Language Policies* , Université McGill, 1971, étude non publiée.

(3) G.R. Tucker et A. d'Anglejan, «A New Direction in Second Language Teaching», R.C. Troike et N. Modiana, *Proceedings of the First Inter-American Conference on Bilingual Education* (Arlington (Va), Center for Applied Linguistics, 1975):63-72.

(4) C'est pourquoi le questionnaire, les annexes et certaines références n'apparaissent pas ici.

(5) Cette recherche a été rendue possible grâce, notamment, aux subventions accodées par le ministère de l'Éducation du Québec à la Commission scolaire régionale protestante South Shore et par le Conseil des arts du Canada à W.E. Lambert et G.R. Tucker.

(6) W.E. Lambert, G.R. Tucker et A. d'Anglejan, «Cognitive and Attitudinal Consequences of Bilingual Schooling...»; G.A. Cziko, *The Effects of Different French Immersion Programs...*; G.A. Cziko, *The Effects of Language...*; M. Bruck, J. Jakimik et G.R. Tucker, *Are French Immersion Programs Suitable....*

(7) W.E. Lambert et G.R. Tucker, *Bilingual Education of Children...*, W.E. Lambert, W.E. Tucker et A. d'Anglejan, «Cognitive and Attitudinal Consequences of Bilingual Schooling...»; M. Bruck, W.E. Lambert et G.R. Tucker, «Bilingual Schooling...»; M. Bruck, W.E. Lambert et G.R. Tucker, «Cognitive Consequences of Bilingual Schooling...».

(8) S. Scott, *The Relation of Divergent Thinking to Bilinguism...*; J. Cummins, «The Influence of Bilingualism...».

(9) W.E. Lambert et G.R. Tucker, *Bilingual Education...*; T.V. Spilka, «Assessment of Second-Language Performance...».

(10) Les données statistiques elles-mêmes et les tableaux dont ces résultats sont tirés ne figurent pas dans la présente version du rapport. (Note des responsables).

(11) Les commentaires spontané de chacune des familles sont disponibles intégralement, mais l'anonymat est conservé.

(12) R.C. Gardner et P.C. Smythe, «The Integrative Motive in Second-Language Acquisition».

(13) W.E. Lambert et G.R. Tucker, *Bilingual Education....*

(14) M. Gagnon, *Attitudes à l'égard de la langue anglaise.*

(15) *Ibid.*

(16) A. Rabushka et K.A. Shepsle, *Politics in Plural Societies....*

(17) W.E. Lambert, «Language as a Factor in Intergroup Relations».

La restructuration scolaire de l'Île de Montréal: une occasion ratée pour les anglophones

Lise Bissonnette

LISE BISSONNETTE est rédactrice en chef du journal *Le Devoir*.

Dans l'histoire des minorités, l'école occupe toujours une place privilégiée. Les dates les plus douloureuses de la saga des francophones hors Québec, par exemple, sont celles de batailles scolaires, contre des lois interdisant l'enseignement en français, ou pour le maintien ou la création d'institutions de langue française. L'école est le lieu de projection d'une collectivité; c'est aussi ce que cette collectivité perçoit comme étant le levier principal de sa propre survivance et de son épanouissement. Elle est de l'ordre de la nécessité. D'autres institutions culturelles peuvent sembler facultatives, mais l'école, par sa fonction d'acculturation des éléments les plus fragiles d'un groupe, les enfants, est un rempart minimal.

La minorité anglophone du Québec ne fait pas exception à la règle. Son expérience est toutefois particulière, et cette particularité commence à peine à ressortir. Ses luttes scolaires sont toutes jeunes encore, dur réveil d'une situation demeurée exceptionnellement confortable jusqu'au milieu des années 1970. «Minorité majoritaire» comme elle continue à se définir elle-même, la collectivité anglophone du Québec était si peu prête à livrer bataille, si convaincue de la pérennité de sa force, qu'elle n'a su lire aucun des signes avant-coureurs de ses difficultés. Parce qu'elle s'est vraiment crue inexpugnable, elle a refusé d'accepter, au moment opportun, les changements qui lui permettraient aujourd'hui de maintenir ses positions. Sa propre stratégie de défense s'est retournée contre elle.

Il n'est guère de phénomène plus instructif, à cet égard, que la tentative dite de «restructuration scolaire»[1] de l'Île de Montréal des années 1960 et 1970. C'est là que la population anglophone du Québec (concentrée, on le sait, dans la région métropolitaine de Montréal) a raté l'occasion de s'associer aux changements que traversait le Québec et de protéger rationnellement son propre développement.

Le refus de s'associer

Faisons d'abord un sort à un cliché. La Révolution tranquille du début des années 1960 fut loin d'être un règlement de comptes avec la minorité dominante au Québec. Il suffit de relire l'une de ses pièces maîtresses, le rapport de la Commission royale d'enquête sur l'enseignement (Commission Parent) pour se rendre compte qu'elle n'étudiait pas le système scolaire sous l'angle politique. Elle était préoccupée d'efficacité pédagogique bien avant qu'elle se soit préoccupée «d'affirmation collective» (pour utiliser le refrain du gouvernement actuel). C'est à ce moment, politiquement «neutre» encore, que la communauté anglophone a signé sa dissociation de l'effort commun en se repliant sur ses positions. Paradoxalement, c'est peut-être elle qui a mis du «politique» là où il était absent.

Il y avait alors 41 commissions scolaires dans l'Île de Montréal et c'est d'abord pour mettre ordre à cette multiplicité que la Commission Parent, soucieuse de rationaliser la structure scolaire, a recommandé de regrouper les commission scolaires en sept commissions «unifiées», c'est-à-dire dispensant l'enseignement dans des écoles de langue française ou anglaise, catholiques ou protestantes, selon les clientèles. Le découpage des commissions eut alors été uniquement territorial.

Dès 1966-1967, soit au cours d'audiences tenues par le Conseil supérieur de l'Éducation sur les recommandations du rapport, la quasi totalité des organismes représentant la communauté anglophone[2] se prononça contre les commissions scolaires «unifiées». Majoritaires au sein des commissions protestantes, les anglophones ne voyaient qu'inconvénients à bouleverser le statu quo.

En 1968, un «Conseil de restructuration scolaire» formé par le gouvernement du Québec dans le but d'étudier le problème particulier de l'Île de Montréal, tenta de contourner la difficulté en proposant la création de «commissions linguistiques», dont neuf seraient de langue française et quatre de langue anglaise. On constata alors la même résistance, tant chez la communauté francophone que chez la communauté anglophone d'ailleurs, face à la déconfessionnalisation des structures. En 1969, le gouvernement de l'Union nationale déposait tout de même un projet de loi (Loi 62) réintroduisant le concept de commissions unifiées. Celui-ci rencontra la même opposition et ce jusqu'à sa défaite, aux élections d'avril 1970. Le gouvernement suivant n'en récidiva pas moins, en 1971, avec le Projet de loi 28, proposant toujours les commissions «unifiées». L'opposition restant vive et politiquement explosive, le gouvernement libéral l'abandonna en juillet 1972 et choisit de débloquer l'impasse en recourant à une démarche par étape. Il allait créer, par la Loi 71, un «Conseil scolaire de l'Île de Montréal» chargé de définir lui-même le type de restructuration scolaire nécessaire. En attendant, on allait fusionner les commissions en huit, soit six catholiques et deux protestantes.

En six ans, de 1966 à 1972, un problème qui était du domaine organisationnel était devenu hautement politique; il s'était changé en une véritable «lutte pour le pouvoir»[3].

Il n'y a rien d'étonnant à la stratégie de défense de la communauté anglophone de Montréal. Cette communauté était la plus forte et le statu quo la favorisait tout à fait. Loin d'être du terrain à conquérir, comme c'est habituellement le cas pour les minorités, la réalité scolaire de Montréal n'était qu'un témoignage parmi d'autres de la puissance de la collectivité anglophone au coeur économique du Québec.

Quelques statistiques

Rappelons les principales mesures de cette situation privilégiée, telles qu'elles se présentaient à la veille des travaux du Comité de restructuration scolaire.

Selon le recensement fédéral de 1971, 17% de la population de l'Île de Montréal était d'origine ethnique britannique. Toutefois, 23,7% de la même population se disait de langue maternelle anglaise et plus encore, 27,4% affirmaient avoir l'anglais comme langue d'usage. En regard, la population d'origine ethnique française était de 59% tandis que 61,2% des recensés affirmaient avoir le français comme langue maternelle et comme langue d'usage. Même si l'étude des transferts linguistiques révèle des nuances complexes, s'annulant jusqu'à un certain point les uns les autres, il n'en demeure pas moins, de toute évidence, que le groupe anglophone était le premier bénéficiaire de l'intégration des allophones, grâce auxquels il augmentait considérablement son poids démographique.

On a assez démontré que les allophones qui choisissent la langue anglaise le font d'abord et naturellement par souci d'ascension sociale, de promotion économique. Le tableau qu'on leur offre ne souffre guère d'interprétations divergentes: les onze villes où les revenus moyens étaient les plus élevés en 1971 étaient majoritairement anglophones, et dans huit d'entre elles, l'anglais était la langue d'usage de plus de 80% de la population. Des études récentes ont démontré que les écarts de revenus entre francophones et anglophones de la région montréalaise ont tendance à diminuer[4] mais les perceptions, largement dues aux concentrations de population, restent indifférenciées, surtout pour les nouveaux arrivants.

Le poids démographique et économique de la communauté anglophone de l'Île se répercutait en s'amplifiant dans la structure scolaire. Alors que 27,4% des habitants de l'Île avaient ou adoptaient l'anglais comme langue d'usage, soit 10% de plus que le seul groupe d'origine britannique, la dualité linguistique du système scolaire gonflait largement ce taux d'attraction. En 1971, 37,1% de la population scolaire de l'Île de Montréal fréquentait le réseau anglais et les projections indiquaient une progression constante. En 1975, le Comité de restructuration publiait le remarquable tableau suivant:

TABLEAU I — **Évolution de la population scolaire dans les réseaux francophones et anglophones des commissions scolaires de l'Île de Montréal**

Réseaux	Années						
	1971	1972	1973	1974	1975	1980	1985
Francophone	62,9%	62,1%	60,9%	59,7%	59,0%	57,3%	56,6%
Anglophone	37,1%	37,9%	39,1%	40,3%	41,0%	42,7%	43,4%

Source: J.-P. Proulx, *La restructuration scolaire de l'île de Montréal — Problématique et hypothèses de solution* (Conseil scolaire de l'île de Montréal, septembre 1976): 204.

La proportion de francophones, pour les années fondées sur les inscriptions réelles, correspond rigoureusement au nombre d'élèves de langue maternelle française, ce qui signifie que les allophones, dans leur presque totalité, s'inscrivaient à l'école anglaise.

Qui plus est, avec le poids démographique toujours croissant du tiers-groupe, la projection indiquait que les réseaux scolaires se dirigeaient assez rapidement vers l'égalité numérique. Le système avait donc fort bien servi la minorité anglophone, ce qui explique sa répugnance aux modifications suggérées par le Rapport Parent comme par les projets de loi subséquents, de 1968 à 1972.

Cette résistance passive allait devenir résistance active au moment même, en octobre 1974, où le Comité de restructuration scolaire de l'Île de Montréal — donc la tâche avait été retardée par divers problèmes techniques — allait entreprendre ses travaux. Trois mois auparavant, en effet, l'Assemblée nationale du Québec avait sanctionné le célèbre Projet de loi 22, qui, en faisant du français la langue officielle du Québec, imposait pour la première fois une forme de coercition pour redresser les transferts linguistiques scolaires massifs. Après des mois de virulents débats entre les partisans, majoritairement anglophones, de la «liberté de choix de la langue d'enseignement», et les forces nationalistes qui voulaient au moins diriger tous les néo-québécois vers l'école française, le gouvernement libéral de Robert Bourassa avait résolu d'interdire l'accès à l'école anglaise aux élèves qui n'avaient pas «une connaissance suffisante de la langue d'enseignement». Pour la réalisation de cette mesure législative ambiguë, il avait imaginé un appareil de «tests linguistiques» devant être administrés aux jeunes écoliers par les commissions scolaires elles-mêmes, lesquelles devraient s'organiser en conséquence.

Les deux commissions scolaires à majorité anglophone de l'Île de Montréal, soit le Bureau des écoles protestantes du Grand Montréal (BEPGM), mieux connu sous le nom de Protestant School Board of Greater Montreal (PSBGM) et la Lakeshore School Board s'étaient vivement et publiquement opposées à la Loi 22 lors de son examen en commission parlementaire, durant l'été 1974. La plus puissante, le BEPGM allait, au cours de l'année scolaire suivante, refuser de participer à l'élaboration des tests, puis les boycotter. Elle allait aussi, avec la commission du Lakeshore d'ailleurs, participer activement à la contestation judiciaire de la constitutionnalité de la Loi 22.

C'est donc au plus fort de la bataille de la communauté anglophone de Montréal contre la Loi 22 que le Comité de restructuration scolaire de l'Île de Montréal procéda à l'essentiel de ses recherches et délibérations, aux prises à la fois avec l'amertume des anglophones et l'insatisfaction des milieux nationalistes francophones pour lesquels la Loi 22 n'était encore qu'une demi-mesure. On comprend encore mieux l'inconfort politique de ces quelques mois si l'on se souvient que le Comité remit son rapport final le premier novembre 1976, soit quinze jours avant l'élection du gouvernement indépendantiste au Québec. Les oppositions politiques étaient alors à leur zénith.

La Loi 22 menaçait la clé même du dynamisme du réseau anglophone d'éducation à Montréal, soit sa force d'attraction pour les nouveaux Québécois. Dès lors, les principaux responsables de ce réseau allaient s'opposer, à toute érosion additionnelle du système qui les avait si bien servis jusque là.

Au 30 septembre 1975, si l'on se rapporte aux statistiques les plus pertinentes de l'époque, 334 419 élèves étaient inscrits aux écoles élémentaires et secondaires de l'Île de Montréal, dont 137 058, soit 41%, dans des établissements anglophones. Près de la moitié de ces derniers (67 760) relevaient des commissions scolaires protestantes, où ils étaient en très forte majorité. Les catholiques anglophones étaient plus dispersés dans des commissions scolaires à majorité francophone mais le secteur anglo-catholique de la Commission des écoles catholiques de Montréal (CECM), avec ses 40 344 élèves, fonctionnait sous une administration relativement autonome.

Le tableau suivant, donnant le relevé des inscriptions pour les deux réseaux par commission scolaire, illustre bien cette concentration des anglophones leur donnant dans l'ensemble une forte marge de manoeuvre malgré leur situation de minorité dans l'ensemble de l'Île de Montréal:

TABLEAU II — **Population des commissions scolaires de l'Île de Montréal au 30 septembre 1975**

C.S. catholiques	Réseau français	Réseau anglais
Jérôme-Le-Royer	22 933	7 625
CECM	133 601	40 344
Sainte-Croix	8 150	3 367
Verdun	8 338	1 872
Sault Saint-Louis	12 860	6 395
Baldwin-Cartier	9 872	9 695
C.S. protestants	Réseau français	Réseau anglais
PSBGM	1 607	50 786
Lakeshore	—	16 974

Source: J.-P. Proulx, *La restructuration scolaire de l'île de Montréal — Problématique et hypothèses de solution* (Conseil scolaire de l'île de Montréal, septembre 1976): 204.

La commission scolaire Lakeshore est donc totalement homogène anglophone, et le BEPGM quasi entièrement anglophone. À Baldwin-Cartier, les anglophones sont en égalité numérique avec les francophones et à la CECM, leur fort nombre leur garantit un statut spécial. Au total, un peu plus de 19 000 élèves sur une population de 137 000 sont en situation de minorité réelle, soit 14% de l'ensemble de la population scolaire anglophone.

La pure logique aurait dû amener la communauté anglophone à tenter de consolider cette position de gestion relativement autonome en réclamant, du Comité de restructuration, des commissions scolaires divisées selon la langue. Mais dans le contexte politique de l'époque, devant une loi qu'ils percevaient comme une menace à leur existence, les porte-parole du groupe ont en général choisi de se replier sur les garanties plus certaines de l'acquis.

Leur analyse reposait sur les garanties scolaires qu'offre la Constitution canadienne, garanties fondées sur la *confessionnalité* et non sur la *langue*. Les minorités catholiques ou protestantes ont en effet le droit de se soustraire à la juridiction des commissions scolaires dites «communes» et d'administrer leurs propres écoles.

Le Comité de restructuration scolaire chercha à savoir si, en dépit des droits des minorités confessionnelles à la dissidence, il était constitutionnellement loisible pour le gouvernement d'une province de modifier les territoires scolaires et le type de commission scolaire, mais il reçut, à ce sujet, des avis juridiques conflictuels. Il n'en était toutefois pas moins évident que, pour les anglophones catholiques ou protestants, les protections constitutionnelles étaient beaucoup plus sûres sur le plan religieux que sur le plan linguistique. La foi devenait donc gardienne de la langue à Montréal aussi, tout comme elle l'avait été depuis longtemps déjà pour les groupes francophones à l'extérieur du Québec.

Les débats publics sur la restructuration

Les groupes anglophones n'ont pas fait mystère de cette perception fort pragmatique lors des audiences publiques que tenait en mai et juin 1975 le Comité de restructuration scolaire. Le plus important groupe protestant, le BEPGM, y a réclamé des structures scolaires à la fois linguistiques et confessionnelles: six commissions franco-catholiques, deux commissions anglo-catholiques et deux commissions anglo-protestantes. Le mémoire du BEPGM expliquait clairement que sa position lui était dictée par son inquiétude devant la Loi 22, et devant la montée des «séparatistes». La confessionnalité, alléguait-il, a fait jusqu'ici ses preuves pour protéger la langue anglaise. (Cinq commissaires du BEPGM ont toutefois communiqué leur dissidence vis-à-vis cette analyse, réclamant pour leur part des commissions unifiées et neutres pour promouvoir «l'harmonie» entre minorités et majorité.)

La commission protestante du Lakeshore, avec la même franchise que le BEPGM, s'est dite en faveur de commissions confessionnelles tant que la menace de la Loi 22 persisterait, et ceci bien qu'elle reconnaisse ouvertement qu'elle aurait préféré des commissions divisées selon la langue. Il faut conserver le statu quo, expliquait-elle «jusqu'au moment où le conflit constitutionnel touchant les dispositions de la loi sur la langue officielle aura été résolu juridiquement et de façon définitive». Plusieurs comités d'écoles du BEPGM et de Lakeshore ont proposé le même type de mémoires au Comité de restructuration.

Du côté des anglophones catholiques, le ton fut beaucoup plus agressif. Logés à l'intérieur de commissions catholiques à majorité francophone, recevant en majorité des élèves des divers groupes allophones s'intégrant à la communauté anglophone, les «anglo-catholiques» désiraient désormais obtenir des commissions distinctes, à la fois confessionnelles et linguistiques. Sept des 40 mémoires présentés aux audiences provenaient de ces groupes, parents, cadres, clergé même. Ils avaient orchestré un véritable «lobbying» donnant une impression de multiplicité — à quelques phrases près, quatre de ces mémoires étaient identiques.

Inspirés en grande partie par l'importante communauté irlandaise catholique de Montréal, les mémoires témoignaient d'un attachement beaucoup plus direct que celui des protestants à la confessionnalité des écoles et des structures scolaires. Mais, interrogés par les membres du Comité, la majorité de leurs porte-parole affirmaient sans ambages que s'ils n'obtenaient pas les commissions anglo-catholiques qu'ils réclamaient, ils préféreraient joindre les rangs des protestants dans des commissions divisées selon la langue, c'est-à-dire anglaises, quitte à tenter d'y maintenir leurs écoles catholiques. Mais ils désiraient clairement mettre fin à leur cohabitation avec les francophones dans des commissions catholiques.

Des quarante mémoires présentés aux audiences, une trentaine se disaient favorables à des commissions confessionnelles. De ces derniers, à peine six ou sept (venant surtout de groupes francophones fidèles à la position de l'archevêché de Montréal) faisaient toutefois de la question religieuse une demande primordiale.

Plusieurs groupes francophones prestigieux, dont la CECM elle-même et les grands syndicats, avaient refusé de présenter un mémoire aux audiences de 1975, en alléguant qu'ils s'étaient déjà manifestés en commission parlementaire à Québec au moment de l'étude du Projet de loi 28, en 1971. Les audiences de 1975 à Montréal furent donc largement dominées par les réclamations de la collectivité anglophone.

La restructuration avortée

Loin de clarifier les aspirations, les audiences avaient donc rajouté à la quadrature du cercle. Après 78 réunions, dont les audiences, et deux ans de travaux, les sept membres du comité de restructuration remettaient en novembre 1976 un rapport non concluant. Quatre membres proposaient un découpage à la fois linguistique et religieux des commissions scolaires (franco-catholiques, franco-non confessionnelles, anglo-catholiques, anglo-protestantes).

Trois membres francophones du comité se disaient toutefois dissidents, chacun pour des raisons différentes. Dans ces conditions, et avec l'élection, quinze jours plus tard, d'un gouvernement du Parti québécois pour présider aux destinées du Québec, le rapport était appelé à rester lettre morte.

Le Conseil scolaire de l'Île de Montréal en fit tout de même l'étude en trois séances, de janvier à mai 1977. Il rejeta la proposition majoritaire du Comité de restructuration, et finit, sur division et avec seulement une voix de majorité encore une fois, par se résigner à faire au gouvernement québécois une recommandation en faveur du statu quo. On recommandait toutefois la création d'écoles non confessionnelles à l'intérieur des commissions catholiques ou protestantes. L'opération restructuration se soldait par un échec total, auquel le ministère de l'Éducation ne répondit que par le silence.

Les lendemains

Beaucoup plus radicale que la Loi 22 au chapitre de la langue d'enseignement, la Loi 101, sanctionné en 1977, allait mettre en place des mécanismes visant le blocage systématique des transferts linguistiques scolaires. Ne seraient désormais admis aux écoles anglaises que les enfants déjà inscrits et ceux dont les parents avaient reçu leur éducation en anglais dans une école de la province.

Il est encore trop tôt pour mesurer tous les effets de ces dispositions sur les inscriptions à l'école anglaise, mais l'affaiblissement du réseau scolaire anglophone est déjà évident: sa chute numérique, due au déclin des naissances, est plus rapide que celle du réseau francophone et la francisation générale amenée par la Loi 101 a provoqué un fort mouvement de la population anglophone elle-même vers l'inscription des enfants à l'école française.

Revenons au *Tableau I*. Il indiquait, au moment des travaux du Comité de restructuration, que le réseau scolaire anglais comprenait, en 1975, 41% de la population scolaire de l'Île et qu'il allait, en progressant régulièrement, passer à 42,7% en 1980 et à 43,4% en 1985. Selon les plus récentes statistiques disponibles, celles des inscriptions scolaires pour l'année 1980-1981[5], le réseau anglais comptait alors 37,6% de la population scolaire de l'Île; il était donc revenu à peu près à son niveau de 1971 et 1972.

Le nombre absolu d'inscriptions ne cesse de décroître partout dans les écoles de l'Île de Montréal, mais plus sensiblement chez les anglophones que chez les francophones. Entre 1979 et 1980, par exemple, le réseau francophone a perdu 4 800 élèves, soit 3% de ses effectifs, tandis que le réseau anglophone en perdait

9 300, soit 9,2% de ses effectifs. Ce renversement est certainement dû à la Loi 101 puisqu'il a commencé à se produire l'année même qui a suivi sa promulgation. (Entre 1976 et 1977, c'est le réseau français qui avait perdu le plus, 12 000 élèves, tandis que le réseau anglais en perdait 8 000).

Les démographes attribuent cette tendance en bonne partie à la création de classes d'accueil, de langue française, qui doivent recevoir désormais les enfants de familles néo-québécoises, ainsi qu'à un déplacement volontaire des anglophones vers les classes françaises.

Les commissions scolaires protestantes, après avoir boycotté l'application de la Loi 101 en 1977, se sont résignées à ouvrir elles-mêmes des classes d'accueil françaises en 1978 et leur «secteur français» croît rapidement. La commission de Lakeshore, qui n'avait aucun élève inscrit en français en 1975, en dénombrait 820 dans des classes françaises à la rentrée de septembre 1980. De son côté, le Bureau des écoles protestantes du Grand Montréal, qui, en 1975 avait 1 600 élèves inscrits en français, en desservait près de 4 000 dans ses classes françaises cinq ans plus tard.

Les secteurs anglophones des commissions scolaires catholiques, surtout celui de la CECM, ont continué à défier ouvertement la loi et à accepter dans leurs classes des élèves «clandestins», qui ne satisfont pas aux règles d'accès à l'enseignement en anglais. On estime aujourd'hui à quelque 1 500 le nombre de ces jeunes enfants dont les parents persistent à les envoyer à l'école anglaise. Il s'agit surtout de familles des communautés néo-québécoises, tandis que le mouvement volontaire vers l'école française est le fait des familles anglophones d'origine britannique surtout, apparemment, des secteurs les plus favorisés de l'Île de Montréal. Le comportement de ces dernières, dicté par un réalisme économique face à un Québec francophone, devrait, il semble bien, avoir un effet d'entraînement chez les groupes qui ont adopté l'anglais comme langue d'usage justement à cause des bénéfices économiques qu'ils comptaient en retirer.

Il est sans doute trop tôt pour prédire exactement le taux de décroissance du réseau scolaire anglais dans l'Île de Montréal. (Les démographes du Conseil scolaire prévoient qu'il passera sous le seuil des 70 000 élèves en 1984, donc qu'il aura perdu, en chiffres absolus, plus de la moitié de ses effectifs en dix ans.) Cependant, il est évident que comme l'indique déjà la répartition des élèves, surtout dans les commissions catholiques à majorité francophone, on atteindra bientôt un seuil critique à partir duquel il deviendra difficile, fort coûteux, et parfois carrément impossible de fournir aux classes anglaises un encadrement et des services adéquats.

C'est pourquoi certains leaders d'opinion de la communauté anglophone, alarmés par des rumeurs selon lesquelles le ministre de l'Éducation, à la fin de 1981, serait tenté à nouveau par l'idée de «l'unification» des commissions scolaires, commencent enfin à étudier sérieusement l'hypothèse d'une restructuration scolaire sur des bases linguistiques.

TABLEAU III — **Inscription totale pour les deux réseaux des commissions scolaires de l'Île de Montréal, 1980**

C.S. catholiques	Francophones	Anglophones
Jérôme-Le-Royer	18 008	6 356
CECM	95 595	25 165
Sainte-Croix	6 941	2 170
Verdun	5 802	1 063
Sault Saint-Louis	10 232	4 700
Baldwin-Cartier	11 250	6 961
C.S. protestantes	**Francophones**	**Anglophones**
PSBGM	3 847	33 113
Lakeshore	820	12 322

Source: Inscription des élèves au 30 septembre 1980. Rapport présenté au Conseil scolaire de l'Île de Montréal le 15 décembre 1980.

Si cette hypothèse devait faire son chemin, la communauté anglophone de Montréal aurait enfin accepté une réalité brutale mais viable: sa situation de minorité. Elle se retrouverait dans des structures scolaires qui ne chercheraient plus en priorité à servir de pôle d'attraction, mais bien à garantir à leur clientèle naturelle, les véritables anglophones de la région, une cohésion culturelle et un lieu pour se manifester de façon plus homogène. C'est là l'essentiel de la force d'une minorité. Pour l'avoir compris un peu tard, sinon trop tard, la communauté anglophone de Montréal dépend maintenant, pour l'obtention de structures scolaires rationnelles et la protégeant mieux, du bon vouloir d'un gouvernement qui n'a guère d'intérêt à se presser.

NOTES

(1) La plupart des statistiques et des éléments historiques de cet article sont tirés du remarquable ouvrage de M. Proulx, qui fut secrétaire exécutif du Comité de restructuration scolaire de l'Île de Montréal, Jean-Pierre Proulx, *La restructuration scolaire de l'Île de Montréal — Problématique et hypothèse de solution.*

(2) *Ibid.*, p. 5.

(3) *Ibid.*, p. 7.

(4) Paul Bernard et al. *L'évolution de la situation socio-économique des francophones et des non-francophones au Québec (1971-78).*

(5) *Inscription des élèves au 30 septembre 1980.* Rapport présenté au Conseil scolaire de l'Île de Montréal le 15 décembre 1980.

Regard sur les universités anglophones du Québec

Jean-Louis Roy

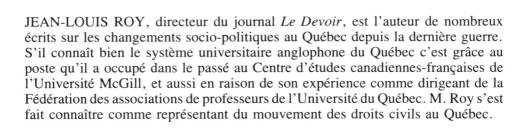

JEAN-LOUIS ROY, directeur du journal *Le Devoir*, est l'auteur de nombreux écrits sur les changements socio-politiques au Québec depuis la dernière guerre. S'il connaît bien le système universitaire anglophone du Québec c'est grâce au poste qu'il a occupé dans le passé au Centre d'études canadiennes-françaises de l'Université McGill, et aussi en raison de son expérience comme dirigeant de la Fédération des associations de professeurs de l'Université du Québec. M. Roy s'est fait connaître comme représentant du mouvement des droits civils au Québec.

Lorsque nous avons invité M. Jean-Louis Roy, tout comme nous l'avons fait pour les autres auteurs, à mettre son article à jour, celui-ci a préféré le conserver tel quel, mais à condition qu'il soit explicitement daté. Respectant ce voeu, nous demandons aux lecteurs de se rappeler que cet article a été écrit en 1979 — soit avant le Référendum — l'époque où l'actuel directeur du journal *Le Devoir* était professeur à l'Université McGill. Les responsables du présent ouvrage laissent aux lecteurs le soin de juger à quel point les critiques de M. Roy sur le milieu universitaire de langue anglaise sont toujours pertinentes.

Nous devons situer les débats déjà amorcés et à venir concernant le statut, les fonctions et l'avenir des universités anglophones québécoises* à trois niveaux de réflexion.

Dans le vaste courant de critique qui, depuis plus d'une décennie, ébranle l'apparente solidité institutionnelle des universités en Occident, le Québec, à son tour, évalue la signification et la rentabilité de ses investissements dans le domaine de l'enseignement supérieur. Invoquant des impératifs financiers, la nécessité de rationaliser et de planifier l'ensemble des choix qui, depuis les immobilisations jusqu'aux programmes de cours aux divers cycles, supportent le maintien et la croissance des institutions d'enseignement supérieur, le gouvernement du Québec force les universités à rendre un compte plus rigoureux de l'usage des fonds public qu'il leur verse. Les débats que ne manqueront pas de susciter le dépôt du Livre vert pour une politique québécoise de la recherche scientifique et le rapport final de la Commission d'étude sur les Universités** conduiront à resserrer la planification de ces secteurs d'activités. Dans ce contexte, toutes les universités québécoises, francophones et anglophones, seront amenées à redéfinir leur situation dans la société et dans le réseau universitaire, à préciser leurs objectifs et à faire la preuve de la pertinence de leurs choix institutionnels.

L'avenir des universités anglophones constitue un des éléments majeurs d'une question plus vaste concernant le statut de la minorité anglophone québécoise.

Dès le début de la présente décennie un débat fondamental fut amorcé au sein de la société québécoise. L'objectif recherché consistait à défaire la fausse dualité linguistique qui, jusque-là, présidait aux débats politiques et culturels québécois. Pour plusieurs, les droits des minorités ethniques ne devaient plus être définis à partir d'une dualité linguistique (langue française — langue anglaise). Selon eux, les cultures des différents groupes ethniques ont une valeur égale en droit, qui découle de la diversité même des fondements de leur présence propre au Québec. Niveler les cultures des différents groupes ethniques au Québec par une langue seconde unique, c'est déséquilibrer le rapport majorité-minorités, c'est établir une division et un déséquilibre qui n'est pas justifié par une juste évaluation des droits de ces groupes, l'un par rapport à l'autre. On posait alors la question suivante: «Qui saurait départager, pour les hiérarchiser, les mérites divers de la présence des groupes esquimau, indien, juif, anglo-saxon, italien, compte tenu des différences entre leurs caractéristiques culturelles, leur passé sur ce territoire et l'importance numérique de leur population respective?»

* Ce texte ne constitue pas une analyse serrée, une étude scientifique des institutions universitaires anglophones du Québec mais plutôt une libre réflexion d'un universitaire québécois francophone sur les conditions d'un usage maximal de cet ensemble remarquable de ressources que représentent les universités anglophones.

** Note des responsables de la publication: le rapport fut en fait déposé en avril 1979.

En plus d'absorber les conséquences législatives et règlementaires de ces prises de conscience nouvelles, la minorité anglophone a vu sa situation séculaire profondément altérée. Historiquement, elle a été perçue et s'est perçue elle-même, comme une composante de la majorité anglo-canadienne située dans un milieu minoritaire, celui des Canadiens français du Québec. Cette vision des choses est maintenant radicalement altérée. Les Québécois francophones se considèrent maintenant comme majoritaires sur leur propre territoire. Au-delà des options politiques, ce sentiment et ce statut sont désormais une composante essentielle de la conscience politique québécoise. Ils se traduisent dans des législations et des règlementations qui ont, ces dernières années, affecté les domaines scolaire et linguistique.

Enfin, l'avenir des institutions anglophones québécoises, donc celui des universités anglophones, sera substantiellement affecté par le dénouement de la crise constitutionnelle canadienne.

En dépit de plus de douze années de négociations constitutionnelles, les problèmes — tant au plan des principes qu'au plan des aménagements concrets — posés par le statut et les droits des minorités, ne semblent pas encore être en voie d'être résolus. Les recommandations de la Commission Laurendeau-Dunton relatives à la création de districts bilingues, les textes élaborés lors des diverses conférences constitutionnelles, le refus par les premiers ministres provinciaux anglophones d'accueillir favorablement la proposition de réciprocité de l'actuel gouvernement du Québec quant aux aménagements scolaires des deux sociétés, la récente proposition de la Commission Pépin-Robarts visant à remettre entièrement aux provinces le pouvoir d'aménager les services scolaires et autres susceptibles de répondre aux besoins et aspirations des minorités, autant d'alternatives qui, sur une période de quinze années, marquent la difficulté et l'absence de volonté politique quant à la solution de ce problème majeur qui confronte les Canadiens.

Tel est le contexte dans lequel se posent les questions du statut, des fonctions et de l'avenir des universités anglophones québécoises. Il faut de plus ajouter aux éléments déjà identifiés, les effets prévisibles de la Loi 101, qui oblige les nouveaux Québécois à inscrire leurs enfants dans le système scolaire de la majorité francophone, et les conséquences précises de la dynamique démographique propre à la minorité anglophone. Nous laissons à nos collègues spécialistes de ces questions le soin d'en faire apparaître l'importance. Pour notre part, nous limiterons notre réflexion aux trois perspectives déjà dégagées.

Un fait majeur doit d'abord être signalé. Alors que les Québécois francophones multiplient depuis près de vingt ans les autocritiques, les remises en question de leur société et de leurs institutions, et cherchent de nouveaux fondements et de nouveaux modèles à leur existence collective et à leur développement, la communauté anglophone du Québec est restée pour sa part étrangère à cette constante recherche qui a conduit la société francophone du Québec à redéfinir les conditions de sa situation interne et des relations qu'elle souhaite entretenir avec les sociétés voisines et la communauté internationale.

La minorité anglophone s'est ainsi constituée en constante situation de réaction. Elle n'a pas su passer à une affirmation vigoureuse et responsable de son statut de partenaire québécois au sein des débats de la majorité. Elle n'a pas su se définir et s'affirmer comme entité différente, ayant ses propres exigences et responsabilités comme première minorité historique et démographique au Québec. La communauté intellectuelle anglophone largement constituée par la communauté universitaire anglophone a aussi failli à l'une de ses responsabilités essentielles. Elle est restée à l'écart des lieux de discussions et de décisions de la majorité. Elle a ainsi isolé la minorité anglophone québécoise des processus démocratiques les plus essentiels au point où elle n'a même plus de représentation identifiable au sein du gouvernement et du Parlement québécois. On a noté, à maintes reprises, sa totale absence de la fonction publique québécoise.

On pourrait dire de la minorité anglophone québécoise qu'elle n'a pas su, durant les deux dernières décennies, s'affirmer en tant que communauté sociale et politique. Face à certains éléments de la majorité, elle s'est fixée davantage dans une attitude négative et a entretenu des faisceaux de préjugés qu'elle avait l'obligation et la responsabilité de défaire et de transformer en offre de collaboration.

On peut invoquer le paradoxe suivant quant aux attitudes exprimées de la minorité anglophone québécoise: elle a souhaité au lendemain de la guerre la modernisation de la société québécoise, puis, quand cette modernisation est venue, elle en a vite craint les manifestations et les conséquences essentielles. À la limite, ce retrait a pris les formes d'une incompréhension profonde, voire d'une appréhension psychologique constante.

* * *

Comment expliquer cette faillite de la classe intellectuelle (universitaire) anglophone du Québec?

Certains invoquent la composition même de cette classe universitaire, et se demandent dans quelle proportion les membres du personnel de ces institutions ont reçu leur premier diplôme dans une université québécoise, voire canadienne.

D'autres évoquent la barrière linguistique à la fois au niveau des institutions et des individus. Ils cherchent à comprendre pourquoi, encore aujourd'hui, les services publics des institutions anglophones, leur personnel administratif et leur visage institutionnel restent, malgré des transformations récentes et obligatoires, largement étrangers à la langue de la majorité.

Ces deux facteurs expliqueraient, en partie du moins, la distance institutionnelle, voire professionnelle, qui isolerait la communauté intellectuelle anglophone de sa contrepartie francophone québécoise.

À un autre niveau, l'assurance historique d'être partie intégrante et puissante de la majorité canadienne diminuait sans doute l'obligation de prendre l'exacte mesure de sa taille et de sa force. Cette situation étant maintenant renversée, la majorité anglophone doit effectuer cet exercice difficile. Autrement elle se condamne à une lutte perdue d'avance pour des privilèges, des «droits acquis», et autres réalités plus victoriennes que contemporaines. Ici encore apparaît la faillite de la classe intellectuelle (universitaire) anglophone du Québec.

Où sont les études sérieuses et utiles sur la minorité anglophone du Québec? Aujourd'hui encore, alors qu'elle est ébranlée jusque dans ses fondements, nous sommes condamnés à en parler en termes généraux; et dans certains milieux on continue à colporter les plus invraisemblables âneries sur elle. Le discours rectificatif n'est-il pas la responsabilité de la classe intellectuelle de la minorité?

Ces diverses constatations démontrent la faiblesse ou l'absence de stratégies de la part de la classe intellectuelle anglophone du Québec.

La concertation des différents éléments qui composent la minorité anglophone — institutions universitaires et scolaires, syndicats, milieux des affaires, institutions sociales, associations volontaires — aurait pu créer les conditions d'un vigoureux dialogue démocratique avec la majorité et aurait permis à la minorité d'apparaître pour elle-même, et au sein de la société toute entière, comme une composante essentielle de cette dernière. Cette concertation n'aurait certes pas été facile. Elle aurait sans doute porté ses propres tensions. Son mérite essentiel eut été de forcer chacune des composantes à clarifier ses propres objectifs, et à identifier les domaines indispensables du dialogue avec la majorité, les zones de conflits potentiels et les secteurs de collaboration. Cette concertation et ce dialogue n'ont pas eu lieu.

La minorité anglophone reste aujourd'hui sous-représentée dans tous les débats concernant l'avenir de la société québécoise. La classe intellectuelle (universitaire) est largement responsable de cette situation déplorable à la fois pour la minorité et pour la majorité. Encore emprisonnée dans la tradition du laisser-faire, elle s'est condamnée ainsi à la réaction, à la protestation naïve sans effet. On doit le déplorer, d'autant plus que le dossier qu'elle aurait pu défendre mérite mieux que ce retrait, somme toute insignifiant. Certaines de ses traditions, on ne l'oublie pas, sont au coeur même du projet éducatif québécois depuis 1963: service régional, démocratisation de l'accès à l'enseignement supérieur, décentralisation des services culturels.

On doit le déplorer d'autant plus que certaines des ressources des institutions universitaires de la minorité anglophone ont été et continuent d'être supérieures à celles dont disposent les chercheurs de la majorité.

On doit le déplorer parce que les ressources humaines et institutionnelles des universités de la minorité anglophone ont été sous-utilisées à une époque où le Québec aurait eu beaucoup à gagner d'une participation active des institutions universitaires anglophones.

On doit le déplorer, enfin, parce que cet isolement, ce retrait de la classe intellectuelle anglophone prive la minorité anglophone elle-même d'une juste compréhension des interrogations et des aspirations de la majorité. Les motifs de ce retrait méritent un examen attentif.

* * *

Les commentaires qui précèdent précisent par la négative ce qui est attendu des institutions universitaires anglaises et des universitaires anglophones du Québec.

En premier lieu, de la part de la plus importante de ces institutions, soit l'Université McGill de Montréal, on attend un dégonflement du discours officiel. La vocation internationale n'est plus l'apanage exclusif de cette institution de la rue Sherbrooke. Les activités internationales de la communauté universitaire québécoise sont maintenant réparties dans l'ensemble du réseau. Elles ne sauraient être invoquées par une institution pour la singulariser de toutes les autres, pour lui assurer un statut privilégié qui historiquement pouvait correspondre à une situation objective, mais qui aujourd'hui ne saurait être invoqué comme une exclusivité. Il en va de même de la notion d'excellence qui est un objectif recherché avec autant d'ardeur et de ténacité par toutes les institutions universitaires québécoises. On attend d'ailleurs du milieu universitaire plutôt l'autocritique que l'auto-apologie.

On attend des institutions universitaires anglophones du Québec financées à 85% (tout comme les institutions universitaires francophones d'ailleurs) par les fonds publics, qu'elles acceptent de servir prioritairement la collectivité qui leur consent avec une exacte justice des ressources considérables. Cette reconnaissance, dans la conjoncture actuelle, peut impliquer la mise en commun de ressources physiques, financières et humaines entre deux ou plusieurs institutions d'enseignement supérieur. Elle peut impliquer la fusion, voire l'abandon de certains programmes et la limitation des inscriptions d'étudiants étrangers. Elle peut impliquer la modification de programmes existants afin d'assurer, en partie du moins, que leur contenu prépare les étudiants psychologiquement et socialement à s'insérer en plus grand nombre et harmonieusement dans les institutions québécoises du secteur privé et du secteur public. On songe en particulier à la préparation d'étudiants anglophones pour la fonction publique québécoise.

On attend des institutions universitaires anglaises et des universitaires anglophones du Québec qu'ils exercent avec fermeté leur fonction critique quant au développement des institutions publiques et des mouvements économiques, sociaux et culturels québécois. Cette fonction critique qu'ils partagent avec leurs homologues francophones doit s'effectuer de façon scientifique d'où sont exclues les considérations ethniques et partisanes. Ce vaste retour aux faits eux-mêmes implique une connaissance minutieuse de la société québécoise. Cette implication aurait sans doute des effets déterminants sur les politiques de sélection du personnel académique en particulier dans le vaste domaine des sciences sociales. Cette fonction critique doit être visible, accessible et incarnée.

On attend des institutions universitaires et des universitaires anglophones du Québec qu'ils s'identifient avec fermeté et constance aux réclamations objectivement fondées des institutions francophones et du Québec en général dans les nombreux domaines d'activité où le Québec a été, pour des raisons diverses, mal servi ou desservi par les politiques fédérales ou les diverses orientations du fédéralisme canadien. Pour ne retenir que deux exemples, on pense en particulier aux choix d'investissements du gouvernement fédéral dans le domaine de la recherche scientifique et à la volonté unanime des Québécois francophones (exprimées par tous les partis politiques québécois) de reprendre le contrôle de certains domaines d'activités qui durant le dernier quart de siècle, a été assumé par le gouvernement fédéral. Il ne s'agit pas bien sûr pour les intellectuels anglophones du Québec d'être à la remorque de la dernière ineptie constitutionnelle en provenance de Québec mais de participer vigoureusement à l'un des deux grands débats intellectuels canadiens, soit celui des conditions d'un rapport équilibré, fonctionnel et démocratique entre les deux nations canadiennes et québécoises, l'autre débat étant celui du contrôle par les Canadiens de leurs institutions financières, commerciales et culturelles.

Il s'agit, ni plus ni moins, de savoir si la communauté anglophone du Québec se considère et se définit comme un fragment du Canada anglais ou comme une des composantes essentielles de la société québécoise.

Ce choix laisse un vaste éventail d'options politiques. Il n'exclut aucune des alternatives fondamentales que posera aux citoyens québécois le référendum à venir.

En effectuant cette nécessaire remise en question les universitaires anglophones du Québec forceraient le débat au sein de leur groupe ethnique, assurant peut-être à la minorité anglophone les conditions d'une cohérence qui lui fait actuellement défaut. Ils alimenteraient la discussion publique, la confrontation démocratique au sein même de la majorité (dont la complaisance et les tendances unilatérales posent souvent des problèmes) et avec celle-ci. Ils se mettraient en fait à exercer leur fonction de citoyens corporatifs et privés dépassant ainsi l'attitude attentiste, voire négative, dans laquelle ils ont ces dernières années donné l'impression de s'être figés.

En effectuant cette nécessaire remise en question, les universitaires anglophones du Québec inscriraient finalement leurs interventions dans le processus démocratique. Ils se retrouveraient dans les groupes sociaux, les mouvements volontaires, les partis politiques, les associations professionnelles et scientifiques, non pas comme des étrangers incompris et inactifs, mais comme des citoyens aptes à imprégner les débats et les choix collectifs de leurs propres idées et de leurs propres valeurs. Ils redonneraient ainsi aux institutions qu'ils animent une nouvelle crédibilité et visibilité sociale. Le pouvoir qu'ils prendraient et exerceraient se prolongerait dans des formes nouvelles de définition des institutions universitaires anglophones du Québec, comme institutions de la société et faisant partie intégrale de celle-ci. Ils découvriraient que pour être puissants à l'extérieur il leur faut l'être à l'intérieur. Cette dynamique risquerait sans doute de briser le fragile statu quo actuel, de transformer les rapports de force au sein des institutions... et ferait même apparaître des convergences d'intérêt entre eux et leurs collègues francophones.

Ce projet trop vite formulé trouvera-t-il les animateurs qui lui donneraient corps et âme? Il suppose une prise de conscience radicale des transformations réelles qui ont changé les statuts respectifs des francophones et des anglophones québécois au sein du Canada et du Québec. Il suppose le passage de l'autodéfense à l'autocritique.

La route à parcourir me semble bien longue et le temps disponible bien limité.

Sixième partie

LES MEDIA

En période de crise et de rapide évolution, il ne faut pas trop s'étonner de ce que le rôle joué par les media dans la diffusion de l'information et l'interprétation de l'actualité provoque débats et controverses. Au Québec, la presse anglophone, tant écrite que parlée, ne fait pas exception à la règle. Au cours des dernières années, elle a fait l'objet de nombreuses critiques fusant de toutes parts. On l'a en effet accusée de passer sous silence des événements importants, de se dresser en bloc contre le gouvernement du Québec, de faire preuve de sectarisme politique, de sensationnalisme, de chauvinisme, de tiédeur à défendre les intérêts des anglophones et du fédéralisme. La liste des griefs s'allonge à l'infini et les premiers visés sont les journalistes qui se trouvent sur la ligne de tir entre les parties.

La présentation de l'actualité québécoise préoccupe d'ailleurs les journalistes eux-mêmes depuis quelques années déjà. En 1972, l'Association of English Media Journalists of Quebec publiait un document au titre révélateur: *The English Media in Quebec: A distorting Mirror of Reality?* (Montréal, Reporter Publications). À la fin des années 1960, le *Montreal Star* faisait appel aux services de journalistes francophones pour améliorer la qualité de ses reportages sur les événements québécois. En 1975, lorsque la seule station radiophonique anglophone de Québec ferma ses portes, le réseau anglais de Radio-Canada s'en porta rapidement acquéreur, remplaçant la programmation de cette station, axée presque uniquement sur la musique populaire, par un service intégré au réseau national et diffusant quelques nouvelles locales.

Si l'on considère le nombre des organes d'information dont ils disposent, les anglophones du Québec sont plutôt choyés. Dans la région de Montréal, on trouve en effet de nombreuses stations radiophoniques, deux chaînes de télévision et, jusqu'à récemment, deux quotidiens; il existe aussi une presse régionale bien établie, de l'Abitibi et de la vallée de l'Outaouais jusqu'en Gaspésie, ainsi qu'un service radiophonique pour les communautés éloignées, le Quebec Community Network, sans compter la proximité, pour beaucoup d'anglophones, des media des États-Unis et des provinces voisines. Et pourtant, de graves problèmes de structure transparaissent dans les informations et les éditoriaux des media anglophones. David Waters signale certains de ces problèmes et Arthur Siegel, dans son analyse sur les communications, en dégage les conséquences sur le contenu de l'information, du moins dans les journaux. Tous nos media semblent particulièrement sensibles aux mouvements démographiques. Ainsi, la baisse de la population anglophone a amené, en 1972, le *Quebec Chronicle-Telegraph*, quotidien qui desservait la région de Québec et une grande partie de l'Est du Québec, à se transformer en hebdomadaire. Plus récemment, voyant diminuer le nombre de leurs lecteurs dans la région de Montréal, le *Montreal Star* et la *Gazette*, s'engagèrent dans une lutte sans merci à laquelle, affirmait-on, — avec raison d'ailleurs — un seul survivrait.

Les considérations d'ordre démographique sont toutefois d'importance secondaire en regard du fait que les principaux media anglophones appartiennent à des entreprises non québécoises dont le siège social est situé à Toronto — CBC,

317

Southam (*The Gazette*) et Free Press Publications (*The Montreal Star*, avant sa disparition). Cette situation amène inévitablement les media concernés à offrir une perspective fortement axée sur l'unité nationale et sur les intérêts de l'ensemble du Canada. Il en résulte aussi que les cadres, et parfois même les journalistes, viennent de l'extérieur du Québec. Ils n'ont souvent qu'une piètre connaissance du français et leurs liens et intérêts sont perçus comme opposés à ceux du Québec; leur façon de présenter l'actualité québécoise ne peut donc que s'en ressentir. Ces journalistes mettent davantage l'accent sur les événements susceptibles d'affecter les intérêts et l'avenir des anglophones du Québec par rapport au reste du Canada anglais, et négligent d'autres questions d'actualité, notamment dans le domaine social. Ainsi, les Québécois de langue anglaise ont fait peu de cas à l'époque des réformes apportées dans les domaines de la santé et des affaires sociales en vertu de la Loi 65 du gouvernement libéral; ils n'ont manifesté à peu près aucun intérêt pour les activités du Conseil du statut de la femme (nous songeons, en particulier, à la publication de l'ouvrage intitulé *Les Québécoises: égalité et indépendance*) ni, jusqu'à ces derniers temps, pour l'action menée par la Fédération des francophones hors Québec, porte-parole officiel de l'autre minorité. Toutefois, l'attention récemment accordée par la *Gazette* au rapport de la Commission Jean sur l'éducation des adultes témoigne peut-être d'un nouvel intérêt à l'égard de la situation globale au Québec.

Pour les journalistes anglophones du Québec, eux-mêmes originaires de la province et témoins attentifs de l'actualité locale, la situation présente est difficile, comme l'atteste David Thomas plus loin dans le présent ouvrage. Selon eux, les media, aidés en cela par certains événements extérieurs, contribuent à mobiliser la population sur le plan linguistique et ne lui transmettent que l'information «qu'elle souhaite recevoir». Soumis à des propriétaires et à des gestionnaires manifestement étrangers à la province, les journalistes s'estiment coincés entre les deux forces en présence. Traités avec suspicion et ayant peu de chance d'occuper des postes de commande dans les media locaux, ils se voient dans l'impossibilité de donner un compte rendu fidèle des événements importants qui se produisent au Québec et de fournir ainsi aux anglophones l'information qui leur permettrait de juger plus objectivement des faits. En raison aussi de la façon dont les media interprètent l'actualité, le gouvernement traite souvent ces mêmes journalistes comme une opposition non officielle.

Pour les journalistes anglophones du Québec, la solution immédiate est de quitter les media locaux et de faire des reportages sur l'actualité québécoise pour le compte des media canadiens-anglais des autres provinces. Comme ces organes d'information traitent déjà un peu le Québec comme un pays étranger, les journalistes à leur emploi croient jouir d'une plus grande liberté dans leurs reportages et analyses. Par conséquent, ce sont les non-Québécois qui profitent surtout de leur connaissance de la scène québécoise. Les anglophones du Québec, eux, jusqu'à dernièrement, devaient souvent se tourner vers le *Globe and Mail* de Toronto s'ils désiraient des reportages sérieux et des analyses en profondeur concernant l'actualité québécoise.

Les media de langue anglaise et le Québec nouveau

David Waters

DAVID WATERS est natif de Montréal. Les moyens de communication de la communauté anglophone du Québec lui sont très familiers puisqu'il a travaillé à la CBC, au *Montréal Star*, et à la *Gazette*. En plus d'avoir été élu membre du Conseil de presse du Québec, il est l'un des fondateurs des «Media Conferences». Actuellement producteur délégué au réseau anglais de Radio-Canada au Québec, il se consacre à la création d'émissions visant à analyser les questions qui touchent le Québec.

En 1970, peu après la crise d'octobre, le Sénat publiait son rapport sur les media canadiens. À la page 93 du premier volume, les auteurs citaient Frank Walter, rédacteur en chef du *Montreal Star*:

> Nous avons comme politique rédactionnelle de tâcher de soustraire la vie à toute brusquerie [. . .] d'atténuer l'effet de choc des choses qui surviennent [. . .] Nous discutons d'une tendance ou nous tentons de prévoir un événement ou un changement d'attitude et nous espérons qu'en annonçant ces faits assez tôt dans notre journal, nous parvenons à diminuer la tension continuelle qu'on ressent à force de se faire brusquer presque tous les jours.

Peu s'aviseraient de mettre en doute les bonnes intentions de Frank Walker, et je serais bien le dernier à le faire. Cependant, beaucoup de journalistes, et je suis du nombre, soutiennent qu'en ce qui concerne la plupart des questions vitales pour le Québec, les grands media d'information anglophones de la province, dont le *Montreal Star* qui a maintenant cessé de paraître, n'ont pas su, au cours des vingt dernières années, préparer convenablement leur public aux changements qui se produisaient. Loin de réduire les tensions qu'entraîne la répétition des chocs, ils ont souvent accentué la difficulté du public à identifier les changements et à s'y adapter.

Ce reproche vaut pour moi également puisque j'exerce le métier de journaliste depuis plus de dix ans. Cependant, et c'est ce que j'espère démontrer dans les pages qui suivent, les problèmes qu'affrontent les media québécois ne tiennent pas seulement aux personnes qui y travaillent: ils sont beaucoup plus profonds. Ajoutons que l'incapacité actuelle des anglophones de résoudre ces problèmes complique davantage leur rôle dans la société québécoise et multiplie les risques que de nouveaux coups durs soient portés à leurs droits collectifs.

Bien entendu, bon nombre de tensions découlent directement des rôles et comportements respectifs des deux principales communautés linguistiques de Montréal. Dans les années 1960 et 1970, celles-ci ont commencé à se heurter, provoquant des conflits aggravés par l'ignorance, qui, trop souvent, était entretenue par des media arrogants et peu au fait.

Avant d'analyser la situation et ses causes, il convient d'identifier la nature profonde du problème qu'affrontent les deux groupes linguistiques depuis les années 1950. À cette époque, chacun des deux groupes semblait confortablement installé dans son cocon. La guerre et la conscription étaient choses du passé et l'entente conclue entre Duplessis et les milieux d'affaires anglophones semblait donner de bons résultats. Au cours des dix dernières années de la période duplessiste, la communauté francophone s'abritait encore derrière ce bastion de la culture et de la religion, l'Église catholique du Québec, qui continuait d'afficher un certain dédain pour le pragmatisme et l'esprit capitaliste des protestants. La communauté anglophone, elle, s'isolait dans une société qui considérait comme indispensable la connaissance des sciences, du latin et de la poésie anglaise, mais non la maîtrise du français et la participation à la politique provinciale. Dans un tel contexte, les anglophones et leurs chefs de file pouvaient donc continuer de vaquer à leurs affaires, préserver leurs intérêts coloniaux et intégrer sans heurt à leur communauté les nouveaux immigrants européens. Il suffisait que chacune des deux communautés puisse compter sur quelques personnes connaissant suffisamment la langue et les coutumes de l'autre groupe pour servir d'intermédiaire en cas de besoin et aider à résoudre les problèmes. Il est certain que, dans la communauté anglophone, ces personnes étaient rarement les plus influentes. Les messagers de la bonne entente le sont rarement.

Dans les années 1960, des changements qui ne pouvaient échapper à l'observateur même le moins attentif, commencèrent à entamer l'isolement de la communauté francophone. Mais constater ces changements est une chose, les comprendre en est une autre.

Le nationalisme culturel et religieux, fondé sur les valeurs rurales traditionnelles, qui protégeait les francophones de toute influence extérieure, fut très vite battu en brèche par l'attrait irrésistible de la civilisation nord-américaine de production et de consommation et le nouveau prestige de la société occidentale d'après-guerre. Le Canada français sortit de son isolement avec une énergie dont les manifestations, longtemps refoulées, furent à la fois applaudies et redoutées, et une assurance souvent doublée d'une certaine appréhension.

Assurance, certes, car la communauté francophone osait s'aventurer dans des domaines jusque là réservés à d'autres, mais appréhension aussi, car en s'introduisant dans des secteurs dominés par les Britanniques et les Américains, elle s'exposait encore davantage à l'anglicisation et à l'américanisation. Le caractère *français* du peuple, caractère si chèrement préservé depuis la Conquête, risquait de disparaître.

Des changements d'une autre nature s'opéraient à l'intérieur de la communauté anglophone du Québec. Il ne s'agissait pas de remettre en question son rôle dans l'évolution du Québec, mais plutôt de réévaluer les liens qu'elle devait conserver avec les autres foyers de culture anglophone. Avant et pendant la guerre, son appartenance morale à l'empire britannique et sa loyauté envers celui-ci ne faisaient aucun doute. Mais la communauté anglophone accueillait de plus en plus d'immigrants originaires de pays européens autres que l'Angleterre, dont les enfants nés en Amérique du Nord étaient tout naturellement portés à puiser aux États-Unis valeurs et aspirations. De plus, à la suite du développement rapide de l'enseignement universitaire, après la guerre, les établissements anglophones du Québec se mirent à recruter de plus en plus aux États-Unis les spécialistes qui leur venaient auparavant d'Europe.

La télévision, invention captivante certes mais éteignoir de l'esprit, eut une influence plus grande encore. Il devint vite apparent que les anglophones du Québec consacreraient plus de temps à contempler avec envie les réalisations de l'imagination féconde des Américains qu'à écouter les émissions locales visant à définir le rôle qu'ils devraient jouer au sein de la société québécoise.

Même chez l'élite des hommes d'affaires anglophones, ces êtres prudents et conservateurs qui autrefois géraient les capitaux de l'empire, on se rendait bien compte que le déplacement de Londres vers Wall Street des grandes opérations financières était inéluctable.

Dand les remous créés par ces changements d'allégeance, financière aussi bien qu'affective, le tumulte des bouleversements qui se produisaient au sein de la communauté francophone apparut simplement comme un ennui de plus dont on se serait sans doute bien passé. La Révolution tranquille avait peut-être connu quelques moments agités, mais en général on ne la jugeait importante que pour les francophones, et peut-être pour le petit nombre d'anglophones qu'elle touchait directement.

Peu d'anglophones ont perçu le nouveau rôle qui s'offrait à eux, soit celui de groupe-tampon entre deux cultures; comprenant mieux en effet les craintes d'anglicisation exprimées par les francophones devant l'intégration de plus en plus grande du Québec à la culture nord-américaine, ils auraient été en mesure de persuader les responsables d'établissements financiers et industriels implantés au Québec de s'adapter aux nouvelles exigences linguistiques de la majorité avant que des mesures radicales soient rendues nécessaires. Si la communauté anglophone avait assumé ce rôle, les lois 22 et 101 n'auraient peut-être jamais vu le jour. Mais les anglophones sont demeurés indifférents aux préoccupations linguistiques des francophones, encourageant même l'anglicisation de l'industrie québécoise en pleine évolution. Nombre de francophones se mirent à considérer les anglophones du Québec comme le fer de lance de l'anglicisation tant redoutée. L'affrontement pointait à l'horizon.

Pendant tout ce temps, le système scolaire anglophone, en plein essor, continuait de déverser sur le marché des diplômés incapables, pour la plupart, de s'exprimer convenablement dans la langue de la majorité des Québécois.

* * *

Comment les anglophones pouvaient-ils, dans une telle situation, comprendre ce qui se passait chez les francophones? Incapables dans l'ensemble de lire les journaux et d'écouter la radio et la télévision d'expression française, ils ne connaissaient que ce que les media anglophones voulaient bien porter à leur attention.

Et comment les grands media anglophones ont-ils dépeint l'évolution de la société québécoise? En bref, ils n'ont pas compris l'inquiétude qui agitait la communauté francophone. Insistant surtout sur l'agressivité manifestée par les francophones pour affirmer leur identité, ils ont tenté de minimiser la nature des changements et, surtout, ils ont défendu sans relâche les intérêts et les attitudes de leur public non francophone et souvent hostile aux francophones. Il y a eu bien sûr des exceptions à cette règle, mais avec le recul, on se rend compte que ce n'étaient justement que des dérogations à la ligne de conduite des media anglophones.

Cette ligne de conduite n'a pas été imposée par les propriétaires, ni par l'«establishment», à des media qui auraient préféré agir autrement, mais elle découle surtout du type de relation qu'entretenaient ces media avec leur public. Pour comprendre cette relation et les limites qu'elle implique, il est bon de rappeler quelques-uns des vieux principes qui compliquent aujourd'hui les problèmes de la communauté et des media anglophones au lieu de les résoudre.

Au départ, tout diffuseur anglophone du Québec se sent directement menacé si le public n'est pas entièrement satisfait du produit qu'il offre. Cela s'explique facilement: les revenus dépendent du tirage et des annonces publicitaires; or, le public visé par les media anglophones du Québec est deux fois plus restreint que celui des autres grandes villes nord-américaines de taille équivalente. Ainsi, dans le Toronto unilingue, le tirage du *Toronto Star* à lui seul dépasse celui qu'avaient le *Montreal Star* et la *Gazette* réunis. Qui plus est, il est probablement plus onéreux de produire un journal à Montréal que dans d'autres villes de même importance, car il faut rendre compte de deux communautés linguistiques, même si on ne s'adresse qu'à l'une d'elles. Et parce qu'il y a peu de rapport entre la *qualité* des reportages portant sur «l'autre» communauté et le nombre de lecteurs rejoints, les directeurs des media se préoccupent beaucoup moins de la qualité du produit que de la réaction du public. Mais sur quoi se fonde la satisfaction du public? Voici selon mon expérience les principaux critères à retenir.

Quel que soit le type de media, le public apprécie premièrement une couverture qui lui paraît objective (autrement dit qui ne reflète pas un parti pris trop contrariant) et deuxièmement, il aime que ses intérêts y soient défendus et ses attitudes fidèlement représentées, à plus forte raison lorsqu'il s'agit de reportages traitant des conflits d'intérêt entre deux communautés. Au cours des vingt dernières années, les directeurs des media anglophones ont appris à leurs dépens que les reportages trop bienveillants à l'égard de la communauté francophone ne plaisaient guère aux anglophones, car cela leur faisait entrevoir un ordre des choses que la plupart étaient loin de souhaiter.

Vers la fin des années 1960, le *Montreal Star* a bien tenté d'améliorer sensiblement ses reportages sur les événements qui se produisaient dans la communauté francophone. Le journal a entre autres engagé des journalistes qui non seulement étaient francophones mais possédaient une vaste expérience des media d'expression française. Immédiatement, les articles sur le Québec traduisirent une recherche plus approfondie du sujet, une plus grande ouverture d'esprit et un ton nouveau. Mais de tels changements d'orientation ne faisaient pas l'unanimité.

Ils ont peut-être plu, au début, aux quelques rédacteurs qui les avaient préconisés et aux jeunes journalistes, de plus en plus nombreux qui, marqués par les manifestations étudiantes des années 1960, favorisaient un journalisme plus ouvert et plus dynamique. Toutefois, à tous les échelons, il y avait des mécontents que les changements dérangeaient: pour certains, le sentiment de malaise provenait sans doute d'un manque de connaissance du français, ce qui était le cas de presque tous les employés du service des nouvelles qui n'avaient pas à se rendre sur les lieux de l'action. Les lecteurs assidus ne tardèrent pas à manifester, eux aussi, une certaine opposition. À l'approche de la crise d'octobre, non seulement avait-on commencé à subir les contrecoups des changements apportés, mais on avait décidé d'en tenir compte. Lorsque éclata la crise proprement dite, tout désir d'implanter un style de journalisme explorant l'autre côté des questions disparut. C'est pourquoi, le quinze novembre 1976, la rédaction du *Montreal Star*, qui s'était passablement coupée de la réalité, subit, tout comme ses lecteurs, le choc d'événements auxquels elle n'était pas préparée.

Les principales chaînes de télévision anglophones du Québec vécurent des situations semblables. À la fin des années 1960, la station CBMT de Montréal, membre du réseau anglais de Radio-Canada, commença à engager des journalistes qui croyaient en la nécessité de mieux couvrir les événements touchant la communauté francophone et de refléter dans leurs reportages toute la réalité québécoise, et non pas seulement les aspects qui affectent la communauté anglophone. La station CFCF, affiliée au réseau privé CTV, semblait décidée pour sa part à se plier plutôt aux exigences du public qu'elle cherchait à rejoindre. Il n'est donc pas surprenant qu'à l'époque de la présentation du projet de la loi 22, CBMT ait diffusé une série de grands reportages sur le contexte politique et social du problème linguistique, alors que CFCF faisait signer une pétition contre le projet. Ce n'est pas non plus pure coïncidence qu'à la même époque les cotes d'écoute de CBMT aient dégringolé, tandis que celles de CFCF grimpaient en flèche. À un certain moment, l'émission d'information de CFCF, *Pulse*, était suivie par plus de 250 000 téléspectateurs, tandis que l'émission de CBMT, *City at Six*, en attirait moins de 100 000. Aucune station privée n'aurait pu se permettre, même temporairement, une telle baisse de popularité et le manque à gagner résultant de la diminution inévitable des tarifs publicitaires.

Évidemment, le choix des téléspectateurs ne dépendait pas seulement de la façon dont la situation du Québec était traitée. Cependant, il ne faut pas oublier un principe fondamental: pour obtenir de bonnes cotes d'écoute ou avoir un gros tirage, le diffuseur doit s'identifier à son public et chercher à lui offrir ce qu'il veut voir et entendre. Pour survivre, les grands media privés doivent non seulement tenir compte du public, mais rechercher en tout son approbation. Une telle situation ouvre évidemment la porte à bien des compromis et prédispose la direction contre les journalistes dont les reportages contrarient le public. Mais le bon journalisme n'est pas une question de popularité; au contraire, il porte souvent sur des sujets qui, pour diverses raisons, sont impopulaires.

* * *

Pour bien comprendre l'influence que les media anglophones ont eue au Québec au cours de la période difficile des vingt dernières années, il faut se rappeler que l'un des principes fondamentaux du journalisme nord-américain, dans son ensemble, est de présenter la nouvelle comme un spectacle plutôt que comme une réalité difficile à accepter. Il faut comprendre qu'en grande partie l'information diffusée par les grands media ne concerne pas directement la majorité des lecteurs ou auditeurs; la plupart des nouvelles nous rapportent ce qui est arrivé «aux autres», ce qui se passe «ailleurs».

Qu'il soit question du Vietnam, de l'Iran, de l'Europe, des États-Unis, de l'Ouest du Canada ou encore des Maritimes, les reportages s'adressent à un public tellement vaste qu'aucun groupe précis ne se sent particulièrement visé. Ainsi, on ne se sent pas concernés par ces événements et comme on connaît mal les questions abordées, non seulement on est peu en mesure de juger de la qualité des reportages, mais on n'est, le plus souvent, que des spectateurs passifs dont l'intérêt est maintenu par des techniques différant peu des méthodes utilisées par les crieurs publics pour étaler les malheurs des autres. Cette remarque s'applique autant à la populaire émission d'information de Walter Cronkite qu'à la plupart des premières pages des journaux. Nous sommes donc portés à classer parmi les «bons» reportages ceux qui ne sont pas «ennuyeux», qui traitent des «autres» et qui ne «dérangent que les autres».

De telles conditions sont cependant difficiles à réaliser dans le cas des reportages sur des sujets d'importance majeure pour le Québec, car ceux-ci posent souvent des problèmes au groupe dont fait partie le lecteur ou le téléspectateur et font fréquemment état de conflits qui touchent directement tous les Québécois. Très souvent, les reportages objectifs et en profondeur sont plus susceptibles d'ennuyer le public (qui s'imagine en savoir suffisamment sur la question) que ne pourraient le faire les bribes d'information touchant l'actualité internationale. Qui plus est, les Québécois sont portés à se croire suffisamment au courant des sujets d'intérêt local pour être en mesure de juger inacceptable toute information qui ne reflète pas leur point de vue personnel.

Il y a un autre facteur encore plus inquiétant: le public québécois a déjà tendance à se montrer partisan sur une foule de questions et, pour beaucoup de gens, les media constituent davantage un moyen de persuasion que d'information. Il est sûr que l'homme d'affaires anglophone ne sera guère intéressé à lire dans son journal un article exposant les revendications des groupes de pression francophones; il souhaitera plutôt qu'on tente de persuader le public du peu de justification de ces demandes et de la nécessité d'y résister. Et cela vaut probablement aussi pour les francophones.

Heureusement, ou malheureusement selon le point de vue, les media sont rarement les agents de persuation qu'on voudrait qu'ils soient. La plupart du temps, ils ne réussissent qu'à convaincre ceux qui sont déjà ralliés à la cause et à provoquer l'hostilité chez les autres. Les journalistes qui ont une expérience de la scène québécoise savent à quel point il est facile de faire resurgir les sentiments de méfiance et d'aliénation.

Lorsqu'il s'agit d'événements qui se passent au Québec, il y a peu de lecteurs ou de téléspectateurs qui ne soient directement concernés par les reportages qui en sont faits. Pour satisfaire entièrement leur public, les media devraient pouvoir rapporter avec la plus grande fidélité tous les faits importants et présenter tous les points de vue. Malheureusement, les media ne sont pas des miroirs, mais plutôt des censeurs qui déterminent ce qui mérite d'être publié et la place qu'il convient d'attribuer à la nouvelle. Par ailleurs, il ne faut pas oublier qu'il n'y a aucun rapport entre la quantité d'informations publiées et la masse d'informations disponibles. L'émission d'information conserve toujours la même durée, peu importe le nombre d'événements qui se produisent. Si les journaux montréalais sont plus volumineux le mercredi, c'est tout simplement parce qu'il y a plus de publicité ce jour-là. Le tirage du journal et la publicité qu'on lui confie déterminent en effet la quantité d'information publiée, aussi bien que le nombre d'employés que ce journal pourra se permettre d'engager. Cette implacable logique d'une société qui en veut le plus possible pour son argent peut avoir des conséquences désastreuses, et en fait elle en a eu... en particulier pour les media anglophones du Québec et la collectivité qu'ils desservent.

Peu de media québécois peuvent se permettre d'affecter plus d'un reporter d'expérience à chacun des domaines de spécialité. Qu'arrive-t-il alors lorsque, par exemple, la CEQ et la Commission des écoles protestantes du Grand Montréal tiennent une réunion en même temps? Une simple comparaison des journaux anglophones et francophones suffit à démontrer que ceux-ci, aussi bien que ceux-là, font peu de place aux événements qui touchent l'autre communauté. D'autre part, même lorsqu'on dispose d'un personnel suffisant pour ne pas être obligé de choisir entre plusieurs événements importants touchant l'autre communauté, il n'est pas sûr qu'on accordera la même importance à chacun des événements et qu'ils seront présentés avec la même objectivité.

En général, au cours des vingt dernières années, les grands media anglophones québécois ont donné très peu d'attention aux informations non politiques touchant la communauté francophone du Québec, sauf bien sûr si les faits avaient des implications redoutables pour les anglophones.

* * *

La situation actuelle n'est pas due aux seuls facteurs déjà mentionnés, soit les limites des media eux-mêmes quant à l'espace consacré à l'information et au nombre des reporters et les contraintes que leur imposent l'étroitesse du marché desservi et la nécessité de se tenir à l'écoute de ce marché. Il faut y ajouter le fait que les salles de rédaction anglophones du Québec ont toujours compté un nombre étonnant de cadres incapables de s'exprimer en français et pleins de méfiance devant les changements qui se produisaient au Québec. En conséquence, ils ont tenté de minimiser l'importance et la portée des événements qui touchaient la communauté francophone.

Il est assez facile de comprendre pourquoi les salles de rédaction des journaux anglophones comptent peu de journalistes capables de s'exprimer en français. Au Québec, les media traitent davantage d'informations provenant de l'extérieur et portant sur des événements qui ont lieu ailleurs, que de nouvelles touchant le Québec lui-même. Il n'est pas nécessaire d'être bilingue pour préparer un article sur l'Europe, les États-Unis, l'Afrique ou le Proche-Orient. Dans les années 1950 ou 1960, un Britannique fraîchement débarqué, connaissant le milieu de la presse londonienne, pouvait sembler mieux préparé qu'un Québécois pour en parler. Dans le domaine de la télévision, quiconque avait acquis de l'expérience auprès de la BBC ou des réseaux américains était mis sur un piédestal, tout comme les diplômés des prestigieuses universités du Nord-Est des États-Unis par rapport à ceux de nos universités.

Pendant la dernière décennie, des réseaux contrôlés à l'extérieur de la province se sont approprié les grands journaux anglophones du Québec. De même, les postes de radio et de télévision sont dirigés de Toronto, appartiennent à des intérêts torontois ou sont fortement influencés par cette ville, qui est le plus important centre de télédiffusion en matière d'information et de divertissement. Les salles de nouvelles principales des réseaux CTV et CBC sont situées à Toronto. Il est peu surprenant dans ces circonstances que bien des directeurs de media anglophones du Québec viennent de l'extérieur et apportent avec eux les pratiques, politiques et attitudes résultant de leur expérience acquise hors du Québec. Il s'ensuit qu'au sein des principales agences d'information, on a tendance à percevoir davantage encore les nouvelles du Québec comme étant «régionales» et à croire que les orientations prises au Québec depuis la Révolution tranquille sont foncièrement mauvaises. Ces journalistes préféreraient consacrer toute leur attention aux réalités propres au Canada anglais ou aux événements qui se produisent chez nos voisins du sud.

C'est dans les domaines apolitiques du sport et de la culture que cette tendance se remarque le plus, et la télévision nous en fournit le meilleur exemple. Les productions locales sont moins importantes que les productions-réseau réalisées à Toronto, lesquelles ne viennent qu'après les émissions et les reportages américains. Évidemment, même s'ils le voulaient, les directeurs de nos journaux et réseaux de télécommunications ne réussiraient sans doute pas à empêcher notre américanisation par les media d'outre-frontière. Cette entrée en masse des media américains n'est souvent même pas due à leur qualité supérieure, ni au fait que le public la souhaite particulièrement: c'est tout autant une question d'argent. Ann Landers n'est pas nécessairement plus apte à prodiguer aux Montréalais des conseils d'ordre moral ou social que ne le serait une courriériste québécoise ou canadienne, mais il se trouve que les journaux peuvent se procurer ses chroniques pour une fraction du prix d'une chronique semblable écrite par quelqu'un d'ici.

Cependant, même lorsque le coût n'entre pas en ligne de compte, les directeurs des media ont tendance à adopter la solution facile, soit reproduire ce qui se fait aux États-Unis. Le journal *The Gazette*, par exemple, a déjà eu à son service une journaliste dont la plupart des chroniques traitaient d'émissions de télévision canadiennes, tant de langue française que de langue anglaise. Lorsque vint le temps de la remplacer, on choisit un spécialiste de la chronique mondaine à l'américaine qui entretenait l'impression, fort répandue chez les anglophones du Québec, qu'à Montréal, les seules personnes intéressantes sont les stars américaines de passage et les promoteurs locaux qui s'empressent autour d'elles.

Pourtant le Québec, et notamment Montréal, n'a pas comme seul attrait les avantages fiscaux particuliers qui ont amené ici certains producteurs cinématographiques, lesquels profitent de leur séjour pour aller danser chez Régine. On ne saisira pas non plus la réalité du Québec à travers les émissions américaines qui de plus en plus constituent notre «aliment» culturel, ou dans les chroniques et articles qui sont reproduits dans plusieurs de nos journaux. Et même s'il est vrai que la politique québécoise occupe malgré tout une place considérable dans les media anglophones, il faut bien reconnaître que les pressions qui la sous-tendent pourraient bien ne pas être comprises si l'on ne rend pas davantage compte du climat qui prévaut au sein de la communauté francophone.

Ainsi les Montréalais anglophones croient peut-être que l'industrie cinématographique est en plein essor au Québec; ils savent sans doute que le gouvernement fédéral a offert des avantages fiscaux qui ont favorisé l'investissement dans des films de langue anglaise destinés au marché américain. Ils ignorent peut-être cependant qu'à cause de cette politique il est devenu difficile de trouver des fonds pour les productions de langue française, de sorte que les films du type de «Mon Oncle Antoine» pourraient bien être chose du passé et qu'il existe dans les milieux cinématographiques québécois une insatisfaction croissante. Les Québécois anglophones seront-ils là encore surpris si jamais cette situation devient un autre brandon de discorde entre souverainistes et fédéralistes?

* * *

En jetant un regard sur les événements survenus récemment dans la communauté francophone, on est étonné de constater le nombre de personnalités québécoises qui n'ont été citées dans les media anglophones que lorsqu'elles disaient ou faisaient quelque chose qui froissait la susceptibilité de la communauté anglophone. C'est comme si ces personnes, ou les groupes qu'elles représentent, n'avaient d'existence que par leurs liens avec la communauté anglophone. Évidemment les media anglophones ont fait quelques efforts pour corriger la situation, mais de façon sporadique seulement, ce qui est compréhensible vu les nombreux facteurs déjà mentionnés. À mon avis, l'ensemble de ces facteurs se traduit dans les media anglophones par un climat particulier, une façon de percevoir et de couvrir les événements survenant au Québec qui diffère complètement de celle des media francophones. Naturellement, le ton et l'approche adoptés par ces derniers démontrent souvent un parti pris évident pour le Québec, précisément parce qu'ils n'ont aucun lien technique ou intellectuel avec la courroie de transmission journalistique Toronto-États-Unis.

Mais ce qui m'intéresse ici c'est l'attitude des media anglophones et son influence sur l'attitude du Québec anglophone au cours des vingt dernières années.

L'attitude, l'accent, l'orientation, les choix opérés faute d'espace, le respect de ce que l'on croit être la vérité: voilà autant d'éléments qui déterminent la qualité du journalisme. Son efficacité ne dépend pas tant non plus des faits que l'on choisit de couvrir, mais de la *façon* dont on les aborde. Et ce sont surtout les décisions à ce chapitre qui atteignent les cordes sensibles d'une communauté et influent sur l'harmonie de ses relations avec la réalité qui l'entoure.

Voici quelques exemples pertinents de décisions portant sur la couverture de la réalité québécoise des dix dernières années, décisions qui pourraient bien avoir influencé certaines prises de position politiques et linguistiques.

Je me souviens très bien d'une rencontre que j'ai eue au début des années 1970 avec M. Denis Gendron, président de la Commission d'enquête sur la situation de la langue française et sur les droits linguistiques au Québec. M. Gendron venait de publier le rapport de la Commission. À cette occasion, il a déclaré, à quelques-uns d'entre nous, craindre que les media anglophones, nos employeurs, soulignent seulement ce qui les satisfaisait dans le rapport, et non ce qui, selon lui, constituait le message essentiel et un avertissement. Il reconnut ne pas préconiser l'adoption immédiate d'une réglementation assurant la protection du français, mais soutint que, si la langue des affaires ne se francisait pas rapidement, des mesures sévères et restrictives seraient inévitables dans quelques années. La communauté anglophone devait, ajoutait-il, comprendre l'urgence de la situation si elle voulait éviter une telle éventualité.

D'après ce que j'ai pu constater en feuilletant les journaux anglophones de l'époque, M. Gendron a dû être déçu. On soulignait surtout que le rapport ne reconnaissait pas la nécessité d'une réglementation immédiate et bien que les autres aspects du rapport aient également été mentionnés, l'approche adoptée ne traduisait ni les craintes des commissionnaires, ne le sentiment d'urgence qu'ils en étaient venus à ressentir.

Évidemment, il appartient aux media anglophones du Québec de déterminer eux-mêmes ce qui mérite d'être publié et à quelles nouvelles on donnera priorité. Néanmoins, le cas que je viens de citer illustre une différence fondamentale de perception entre les deux principales communautés linguistiques. Les media anglophones, tout comme la communauté qu'ils desservent, ont, pour la plupart, refusé d'admettre que la langue et la culture française du Québec étaient menacées, ce que la Commission Gendron et les élites du Québec francophone avaient pourtant, en grande majorité, reconnu. La façon dont était perçue la situation déterminait souvent «comment» les nouvelles sur le sujet étaient traitées. En tenant uniquement compte d'un point de vue et d'une interprétation typiquement anglophones, les media ont indirectement proposé à la communauté anglophone une interprétation de la réalité québécoise différente de celle de la communauté francophone.

Il ne s'agit pas ici de déterminer qui a su le mieux percevoir les problèmes. Vu la complexité de la situation, une telle démarche servirait tout au plus à établir les prémisses d'une discussion sur les changements à apporter pour résoudre le problème d'une société. Malheureusement, au cours de la dernière décennie, les différences d'interprétation n'ont pas été la base de discussions et de pourparlers sérieux, mais se sont transformées au contraire en positions inconciliables qui laissent peu de place aux négociations et conduisent plutôt à de graves affrontements.

Rappelons également la façon dont le *Montreal Star* a couvert la conférence de presse de 1973 où le Parti québécois présenta son budget hypothétique pour «l'an un» d'un Québec indépendant, budget qu'il se proposait d'adopter s'il gagnait l'élection alors en cours. Habituellement, les déclarations faites au cours d'une campagne électorale par l'un des principaux partis sont citées de façon objective, et les réfutations des autres partis apparaissent soit en regard, soit dans un numéro ultérieur. Dans ce cas cependant, le compte rendu du *Montreal Star* débutait par une critique venant du président de Bell Canada. Il ne fait aucun doute que les résultats de l'élection et l'opinion des électeurs sur les propositions du Parti québécois présentaient un vif intérêt pour le Bell, mais on peut difficilement justifier selon les normes journalistiques que les réactions de cette compagnie — qui n'était évidemment pas un parti politique faisant campagne — aient fait la manchette du journal, plutôt que le budget lui-même. René Lévesque a d'ailleurs soulevé ce point dans une lettre au *Star* dans laquelle il affirmait qu'on n'avait pas respecté les règles du jeu.

La ligne de conduite adoptée par le *Star* dans cette affaire est généralement réservée à des groupes, ou idéologies, dont les principes sont considérés par les rédacteurs comme étant si répréhensibles que tout doit être mis en oeuvre pour s'assurer que le fait même d'en parler ne leur confère pas quelque responsabilité ou légitimité auprès du public. Peu de journalistes anglophones auraient perçu le Parti québécois comme étant répréhensible à ce point.

Les media anglophones ont cependant eu tendance à adopter envers cette formation politique (relativement jeune) certaines attitudes peu conformes aux normes journalistiques, non seulement dans leurs éditoriaux et commentaires, mais également dans leur couverture des événements, laissant entendre, par exemple, que, sous son apparence démocratique, le parti abritait des éléments subversifs n'attendant que le moment propice pour s'emparer du pouvoir, ou qu'il n'était pas, comme il le prétendait, mû par un intérêt réel pour l'avenir du peuple québécois, mais plutôt par le désir de restreindre le pouvoir menaçant des Anglais, de les punir pour de supposés griefs, et finalement, de détruire le pays.

Ces dix dernières années, les rédacteurs ont pour la plupart contesté, de façon inconsciente tout au moins, la légitimité et la respectabilité de l'idéologie véhiculée par le Parti québécois, idéologie que quelques-uns étaient tentés de considérer comme assez proche au fond de la «trahison».

* * *

Un grand nombre d'anglophones partageaient sans aucun doute cette opinion. Les résultats de l'élection du 15 novembre furent pour eux, tout comme pour les media, un choc brutal. Comment des électeurs «bien informés» pouvaient-ils appuyer un parti dont les motifs et l'idéologie étaient si contestables? Pour quiconque était très peu au courant de ce qui se passait dans le milieu francophone, le choc était compréhensible; mais un journaliste le moindrement averti, ou suffisamment près de la scène politique, n'aurait pas dû être étonné — ceux qui, d'un autre côté, avaient couvert la campagne électorale sur le terrain, et non derrière un bureau d'éditorialiste (où, loin du feu de l'action, il est plus facile d'entretenir de réconfortantes illusions), n'ont probablement pas été surpris.

Le choc subi le 15 novembre aurait dû entraîner une remise en question de la qualité et de la justesse de l'information présentée par les media anglophones sur ce qui se passait au Québec. À mon avis, ce ne fut pas le cas. Au contraire, si on examine la couverture d'événements subséquents (le discours du Premier ministre devant l'Economic Club de New York, les audiences préliminaires à l'adoption de la Loi 101 et la fuite des capitaux qui en aurait résulté, ainsi que la visite de Raymond Barre, Premier ministre de la France), on est forcé de constater que, dans l'ensemble, les vieilles habitudes n'ont fait que s'ancrer davantage à la fin de la décennie.

Les reportages sur la visite de M. Barre sont particulièrement révélateurs à cet égard. Les journaux anglophones ont à peine fait mention des accords signés par la France et le Québec pendant son séjour (comme si ces accords ne présentaient aucun intérêt pour les Québécois anglophones), et ils n'ont guère présenté de reportage sérieux sur la position, prudemment énoncée, du gouvernement français à l'égard des objectifs de l'actuel gouvernement du Québec. On a plutôt insisté sur la conduite «singulière» et «déplacée» du Premier ministre Lévesque lors de la «scène du balcon», du dîner officiel offert à Québec et de la conférence de presse tenue au départ de son homologue français. Par contre, les media francophones ont mis l'accent sur les ententes signées par les deux gouvernements et accordé peu d'importance aux impairs diplomatiques du premier ministre du Québec.

Qui a rapporté le plus fidèlement les faits? Voilà une question qui pourrait être longuement débattue. Qu'on se soit interrogé à ce sujet au sein même des media illustre bien que le choix des faits mis en lumière et la manière dont ils sont relatés sont des éléments clés d'un journalisme «équitable et équilibré».

La gravité du problème vient précisément du fait qu'un si grand nombre de membres des deux communautés linguistiques ont des opinions divergentes sur tant de sujets d'importance. Ces différences marquées se retrouvent non seulement dans leurs objectifs et leurs aspirations, mais également dans leur façon de saisir les problèmes. Elles reposent de plus sur des sentiments profonds et explosifs qui seront durement mis à l'épreuve au cours des prochaines années. Il y a probablement aujourd'hui au sein de la communauté anglophone plus de colère, de malaise et même de crainte qu'il n'y en eut jamais au cours des vingt dernières années. Et dans ce cas, il ne s'agit pas des simples divergences d'opinion qu'encourage toute société démocratique vraiment dynamique.

La tension actuelle est exacerbée par le fait qu'une grande partie de la communauté anglophone (environ 400 000 personnes) ne peut toujours pas fonctionner en français; par conséquent, les grands media anglophones demeurent pour ces personnes la seule source d'information sur le groupe linguistique majoritaire, et peut-être le seul lien avec ce groupe.

Dans ce contexte, quel sera le rôle des media au cours de la période cruciale qui vient? Dans leurs reportages sur certains aspects de «l'autre» communauté, essaieront-ils de rallier les antagonismes, aux dépens d'une meilleure compréhension et d'une certaine empathie face à l'autre groupe? C'est, je le crains, la ligne de conduite qu'auront tendance à adopter les principaux réseaux d'information du Québec anglophone.

* * *

Pourtant, dans la communauté anglophone elle-même, on remarque aussi quelques signes d'une meilleure compréhension des difficultés de sa position dans l'ensemble de la société québécoise. Paradoxalement, ce changement d'attitude est, je crois, le résultats des tensions croissantes des dernières années. Plus que jamais auparavant, la communauté anglophone porte attention aux événements québécois et examine de près leurs implications. La presse est ainsi amenée à exprimer un plus grand éventail d'opinions et à présenter sous des aspects plus divers les préoccupations de la collectivité. De plus, le fait qu'il existe une plus grande divergence d'opinions parmi des groupes bien informés force en quelque sorte les grands media à améliorer leur pratique du journalisme. On peut supposer tout au moins qu'à notre époque de conscientisation accrue les faiblesses du journalisme contemporain sur le plan de l'exactitude ou de l'objectivité auront un effet moins grave que si les lecteurs ou les auditeurs étaient passifs et indifférents.

Ces faiblesses sont inévitables. Peu de gens se rendent compte que les moyens qu'ont à leur disposition les réseaux de diffusion pour préserver la qualité, l'exactitude et l'objectivité de l'information sont très limités. La rapidité avec laquelle se propagent les nouvelles, et l'insuffisance des budgets ne permettent pas qu'il en soit autrement. Même si quelque reportage provoque des insatisfactions au sein même des salles de nouvelles, les jours suivants apportent toujours leur trop-plein de problèmes, de sorte que peu de temps sera consacré à l'étude des problèmes de la veille. En fin de compte, tout dépend du flair journalistique et du degré d'objectivité de ceux qui traitent l'information.

Par le passé, un grand nombre de journalistes ont préféré croire que si la qualité du journalisme laissait à désirer, ou si leur point de vue était tout à fait erroné, le public, ou des groupes influents, aurait tôt fait de dénoncer ces faiblesses. Je crois que cela n'a toujours été qu'une excuse commode. En fait, des erreurs sont commises chaque jour par les media et pourtant le public les dénonce rarement. Et même lorsqu'il l'a fait, les pressions exercées n'ont jamais été assez fortes pour provoquer chez les media une autocritique sérieuse ou une remise en question, étant donné principalement qu'il ne se trouve pas chez les Montréalais anglophones d'intelligentsia suffisamment critique. Je sais par expérience que les politicologues et les intellectuels anglophones du Québec connaissent parfois les rédacteurs des grands journaux étrangers, mais ignorent dans la plupart des cas, par indifférence et presque par snobisme, ceux de leur propre milieu. Cela a sûrement contribué au fait que, par le passé, le seul barème pour juger de l'efficacité des media était de déterminer si le public avait ou non l'impression que les media, comme les magasins Steinberg, étaient «de son côté».

Évidemment, ce n'est que dans les pages éditoriales que les journalistes devraient pencher d'un côté ou de l'autre. Lorsqu'ils se servent pour ce faire des émissions d'information ou des premières pages des journaux ou les transforment en instruments de persuasion, la communauté dont on aura voulu s'assurer ainsi l'approbation peut s'attendre à subir le choc de changements auxquels elle n'aura pas été préparée.

Il y a eu un trop grand nombre de ces chocs depuis vingt ans. Cependant, les media ne pourront aider à en diminuer la fréquence et l'intensité que si leur public anglophone les y encourage. Étant donné les contraintes, mentionnées précédemment, auxquelles sont soumis les grands media, il est illusoire de penser qu'ils puissent agir à l'encontre des attentes de leur public. Certains journalistes et rédacteurs voudraient peut-être qu'il en soit autrement, mais l'expérience a démontré qu'au bout du compte c'est la nécessité de satisfaire la clientèle qui l'emporte.

La communauté anglophone, espérons-le, arrivera de plus en plus à comprendre que les media d'expression anglaise ne doivent pas seulement refléter *sa* vision des événements et *ses* préoccupations face à l'avenir, mais aussi, et le plus objectivement possible, la vision qu'a «l'autre» communauté des questions d'intérêt commun. En persistant dans la voie adoptée jusqu'à maintenant, on ne peut qu'accroître le sentiment d'aliénation et d'inquiétude, qui déjà, à son niveau actuel, signale assez clairement l'impérative nécessité d'une nouvelle approche journalistique en cette période difficile d'adaptation qu'auront à traverser les deux principaux groupes linguistiques du Québec.

Les media québécois et l'unité canadienne

Arthur Siegel

ARTHUR SIEGEL est professeur à la division des sciences sociales de l'Université York. Il a effectué plusieurs recherches basées sur la comparaison des moyens de diffusion et de communication anglophones et francophones au Canada, mais son champ d'intérêt est, plus globalement, la communication de masse à l'échelle canadienne. En plus de ses activités de recherche et d'enseignement, il a travaillé dans différents secteurs, soit: la presse, la radiotélédiffusion et les agences de presse.

Introduction

Les media au Québec jouent un rôle de premier plan dans le débat sur l'unité canadienne. En effet, la tendance du Parti québécois à tenir des référendums sur l'avenir du Québec au sein de la fédération canadienne fait des journaux francophones et anglophones de la province des acteurs politiques extrêmement importants en période de campagne. Le plébiscite est un moyen de s'adresser directement au peuple. Le vote lui-même permet de connaître l'opinion de la majorité à un moment donné du débat sur la question particulièrement brûlante de la souveraineté. En période référendaire encore plus qu'en période électorale, les media sont le champ de bataille par excellence de l'opinion publique. En réalité, c'est eux qui font la campagne référendaire[1].

La présente étude cherche à analyser le rôle des media de langue française et anglaise sur la scène politique québécoise en ce qui concerne l'unité canadienne en général et plus particulièrement le fédéralisme. Les caractéristiques propres aux media desservant des minorités linguistiques (les journaux de langue anglaise au Québec, par exemple) seront également étudiées.

Les langues et les communications au Canada

Bon nombre des problèmes qui se posent aux media de masse dans le monde moderne sont communs à beaucoup de pays, mais le Canada se distingue par un ensemble de problèmes qui lui sont particuliers et qui doivent être envisagés simultanément. Tout d'abord, les caractéristiques physiques du pays: son immensité, ses accidents géographiques multiplient les obstacles à la communication. Puis, la dispersion de la population: la majorité des Canadiens vivent sur la lisière relativement étroite — 30 à 40 milles — qui longe la frontière américaine de l'est à l'ouest du continent. Cette situation tend à défavoriser les communications est-ouest, ou trans-canadiennes, au profit d'échanges nord-sud, ou Canada - États-Unis. Ensuite, le gigantisme de l'industrie américaine des communications: le flux d'information se fait principalement à partir des États-Unis vers le Canada, le mouvement opposé étant relativement faible. Pour les observateurs, il s'agit là d'une invasion culturelle qui menace l'identité canadienne. Un quatrième facteur est le bilinguisme, qui a nécessité l'élaboration de deux systèmes d'information distincts, l'un d'expression française, l'autre d'expression anglaise. L'autonomie de ces deux systèmes peut être considérée comme une saine manifestation du bilinguisme et du biculturalisme canadiens, mais il reste que le coût en est très élevé. Elle exige un dédoublement des installations techniques, qui pourraient facilement desservir une population de beaucoup supérieure à celle du Canada (23 millions). Outre ces considérations économiques, un réseau bilingue de communications soulève des problèmes plus graves encore lorsqu'il s'agit de la politique canadienne et de l'unité nationale.

Les Canadiens, en particulier les anglophones, lorsqu'ils considèrent le problème de l'identité canadienne au chapitre des communications, voient surtout les menaces venant de l'extérieur, plus spécifiquement, la pénétration des media américains en territoire canadien. Les différences entre les points de vue francophone et anglophone dans l'information transmise sont généralement ignorées. Cette question est pourtant d'une importance cruciale dans le débat sur l'unité canadienne.

Des communications efficaces au sein d'une nation semblent indispensables à la constitution d'une identité nationale. «Les lacunes dans le domaine des communications creusent des fossés entre les individus»[2]. Dans la fédération canadienne, l'image du monde, et plus particulièrement de la scène canadienne, qui nous est dépeinte par les media de masse est un indice important des pressions qui s'exercent en faveur ou à l'encontre de l'intégration. Pour peu que les images divergent de façon appréciable et que ces divergences reflètent les vues de groupes géographiquement ou politiquement circonscrits, les communications peuvent devenir un facteur de division.

Dualité du fédéralisme canadien

Dans les communications canadiennes, les considérations linguistiques et culturelles dépendent grandement des différentes attitudes adoptées à l'égard du fédéralisme. Celui-ci comporte en effet deux dimensions qui doivent coexister au sein d'une même structure constitutionnelle[3]. La première, et la plus fondamentale, est étroitement liée à la notion classique de la division des pouvoirs, qui assure la collaboration entre les gouvernements fédéral et provinciaux et leur autonomie dans leur champ de compétence respectif. La seconde, qui distingue particulièrement le fédéralisme canadien, c'est qu'il s'agit d'une union de deux «peuples fondateurs», chacun cherchant à promouvoir ses propres traditions culturelles et linguistiques.

Dans *The Five Faces of Federalism*, le professeur James Mallory utilise l'expression «fédéralisme à deux visages» pour décrire le fédéralisme canadien des dernières années[4]. La notion des deux «peuples fondateurs» n'est pas inscrite dans l'Acte de l'Amérique du Nord britannique. Elle fut conçue à partir de facteurs culturels et politiques antérieurs au pacte confédératif et a trouvé un terrain fertile à son développement dans les structures économiques, politiques et sociales que s'est données le Canada à mesure que, d'une société essentiellement rurale, il se transformait en une nation hautement industrialisée. En 1979, la Commission de l'unité canadienne soulignait que la dualité culturelle est un des fondements de notre pays, ce que le premier ministre Pierre Trudeau reconnaît dans sa *Charte des droits de la personne*. De même, dans ses recommandations, la Commission royale d'enquête sur le bilinguisme et le biculturalisme soulignait que la viabilité des deux groupes linguistiques et culturels est le but et le fondement du fait canadien. Cette notion des deux peuples fondateurs a donné naissance à toute une série de concepts qui cherchent à définir la position du Québec dans la confédération; ceux de «statut particulier» et d'«État binational» en sont des exemples. Les visées indépendantistes du gouvernement du Parti québécois constituent une façon extrême de transposer dans la réalité l'assertion que le Québec «n'est pas une province comme les autres».

Analyse des communications

Une analyse des communications indique que les problèmes du fédéralisme canadien actuellement au coeur des débats politiques sont présents depuis de nombreuses années dans l'information véhiculée par les media canadiens. Si les politicologues et les observateurs s'étaient intéressés davantage au rôle des media dans le problème du fédéralisme, les Canadiens n'auraient pas accueilli avec autant de surprise la déclaration que faisait en 1965 la Commission royale d'enquête sur le bilinguisme et le biculturalisme: «Le Canada traverse actuellement, sans toujours en être conscient, la crise majeure de son histoire»[5]. L'état d'urgence décrété par le gouvernement canadien au cours de 1970, aussi appelé «crise du F.L.Q.*», peut être considéré comme une lutte pour le contrôle temporaire sur les media d'information au Québec[6]. La victoire du Parti québécois aux élections de novembre 1976 n'aurait dû surprendre aucun observateur politique. Dans son essai sur la contribution des media canadiens à la constitution d'une identité nationale, le sociologue Frederick Elkin constate que l'information dans les media anglophones et francophones, «tout en adoptant sensiblement la même orientation, reflète souvent des cultures différentes»[7]. Dans son rapport de 1970, le Comité spécial du Sénat sur les moyens de communications de masse en arrivait à la conclusion que «dans le domaine du journalisme [. . .] l'édition et la radiodiffusion [. . .] portent partout l'empreinte du fait français, que ce soit dans les traditions, dans les préférences de l'auditoire, dans la situation économique ou dans les mythes même, à un point tel que les media québécois ne peuvent être simplement considérés comme une partie du tout canadien»[8].

Pour se faire une meilleure idée de ces différences et mieux apprécier leur rôle dans les rapports entre les media et le fédéralisme, il peut être utile d'examiner quatre études portant sur l'information dans la presse et les media électroniques au Canada. La plus complète traite des reportages consacrés à la crise d'octobre 1970 dans les presses anglophone et francophone. La seconde analyse les reportages des journaux francophones et anglophones sur la Conférence constitutionnelle fédérale-provinciale de février 1969. La troisième traite uniquement des journaux québécois, français et anglais, dans le contexte des élections provinciales tenues au Québec en juin 1966. Enfin, la quatrième aborde la question des media électroniques et compare les bulletins d'information diffusés en français et en anglais en mai 1977.

* Front de libération du Québec.

Étude I. La crise d'octobre 1970 et l'état d'urgence

La crise d'octobre a commencé par l'enlèvement à Montréal, le 5 octobre 1970, du Premier attaché commercial de la Grande-Bretagne, James Richard Cross, par le Front de libération du Québec (F.L.Q.). La quinzaine suivante devait être fertile en événements tout aussi dramatiques: l'enlèvement et l'assassinat du ministre du Travail, Pierre Laporte, la proclamation de la Loi sur les mesures de guerre par le gouvernement fédéral et le déploiement de troupes militaires pour assurer le maintien de la sécurité nationale. La crise d'octobre était étroitement liée au différend entre Canadiens francophones et anglophones et peut, en un certain sens, être considérée comme une tentative pour résoudre par la violence la querelle constitutionnelle et briser la fédération canadienne.

L'avenir du Québec au sein de la fédération et l'existence même de cette fédération étaient en jeu. Vus d'Ottawa, les événements d'octobre 1970 mettaient en péril la survie du système politique canadien. C'était la première fois que le gouvernement avait recours, en temps de paix, à la Loi sur les mesures de guerre, décrétant ainsi l'état d'urgence. Étaient remis en question les droits civiques, la fonction du Parlement et les pouvoirs et le rôle du gouvernement central en période de crise majeure. Outre l'élargissement automatique du champ d'intervention du gouvernement fédéral en temps de crise[9], un autre point très important entrait en ligne de compte: le rôle du gouvernement provincial à qui la Constitution garantit une juridiction exclusive sur «l'administration de la justice», c'est-à-dire sur presque tout ce qui concerne «l'ordre social».

La crise d'octobre 1970 se révèle particulièrement indiquée pour quiconque veut étudier la manière dont les media francophones et anglophones interprètent un même événement politique. Les situations de crise mettent au jour les caractéristiques fondamentales des systèmes politiques ou sociaux, notamment la stabilité, la souplesse et la capacité de réagir des institutions[10]. Dans ces circonstances inhabituelles, les réactions de l'appareil politique peuvent révéler des caractéristiques imperceptibles en temps normal. En d'autres termes, une situation de crise, c'est, pour un système politique, la minute de vérité. Il en va de même pour les media d'information. Des études ont démontré qu'en de telles circonstances les reportages sont généralement plus laconiques, ils ont tendance à se recouper et bon nombre de distinctions s'estompent au profit de ce qui est alors perçu comme l'intérêt commun[11]. Seules demeurent les divergences qui sont de nature plus fondamentale.

* * *

À partir d'un échantillonnage de 22 journaux canadiens, une analyse de contenu a montré que les quotidiens des deux langues avaient accordé sensiblement la même importance à la crise d'octobre, si l'on en juge par le nombre et la teneur des reportages[12]. Par contre, pour ce qui est des autres points soumis à l'analyse, on a pu observer des différences majeures. C'est le cas du choix des sujets présentés à la une, du traitement des thèmes généraux, de l'importance accordée aux personnalités, de la source géographique des reportages et de l'orientation des éditoriaux.

Les reportages touchaient particulièrement deux thèmes importants: les *négociations* et la *chasse à l'homme*. Les journaux de langue française insistaient sur *les négociations* ou, si l'on veut, sur une solution de compromis à la crise. Les journaux de langue anglaise accordaient plus d'importance au thème de la *chasse à l'homme*: il y était surtout question des opérations policières visant l'arrestation des ravisseurs et la libération des otages. Ces deux approches se reflétaient dans le contenu des informations et dans l'orientation des éditoriaux. L'opposition aux autorités se manifestait plus ouvertement dans les journaux francophones. Ces derniers insistaient sur les personnalités, contrairement aux quotidiens anglophones qui mettaient l'accent sur les institutions. En outre, les éditoriaux, les articles de fond, et les analyses étaient plus fréquents dans la presse francophone.

Ces différences trahissaient deux optiques entièrement distinctes, reflétant les points de vue respectifs des lecteurs francophones et des lecteurs anglophones. Il s'agissait bien d'optiques distinctes car l'importance différente donnée aux mêmes sujets n'était pas l'effet du hasard; elle correspondait plutôt à un aménagement de l'information en fonction des diverses façons de percevoir les faits et d'entrevoir les moyens de dénouer la crise. Cela reflétait bien la différence entre les valeurs et normes guidant les presses francophone et anglophone dans leur évaluation des événements politiques. Les résultats les plus intéressants de l'étude sont résumés dans le tableau I.

L'homogénéité dont faisaient preuve les journaux francophones (voir vii) a été attribuée à l'influence des quotidiens montréalais. Le rôle de ces derniers au sein de la presse québécoise est à ce point déterminant qu'il aplanit les différences créées par la multiplicité des propriétaires de journaux et l'éloignement relatif des régions. C'est ainsi que l'information tend à se centraliser à Montréal, grâce à la présence du service francophone de la Presse canadienne qui assure la dominance de la presse montréalaise.

Parmi les quotidiens montréalais, *Le Devoir* se signala par une position éditoriale des mieux définie, et une politique privilégiant clairement les thèmes d'information conformes à sa position éditoriale. Partant de cette constatation, il fut décidé d'entreprendre une analyse couvrant la période visée pour évaluer les reportages quotidiens. En plus de souligner le passé prestigieux, la nature des reportages et la tendance du *Devoir* à favoriser le journalisme à caractère intellectuel, cette analyse mit en lumière l'influence prépondérante de ce quotidien parmi les journaux francophones. Aucun journal anglophone n'a su assumer ce rôle.

Du côté de la presse anglophone, aucune ville en particulier n'exerça de réelle dominance sur l'information diffusée à l'échelle nationale au cours de la crise. La couverture qu'en firent les journaux variait en fonction d'une multitude de

Tableau I — **Caractéristiques des journaux francophones et anglophones dégagées de l'analyse des reportages sur la crise d'octobre 1970**

i) Les façons de percevoir le système politique étaient fondamentalement différentes: la presse anglophone attachait beaucoup d'importance à l'unité canadienne et adoptait dans ses éditoriaux une perspective pancanadienne. La presse francophone avait d'autres priorités: l'intérêt du Québec et de la société canadienne-française l'emportait sur toute autre considération. Les éditorialistes francophones envisageaient généralement la situation d'un point de vue québécois et se montraient peu préoccupés des répercussions des événements à l'échelle nationale.

ii) La presse francophone s'attachait surtout aux personnalités, contrairement à la presse anglophone qui s'intéressait plutôt aux institutions politiques; d'où l'on peut arguer que les Canadiens français ont du mal à s'identifier aux institutions traditionnelles du parlementarisme canadien.

iii) Les quotidiens francophones accordaient beaucoup d'importance à la présence québécoise sur la scène internationale.

iv) Les quotidiens francophones soulignaient les injustices sociales et économiques qui ont marqué l'histoire des Canadiens français et laissaient transparaître le malaise d'appartenir à une minorité culturelle économiquement défavorisée. Pour sa part, la presse anglophone soulignait les implications économiques de la crise, ses répercussions sur le marché boursier et sur la valeur du dollar canadien.

v) En 1970, les quotidiens francophones se montraient neutres à l'égard du séparatisme et paraissaient vouloir réserver leur opinion; les journaux anglophones, par contre, s'y opposaient farouchement.

vi) Les journaux, et les journalistes francophones donnaient à penser qu'ils jouaient un rôle politique important. La presse anglophone, elle, s'effaçait davantage, adoptant un ton plus impersonnel.

vii) Les journaux francophones constituaient un groupe homogène et cohérent présentant une vision relativement uniforme des événements. Tel n'était pas le cas de la presse anglophone qui présentait les faits de façon plus morcelée.

facteurs ayant trait aussi bien à la taille de la ville qu'à ses caractéristiques propres ou à son éloignement de la scène des événements. Les données recueillies reflétaient plutôt le morcellement de la presse anglophone. Les influences locales, manifestes dans les quotidiens francophones, étaient particulièrement évidentes dans les quotidiens anglophones.

* * *

L'étude de ces données a démontré que les presses francophone et anglophone avaient une conception différente de leur rôle politique. L'importance que s'attribuaient les journaux francophones se traduisait de diverses façons: nombreuses références aux media et aux journalistes, reportages subjectifs utilisant parfois la fausse question dont on fournit aussitôt la réponse, éditoriaux écrits à la première personne. Le nombre impressionnant de commentaires de la rédaction, tous signés par des «intellectuels» du journalisme, la place réservée aux articles de fond, écrits en bonne partie par des universitaires de renom, sont des signes révélateurs de l'influence des intellectuels dans la presse francophone, tout particulièrement dans les pages éditoriales qui, comme on le sait, reflètent l'idéologie du journal. Il faudrait donc en conclure que les valeurs véhiculées par les quotidiens francophones émanent d'un groupe d'intellectuels. La fidélité des journaux francophones aux positions éditoriales adoptées semble indiquer que celles-ci procédaient de points de vue plus vastes débordant le cadre de la crise elle-même. Les journalistes anglophones, par contre, demeuraient à l'arrière-plan, adoptant un ton plus impersonnel.

Parmi les points les plus intéressants relevés dans cette analyse, il faut souligner la différence entre les journaux francophones et anglophones à l'intérieur du Québec. À Montréal, par exemple, les quotidiens francophones *Le Devoir* et *La Presse* consacrèrent trois fois plus d'espace au matériel éditorial (éditoriaux, articles de fond, caricatures) sur les événements d'octobre que leurs homologues anglophones, la *Gazette* et le *Montreal Star*. Non seulement les éditoriaux de langue française étaient-ils plus nombreux et plus détaillés, mais il se prononçaient plus ouvertement sur les voies à suivre pour dénouer la crise. En outre, les quotidiens francophones montréalais publiaient deux fois plus d'éditoriaux que les journaux anglophones. Les mêmes disproportions ont été observées à Québec et à Sherbrooke, villes où paraissaient encore des quotidiens anglophones en 1970.

Dans chacune de ces villes, Montréal, Québec et Sherbrooke, les journaux anglophones s'adressent à une minorité linguistique, dont ils se font aussi les porte-parole. L'inverse se produit à Ottawa et à Moncton où les francophones sont en minorité; ce facteur peut sans doute expliquer la place plus restreinte accordée aux éditoriaux et le ton modéré de leur contenu. L'étude a permis de conclure que les journaux desservant les minorités linguistiques étaient peu enclins à prendre position dans leurs éditoriaux. Il est intéressant de relever que les journaux anglophones de Québec et de Sherbrooke, où la population francophone est fortement majoritaire, s'attachaient souvent à des questions secondaires sans jamais vraiment s'attaquer aux sujets jugés beaucoup plus fondamentaux. Le *Record* de Sherbrooke, par exemple, fit paraître un éditorial sur la couverture donnée aux événements d'octobre dans l'Ouest du Canada. Le *Quebec Chronicle Telegraph* reproduisait dans sa page éditoriale des articles de fond de la Presse canadienne. Il s'agissait d'ailleurs d'articles purement explicatifs qui n'indiquaient aucunement le point de vue de la rédaction sur la situation.

L'importance attribuée aux répercussions de la crise sur la scène locale est un autre signe de l'«insécurité» qui se manifestait dans les journaux des minorités linguistiques; ceux-ci consacraient leur première page à des informations qui étaient reléguées aux pages intérieures des journaux de la majorité linguistique. La situation locale et tout fait nouveau susceptible de la modifier revêtaient beaucoup d'importance pour les journaux des minorités linguistiques.

Finalement, l'étude a démontré qu'il existait un lien évident entre la position éditoriale des journaux et le traitement accordé aux faits dans les colonnes consacrées aux nouvelles, ce qui était particulièrement manifeste dans les journaux des villes canadiennes les plus importantes. Les quotidiens de ces villes ont consacré plus de manchettes, de reportages, de colonnes à la une, et en général plus d'espace, à «la crise du F.L.Q.» que ne l'ont fait les journaux des villes petites et moyennes. Même différence dans les éditoriaux: ceux des grands quotidiens, débordant la simple explication des événements, évaluaient la situation, réclamaient une intervention rapide, présentaient des arguments, attitude révélatrice d'un engagement politique plus profond.

Les journaux montréalais et torontois se conformaient respectivement aux modèles de presse française et anglaise décrits au tableau I, mais leur position éditoriale tendait à se rapprocher si on les compare aux journaux des autres grandes villes. canadiennes. En réalité, les quotidiens les plus influents du Québec et de l'Ontario prenaient des attitudes assez comparables tandis que ceux des autres régions adoptaient une position dont la dureté se mesurait à la distance qui les séparait du centre de la crise.

Les pages éditoriales des quotidiens des grandes villes témoignaient aussi d'un dialogue à l'échelle nationale: des extraits et quelquefois des textes entiers d'éditoriaux jugés importants ou intéressants étaient reproduits dans d'autres villes. Les échanges, particulièrement poussés à Montréal et à Toronto, ne se limitaient pas aux quotidiens de langue anglaise car les journaux francophones y prenaient également part. Ce dialogue par éditoriaux interposés, de même que le rapprochement relatif des journaux montréalais et torontois, peuvent être vus comme des facteurs qui viennent atténuer la polarisation caractéristique de la presse francophone et anglophone au pays.

Étude II. La Conférence constitutionnelle fédérale-provinciale de février 1969

La Conférence constitutionnelle fédérale-provinciale tenue à Ottawa du 10 au 12 février 1969 était la première rencontre de cette sorte depuis 1968, année où M. Pierre-Elliot Trudeau devint Premier ministre. Cette conférence de trois jours devait amener quelques changements dans l'attitude des provinces à l'égard du projet de loi sur les langues officielles proposé par M. Trudeau et de l'incorporation des droits de la personne dans la constitution. Malgré les désaccords entre Ottawa et les provinces sur les programmes à coût partagé et sur la division des pouvoirs fiscaux, la rencontre permit la rédaction d'un texte qui obtint l'assentissement de tous, ce qui témoigne de l'élan considérable donné au projet de révision de la constitution canadienne. Cette conférence, à cause de son importance et de la publicité que lui ont accordée les media, nous fournissait une occasion de choix pour analyser le contenu des reportages qu'en avait faits la presse[13]. L'étude a démontré combien étaient différentes les descriptions fournies par les journaux de langue française et ceux de langue anglaise[14]. Le tableau II fait état des principales observations.

Tableau II — Caractéristiques des journaux francophones et anglophones dégagées de l'analyse des reportages sur la Conférence constitutionnelle fédérale-provinciale de février 1969

i) Les journalistes francophones insistaient beaucoup sur la dualité canadienne. Ils percevaient la Conférence constitutionnelle essentiellement comme une rencontre entre le premier ministre Trudeau, représentant le Canada anglais, et M. Jean-Jacques Bertrand, à l'époque premier ministre du Québec, représentant le Canada français. Pour la presse francophone, il y avait d'un côté le Québec et de l'autre, le reste du pays.

ii) Les journaux anglophones parlaient davantage du Québec que des autres provinces, en partie parce que le Québec avait mieux défini ses revendications au cours de la Conférence. Toutefois, pour eux, le fédéralisme regroupait des provinces et non pas des nations.

iii) Les journaux québécois, notamment les quotidiens de langue française, attachaient beaucoup d'importance à l'identité québécoise et au rôle de la province sur la scène internationale, sujet très peu traité dans la presse anglophone des autres provinces.

iv) L'insistance des journaux anglophones du Québec sur la protection des droits de la personne et des droits linguistiques reflétait une préoccupation quant à l'avenir des droits des minorités. Pour leur part, les journaux francophones du Québec et les journaux anglophones du reste du pays ont montré peu d'intérêt pour cette question.

v) La presse francophone se prenait beaucoup plus au sérieux que son homologue anglophone. Les journalistes francophones parlaient souvent d'eux-mêmes, de leur journal et de la presse en général. Aucun de leurs collègues anglophones n'a manifesté cette tendance égocentrique.

vi) Les journaux francophones ont fait montre de plus d'émotivité que leurs homologues anglophones. Ainsi, ils utilisaient des termes comme «attaque», «assaut», «désaccord» et «revendication» quand les journaux anglophones parlaient de «discussion» et très souvent d'«unité».

vii) Les journaux des deux langues s'intéressaient fortement aux aspects financiers du fédéralisme.

viii) Les reportages de langue française ne traitaient pas des mêmes sujets que ceux de langue anglaise, dévoilant ainsi des systèmes de valeurs différents. Les journaux québécois accordaient plus d'intérêt aux aspects juridiques de la constitution que les journaux ontariens. Les relations internationales, les allocations familiales, l'assurance-maladie, l'éducation et les télécommunications étaient des sujets très discutés dans les journaux francophones, mais à peine effleurés dans les quotidiens anglophones.

Étude III. Les journaux québécois et l'élection provinciale de juin 1966

Au Québec, on a abondamment critiqué la couverture faite par la presse de l'élection provinciale de juin 1966 qui entraîna la perte de pouvoir du Parti libéral au profit de l'Union nationale dirigée par M. Daniel Johnson. Comme c'est souvent le cas, le perdant, en l'occurrence le Premier ministre Jean Lesage, se dit victime de manoeuvres déloyales, dont il accusait entre autre la presse, au cours de la campagne électorale, et par la suite, les media d'information furent vivement critiqués. L'Union canadienne des journalistes de langue française mena une enquête sur la couverture de la campagne. Une analyse fut faite d'environ 1 400 articles tirés de six journaux différents, soit *La Presse*, le *Montreal Star* et *Le Devoir* de Montréal, *Le Soleil* de Québec, *Le Nouvelliste* de Trois-Rivières et *La Tribune* de Sherbrooke, qui ensemble représentent environ 80% du tirage global des journaux au Québec. M. Guy Bourassa, professeur de sciences politiques à l'Université de Montréal, prépara à ce sujet un rapport d'analyse dont le tableau III donne les principaux points[15].

L'étude souleva des points intéressants touchant l'engagement de la presse québécoise dans la cause séparatiste. Pendant la campagne électorale de 1966 les reportages de la presse québécoise indiquaient que celle-ci appuyait fortement le séparatisme à une époque où la structure politique de ce mouvement n'était encore qu'en voie d'élaboration.

Tableau III — **Caractéristiques des journaux québécois dégagées de l'analyse des reportages sur l'élection provinciale de juin 1966**

i)   Pendant la campagne électorale, les journaux québécois ont consacré plus d'espace au parti libéral mais l'image qui en a été projetée était peu flatteuse.

ii) L'Union nationale a été en général moins maltraitée. Quant aux groupes séparatistes, l'attitude de la presse québécoise à leur égard est particulièrement intéressante. Ainsi, le Rassemblement pour l'indépendance nationale était assez choyé. En fait, selon le professeur Bourassa, le RIN «n'a jamais été présenté sous un mauvais jour», tandis qu'à l'autre extrême, le Ralliement national, parti séparatiste de droite, était plutôt malmené.

iii) Pour ce qui est du ton des manchettes, la faveur est allée, dans l'ordre, au RIN, à l'Union nationale et au Parti libéral, celui-ci venant quelquefois même après le RIN.

iv) Dans les manchettes concernant les hommes politiques, le chef du RIN était plus souvent avantagé que le chef de l'UN qui l'emportait à son tour sur le premier ministre Lesage.

v)   Pour ce qui est des photographies, M. Lesage était bon dernier tandis que le chef du RIN, M. Pierre Bourgault, tenait la première place, sa photographie accompagnant le quart des articles à son sujet.

vi) Le chef du RIN venait également en tête quant au nombre d'articles de fond et d'analyses. (Comparativement à M. Lesage, M. Johnson faisait l'objet de deux fois plus d'articles de ce genre.)

Étude IV. Comparaison des bulletins d'information diffusés dans les deux langues en mai 1977

La quatrième étude, effectuée en 1977 pour le Conseil de la radiodiffusion et des télécommunications canadiennes, porte sur la radiodiffusion dans le secteur public: les réseaux français et anglais de Radio-Canada[16]. Une analyse portant notamment sur les sujets de reportage, sur les personnalités qui faisaient la manchette, sur la provenance et la nature (politique provinciale ou fédérale) des bulletins d'information francophones et anglophones, a démontré que les deux réseaux décrivaient la société canadienne de manières très différentes. Des 1 785 rapports de nouvelles analysés, 259, dont plus de la moitié touchaient l'actualité internationale, avaient été diffusés dans les deux langues. On pourrait évaluer à environ 15% la proportion des nouvelles communes aux bulletins des deux langues. L'analyse des sujets traités démontra que les bulletins d'information anglophones et francophones mettaient l'accent sur des points différents.

L'étude démontra que le réseau français de Radio-Canada s'intéressait avant tout au Québec (voir la figure I). Les informations nationales provenant d'Ottawa concernaient souvent le Québec. Les nouvelles provenant des autres provinces étaient rarement diffusées à moins qu'elles ne concernaient le Québec. Les bulletins francophones semblaient donc couvrir très peu le reste du Canada et attachaient en tout temps beaucoup plus d'importance aux nouvelles du Québec. Pour leur part, les bulletins d'information anglophones s'intéressaient beaucoup plus aux nouvelles nationales provenant d'Ottawa qu'aux nouvelles de la Colombie-Britannique et des provinces maritimes.

Les bulletins d'information francophones et anglophones traitaient aussi différemment les nouvelles internationales; les bulletins anglophones consacraient deux fois plus de temps aux nouvelles concernant les États-Unis que les bulletins francophones, ces derniers traitant davantage de l'Europe de l'Ouest[17].

La plupart des différences constatées dans l'information diffusée par les media électroniques, comme l'intérêt particulier des francophones pour le Québec, l'importance accordée aux personnalités et aux nouvelles internationales, se retrouvent dans les presses francophone et anglophone.

Tableau IV — Les sujets les plus importants selon la langue de diffusion

	Les sujets les plus importants dans les bulletins anglophones	Les sujets les plus importants dans les bulletins francophones	Sujets d'égale importance dans les bulletins anglophones et francophones
Politique	Les droits des autochtones	Le P.Q. et l'unité canadienne	La Conférence au sommet
	Les droits de la personne	Le séparatisme	La guerre et la paix
	Les forces armées	La politique provinciale	Les élections partielles fédérales
	Les informations municipales	L'économie provinciale	
		La politique linguistique	
		Les relations internationales	
Économie/ environnement	L'énergie	Les grèves	L'inflation
	La pollution	Les revendications syndicales	Le chômage
	Les droits du consommateur	Les conventions collectives	Les prix et salaires
Autres	Les sinistres La nécrologie Les sports Les arts et spectacles		

Source: C.R.T.C., 1977.

Figure I — **La nature politique des informations canadiennes — pendant 10 jours en mai 1977 (données basées sur le temps de diffusion)**

TÉLÉVISION

Réseau anglais de Radio-Canada (C.B.C.)

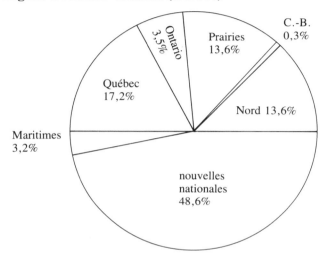

Réseau français de Radio-Canada

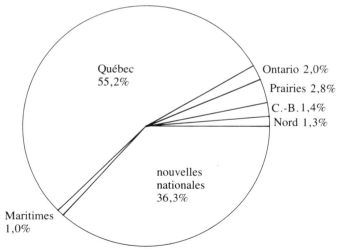

Source: C.R.T.C., 1977.

Conclusion

En tenant compte de l'ensemble des études, nous pouvons conclure que depuis longtemps, la perception d'un fédéralisme canadien basé sur la dualité (sous-entendant l'égalité entre les Canada français et anglais) transparaît dans les systèmes de communication francophones. Les presses francophone et anglophone perçoivent différemment le système et les institutions politiques, la position du Québec sur la scène internationale, l'histoire économique et sociale et leur propre rôle politique. La presse francophone considère depuis longtemps le séparatisme comme une solution viable et, dès 1966, elle appuyait dans une certaine mesure un parti séparatiste. L'importance accordée à un statut international pour le Québec semble étroitement liée à la tendance québécoise à l'autonomie et rappelle l'attitude d'Ottawa qui se servait des relations internationales pour établir la pleine souveraineté du Canada.

Le leadership que s'attribuent les journalistes francophones au sein de la société canadienne française offre un intérêt particulier. Ces journalistes affichent depuis longtemps un système de valeurs bien défini; il semble cependant que, jusqu'à il y a quinze ou vingt ans, ces valeurs se soient plutôt exprimées en discours politique, et il se peut fort bien que le journaliste intellectuel ait alors perdu de vue le lecteur dont il se voulait le mentor. Les media font partie de cet ensemble d'institutions sociales comme la famille, le système d'éducation, l'Église, le groupe et le milieu de travail, institutions auxquelles on attribue un rôle important dans l'élaboration d'une échelle de valeurs sociales. Toutefois, la Révolution tranquille et la révolution des jeunes ont considérablement réduit l'influence de l'Église et de la famille en tant qu'instruments pour proposer des modèles et transmettre une culture politique. De plus, le système d'éducation a subi d'importantes réformes. Il semble que les media d'information et la nouvelle génération d'enseignants soient maintenant plus influents que leurs prédécesseurs. Ce n'est donc pas un hasard si la direction du Parti québécois est en grande partie composée de journalistes et d'enseignants.

Les media québécois jouent donc de nos jours un rôle politique extrêmement important. L'influence grandissante de la presse et des personnalités du milieu journalistique dans la société francophone est étroitement liée à la crise de l'unité canadienne.

Il semble évident que les media des deux langues contribuent grandement à accentuer les caractéristiques biculturelles du fédéralisme canadien. L'uniformité qui ressort de la presse francophone peut être considérée comme un appui nécessaire à un groupe minoritaire. Étant donné que cette presse exerce une influence prépondérante sur le contenu des novelles diffusées par les media électroniques, ces derniers reflètent aussi la même vision du système politique, des institutions, des problèmes économiques, etc. On ne retrouve pas cette uniformité dans la presse anglophone; comme on l'a mentionné auparavant, celle-ci est assez morcelée et manifeste un certain esprit de clocher. Cela contribue à atténuer la tendance au dualisme de la presse canadienne. La similitude des points de vue des journaux montréalais et torontois comparativement aux journaux des autres grandes villes et le dialogue qu'ils entretiennent jouent le même rôle.

Tout semble indiquer, cependant, que ces facteurs ne suffisent pas à compenser les forces de dislocation présentes dans les media canadiens. La presse canadienne, comme le démontre le rôle qu'elle a joué durant les événements d'octobre (voir étude I), a nui à l'intégration canadienne, ou du moins ne l'a pas encouragée. Cette conclusion est renforcée par l'étude II (sur les journaux) et par l'étude IV (sur la presse électronique) qui comparent les media francophones et anglophones. On a découvert que les media accentuent les différences entre les cultures au lieu de contribuer à l'unification de la société, ce qu'ils pourraient faire en mettant l'accent sur les normes, les valeurs et les expériences collectives communes à tous les Canadiens. Les reportages sur un même événement politique divisent l'opinion parce qu'ils sont conçus de façon à accentuer les intérêts particuliers de groupes linguistiques géographiquement circonscrits.

* * *

La presse anglophone du Québec et celle des autres provinces partagent certaines valeurs. Il arrive aussi aux journaux québécois, anglophones et francophones, de partager la même opinion sur certaines questions importantes, lorsque les intérêts des communautés qu'ils desservent sont les mêmes. En réalité, les journaux anglophones du Québec ne sont que jusqu'à un certain point tributaires de la presse canadienne de langue anglaise, conclusion qui se dégage de l'étude des reportages sur les événements d'octobre et sur la Conférence constitutionnelle fédérale-provinciale de 1969.

La presse anglophone se retrouve isolée sur un bon nombre de questions d'importance, comme celles des droits linguistiques et des droits civiques. Outre cette particularité, et en partie à cause d'elle, les journaux anglophones reflètent un sentiment d'insécurité. Durant les événements d'octobre 1970, les journaux anglophones du Québec ont manifesté plus d'inquiétude que les autres journaux canadiens (francophones et anglophones), mettant davantage l'accent sur l'information traitant de l'aspect strictement local de la crise. En effet, les événements locaux semblaient comporter à leurs yeux des implications redoutables. Par ailleurs, leurs pages éditoriales étaient laconiques; au contraire des journaux francophones de la province et des journaux anglophones canadiens, ils hésitaient à donner leur opinion. Les journaux anglophones de Montréal, en plein coeur de la crise, ont gardé le silence au moment où l'on s'attendait à ce qu'ils montrent la voie aux autres media anglophones du pays.

La réticence de la presse anglophone à parler ouvertement des questions d'importance majeure pour la communauté anglophone du Québec peut avoir de sérieuses conséquences en période référendaire, et le référendum peut devenir le moyen de dénouer les crises politiques. Comme on l'a souligné plus haut, en temps de crise les media deviennent particulièrement importants. Non seulement interprètent-ils les événements politiques mais ils sont eux-mêmes appelés à jouer un rôle dans ces événements. En période référendaire, le rôle des media est crucial. La presse anglophone du Québec donne à penser par son attitude qu'elle se sentirait mal à l'aise dans un tel rôle et qu'elle aurait du mal à faire face aux événements, contrairement aux media francophones qui, eux, ont l'habitude de s'engager sur le plan politique.

NOTES

(1) Colin Seymour-Ure, «The Press and Referenda: The Case of the British Referendum in 1975», *Canadian Journal of Political Science*, 11 (sept. 1978):3.

(2) Karl W. Deutsch, *Nationalism and Social Communications* (Cambridge, M.I.T. Press; New York, John Wiley, 1953):100.

(3) J.R. Mallory, *The Structure of Canadian Government* (Toronto, Macmillan of Canada, 1971):393.

(4) J.R. Mallory, «The Five Faces of Federalism», P.-A. Crépeau et C.B. Macpherson, *L'Avenir du fédéralisme canadien*, Toronto, University of Toronto Pess, 1965.

(5) *Rapport préliminaire de la Commission royale d'enquête sur le bilinguisme et le biculturalisme* (Ottawa, Édition de la Reine, 1965):5.

(6) Daniel Latouche, «Mass Communications in a Canadian Political Crisis», Benjamin D. Singer, *Communications in Canadian Society*, (Toronto, The Copp Clark Publishing Co., 1972):302.

Voir aussi: Arthur Siegel, «The Use of the War Measures Act in October 1970: A Communications Analysis». Texte rédigé pour la rencontre inaugurale du Canadian Association of Survey Research, Québec, 30-31 mai 1976.

(7) Frederick Elkin, «Communications Media and Identity Formation in Canada» *Communications in Canadian Society*, p. 222.

(8) *Rapport du Comité Spécial du Sénat sur les moyens de communications de masse, vol. I* (Ottawa, Imprimeur de la Reine pour le Canada, 1970):105.

(9) La loi sur les mesures de guerre (stat. rev. du Can. 1952, chap. 288) accorde au gouverneur-général la plupart des pouvoirs d'urgence accordés en temps de guerre au Parlement du Dominion en vertu de la clause relative à «la paix, l'ordre et le bon gouvernement» de l'article 91 de l'Acte de l'Amérique du Nord britannique. Comme le professeur Mallory l'a souligné dans «The Five Faces of Federalism», rien dans les débats préparatoires ou dans l'A.A.N.B. lui-même ne concerne la répartition des pouvoirs en situation d'urgence. Ce sont les tribunaux qui ont accordé ces pouvoirs au gouvernement fédéral, considérant que la distribution des pouvoirs au gouvernement fédéral, considérant que la distribution des pouvoirs est un luxe permis en temps de paix mais qui doit être oublié en temps de guerre. En fait, le fédéralisme, en temps de crise, fait du Canada «un État unitaire tant que dure la crise». Voir: J.R. Mallory, «The Five Faces of Federalism», P.-A. Crépeau et C.B. Macpherson, *L'avenir du fédéralisme canadien* (Toronto, University of Toronto Press, 1965):7-9.

(10) On a défini une crise comme une situation comportant les aspects suivants: 1- une menace pour le système politique; 2- une intervention de l'extérieur; 3- l'effet de surprise; 4- l'aggravation des risques; et 5- l'urgence, en ce sens qu'il s'agit d'un problème aigu, et non chronique. Voir: James Robinson, «Crisis» *International Encyclopedia of the Social Sciences*. Voir également: Daniel Latouche, «Mass Media and Communication in a Canadian Political Crisis» *Communications in Canadian Society*, pp. 296-297.

(11) J.T. Klapper, *The Effects of Mass Communications* (Glencoe, The Free Press, 1960):53-61.

(12) Arthur Siegel, «The Norms and Values of the French and English Press in Canada: A Political Evaluation». Les 22 journaux ayant servi à l'étude sont les suivants: le *Chronicle Herald* de Halifax, le *Transcript* et *L'Évangéline* de Moncton, *La Presse*, *Le Devoir*, le *Star* et le *Montreal Gazette* de Montréal, *L'Action* et le *Chronicle Telegraph* de Québec, *La Tribune* et le *Record* de Sherbrooke, le *Toronto Star* et le *Toronto Globe and Mail* de Toronto, le *Journal* et *Le Droit* d'Ottawa, le *Record* de Kitchener-Waterloo, le *New Chronicle* de Thunder Bay, le *Edmonton Journal* d'Edmonton, le *Red Deer Advocate* de Red Deer, le *Vancouver Sun* de Vancouver, le *Victoria Colonist* de Victoria et le *Prince Rupert Daily News* de Prince Rupert.

(13) Les reporters qui ont couvert la conférence d'Ottawa ont dit à l'époque qu'ils avaient rarement vu autant de journalistes réunis pour un seul événement.

(14) Arthur Siegel: «A Content Analysis: French and English Language Newspaper Coverage of the Federal Provincial Constitutional Conference, February 10-12, 1969».

(15) Voir: Guy Bourassa et Francine Despatie, «La presse québécoise et les élections du 5 juin», *Cité Libre* (17 Supp. de nov.-déc. 1966):5-32.

(16) Arthur Siegel, «A Content Analysis, the Canadian Broadcasting Corporation: Similarities and Differences in French and English News»; les conclusions de cette étude sont citées dans le rapport du comité d'étude du CRTC 1977.

(17) *Ibid.*

La presse anglophone des années 1970 coupable de complot ou d'incompétence?

David Thomas

DAVID THOMAS, membre de la Tribune de la presse de l'Assemblée nationale de 1976 à 1980, fut reporter à la Presse canadienne, au journal *The Gazette* et au magazine *McLean's*, et rédacteur-collaborateur à la revue *l'Actualité*. Comme bien des anglophones nés au Québec, il atteint l'âge adulte sans avoir appris le français. C'est à l'occasion d'une manifestation séparatiste à Jonquière pendant la campagne électorale de 1972, où Pierre Elliott Trudeau détruisit une pancarte dont le message était inintelligible pour M. Thomas, que celui-ci comprit la nécessité pour un journaliste anglophone de maîtriser la langue française.

Trois jours avant le 15 novembre 1976, un vendredi soir, les premières équipes de rédacteurs quittèrent l'immeuble vétuste de la *Gazette*, rue St-Antoine, pour filer chez Mother Martin prendre un verre entre deux éditions. Le bar était déjà garni d'une brochette de reporters en congé et Chong, le barman coréen, qui avait déjà commencé à distribuer les consommations, n'allait plus s'arrêter avant les petites heures. La fin de la semaine et le dénouement imminent d'une longue et curieuse campagne électorale provinciale, justifiaient bien qu'on s'amuse un bon coup.

Mais dans la salle de rédaction de la *Gazette*, au quatrième étage, la tempête allait éclater sans plus se faire attendre. Alerté par des typographes, un secrétaire de rédaction de la *Gazette* était tombé sur un éditorial peu banal, signé par l'éditeur, Ross Munro, et destiné à faire la une le lendemain, à la veille de l'élection.

C'était un texte pour le moins curieux; truffé de fautes de syntaxes; c'était aussi, de mémoire de journaliste, le premier éditorial à paraître en première page de la *Gazette* et le premier à être signé de la main d'un de ses éditeurs. Écrit dans le style haletant d'une dépêche venant du front, il portait simplement pour titre «Un éditorial». Il aurait sans doute été plus à propos et plus dans le ton de la *Gazette* à ce moment-là de l'intituler: «La fin approche». Voici ce que purent lire les lecteurs déjà nerveux du West Island, en s'attablant en toute candeur devant leur petit déjeuner, le lendemain matin:

> The central issue in Monday's provincial election is separatation. The Parti Quebecois [sic], who are [sic] dedicated to this purpose, has scarcely mentioned it in their [sic] campaign. It is clever politics to soft-pedal this explosive issue. They camouflage it all by saying there will be a referendum on independence in two years time.
>
> This subterfuge seems to be working. Most people in Quebec want to remain part of Canada, yet our public opinion poll shows the PQ running far ahead, with the strong possibility they [sic] will form the next government unless there is a heavy swing in voters' preference over the weekend...

Le plaidoyer passionné de Munro rappelait étrangement la campagne criarde des libéraux «non au séparatisme». En fait, sa panique avait été alimentée par le Premier ministre libéral, Robert Bourassa, qui, la nuit précédente, l'avait rencontré en catimini pour lui mendier littéralement l'appui de la *Gazette*. C'est le refus de l'éditorialiste en chef, Tim Creery, de céder à des pressions aussi grossières, qui avait catapulté Munro et son message alarmiste en première page. Ce n'était d'ailleurs pas la première fois que M. Bourassa tentait de soudoyer et d'intimider la *Gazette*. Un an plus tôt, il avait impudemment offert au prédécesseur de Munro, Mark Farrell, qui allait bientôt prendre sa retraite, un poste confortable dans l'administration publique à la condition qu'il veuille bien congédier les deux correspondants de la *Gazette* à l'Assemblée nationale, Patrick Doyle et moi-même. M. Bourassa était tellement sûr du succès de sa démarche que, quelques jours plus tard, il glissa subrepticement à Doyle: «Vous allez nous manquer». Farrell considéra bien sûr la proposition de M. Bourassa comme le marchandage désespéré d'un politicien apeuré qui sent venir sa fin. Munro, par contre, se montra plus réceptif à l'appel que lança Bourassa à son patriotisme de Canadien.

Les employés de la rédaction rappelés de chez Mother Martin pour lire les épreuves de l'éditorial de Munro, se sentirent ramenés, en lisant le texte qu'ils avaient sous les yeux, aux années mémorables où leur éditeur était correspondant de guerre. L'éditorial reflétait en effet la conception que se faisait Munro du reportage de guerre, et que l'on trouve décrite dans l'ouvrage de Phillip Knightley sur les correspondant militaires, *The First Casualty*:

> Je crois que les jeunes d'aujourd'hui ne pourront jamais sentir ce qu'était notre engagement. Ce n'était peut-être que chauvinisme et stupidité, mais nous avions l'impression que les Allemands étaient sur le point de détruire notre monde et qu'il nous fallait les en empêcher. C'était la seule pensée des troupes et, je crois, des correspondants de guerre; c'était en tout cas ma seule pnsée à moi. On ne verra plus jamais cela. La guerre que nous menions avait un enjeu très net; c'était véritablement une croisade[1].

Que l'éditorial de M. Munro s'inscrivît dans le cadre d'une nouvelle croisade, ou qu'il ait simplement exprimé l'angoisse personnelle qu'il éprouvait pour l'avenir du pays, les employés de la salle de rédaction se mirent bientôt d'accord pour s'y opposer même s'ils ne le faisaient pas tous au même titre. Certains trouvaient le ton de l'éditorial par trop larmoyant; d'autres y voyaient une attaque injuste à l'endroit du Parti québécois que quelques-uns d'entre eux avaient très ouvertement appuyé au cours de discussions chez Mother Martin. Comme l'heure de tombée approchait, on rédigea une déclaration qu'on fit circuler dans la salle de rédaction pour que chacun puisse le signer. Un des doyens de la rédaction se porta volontaire et offrit de monter au bureau de Munro, au cinquième étage, réclamer que la déclaration du personnel non syndiqué paraisse dans le journal. Bon prince, M. Munro accepta la déclaration des mutins comme message publicitaire; en fait il aurait très bien pu congédier tout le monde.

Le message qui, suivi du nom des signataires, parut à la page trois, se lisait comme suit:

> Trente-six des cent membres de la rédaction du journal
> *The Gazette* sont en désaccord avec l'éditorial que

signe l'éditeur du journal, M. Ross Munro, et qui paraît en première page aujourd'hui.

Les journalistes, après avoir lu l'éditorial, ont signé hier soir la pétition suivante:

Les soussignés, membres de la rédaction de la *Gazette*, désirent informer les lecteurs que l'opinion exprimée en première page sur l'élection au Québec ne correspond pas nécessairement à celle des employés du journal qui se sont efforcés de rendre compte de la campagne électorale de la manière la plus professionnelle possible.

Un sondage récent, commandé entre autres par *The Gazette*, a fait ressortir clairement que les deux questions qui préoccupent le plus les Québécois sont la gestion de l'économie et l'honnêteté du gouvernement. Sept pour cent seulement estimaient que l'indépendance du Québec est le principal sujet de préoccupation.

Les lecteurs, probablement déjà déconcertés par les dissensions étalées au grand jour dans *The Gazette*, furent aussitôt relancés: en page éditoriale cette fois, Tim Creery, d'un ton serein, conseilla aux lecteurs de la *Gazette* de voter pour les candidats fédéralistes, mais de ne pas céder à la panique.

...Il est vain toutefois d'être alarmiste et de prétendre qu'un vote contre les libéraux est un vote pour la séparation, alors que les gens savent qu'il n'en est rien. Les électeurs ne doivent pas être utilisés comme poudre à canon contre les adversaires du parti au pouvoir. Électeurs, nous le sommes tous et l'on a intérêt à nous considérer comme des êtres intelligents si l'on veut que notre système puisse survivre et s'épanouir.

* * *

Une fois passée l'euphorie de la victoire chez M. Lévesque et revenue sa combativité habituelle, bien des journalistes anglophones s'étonnèrent — vu les incidents que nous venons de décrire — que le Premier ministre s'acharne à parler d'un «front commun» des media anglais complotant pour saborder son gouvernement. Comment, se demandaient-ils, pouvait-il y avoir collusion de l'ensemble des propriétaires de journaux, rédacteurs en chef et journalistes quand, au sein d'un même quotidien, on n'arrivait pas à faire bloc à la veille d'une élection aussi décisive? L'unité de pensée était, et demeure, beaucoup plus manifeste dans les media de langue française du Québec, phénomène que reconnaissent implicitement les journalistes et hommes politiques, qui ne cessent de faire remarquer la dureté des media anglophones envers le gouvernement. Il est intéressant de souligner que ce type de comparaison était rare dans les dernières années du gouvernement Bourassa qui était alors la cible des media, anglophones comme francophones. Le PQ ne s'en était pas plaint à l'époque.

M. Lévesque a persuadé bien des citoyens et journalistes de langue française, ainsi que quelques anglophones sympathiques à sa cause, que seuls les media de langue française ont une attitude juste et honnête envers son gouvernement. Ce n'est pas là l'opinion de tous les journalistes francophones, cependant. En effet, l'ex-rédacteur en chef du *Devoir*, Michel Roy, écrivait peu de temps après la visite au Québec du Premier ministre de France, Raymond Barre, que les media de langue française avaient eu le tort de ne pas signaler les impairs diplomatiques de M. Lévesque et sa conduite maladroite, avec la même franchise que les media de langue anglaise. Il écrivait qu'en général les journalistes francophones traitent M. Lévesque avec une complaisance qui les amène à cacher ses erreurs, à taire ses maladresses, à le surprotéger comme les fils de Noé qui vinrent couvrir d'un manteau la nudité de leur père qui s'était enivré.

Bien entendu, il ne s'agit pas de faire ici le procès des media québécois de langue française. Il est cependant essentiel de souligner que la presse de la majorité, en fonction de laquelle on évalue souvent les journaux de langue anglaise, s'écarte elle-même parfois du sentier étroit de la rigueur journalistique avec autant d'insouciance qu'un «coureur de bois».

La seule manière valable de juger les media anglais du Québec est de se demander s'ils servent bien leur public. Les Québécois anglophones ont-ils, par l'entremise des media, une image exacte de la société québécoise dans son ensemble? Inversement, ces mêmes media permettent-ils aux Québécois francophones, ou même à leurs propres lecteurs anglophones, de suivre l'évolution rapide de la situation au sein de la minorité la plus importante du Québec?

Est-ce que la *Gazette* a aidé les Montréalais anglophones à surmonter leur inquiétude au cours des premières années de gouvernement du Parti québécois? Après n'avoir pour ainsi dire pas tenu compte de ce parti et de sa force jusqu'en 1976, s'est-elle amendée par la suite? Presque un an après la prise de pouvoir, la *Gazette* était encore capable de faire paraître ceci:

> Displaying the diplomatic cool that led him from the leadership of an obscure, left-wing political party to the premiership of the province of Quebec, Rene Levesque [sic] skilfilly [sic] foiled with defiant parents last night and vowed Bill 101 [sic] «is going to stay» the law.[2]

Il est déjà inadmissible d'omettre les accents au nom de M. Lévesque, de mal orthographier «skilfully» et de qualifier les mêmes mesures législatives de «projet de loi» et de «loi» tout à la fois; mais de décrire le Parti québécois comme une «formation obscure», c'est admettre qu'on est assez ridicule pour en avoir nié l'existence pendant dix ans. Quant à prêter à M. Lévesque un «flegme de diplomate», cela revient presque à parler de la sveltesse de Mme Payette.

Si l'exemple peut sembler futile, il n'en révèle pas moins les sérieuses faiblesses qu'accusent les media anglophones du Québec qui, de plus en plus, se tournent vers un esprit de clocher tout axé sur les intérêts immédiats d'une minorité. Les événements importants y sont décrits en fonction de l'impact qu'ils ont sur une petite portion de la population. *The Gazette* est devenu le journal d'une minorité ethnique en exil, comme le *Mexico City News*, ou à peu près.

Ce statut de minorité a aussi une influence directe sur le travail quotidien des media de langue anglaise. La presse anglophone n'a plus d'«arrière-pays» capable d'alimenter les journaux de Montréal en jeunes journalistes ou rédacteurs formés au Québec.

Ajoutons à cela le fait que les écoles de langue anglaise du Québec ne réussissent pas à dispenser à leurs diplômés une connaissance du français suffisante pour qu'ils puissent travailler au Québec. Ceci a pour résultat que le recrutement doit se faire à l'extérieur de la province.

Pour les journaux anglais des autres grandes villes d'Amérique du Nord, il est facile d'«importer» des journalistes et des secrétaires de rédaction; leurs territoires sont tellement rapprochés culturellement que les journalistes peuvent facilement passer de l'un à l'autre. Mais les media de langue anglaise au Québec sont doublement désavantagés: d'une part, ils ont un besoin essentiel de personnel bilingue; d'autre part, Montréal s'est retiré du circuit que forment les media des grandes villes anglophones d'Amérique du Nord. Au Canada, c'est Toronto qui est le lieu de prédilection des jeunes journalistes ambitieux, Montréal n'est même plus pour eux un tremplin valable.

Au niveau de la gestion par ailleurs, les administrateurs, à quelques exceptions près, ne sont toujours pas bilingues.* En effet, aussi incroyable que cela puisse paraître, l'éditeur et le rédacteur en chef de la *Gazette* et ceux de pratiquement tous les autres media de langue anglaise de Montréal ne sont même pas capables de lire trois des quatre quotidiens de la ville. Bien peu d'entre eux arriveraient à commander leur déjeuner en français. Pour bien comprendre le parfait ridicule de la situation, imaginez seulement l'accueil réservé à des journalistes unilingues français qui décideraient de publier un quotidien en français à Toronto.

---

* Les responsables de ce recueil laissent le lecteur libre de juger dans quelle mesure la situation des années 1980 diffère de celle décrite par M. Thomas dans ce paragraphe.

Il est improbable que M. Lévesque renonce à sa certitude, simple et satisfaisante, que les bizarreries et les insultes publiées par les media de langue anglaise sont le fruit d'un complot ourdi par l'élite anglophone et ses media fantoches. Cependant, la triste réalité c'est que les milieux anglophones sont pour ainsi dire incapables de véritable collusion et que, depuis l'accession au pouvoir du PQ, ils ont fait preuve d'une tendance, remarquablement pacifique, à la fuite plutôt qu'à la lutte. Au lieu d'encourager la minorité anglophone à rester et à élaborer une nouvelle stratégie de survie, les media, dont les propriétaires et le personnel sont de plus en plus des non-Québécois, souvent de passage, tendent à entretenir un climat de peur et d'ignorance qui ne peut qu'activer le départ des anglophones.

L'exode des anglophones a été en grande partie provoqué et alimenté par les prédictions funestes des manchettes et des éditoriaux de leurs journaux. Ce même exode, ironie du sort, a fait germer chez les journalistes la conviction, répandue mais probablement peu fondée, qu'il n'y avait plus de quoi faire vivre deux quotidiens de langue anglaise à Montréal. Le *Montreal Star* n'a peut-être été que la victime de ses propres prophéties.

La minorité anglophone n'étant plus une communauté dynamique dotée d'idéaux politiques cohérents et capable de se régénérer, ses media, le reflet le plus visible de toute société, ne peuvent montrer que pessimisme et confusion. Le sombre complot que voit M. Lévesque n'est en fait que confusion et aliénation.

NOTES

(1) Phillip Knightley, *The First Casualty*, New York, Harcourt, Bruce, Jovanovich, 1975.

(2) Tel que paru dans *The Gazette*, le 4 octobre 1977.

Septième partie

LA SCÈNE POLITIQUE

Entre autres plaisanteries sarcastiques qui circulaient à Montréal au lendemain de la victoire du Parti québécois, on disait que les hommes d'affaires anglophones de la rue St-Jacques s'étaient rendu compte, au matin du 16 novembre 1976, que leur petit carnet noir ne contenait plus un seul numéro de téléphone leur permettant d'obtenir du gouvernement du Québec la priorité aux affaires qui les concernaient directement. Le parti au pouvoir comptait bien un Néo-Québécois (Haïtien par surcroît) et deux francophones aux noms celtiques, MM. Burns et O'Neil, mais pas un seul représentant de la communauté anglophone.

Peu importe que l'anecdote soit vraie ou non, ce jour a marqué la fin d'une très longue époque dont l'origine remonte sans doute à la Confédération (voir le survol historique des relations entre francophones et anglophones que fait M. John Jackson dans son exposé sur les droits collectifs et individuels): cette époque se caractérisait par un contrôle de certains ministères clés par des anglophones (plus particulièrement ceux des Terres et Forêts, des Ressources naturelles et du Revenu) et par une stratégie visant l'harmonisation des intérêts politiques de l'élite francophone avec les intérêts économiques de l'élite anglophone.

À un niveau plus général, l'élection de novembre 1976 a été marquée par l'apparition d'un électorat anglophone beaucoup plus «capricieux» qui, contrairement à son habitude, n'a pas voté en bloc pour un même parti politique. Du point de vue de la communauté anglophone, on peut donc parler de crise politique, crise caractérisée par une sérieuse perte d'influence.

Au scrutin suivant, en 1981, certains changements s'étaient manifestés. Deux candidats péquistes anglophones, Robert Dean et David Payne, firent leur entrée à l'Assemblée nationale, tandis qu'un troisième, Henry Milner, était nommé au conseil de direction du Parti québécois. Par ailleurs, on assistait aussi au ralliement massif de l'électorat anglophone derrière le Parti libéral. La crise n'avait pourtant rien perdu de son intensité. Les «péquistes» anglophones se recrutaient surtout chez ceux que McLeod Arnopoulos considère comme «marginaux» et qui n'ont que très peu d'écoute au sein de la communauté anglophone. Dean, syndicaliste militant, ancien vice-président de la Fédération des travailleurs du Québec (FTQ), avait lié son sort à celui des francophones bien avant qu'une telle attitude devienne à la mode. Payne est un Britannique, catholique de religion, venu au Québec en passant par Rome, et qui s'est retrouvé en politique par le biais de son action syndicale dans un cégep anglophone. Pour ce qui est de Milner, c'est un intellectuel et un socialiste dont la décision de devenir un militant au sein du Parti québécois semblait motivée par des considérations d'ordre intellectuel. Quant à l'ensemble de l'électorat anglophone, s'il appuie le Parti libéral, il n'en conserve pas moins une certaine agressivité et manifeste vite de l'humeur, et même de l'hostilité à l'égard de tout porte-parole de ce parti, chef ou militant, qui manifeste une attitude tant soit peu nationaliste, du genre de celle qui avait cours au temps où les Libéraux préparaient la Révolution tranquille. De plus, le Parti libéral n'a pas su encore trouver une vocation qui lui permettrait de rallier à la fois les deux grandes communautés linguistiques dont dépend sa survie.

La crise actuelle pourrait cependant se révéler salutaire dans la mesure où elle met en relief certaines particularités du comportement politique adopté par les anglophones au cours des dernières décennies. Comme le fait remarquer plus loin M. William Tetley dans le bilan qu'il trace des événements qui ont amené l'adoption de la Loi 22, la réaction première des anglophones à la législation sur la langue constitue un excellent exemple de ce genre de comportements.

Pour ce qui est des causes profondes du comportement politique actuel du Québec anglophone, rappelons que, tout en reconnaissant la nécessité d'une intervention locale limitée et spécifique, celui-ci a toujours considéré que son véritable gouvernement était celui d'Ottawa et que lui seul était le garant de ses intérêts. C'est le gouvernement dans lequel il se reconnaît le mieux et dont il peut faire remonter la lignée jusqu'aux Îles britanniques. C'est aussi un gouvernement qui, fidèle à la tradition britannique, s'est constamment fait le champion des droits et libertés de l'individu (ce qui, bien entendu, joue invariablement en faveur de la majorité!), contrairement au gouvernement du Québec qui, lui, a toujours, plus ou moins ouvertement, cherché à défendre une communauté linguistique. Dans l'article qui suit, M. Jackson expose le dilemme dans lequel se trouve ainsi enfermé le groupe anglo-québécois.

Le succès de l'intervention des anglophones dans le processus politique au Québec était assuré par une tradition de compromis entre les deux principaux groupes linguistiques, mais la véritable force de la communauté anglophone résidait dans le fait qu'elle exerçait depuis longtemps une influence considérable sur l'un des grands partis politiques, le Parti libéral du Québec; d'ailleurs, lors des deux dernières élections, elle a fourni près du tiers des suffrages obtenus par ce parti. Cette présence purement stratégique des anglophones, qui se doublait d'un manque évident de loyauté aux causes provinciales, n'a pu être maintenue après 1976 en raison de la force croissante de l'État québécois, de l'abandon de la politique de compromis (particulièrement en ce qui a trait à la langue et aux compétences provinciales), en raison aussi de la dispersion momentanée du vote anglophone. La perte de l'appui d'une partie de la population francophone empêcha le Parti libéral de reprendre le pouvoir et complique davantage aussi la tâche de ses leaders pour ce qui est des intérêts à promouvoir et des stratégies à développer dans l'avenir.

Les anglophones du Québec semblent depuis avoir adopté en politique provinciale l'attitude qui les caractérise au niveau des municipalités rurales. Ne pouvant plus agir en tant que partenaires dans l'arène politique, déterminer la langue des échanges et, dans un certain sens, avoir la main haute sur les affaires qui les concernent, ils ont simplement abandonné tout rôle actif en politique. Absents du gouvernement régional des Iles-de-la-Madeleine (voir Stuart Richards dans ce receuil) et du conseil municipal de Percé, ils se retrouvent maintenant sans représentant au sein du gouvernement québécois et du principal parti politique provincial. Dans les régions rurales, un souci de survivance les a menés à se replier sur leurs petites communautés et, au niveau provincial, les a encouragés à revenir dans le giron du seul parti politique qu'ils croyaient susceptible de réaliser un retour au statu quo. Le même souci a aussi renforcé leur loyauté envers le gouvernement fédéral, ce qui s'est traduit d'abord par la création de divers organismes d'unité nationale, puis, à l'échelle provinciale, et grâce à d'importantes subventions fédérales, d'une fédération des composantes de la minorité linguistique officielle.

Pendant tout ce temps, les «radicaux» politiques anglophones (de droite ou de gauche), sont demeurés en marge, pour ne pas dire silencieux. Loyaux envers Ottawa et tributaires de la tradition établie par les intellectuels canadiens-anglais, ils n'ont jamais pu trouver de terrain d'entente avec les intellectuels francophones et partager les idées et les idéaux politiques de ceux-ci. Il y eut, bien sûr, quelques exceptions, notamment le «patriote» Wilfred Nelson, et des renégats comme Stanley Gray ainsi que des étudiants de McGill qui ont pris une part active aux événements de la fin des années 1960, mais ils n'étaient d'aucune façon héritiers ou instigateurs d'une tradition de radicalisme comparable à celle qu'entretiennent certains protestants en Irlande. Déchirés par la «question nationale» et par leur vision continentale de la réalité, ce n'est qu'à Montréal et à l'intérieur du Rassemblement des citoyens de Montréal que les «radicaux» anglophones ont été en mesure de collaborer efficacement avec les francophones dans les années 1970, le fondement de leur mobilisation politique étant alors la conscience de classe plutôt que d'ethnie. Il faut noter cependant que le RCM représente un terrain neutre en ce sens qu'elle ne provoque aucun conflit d'allégeance en ce qui a trait au sentiment d'appartenance à un État ou à un autre. Quoique très valable, ce genre de collaboration ne suffit pas. Les anglophones doivent encore élaborer une stratégie politique créatrice en vertu de laquelle, reconnaissant leur statut minoritaire, ils embrasseraient, du moins partiellement, les aspirations politiques de la majorité, et seraient présents dans ses institutions. C'est presque certainement la conscience de ce fait qui a amené Henry Milner à porter son attention de la scène municipale à l'arène provinciale et à faire suivre l'analyse de l'action. Ainsi peu aussi s'expliquer, peut-être, la voie — assez périlleuse si l'on songe à leur électorat — qu'ont choisi de suivre à l'intérieur du Parti libéral du Québec des députés comme Reed Scowen et, avant lui, William Tetley.

La question linguistique au Québec: droits collectifs et droits individuels

John D. Jackson

JOHN JACKSON a fait ses études à Montréal, sa ville natale. Il enseigne aujourd'hui à Sir George Williams (Université Concordia). Comme Montréalais, il s'intéresse depuis longtemps à la question linguistique. Ses plus récentes recherches et publications portent sur les rapports entre francophones et anglophones au Québec et au Canada, et sur l'évolution de la culture anglo-canadienne.

C'était là le premier geste à poser [Loi 101], car la langue est le fondement même d'un peuple, ce par quoi il se reconnaît et il est reconnu, qui se racine dans son être et lui permet d'exprimer son identité.[1]

La communauté anglophone fait partie du Québec, le passé et le présent l'attestent; mais elle ne pourra continuer d'apporter son entière contribution à la vie québécoise si on ne l'autorise pas à être elle-même.[2]

L'article 26 [de la Charte internationale des droits de l'homme des Nations-Unies (1948)] stipule, comme l'a fait le Québec par le passé, que «les parents ont, par priorité, le droit de choisir le genre d'éducation à donner à leurs enfants.» Entendre ici par priorité, priorité sur l'État. Les droits collectifs ne passent pas avant les droits individuels.[3]

Les extraits qui précèdent illustrent respectivement le fondement des positions du Québec «français» et du Québec «anglais» dans le long débat sur la politique linguistique. Dans les deux premiers, l'argumentation s'appuie sur les droits collectifs. En effet, chacune des parties justifie son point de vue à partir des droits de la collectivité, du droit à la survie. Le dernier témoigne d'une tendance inverse dans l'argumentation «anglaise», adoptée par les opposants anglophones à la Loi 101 qui, délaissant les droits collectifs, s'attachent aux droits individuels. Il est intéressant de noter que les deux dernières déclarations figurent dans un même document, produit par la Commission des écoles protestantes du Grand Montréal.

Qu'une catégorie de droits en contredise une autre, dans lequel cas la seule issue possible est d'en arriver à un consensus sur les priorités, ou qu'une catégorie de droits restreigne l'exercice d'une autre, c'est là un phénomène qui n'est pas nouveau. La plupart se rappelleront le conflit du logement aux États-Unis, lorsque les Noirs réclamaient le droit de vivre où ils l'entendaient, moyennant un pouvoir d'achat suffisant, tandis que les Blancs réclamaient de pouvoir vendre à qui ils le voulaient. Le droit du libre achat sur le marché entrait en conflit avec le droit de vendre au moment et à la personne désirés. Point n'est besoin d'insister sur ce fait que les droits des uns limitent les droits des autres. Ce qui nous intéresse ici, c'est l'opposition entre droits collectifs et droits individuels.

Bien que la différence entre droits collectifs et droits individuels soit à tout le moins nébuleuse, entre autres choses parce que ce sont des individus qui agissent, font des revendications et sont touchés par celles des autres, il serait utile d'essayer de la préciser avant de poursuivre notre discussion. Le droit collectif, c'est le droit que peut revendiquer l'individu en tant que membre d'une catégorie sociale (âge, sexe, origine ethnique, profession, langue, etc.) ou d'une association (syndicat, association de fabricants, association professionnelle, etc.), ou au nom de celles-ci. Dans une usine où les travailleurs sont régis par une convention collective, le syndiqué a droit à un nombre déterminé de congés payés par année. De même, selon le territoire où il se trouve, le travailleur a droit à un salaire minimum donné. Il n'y a pas si longtemps encore, l'homme avait des droits de propriété refusés à la femme. Les protestants du Québec et les catholiques de l'Ontario, dans le réseau d'écoles publiques, ont droit à des systèmes scolaires distincts. Voilà autant d'exemples de revendications ou de droits collectifs, fondés sur l'appartenance à un groupe particulier.

Quant aux droits individuels, ils ont pour objet l'égalité des personnes, sans égard à l'appartenance, réelle ou attribuée, à une catégorie sociale ou à une association. Ainsi, tous les citoyens, francophones ou anglophones, hommes ou femmes, protestants ou catholiques, salariés ou patrons ont, ou prétendent avoir la liberté de réunion. Tous les citoyens jouissent du droit de se déplacer librement, du droit à la propriété et de droits égaux devant les tribunaux. L'individu peut revendiquer ces droits, peu importe sa place dans la société. Ainsi, dire qu'à travail égal les femmes ont droit à un salaire égal à celui des hommes, c'est proclamer que l'égalité des personnes transcende la catégorie «sexe». Deux autres observations s'imposent ici. Notons d'abord que la question de la priorité d'une catégorie de droits sur une autre demeure en suspens. La formule Rand sur les relations de travail au Canada donne priorité aux droits collectifs sur les droits individuels, en ce sens que l'unité de négociation l'emporte sur le droit de libre association. De même, les règlements de zonage limitent le droit à la propriété. Signalons, deuxièmement, que les droits collectifs et les droits individuels sont généralement établis par convention ou par voie législative, à la suite de conflits et d'accommodements. Les droits sont le reflet des rapports de force entre catégories d'individus, groupes ethniques, hommes et femmes, patrons et salariés, etc.

Dans le présent article, je me propose de démontrer que les droits linguistiques au Québec et au Canada sont des droits collectifs, peu importe de quel point de vue on aborde la question, que ces droits à travers l'histoire ont toujours traduit les rapports de force entre les deux principaux groupes linguistiques et que, sur les plans idéologique et politique, ces rapports de force sont l'expression des rapports entre les classes sociales, c'est-à-dire des relations déterminées par la situation des citoyens par rapport aux moyens de production. Je veux enfin démontrer que les politiques linguistiques, si elles peuvent signifier ou bien une continuation, ou bien une rupture des relations dominant-dominé actuelles, qui sont basées sur la langue, ne peuvent en aucun cas signifier un changement dans les rapports de classes.

Images et réalités

Chaque fois que je réfléchis sur les droits linguistiques, deux images me viennent à l'esprit. La première est celle des assemblées du Conseil des minorités du Québec (auxquelles je n'ai jamais assisté), où se retrouvent, côte à côte, des représentants des «communautés» noire, anglo-protestante, anglo-catholique, grecque et italienne du Québec. L'énumération est certes incomplète, mais tous ces gens sont réunis parce qu'ils partagent un même sort, celui de constituer des minorités dans le Québec nouveau. Le tableau peut susciter un malin plaisir: les «anglophones», «protestants anglophones» ou «WASPS», selon l'étiquette qu'on veut bien leur donner, seraient donc devenus une minorité comme les autres? Ainsi que le soulignait un de mes collègues, on ne peut que «s'émerveiller de voir combien les anglophones de Montréal sont plus xénophiles que les anglophones de Toronto»[4].

La seconde image est la scène finale d'une première version de la nouvelle pièce de David Fennario, *Balconville*. La pièce se déroule dans un quartier ouvrier de Montréal (Pointe-Saint-Charles), où travailleurs francophones et anglophones cohabitent à peu près aussi bien que le font francophones et anglophones danss n'importe quel quartier «mixte». Deux familles anglophones et une famille franco-phone partagent des balcons arrière. Dans la scène finale, les trois familles se trouvent réunies par la conscience de leur misère commune, qui transcende l'iden-tité linguistique et ethnique. Après une série d'expériences communes — questions de logement, de travail, de bien-être social, de vie de quartier — le lien qui existe entre le gouvernement, la propriété, le chômage et l'assistance sociale fait lente-ment jour dans leur conscience. Au bout du compte, leur sort commun de victimes semble n'avoir que très peu de rapport avec la langue.

La substance de chacune de ces images est enracinée dans la vie réelle; elles sont aussi vraies l'une que l'autre. La première se rapporte à des aspects de la question nationale, la deuxième, à la question des classes. Toutes deux présentent une interaction fondée sur des catégories sociales — francophones et anglophones, Noirs et Italiens, Grecs et Juifs — et dans le second cas, sur la situation de la classe ouvrière face à la bureaucratie de l'État, aux patrons et aux propriétaires. J'ai choisi de parler de ces deux images parce qu'elles posent un dilemme. En effet, nous attarder à la première, ce serait nous limiter à un point de vue qui tend à nier les rapports existant entre la classe sociale et les catégories que sont la nation, l'ethnie et la langue. Nous attacher à la seconde, terrain plus prometteur, sans doute, risque de nous faire voir la nation, l'ethnie et la langue comme des simples épiphéno-mènes.

Notre objectif étant d'examiner le problème des droits individuels et collec-tifs par rapport à la question linguistique, comment sortir de ce dilemme? La réponse qui vient spontanément à l'esprit, soit de combiner les éléments essentiels des deux images, ne serait peut-être pas des plus profitable, encore qu'elle nous encouragerait sûrement à axer notre analyse sur le rapport entre la situation linguistique et la classe sociale. L'une des solutions consisterait à considérer les deux images comme constituant des exemples de comportement *observé*. Le conseil des minorités du Québec existe bel et bien et la présence de «WASPS» au sein de l'organisme est sans nul doute l'indice d'un changement, véritable ou perçu, dans la position relative des groupes ethniques du Québec. De même, il y a interaction entre francophones et anglophones à Pointe-Saint-Charles; dans certains cas, l'interaction est fondée sur l'appartenance à un groupe linguistique, dans d'autres sur l'appartenance à une classe. On est donc justifié de conclure que les images sont enracinées dans les faits. Toutefois, les faits ne s'expliquent pas d'eux-mêmes. C'est dans les théories, qui filtrent et organisent les observations de la vie quotidienne, que résident les explications.

Deux remarques faites par des anthropologues peuvent nous être utiles ici. Le premier déclare que «l'observation directe révèle en effet que les êtres humains sont reliés par un réseau complexe de rapports sociaux. Pour désigner ce système de relations sociales existantes, j'utilise le terme «structure sociale»[5]. Le second auteur adopte un point de vue quelque peu différent:

> Dès que nous décrivons une structure, nous traitons déjà de principes généraux très dégagés de l'écheveau compliqué des comportements, des sentiments, des croyances, etc., qui constituent le tissu même de la vie sociale réelle. Nous sommes pour ainsi dire dans le domaine de la grammaire et de la syntaxe, non dans celui du discours.[6]

Je n'ai pas l'intention de me lancer dans une discussion sur ce qui est ou n'est pas la structure sociale. Je me conterai de dire que nos deux images se rattachent à la première de ces remarques; c'est-à-dire qu'elles sont issues de l'observation des rapports sociaux — d'une interaction fondée sur l'origine ethnique, la langue et la classe sociale. Pour ce qui est de comprendre ces observations, la seconde remarque nous indique la voie à suivre: quels sont les principes sociaux généraux qui sont à la base de la question linguistique au Québec? Comment les schèmes de comportement linguistique prennent-ils valeur de «droits» de telle sorte qu'un changement sera perçu par l'un ou l'autre groupe comme une menace à sa survie de même qu'à l'identité et au statut de ses membres? Si j'arrive à répondre à ces questions, j'aurai fait un grand pas dans la poursuite de mes objectifs. Pour formuler une réponse, il faut au préalable démêler l'écheveau compliqué des rapports entre la classe et la langue, qui sous-tendent les phénomènes quotidiens observés.

Contacts, conflits et accommodements

Les schèmes de comportement linguistique déterminent l'interaction quotidienne. Dans les contextes bilingues ou multilingues, la réponse à la question «qui parle quelle langue, à qui et dans quelles circonstances?» est aussi, du moins en partie, la réponse à la question «qui est en interaction avec qui, dans quelles circonstances et à quelle fréquence?» La langue, à l'instar des autres moyens adoptés au cours de l'histoire pour différencier les gens (âge, sexe, profession, religion), limite le champ de l'interaction humaine. Une fois les éléments de la première question institutionnalisés, c'est-à-dire reconnus comme des «droits» par loi ou convention (il en est rarement autrement dans les États multilingues), on peut s'attendre à ce que ces comportements se combinent à d'autres schèmes de comportement social, plus particulièrement à ceux qui traduisent des rapports de dominant à dominé, ou des rapports de force entre catégories de gens. C'est pourquoi la langue de la catégorie dominante a habituellement préséance sur celle de la catégorie dominée, les membres de la première demeurant unilingues alors que les autres deviennent bilingues. Mais d'où les rapports dominant-dominé tirent-ils leur origine? Sûrement pas d'une quelconque supériorité intrinsèque d'une langue sur une autre. Si cela est possible pour certaines langues et sphères du discours, cela ne peut l'être lorsqu'il s'agit de deux ou plusieurs grandes langues du monde possédant des racines culturelles communes, comme c'est le cas ici, au Québec. Il faut donc chercher ailleurs. Comme tout milieu multilingue est le résultat d'un contact entre des peuples, notre recherche devra s'orienter sur certains aspects de l'histoire des rapports entre anglophones et francophones au Québec et au Canada.

À cette fin, rappelons qu'en 1760, la Nouvelle-France avait disposé de plus de deux siècles pour devenir une société établie et consciente, en dépit du fait qu'elle n'était qu'un avant-poste de la mère-patrie. De plus, elle n'était pas cette société harmonieuse et bucolique que certains historiens ont décrite. Comme d'autres sociétés coloniales de l'Europe d'alors, elle était lourde des conflits suscités par le passage du féodalisme au capitalisme, puis à l'intérieur du capitalisme, par le passage d'une économie de négoce à une économie manufacturière[7]. Voici comment un spécialiste de la Nouvelle-France décrit la situation:

> ...les Canadiens, partagés entre deux allégeances, seront aussi partagés entre deux «vocations», la vocation commerciale et la vocation terrienne, et ni l'une ni l'autre ne recevra une consécration exclusive dans les moeurs et les institutions de la colonie [...] Empire commercial, colonie agricole: deux réalités et deux idéals antithétiques, soutenus par deux politiques rivales, celle de l'administration et celle de l'Église.[8]

Face à ces deux orientations, État, Église, seigneurs et marchands passaient de la coalition à l'opposition, selon la question en cause[9]. La conquête a éliminé l'autorité séculière française, laissant aux classes inférieures des villes et des campagnes, aux seigneurs qui demeurèrent au pays et au clergé le soin d'arriver à des accommodements avec les nouveaux gouvernants. Mais ces derniers ne constituaient pas une force cohésive: les marchands britanniques de Londres et de Nouvelle-Angleterre s'opposaient à la nouvelle adminisration coloniale, composée de membres de la petite noblesse. Il est intéressant de noter, en passant, que le premier gouverneur du Québec britannique qualifiait la classe des marchands anglais de «ramassis de fanatiques licencieux». Il n'est donc pas étonnant que la nouvelle administration se soit tournée vers la classe seigneuriale et le haut clergé du Québec français pour trouver un appui dans son opposition au pouvoir croissant des marchands anglais. C'est de cette situation complexe que sont issus les accommodements entre Français et Anglais au Québec, et c'est ce tissu complexe de rapports, à fondement économique, qui assura la survie du Canada français.

Il est évident que ces accommodements n'ont pas suivi une trajectoire rectiligne comme s'il s'était agi de deux sociétés intégrés et harmonieuses. En fait, diverses factions au sein des groupes français et anglais formaient des coalitions en fonction de leurs intérêts respectifs. Il s'agissait d'une situation typiquement coloniale — marquée par les rapports réciproques entre les élites des deux parties — celle de la partie dominée maintenant sa domination sur ses propres classes subordonnées en guise de compensation pour la cession de son autorité suprême aux nouveaux gouvernants. C'est à partir de ce jeu de rapports que la langue française et l'Église catholique devaient être «protégées, afin d'éviter l'agitation sociale possible dans la colonie». La langue et la religion garantissaient la «domination de la classe seigneuriale sur les paysans»[10], donnant ainsi aux autorités britanniques les moyens d'exercer un pouvoir réel. C'est dans ce réseau complexe de rapports de classes que la question linguistique s'insérait, et non dans quelque libéralisme linguistique délibéré. À partir de 1760, on a vu se former et s'effriter diverses coalitions entre classes, en réponse à l'évolution des forces de production.

On a mentionné ailleurs:

> la lutte entre l'administration (britannique) et la bour-
> geoisie canadienne-anglaise, de 1760 à 1800; la lutte de
> la petite bourgeoisie contre les seigneurs et le clergé, de
> 1800 à 1840; la lutte entre les factions urbaine et rurale
> de la petite bourgeoisie canadienne-française, de 1940
> à 1960.[11]

À ces coalitions et oppositions correspondirent différentes politiques colo-niales, qui visaient tantôt l'assimilation, tantôt l'institutionnalisation des moyens de survie du Canada français.

Assimilation ou survie - 1760 à 1840

Le premier énoncé de politique, la Proclamation royale de 1763, avait sans contredit des visées assimilatrices. Elle réduisait nettement les frontières de l'an-cienne colonie française, instituait le droit et le système judiciaire anglais et réservait des terres à l'usage du clergé protestant et des instituteurs, ceci, selon le gouverneur général Murray,

> afin que l'Église d'Angleterre puisse être établie en
> principe et en pratique, que les dits habitants puissent

par degrés être induits à embrasser la religion protestante, et à élever leurs enfants selon ses principes.[12]

Une série de problèmes, dont la rébellion croissante dans les colonies du Sud n'était pas le moindre, empêcha que se réalisent les objectifs de cette politique. On craignait que les «habitants du Canada ne soient unis, par un principe et un désir communs, aux habitants des autres colonies»[13]. Il fallait, pour éviter le danger que les classes mettent leurs intérêts en commun, par-delà les barrières linguistiques et religieuses, gagner l'appui de l'élite française.

L'Acte de Québec de 1774 devait permettre d'atteindre cet objectif. Il raffermit l'alliance entre l'autorité coloniale britannique d'une part et la classe seigneuriale et le haut clergé français de l'autre. Ces derniers purent conserver leur pouvoir sur la masse de la population française en échange de la démocratie et de leur dépendance à l'égard des intérêts britanniques. En retour, la communauté française se voyait reconnue, et les vieux espoirs d'assimilation étaient mis de côté. L'Acte constitutionnel de 1791 et les décrets qui l'ont accompagné accentuèrent le clivage d'identité entre les deux communautés, francophone et anglophone. Deux provinces furent créées; le Bas-Canada, principalement français, et le Haut-Canada, principalement anglais. Chacune possédait son assemblée élue, soumise à l'autorité d'un Conseil législatif et d'un exécutif dont les membres étaient nommés. Le Canada français et le Canada anglais devenaient des réalités politiques et sociales soumises à l'autorité coloniale britannique, par le fait d'une alliance de l'élite des deux colonies.

La lutte complexe qui suivit, où intérêts de classes et intérêts nationales s'enchevêtraient, atteignit son paroxysme dans les rébellions de 1835-1838. Il est inutile de s'y attarder ici, sauf pour souligner un point important. Ce sont les aspirations nationalistes qui divisèrent les partisans de la rébellion dans le Haut et le Bas-Canada. Si Papineau et Mackenzie avaient su se rapprocher, peut-être y aurait-il eu une seconde Révolution américaine. Mais dans le Bas-Canada, pour diverses raisons, la rébellion était considérée comme un antagonisme français-anglais, comme une rébellion des Français contre la Couronne, non pas comme la naissance d'une révolution bourgeoise.

Les mesures qui suivirent, dont l'Acte d'Union de 1840, visaient non seulement à mater toute rébellion future, mais également à éliminer le fait français. Après presque soixante-dix ans d'une politique destinée à renforcer la distinction des deux collectivités, l'Acte d'Union établissait une seule province du Canada, instituait un Conseil législatif dont les membres étaient nommés à vie et une chambre d'assemblée élue, composée de 42 représentants de chacun des deux Canadas. L'anglais devenait la seule langue officielle du gouvernement, et le principe de la représentation proportionnelle à la population était reconnu. Il est important de noter que le Bas-Canada comptait quelque deux cent mille habitants de plus que le Haut-Canada. On déploya donc de grands efforts pour stimuler l'immigration anglaise, afin de dépasser le nombre toujours élevé de francophones dans la colonie.

Mais, comme la Proclamation royale de 1763, les mesures assimilatrices de 1840 ne connurent pas tout le succès escompté. Les Canadiens français furent d'abord exclus du Conseil législatif, mais après deux ans, des francophones y étaient nommés, renversant ainsi une politique qui avait été en vigueur depuis la rébellion de 1835-1838. Six ans plus tard, le gouverneur écrivait:

> Le sentiment de nationalité canadien-français que Papineau s'efforce de pervertir pour des buts de faction, peut encore, peut-être, si on sait l'utiliser, fournir la meilleure sauvegarde qui reste contre l'annexion aux États-Unis.[14]

Peu de temps après, l'usage du français était de nouveau admis à la chambre d'assemblée, mais l'anglais demeura la langue officielle[15].

On assistait une fois de plus à un renforcement de l'institutionnalisation des deux communautés linguistiques de la province du Canada, d'une part à cause des contingences politiques et économiques auxquelles faisaient face les autorités de la colonie, d'autre part parce que les Français, malgré leur position d'infériorité, détenaient suffisamment de pouvoirs pour forcer le compromis. Nous ne pouvons passer sous silence les efforts de chacun des groupes pour utiliser les aspirations nationales à son propre avantage. Les Anglais ne sont pas demeurés impassibles devant les changements apportés aux visées de l'Acte d'Union. Une suite d'événements mena, au printemps de 1849, à une manifestation au cours de laquelle 1 500 anglophones saccagèrent et brûlèrent le parlement de Montréal.

Après 1840

L'union législative de 1840 fit place à une union fédérale en 1867. Je n'ai pas l'intention de m'arrêter aux intérêts économiques, politiques et régionaux qui sous-tendaient l'Acte de l'Amérique du Nord britannique (A.A.N.B.), mais je signalerai, aux fins de la présente discussion, qu'en 1867, Français et Anglais n'étaient en contact que depuis un peu plus d'un siècle à l'intérieur d'une même colonie. L'interaction des deux communautés, bien que perpétuant un rapport dominant-dominé, allait entraîner une renaissance et une légitimation réciproques continues. Le groupe dominé ne fut jamais complètement assimilé. En 1867, le Canada français et le Canada anglais étaient face à face, deux nationalités distinctes unies par des coalitions de classes.

La Confédération, tout comme les arrangements de 1763, 1774, 1791 et 1840, constituait une réponse à l'évolution du milieu économique et à la présence des États-Unis, et avait pour toile de fond un conflit permanent et fortement institutionnalisé entre deux communautés nationales. Il est certain que le passage du mercantilisme au capitalisme industriel a provoqué des changements dans leurs rapports. L'ancienne alliance entre le clergé et les seigneurs français et les administrateurs coloniaux britanniques s'est transformée en une alliance entre le clergé et l'élite commerciale française d'une part et la bourgeoisie canadienne anglaise d'autre part. L'alliance qui avait permis à l'impérialisme britannique de maintenir son emprise en Amérique du Nord lui assurait maintenant une main-d'oeuvre à bon compte et un marché pour le capital anglo-américain.

Il va sans dire que les cinq actes constitutionnels n'étaient pas sacrés. Le fait que cinq arrangements différents aient été conclus depuis deux cents ans et que le dernier, la Confédération, ait été fortement contesté par le Québec et les provinces de l'Ouest, chacun au nom de ses intérêts respectifs, montre bien que deux conflits demeurent non résolus: la question des classes et la question nationale. Il ne faut pas perdre de vue qu'il y a certaines similarités entre le projet de souveraineté-association proposé aujourd'hui par le Parti Québécois et l'Acte constitutionnel de 1791.

De façon générale, tous les groupes du Canada français se méfiaient de la fédération. Le texte final de l'entente permettait aux partisans du projet, tant francophones qu'anglophones, d'en tirer des interprétations bien différentes. D'abord l'A.A.N.B. peut être perçu «simplement [comme] une loi du Parlement britannique, redistribuant les pouvoirs parmi les gouvernements canadiens en vertu d'un ancien pouvoir suprême impérial»[16]. Cette interprétation n'a à peu près jamais été acceptée par le Canada français et n'a trouvé que peu d'appui dans les autres provinces. La grande divergence se situait entre ce que Frank Scott a appelé la théorie de l'«État dualiste» et la théorie «de l'entente»[17]. L'A.A.N.B. était un traité conclu entre plusieurs gouvernements, mais était-ce fondamentalement une entente entre plusieurs provinces, le Québec en étant une à titre égal, ou une entente entre deux nations, à savoir le Canada français et le Canada anglais? En règle générale, bien qu'il n'y ait pas accord unanime, le Canada anglais a toujours souscrit au premier point de vue, le Canada français, au second. C'est vers cette optique que le Québec se tourne maintenant, après sa brève coalition avec les sept provinces dissidentes au cours du récent débat constitutionnel.

Le Canada français considérait la Confédération comme plus menaçante que l'Acte d'union de 1840, car même si les provinces avaient acquis l'autonomie dans certains domaines, le Bas-Canada, maintenant appelé le Québec, n'aurait plus au Parlement national un nombre de députés égal à celui des anglophones. De plus, l'addition de nouvelles provinces réduisait à un tiers la proportion des francophones par rapport aux anglophones. Une fois de plus, le spectre de l'assimilation hantait le Canada français. Les événements qui se produisirent après 1867 montrèrent l'inexistence de la nation bilingue et biculturelle imaginée par les plus optimistes des partisans canadiens-français de la Confédération, les nationalistes pan-canadiens.

À quelques exceptions près, l'Acte de l'Amérique du Nord britannique traitait le Québec comme les autres provinces [18]. Les craintes du Québec avant et après son entrée en vigueur étaient bien fondées et le profond sentiment de minorité qui y régnait s'accentua peut-être encore après la Confédération. Sur le plan technique, c'était la province de Québec, et non la nation canadienne-française, qui se joignait à la Confédération. En outre, les Canadiens français hors Québec n'étaient plus des citoyens francophones au sein d'une union entre deux nations, mais les membres d'une minorité ethnique. En revanche, les Anglais du Québec étaient tout à fait chez eux dans une province appartenant à leur État et à leur nationalité.

Un seul article de l'A.A.N.B. porte explicitement sur la langue. L'article 133 prévoit 1) l'usage facultatif du français ou de l'anglais dans les débats du Parlement du Canada et de la Législature de Québec, 2) l'usage obligatoire des deux langues dans la rédaction des procès-verbaux et des lois des deux assemblées, et 3) l'usage de l'une ou l'autre langue dans tous les tribunaux du Québec et dans tout tribunal fédéral établi où que ce soit. Ce dernier point semble le seul cas de divergence entre la Loi 101 et l'A.A.N.B. On constate donc qu'une protection *minimale* était assurée à la langue française. Dans le cas du Québec, où la principale langue en usage était le français, on avait voulu avant tout protéger l'anglais. Si la minorité anglophone du Québec obtint quelques privilèges linguistiques restreints, les minorités francophones des autres provinces, elles, durent s'en passer.

Il convient d'ajouter encore que malgré la minorité numérique des anglophones au Québec, le capital anglo-américain imposait l'anglais comme langue du commerce et du travail. Ceci ne veut pas dire toutefois que *capital anglo-américain* aille inévitablement de pair avec *anglais langue du travail*. C'est plutôt que les rapports qui ont toujours existé entre le nationalisme français et le nationalisme anglais à travers l'histoire du Québec et du Canada et l'association de ce dernier au capital assuraient que l'anglais allait dominer dans l'avenir. En dépit du nationalisme pan-canadien et de la politique fédérale de bilinguisme, l'anglais était la langue dominante au Québec, et dans les régions extérieures au Québec où sa prédominance ne faisait aucun doute, les assemblées législatives provinciales faisaient tout pour restreindre, sinon supprimer l'usage du français.

Droits collectifs, survie et changement structurel

Revenons maintenant à ce que nous avons dit plus haut sur les droits collectifs et individuels. Les droits collectifs sont ceux qui peuvent être revendiqués au nom d'une catégorie ou d'un groupe de personnes; les droits individuels, ceux que peut revendiquer une personne, sans égard pour ses caractéristiques, réelles ou attribuées. Notre revue, trop brève et au contenu peut-être trop familier, des rapports entre francophones et anglophones aura démontré que les langues française et anglaise et les nationalismes canadien-français et canadien-anglais ont contribué à identifier et à symboliser la force de chacune des catégories par rapport à l'autre. En fait, les nationalismes ont servi à façonner, à modeler les deux groupes, de telle sorte que chacun satisfait maintenant à presque tous les critères utilisés par les sociologues pour définir la notion de «collectivité»:

(1) culture distincte; (2) critères d'appartenance; (3) ensemble de normes essentielles régissant les rapports sociaux à l'intérieur et à l'extérieur de la [catégorie]; (4) conscience d'une identité distincte tant chez les membres que chez les non-membres; (5) obligations de solidarité[. . .]; (6) grande capacité d'action continue de la part de la [catégorie] au nom de ses membres ou en son nom en tant que groupe.[19]

Lord Durham, dans sa célèbre formule, «deux nations en guerre au sein d'un même État», a bien décrit la situation. Dans ce contexte, la langue était le signe d'appartenance au groupe, et la langue qui dominait dans les affaires publiques et privées symbolisait la domination et l'authenticité même de la catégorie qui l'utilisait. En fait, la langue était le symbole même des rapports entre Français et Anglais.

Par conséquent, toute tentative, venant de l'une ou l'autre catégorie, de limiter l'usage ou la primauté de la langue de l'autre catégorie a toujours été considérée par cette dernière comme une menace à son existence et à l'identité de ses membres. À tel point que dans leurs dispositions relatives à la langue, la Proclammation royale de 1763, l'Acte de Québec de 1774, l'Acte constitutionnel de 1791, l'Acte d'Union de 1840 et l'Acte de l'Amérique du Nord britannique ont tous ou bien étendu, ou bien restreint ou encore tenté d'éliminer l'usage de la langue française. Dans les secteurs où ces mesures ne sont pas parvenues à restreindre ou à supprimer l'emploi du français, les gouvernements provinciaux, après 1867, ont tenté de le faire. Tous les actes gouvernementaux précités trahissaient une volonté d'accroître ou de diminuer le rôle de la nation française dans l'État canadien.

Au cours de la dernière décennie, la province de Québec, agissant à l'intérieur de son champ de compétence, a cherché à limiter l'usage de l'anglais dans le domaine public et à lui retirer sa primauté par le biais des Lois 63, 22 et 101, ce qui a renversé les rapports existants. Les anglophones du Québec ont vu dans ces lois autant de menaces à leurs institutions et à leur *survie en tant que groupe*, mais non à leur survie en tant qu'individus dotés des droits civils normalement reconnus dans toute société démocratique moderne. Aux yeux du gouvernement, ces lois devaient assurer la survie du groupe francophone, accroître son pouvoir et rehausser son statut par rapport à la minorité anglophone. Qu'on étudie la situation sous l'angle du nationalisme canadien-français ou canadien-anglais, on constate que la politique linguistique a toujours reposé et reposera sans doute toujours sur le droit à la reconnaissance et à la survie collective.

La stratégie des groupes anglophones a consisté, périodiquement, à invoquer les valeurs inhérentes à la notion de droits individuels ou droits de la personne pour justifier leur opposition à la législation linguistique du Québec, ce qui est compréhensible. Il est rare que les membres d'un groupe ethnique, racial, religieux ou linguistique dominant envisagent leur propre univers sous l'angle de la survie collective, ou voient dans leur langue, leur ethnie ou toute autre caractéristique qui les identifie un élément déterminant dans la conception qu'ils ont d'eux-mêmes. Dans la quiétude de leur prédominance, ajoutée à l'extrême individualisme qui caractérise le protestantisme, si on le compare au catholicisme, les anglophones du Québec n'ont jamais eu à considérer leur histoire ou leur survie en tant que collectivité. Le mythe de l'histoire les a installés dans leur rôle de régisseurs de la colonie. Il fallait s'attendre à ce que dès qu'une menace planerait sur l'existence de leur groupe, menace affectant l'idée qu'a chaque membre de sa propre valeur, les premières réactions de défense s'appuient sur les droits individuels et leur primauté sur les droits collectifs. Il n'y a vraisemblablement que l'opposition qui fonde ses actions sur les droits collectifs. C'est peut-être ce qui explique l'ambivalence du document produit par la Commission des écoles protestantes du Grand Montréal, dont nous avons fait mention au début du chapitre.

Pour reprendre l'extrait déjà cité, les parents, au Québec, ont toujours le droit de choisir le «genre d'éducation» à donner à leurs enfants. Les restrictions affectent la langue d'enseignement, non le «genre d'éducation». Dans les domaines autres que celui de la langue d'enseignement, les parents semblent avoir accepté de sérieuses restrictions à leurs préférences quant au genre d'éducation que recevront leurs enfants; en effet, il y a longtemps qu'ils ont abdiqué leurs aspirations individuelles pour s'en remettre à l'État. Quelles que soient les préférences de leurs parents, les enfants doivent aller à l'école jusqu'à un certain âge, fréquenter certaines écoles situées à certains endroits, suivre tel cours, renoncer à tel autre, et ainsi de suite. Les parents choisissent-ils vraiment le genre d'éducation que recevront leurs enfants, ou bien le système scolaire est-il dans l'ensemble fonction des besoins du capital? Le fait que beaucoup de parents soient d'accord avec ces besoins ne suffit pas à étayer un argument fondé sur les droits individuels. Beaucoup de points de la Loi 101 sont peu judicieux sur les plans politique et économique, mais peu ou aucun de ses règlements n'entravent les droits individuels plus que n'importe quelle autre mesure législative adoptée dans l'intérêt collectif. Si les intérêts collectifs des francophones du Québec, une fois assurés, limitent le respect des intérêts collectifs des anglophones, c'est sur le plan des droits collectifs, et non pas des droits individuels, qu'il est préférable de mener la bataille.

Comme l'a montré notre analyse, il était trop facile de n'interpréter les événements qu'en fonction des rapports entre francophones et anglophones, des nationalismes canadiens français et anglais, et de la façon dont ces rapports se manifestent dans la pratique, les conventions et les politiques linguistiques. Il était par trop facile de mettre de côté la seconde image. Les personnages de Fennario, même s'ils interprétaient certaines de leurs expériences quotidiennes en fonction d'une opposition entre français et anglais, vivaient une autre réalité, qui n'avait pas beaucoup à voir avec la langue ou l'origine ethnique. Un propriétaire est un propriétaire et un patron est un patron, peu importe leur langue, et ce, même s'il est peut-être plus agréable de se faire exploiter dans sa propre langue et par un membre de sa propre ethnie. Il peut donc fort bien arriver qu'un changement dans la position relative des francophones et des anglophones du Québec ait peu de répercussions sur la réalité politico-économique du capitalisme.

Notre analyse s'en est tenue au niveau de la superstructure, décrivant des événements survenus au Québec à la lumière des rapports réciproques entre deux nationalismes. Ce faisant, elle a pu occulter le fondement sur lequel repose cette vision de notre univers. Notre survol historique a bien démontré que les nationalismes reposaient sur les rapports de classes, c'est-à-dire sur les rapports dominant-dominé liés au développement du capitalisme au Canada. Nous avons signalé que les politiques linguistiques, qu'elles soient consacrées par les conventions ou par la loi, tiraient leur origine de la politique coloniale britannique, et servaient de moyen de contrôle. L'usage de ce moyen a défini idéologiquement les deux catégories et a permis d'interpréter les événements ultérieurs. L'idéologie du nationalisme s'est donné une existence propre, à un point tel que non seulement nous interprétons nos vies, mais que, de plus, nous agissons d'après sa logique. Nous pourrions dire que l'idéologie des nationalismes canadien-français et canadien-anglais, en tant qu'élément de la superstructure, s'est dégagée de son enracinement dans les rapports de classes pour acquérir une certaine autonomie: cette autonomie relative signifie qu'il peut y avoir des changements dans le domaine de la langue et dans la position relative des francophones et des anglophones en tant que groupes linguistiques ou nationaux sans qu'il se produise de changements, sinon à peine, dans les structures fondamentales qui ont toujours fondé l'idéologie du nationalisme. D'autre part, cette autonomie signifie également que les changements dans la position relative des anglophones et des francophones pourraient dissoudre suffisamment le lien qui existe entre nationalisme et classe pour faire ressortir les rapports qui sont à la base du capitalisme et créer un mouvement dans le sens d'un changement structurel fondamental. Toutefois, il m'apparaît peu probable que cette dernière hypothèse se confirme.

NOTES

(1) Camille Laurin, «Charte de la langue française», *La revue canadienne de sociologie et d'anthropologie*, 15, 2(1978):121.

(2) Protestant School Board of Greater Montreal, *Statement on Bill 101...*, p. 3.

(3) *Ibid.*, p. 8.

(4) Hubert Guindon, «The Modernization of Quebec...», p. 244.

(5) A.R. Radcliffe-Brown, *Structure and Function in Primitive Society* (London, Cohen and West, 1952):190.

(6) Meyer Fortes, *Time and Social Structure and Other Essays* (New York, Humanities Press Inc., 1970):3.

(7) Stanley B. Ryerson, *The Founding of Canada: Beginning to 1815*, p. 149.

(8) Maurice Tremblay, «Orientation de la pensée sociale», J.-C. Falardeau, *Essais sur le Québec contemporain* (Québec, Les Presses de l'Université Laval, 1953):194-196.

(9) Mason Wade, *Les Canadiens français de 1760 à nos jours*, Tome I, p. 18; S.D. Clark, *The Developing Canadian Community*, p. 20 et Stanley B. Ryerson, *The Founding of Canada...*, pp. 147-164.

(10) Bernard Bernier, «The Penetration of Capitalism in Quebec Agriculture», *The Canadian Review of Sociology and Anthropology*, 13, 4(1976):425.

(11) Gilles Bourque et Nicole Laurin-Frenette, «Social Classes and Nationalist Ideologies in Quebec, 1760-1970», p. 193.

(12) Mason Wade, *Les Candiens français de 1760 à nos jours*, Tome I, p. 71.

(13) S.D. Clark, *Mouvements of Political Protest in Canada: 1640-1840* (Toronto, University of Toronto Press, 1959):44.

(14) Mason Wade, *Les Canadiens français de 1760 à nos jours*, Tome I, p. 288.

(15) Stanley B. Ryerson, *The Founding of Canada...*, p. 229.

(16) Frank R. Scott, «Areas of Conflict in the Field of Public Law and Policy», p. 84.

(17) *Ibid.*, p. 87.

(18) *Ibid.*, p. 82.

(19) Robin M. Williams Jr., *Strangers Next Door: Ethnic Relations in American Communities* (Englewood Cliffs (N.J.), Prentice-Hall, 19674):18.

Les anglophones et la législation sur les langues une histoire vécue

William Tetley, c.r.

WILLIAM TETLEY, après des études aux universités McGill et Laval, pratiqua le droit à Montréal pendant 18 ans. Il représenta la circonscription de Notre-Dame-de-Grâce à l'Assemblée nationale pendant huit ans, dont six et demi comme ministre du gouvernement Bourassa. En 1976 il démissionna de son poste de député pour enseigner le droit à l'Université McGill.

Depuis quelque temps, on semble de plus en plus sensibilisé à l'ampleur de la migration des anglophones hors du Québec. Ce qui est cependant paradoxal, c'est qu'un tel exode se produise au moment précis de l'histoire du Québec où les anglophones sont le mieux disposés à l'égard de l'usage du français. En fait, depuis un bon nombre d'années, les anglophones du Québec ont fait de grands pas vers la compréhension, l'acceptation et l'adoption du français. Malheureusement, dans le même temps, le gouvernement du Québec a restreint l'usage de l'anglais et imposé une francisation accélérée du milieu des affaires. Cete attitude a provoqué un grave sentiment de frustration et d'amertume chez bien des Québécois de langue anglaise.

Une mauvaise interprétation de la Constitution, de la Confédération et des droits linguistiques

L'une des cause principales du malaise actuel est la mauvaise interprétation par les anglophones de l'Acte de l'Amérique du Nord britannique de 1867. En effet, les anglophones du Québec ont toujours cru que leurs droits linguistiques étaient inscrits dans ce document. Mais en réalité, la Constitution garantit peu de droits linguistiques, et les anglophones du Québec, généralement peu renseignés à ce sujet, ont eu tendance à conclure qu'il y avait eu violation de la Constitution. Il faut dire que c'était la première fois que les Québécois de langue anglaise étaient traités en minorité et que cela a certainement contribué à leur amertume et à leur désarroi.

L'imposition du français, les présumées violations de la Constitution et la prise de conscience progressive par les anglophones de leur situation de minorité à l'échelle provinciale, voilà autant de causes de frustration que l'on peut relier à trois erreurs fondamentales entretenues sur les points suivants: a) la véritable nature constitutionnelle du Canada en tant que confédération, b) les droits linguistiques accordés aux Canadiens français dans les provinces autres que le Québec, et aux minorités dans les autres pays, par comparaison avec les droits linguistiques accordés aux anglophones du Québec, et c) les droits linguistiques effectivement garantis par la constitution canadienne.

En général, les Québécois anglophones ont considéré le Canada comme un État presque unitaire, comme la Grande-Bretagne ou la France, avec un gouvernement central unique, tandis que les Canadiens français l'ont vu comme il est vraiment: une confédération avec un gouvernement central doté, selon la Constitution, de certains pouvoirs, et des gouvernements provinciaux dotés, eux aussi, de pouvoirs particuliers en vertu de la même Constitution. (Bien entendu, ce dernier point de vue favorise les droits des Canadiens français, encore que, récemment, certaines provinces de l'Ouest aient fait, elles aussi, de ces droits des provinces leur cri de guerre).

De même, les anglophones du Québec croyaient que le «choix de la langue» était un principe inscrit dans la Constitution et un droit acquis pour les minorités des autres provinces et du reste du monde. En réalité, peu de droits linguistiques sont accordés aux minorités dans la constitution canadienne, ou sont en vigueur dans les autres provinces ou pays. Si le lecteur doute de l'existence d'un malentendu généralisé à propos des lois, de la Constitution et des usages linguistiques au Canada, qu'il lise simplement les deux phrases de la pétition contre la Loi 22 que la station radiophonique CFCF a fait signer en 1975 par 600 000 Québécois. Nous discuterons plus loin de cette pétition.

Le public n'est pas seul à mal interpréter la Constitution. Voilà six ou sept ans, en discutant publiquement de la constitution canadienne avec l'honorable James Richardson, alors ministre libéral à Ottawa, je me rendis compte que celui-ci, non seulement se refusait à admettre, mais encore ne comprenait pas vraiment que, dans certains domaines, en vertu de la Constitution, les législatures provinciales sont souveraines. La masse, symbole britannique de la suprématie parlementaire, que l'on dépose dans la salle où siège le Parlement, témoigne de ce fait. M. Richardson concevait le Canada comme un État pratiquement unitaire doté d'un gouvernement fédéral tout-puissant.

Je me souviens également d'une conversation avec l'éditorialiste d'un quotidien de langue anglaise qui me posait une question tout à fait élémentaire sur les droits constitutionnels; comme j'évais visiblement surpris par sa question, il m'expliqua qu'il n'y avait pas de juristes parmi les éditorialistes de son journal. Ce qui n'empêche pas que ce journal et ses éditorialistes informent depuis plus de vingt ans les anglophones du Québec sur la Constitution, sur les lois et sur les droits de leur communauté. En fait, ce sont là les principaux sujets de leurs éditoriaux.

Pour dissiper un peu cette confusion, disons simplement qu'en vertu de l'article 93 de l'Acte de l'Amérique du Nord britannique (A.A.N.B.), l'éducation relève exclusivement des gouvernements provinciaux et que les dispositions particulières de cet article visaient la protection des écoles confessionnelles, protestantes ou catholiques, au Québec et en Ontario. Aucune mention n'y est faite de la *langue* de l'enseignement. Voici un extrait de l'article 93:

93. Éducation
Dans chaque province, la législature pourra exclusivement décréter des lois relatives à l'éducation, sujettes et conformes aux dispositions suivantes:

(1) Rien dans ces lois ne devra préjudicier à aucun droit ou privilège conféré par la loi, lors de l'union, à aucune classe particulière de personnes dans la province, relativement aux écoles séparées (denominational);

(2) Tous les pouvoirs, privilèges et devoirs conférés et
imposés par la loi dans le Haut-Canada, lors de l'union,
aux écoles séparées et aux syndics d'écoles des sujets
catholiques romains de Sa Majesté, seront et sont par le
présent étendus aux écoles dissidentes des sujets protestants et catholiques romains de la Reine dans la
province de Québec.

On peut dire également qu'en vertu de l'article 133 le français et l'anglais peuvent
tous deux être utilisés dans la législature et dans les tribunaux du Canada et du
Québec. L'article ci-dessous constitue la seule protection linguistique explicite de
l'A.A.N.B.:

133.
Dans les chambres du parlement du Canada et les
chambres de la législature de Québec, l'usage de la
langue française ou de la langue anglaise, dans les
débats, sera facultatif; mais dans la rédaction des archives, des procès-verbaux et journaux respectifs de
ces chambres, l'usage de ces deux langues sera obligatoire; et dans toute plaidoirie ou pièce de procédure
par-devant les tribunaux ou émanant des tribunaux du
Canada qui seront établis sous l'autorité du présent
acte, et par-devant tous les tribunaux ou émanant des
tribunaux de Québec, il pourra être fait également
usage, à faculté, de l'une ou l'autre de ces langues.

Les actes du parlement du Canada et de la législature de
Québec devront être imprimés et publiés dans ces deux
langues.

En vertu de l'article 93[13], les «droits civils» et, par extension, la culture et la
langue relèvent des gouvernements provinciaux; cependant, le gouvernement fédéral a un pouvoir de décision pour ce qui concerne ses propres activités et ses
employés. Voyons maintenant quelle a été la pratique dans certaines des autres
provinces au chapitre de la langue et de l'éducation.

Le Nouveau-Brunswick, qui fait pourtant partie de la Confédération depuis
1867, n'a pas protégé son importante minorité canadienne-française. Il n'y a pas
longtemps encore, les catholiques de cette province — pour la plupart des francophones — qui voulaient leurs propres écoles, se voyaient imposer une double
charge. De même, ce n'est que récemment qu'un bilinguisme partiel a été adopté
dans la fonction publique. En 1969, le premier ministre Robichaud promulguait la
Loi sur les langues officielles du Nouveau-Brunswick, mais ce n'est qu'après
l'adoption, en 1974, de la Loi 22 au Québec, par le gouvernement de M. Bourassa,
que le gouvernement de M. Hatfield — alors au pouvoir au Nouveau-Brunswick —

osa envisager l'application de la loi du Nouveau-Brunswick. Le premier ministre Hatfield continua à s'intéresser à la Loi 22, et même à la critiquer publiquement; cependant, c'est la promulgation de cette loi au Québec qui lui a vraiment permis de présenter peu à peu sa propre loi, dont les principales clauses ne sont entrées en vigueur que le 1er juillet 1977. Néanmoins, la loi du Nouveau-Brunswick ne donne pas autant de droits à la minorité francophone, qui constitue 30% à 35% de sa population, que le Québec n'en donnait à ses 20% d'anglophones avec la Loi 22.

En 1870, le Manitoba ralliait la Confédération et, par un amendement à l'A.A.N.B., adoptait immédiatement les principes de la liberté de choix de la langue et de l'éducation inscrite aux articles 93 et 133 de l'A.A.N.B. Mais en 1890, les anglophones étant devenus fortement majoritaires dans la province, le Manitoba décida unilatéralement d'abroger les clauses de l'A.A.N.B. relatives à la langue et à l'éducation. Par la suite, seul l'anglais fut employé dans la législature et les tribunaux au Manitoba, et les écoles catholiques et françaises ne furent plus subventionnées par les finances publiques. Toutefois, en 1970, la Loi 113 autorisa l'ouverture d'écoles françaises au Manitoba... aux endroits où le nombre des élèves le justifiait, et récemment, la loi de 1890 relative à la langue des tribunaux fut abrogée.

Par contre, l'Ontario, comme le Nouveau-Brunswick, ne fut jamais lié par l'article 133; aussi l'anglais a-t-il été de tout temps la seule langue de la législature et de la justice dans cette province. Quant aux dispositions de l'article 93, censées protéger les écoles catholiques, elles firent l'objet d'un cas type et l'on statua que, ces écoles ne faisant pas partie du secteur public, elles ne pouvaient bénéficier de l'aide des finances publiques. Les écoles françaises se trouvaient évidemment dans la même situation. Jusqu'en 1967, pas une école française de niveau secondaire ne bénéficiait d'une aide gouvernementale en Ontario, et l'enseignement primaire en langue française ne pouvait être exigé comme un droit. En 1968, l'Ontario promulgua une loi assurant l'enseignement en français. Dès lors, le réseau d'écoles françaises se développa rapidement. En 1976-1977 le nombre des étudiants francophones s'élevait à 106 517 et il ne s'agissait plus alors de savoir si on devait dispenser un enseignement en français, mais bien s'il devait y avoir un conseil scolaire indépendant pour les écoles françaises.

Au Québec, par contre, depuis 1867, et en vertu de l'article 133, on protégeait non seulement l'emploi de la langue anglaise dans la législature et la justice, mais on autorisait aussi sans restriction, en vertu de l'article 93, l'éducation dans les écoles protestantes et, par extension, l'enseignement en langue anglaise. L'enseignement privé, dans n'importe quelle langue et dans le cadre de n'importe quelle confession, était également subventionné jusqu'à concurrence de 60% ou 80% du coût de l'enseignement public de même niveau, à condition que ces écoles se conforment aux normes des écoles publiques.

Telle était la situation en 1968 lorsque le conseil scolaire catholique de la municipalité de Saint-Léonard, agglomération située dans la partie nord-est de

sance d'usage de la langue française à ces enfants et le ministre doit prendre les mesures nécessaires à cette fin.

3. Prendre, de concert avec le ministre de l'Éducation, les dispositions nécessaires pour que les personnes qui s'établissent au Québec acquièrent dès leur arrivée ou même avant qu'elles quittent leur pays d'origine la connaissance de la langue française et qu'elles fassent instruire leurs enfants dans des institutions d'enseignement où les cours sont donnés en langue française.

En avril 1970, Robert Bourassa et les Libéraux furent portés au pouvoir. Victor Goldbloom, Kevin Drummond et moi-même étions les trois ministres anglophones du cabinet. Dès le début, nous dûmes affronter l'opposition à la Loi 63 de la part des Canadiens français et, curieusement, d'une partie des anglophones. L'un des problèmes que posait, ou semblait poser, la Loi 63 était l'affaiblissement du système d'éducation en langue française parce que nombre de Canadiens français et d'immigrants choisissaient l'enseignement en anglais. Par conséquent, le Parti québécois — récemment formé — le Parti libéral et la majorité des Canadiens français protestèrent énergiquement contre cette loi. On avait le fort sentiment qu'elle devait être modifiée, et ce, au moins en ce qui concerne les Néo-Canadiens, qui souvent préféraient l'enseignement en anglais. Pendant ce temps, le Bureau des écoles protestantes du Grand-Montréal menait une bataille contre le clause de la Loi 63 qui obligeait les anglophones du Québec à apprendre un minimum de français.

La population anglophone du Québec n'éprouvait pas les mêmes craintes que le BEPGM. Depuis plusieurs années déjà, parce que ce dernier s'était opposé à l'instruction *en* français, les «Protestant Home and School Associations» de Westmount, de Mont-Royal et d'autres municipalités, avaient offert à leurs frais, des cours de français parallèlement aux activités scolaires. Plus tard, le BEPGM prit ces cours de français à son compte et organisa même des classes d'immersion, bien qu'il ait d'abord été catégoriquement contre la Loi 63, s'étant opposé à l'enseignement *en* français plutôt qu'à l'enseignement *du* français. Finalement, au printemps 1971, le BEPGM décida d'adresser une pétition au gouvernement fédéral afin que celui-ci désavoue la Loi 63. Dans l'un de ses éditoriaux, le *Montreal Star* s'éleva alors contre le BEPGM, ce qui est tout à son honneur.

Néanmoins, les personnes qui étaient hostiles à tout ce qui avait un rapport avec le français appuyèrent le BEPGM dans son opposition à la Loi et obtinrent le soutien de la plupart des media. La *Gazette* et le *Montreal Star* publièrent dans leurs pages des lecteurs toute une série de lettres de protestation contre la Loi 63, tandis que les lignes ouvertes et d'autres émissions de radio se faisaient l'écho de toutes les doléances dans une atmosphère qui devenait extrêmement tendue.

Les personnes dont le point de vue sur la question linguistique aurait pu être plus rationnel — sans doute la majorité — ne prenaient pas la parole en public et, de façon générale, ne s'adressaient pas aux journaux ou aux lignes ouvertes pour donner leur opinion sur les sujets discutés. Il fallait que quelqu'un réplique; aussi j'écrivis aux journaux pour expliquer que l'opposition à la Loi 63 nuisait aux intérêts de la communauté anglophone. Cela me valut un flot de critiques auxquelles je répondis par de nouvelles lettres qui provoquèrent à leur tour des critiques encore plus acerbes. Plus tard, quand je discutai de cette période avec M. Bourassa, celui-ci me remercia d'avoir servi en quelque sorte de tampon; mais il me rappela qu'il m'avait prévenu que chercher à apaiser cette hargne collective était une bataille perdue d'avance. Le député du comté de Sainte-Anne, George Springate, se joignit au concert de revendications; de même, quelques-uns des principaux juristes et experts en matière constitutionnelle au Québec et des personnes, membres ou non de l'Assemblée nationale, qui s'érigeaient en défenseurs des droits des anglophones, écrivirent aussi aux journaux pour protester contre la Loi 63. Aujourd'hui, ils préfèrent oublier la part qu'ils ont prise dans cette campagne si peu glorieuse.

Replacée dans une perspective historique, l'opposition du BEPGM à la Loi 63 n'avait rien d'étonnant. En effet, il est dans la tradition du BEPGM de protéger jalousement ses intérêts aux dépens parfois de l'intérêt commun. Ainsi, le BEPGM s'était publiquement opposé, devant les tribunaux, à ce que les Juifs obtiennent le droit de vote ou puissent faire partie des conseils scolaires, et avait réitéré sa position devant une commission parlementaire, en 1969, à l'Assemblée nationale. Le BEPGM n'était pas prêt à accepter que sa position et ses droits, qu'il voyait comme étant protégés par la Constitution, soient affaiblis par une loi ou par une concession de sa part.

Le 29 novembre 1969, quatre juristes québécois renommés exposaient officiellement la position fondamentale du BEPGM sur la question de la langue d'enseignement; ils affirmaient que l'instruction en langue anglaise, tout comme l'éducation protestante, était garantie par l'article 93 de l'A.A.N.B. de 1867. Ils croyaient que la loi de 1861, antérieure à la Confédération, qui assurait l'instruction en anglais, était maintenue par les dispositions de l'article 93 de l'A.A.N.B. et que, par conséquent, les écoles anglaises telles qu'elles existaient depuis 1867 étaient protégées.

L'argument historique invoqué dans cet avis juridique était, au mieux, ténu et compliqué; il fut plus tard rejeté en Cour supérieure. Même s'il est généralement accepté, cet argument appelle quatre importantes réserves. Premièrement, la loi à laquelle il se réfère ne s'appliquait qu'aux commissions scolaires des minorités, appelées «dissidentes», situées pour la plupart à la périphérie de Montréal et de Québec; elle ne pouvait protéger, par exemple, les catholiques anglophones de Saint-Léonard, ni les protestants de Westmount, dont la commission scolaire était majoritaire (commune), et par conséquent non visée par l'article 93. Ces faits ne furent jamais portés à l'attention ni des catholiques anglophones de Saint-Léonard ni des protestants de Westmount. Deuxièmement, le contenu de cette communication allait à l'encontre de l'article 93 de l'A.A.N.B. (lequel spécifie «protestants» et «catholiques») et contre les règles normales d'interprétation des lois. Troisièmement, il était clairement exprimé dans cet avis que «il est évident qu'un système d'éducation ayant pour but de protéger les droits des catholiques et des protestants ne donne pas beaucoup de garantie à ceux qui n'appartiennent à aucune de ces confessions». Ceci ne fut jamais souligné aux Juifs, aux Grecs orthodoxes et aux personnes d'autre confession, qui ont fait confiance aux déclarations du Bureau des écoles protestantes du Grand Montréal. Quatrièmement, d'un point de vue politique, l'argumentation était peu astucieuse, car elle allait à l'encontre de l'interprétation qui a été faite de la législature dans le cas des catholiques et des Canadiens français de l'Ontario, auxquels le Conseil privé n'a pas reconnu de droits en vertu du même article 93 de l'A.A.N.B.

Il est dommage que les failles de l'avis juridique obtenu par le BEPGM n'aient jamais été clairement exposées au public et aux «Home and School Association» qui ont recueilli des fonds substantiels pour défendre leurs «droits». Dommage également que l'on n'ait pas expliqué que cet avis était fondé sur une longue et complexe hypothèse historique et sur une interprétation discutable de la loi.

L'argumentation présentée par le BEPGM n'a jamais été appuyée juridiquement hors du cercle étroit du BEPGM et les positions de cet organisme ont été rejetées d'emblée par le juge en chef de la Cour supérieure. En fait, la cour décida que les termes *écoles catholiques* ou *écoles protestantes* ne signifiaient pas que ces écoles étaient *françaises* ou *anglaises*.

Malheureusement, l'avis des conseillers juridiques du BEPGM a conduit le public anglophone à croire que non seulement l'instruction en anglais était un *droit* indiscutable pour tous les citoyens québécois dans leur province, mais aussi que le droit d'utiliser l'anglais s'appliquait aux contrats, à l'affichage public, aux raisons sociales et à tout ce qui touchait au travail et aux relations avec le gouvernement. C'est probablement l'origine des inexactitudes que l'on retrouve dans les pétitions de CFCM et du BEPGM adressée à Ottawa afin d'obtenir l'abrogation de la Loi 22.

Lorsque j'ai discuté, séparément, avec le directeur et le vice-directeur du BEPGM, M. John Sims et Mme Joan Dougherty, de leur pétition intransigeante contre l'ensemble de la Loi 22, tous deux m'ont affirmé en toute sincérité qu'ils étaient conseillés par les meilleurs avocats. Ces avocats, cependant, n'ont jamais dit publiquement que leur avis n'était, après tout, que l'expression d'une opinion et que cette opinion, toute valable qu'elle ait pu être, n'avait qu'une portée limitée, même en ce qui avait trait à l'éducation.

Les années qui ont précédé 1973 ont vu se dérouler ce qu'on pourrait appeler, une «drôle de guerre» des langues. Tout effort raisonnable pour mettre fin au *statut quo* se heurtait, d'une part, à un groupe anglophone restreint, mais bruyant, et, d'autre part, à un petit groupe de francophones qui prônaient le français comme seule langue officielle. Les anglophones, minoritaires et privés de l'appui de la loi, agissaient comme s'ils constituaient une majorité qui avait la loi de son côté. Les francophones, quant à eux, venant de découvrir que la loi sur les langues pouvait être définie par la majorité, exigeaient qu'on parle davantage le français dans les écoles, dans les services publics et au travail. Quelques Canadiens français voulaient aller plus loin et demandaient que le français soit la seule langue de l'éducation et de la vie québécoise en général.

La position d'une ministre anglophone

En tant que ministre anglophone, il me semblait que mon rôle était de promouvoir le bilinguisme auprès du cabinet et du public, et de convaincre la population de ses avantages. Cette attitude parut insupportable à beaucoup d'anglophones qui n'avaient pas encore compris la législation aussi bien québécoise que canadienne, ni les usages linguistiques au Québec, ailleurs au Canada et dans le monde. Dans le meilleur des cas, ces anglophones souhaitaient un double unilinguisme — c'est-à-dire des services publics et un milieu de travail bilingues, de telle sorte qu'eux puissent demeurer unilingues et être servis dans leur langue. Pour ma part, j'essayais d'expliquer que le terme «bilinguisme» impliquait que l'on puisse et que l'on veuille travailler et vivre dans les deux langues.

En trois occasions au cours de la période tourmentée qui entoura la mise en oeuvre initiale de la Loi 22, j'essayai de faire accepter ma propre conception du bilinguisme. Ce fut d'abord au sujet des contrats des consommateurs, en 1971, lorsque j'étais ministre des Institutions financières, compagnies et coopératives. Je présentais alors et fit adopter ce qui semble avoir été la première loi, dans l'histoire du Québec, à promouvoir le français comme langue prioritaire tout en protégeant la langue anglaise (la Loi 45). L'article quatre (4) de la Loi sur la protection du consommateur (Loi 45) ordonne que le contrat du consommateur soit rédigé en français, mais permet qu'il soit rédigé aussi en anglais. Lorsqu'un contrat bilingue présente une contradiction entre les deux versions, il doit être interprété dans la langue la plus favorable aux intérêts du consommateur:

> 4. Le contrat doit être lisiblement rédigé en français, mais le consommateur peut exiger qu'il soit rédigé en anglais.
>
> Tout contrat rédigé en français et en anglais est conforme au présent article. Au cas de contradiction entre les deux textes, l'interprétation la plus favorable au consommateur prévaut.

Cet article fut très critiqué par un groupe d'extrémistes anglophones. En 1971, à Ottawa, j'avais proposé un texte similaire au gouvernement fédéral et aux neuf autres gouvernements lors d'une conférence fédérale-provinciale entre les ministres de la protection des consommateurs. Tous les ministres avaient chaleureusement accueilli le texte, mais aucun ne l'a adopté.

Plus tard, en ma qualité de ministre des Institutions financières, j'essayai de convaincre la Bourse de ne plus utiliser seulement l'anglais, mais aussi le français et de publier des règlements bilingues. Malheureusement, la Bourse ne se pressa pas pour procéder à cette modification. Quelque temps après, à l'occasion de la semaine des festivités du centenaire de la Bourse, en 1974, un certain nombre de sommités furent invitées aux diverses cérémonies, dont les économistes Barbara Ward Jackson et Milton Friedman — ce dernier devait gagner un prix Nobel quelque temps plus tard. Tous deux prononcèrent des discours très exaltants sur le monde des affaires. Quant à moi, par le biais d'un communiqué, je soulignais une fois de plus qu'il était peut-être grand temps que les règlements de la Bourse soient bilingues. L'idée était peut-être réaliste, mais le moment était mal choisi pour l'exprimer; ma déclaration jeta un froid dans l'assistance et elle devait susciter beaucoup de commentaires hostiles dans les pages financières des journaux. Avec le temps, toutefois, la Bourse se décida à adopter des règlements bilingues.

En 1973, je modifiai aussi la Loi des compagnies afin d'obliger toutes les nouvelles compagnies du Québec à adopter un nom français, tout en ayant un nom anglais ou bilingue si elles le désiraient. Les compagnies déjà existantes étaient invitées à changer de nom, sans frais.

J'étais fier de cette proposition, mais les hommes d'affaires et les avocats n'en furent pas enthousiasmés. Des avis furent envoyés par mon ministère aux quelque 600 000 compagnies déjà constituées, qui devaient être exonérées des frais normalement exigés pour un changement de raison sociale. Moins de vingt-cinq compagnies changèrent effectivement de nom. J'écrivis alors une lettre personnelle aux présidents de cinq cents grandes compagnies du Québec pour les prier d'accéder à ma demande. Cette lettre s'adressait notamment à des papeteries qui exploitent les ressources naturelles du Québec. Là encore, c'est à peine si quelques compagnies manifestèrent de l'intérêt. Finalement, je cherchai à connaître les raisons de cet état de choses. Chaque fois, la réponse fut la même: «Ce n'est pas dans notre intérêt». Ces gens avaient pourtant prétendu qu'ils étaient prêts à accepter le français, à condition qu'il ne leur soit pas imposé.

Ces trois exemples de lois et mesures linguistiques illustrent bien que le fait de procéder par étapes peut susciter autant d'opposition publique et de remue-ménage qu'une seule loi globale sur la langue. C'est cette dernière méthode, finalement, qu'adopta le gouvernement de M. Bourassa avec la désormais fameuse, ou infâme, Loi 22.

En 1973, les Libéraux furent reportés au pouvoir. Cette fois, ils avaient obtenu une majorité écrasante à la Chambre, mais les votes pour le Parti québécois étaient passés de 25 à 30 pour cent. Les thèmes majeurs de la campagne électorale avaient été la langue et l'éducation; le P.Q. avait réclamé des mesures draconiennes pour protéger la langue française tandis que les Libéraux avaient préconisé des solutions plus réalistes.

En mai 1974, le gouvernement de M. Bourassa présenta un projet de loi sur la langue intitulé le Projet de loi 22. La majorité des Québécois semblait attendre ce projet de loi depuis longtemps, mais la minorité par contre, le jugeait encore trop audacieux. Le soir où le projet de loi devait être déposé, le rencontrai par hasard M. Bourassa qui se promenait dans les jardins du Parlement après les informations télévisées de 23 heures. Il était très calme et il interprétait favorablement le fait que l'opposition venait aussi bien de groupes francophones qu'anglophones. Il croyait que ces groupes étaient constitués d'extrémistes des deux factions et que la majorité, les modérés, finirait par appuyer le projet de loi. En cela, comme l'avenir l'a prouvé, il se trompait. Il avait ajouté en soupirant: «Je sais que vous, Kevin (Drummond) et Victor (Goldbloom) allez être pris à partie à cause de ce projet de loi». Cette fois, il avait raison, d'autant plus que, pendant les réunions, il avait autorisé et même paru encourager les députés de l'arrière-banc à s'opposer ouvertement au projet de loi, tandis que nous, au cabinet, loin du public, avions pour tâche d'y apporter des assouplissements, puis de vérifier que ses règlements et leur application étaient équitables. Tout cela se faisait privément, dans le secret du cabinet. Néanmoins, ces efforts pour améliorer le projet de loi s'avérèrent fructueux.

Le Québec, avec la Loi 22, protégeait le français mais encourageait aussi le bilinguisme et garantissait plus de droits linguistiques aux anglophones du Québec que le Canada et la plupart des pays du monde en offrent à leurs minorités. Cependant, aucune explication ne put convaincre la presse anglaise, les anglophones qui écrivaient aux journaux, les professeurs d'anglais et les animateurs anglophones de radio et de télévision de la légitimité de cette loi. J'envoyai des lettres, fis des discours dans tout le Canada et écrivis beaucoup d'articles dans les journaux, y compris un article dans le journal de Notre-Dame-de-Grâce, mais mon action allait vraiment à contre-courant. Rares étaient les Québécois de langue anglaise disposés à reconnaître le bien-fondé de la Loi 22 ou à rechercher un compromis avec la majorité francophone du Québec. Non seulement ma prise de position était impopulaire, mais en plus elle suscitait amertume et animosité à mon endroit, au point qu'un jour, l'un de mes amis me lança: «Pour qui travailles-tu donc?».

Pourtant, voici ce que garantissait le projet déposé en première lecture en mai 1974:

1. Les organismes municipaux et scolaires dont au moins dix pour cent des administrés sont de langue anglaise et qui rédigent déjà leurs textes et documents officiels à la fois en français et en anglais doivent continuer à le faire. (Art. 9)

2. Toute personne a le droit de s'adresser à l'administration publique en français ou en anglais, à son choix. (Art. 11)

3. Le français et l'anglais sont les langues de communication interne des organismes municipaux et scolaires dont les administrés sont en majorité de langue anglaise. (Art. 13)

4. En assemblée délibérante dans l'administration publique, les interventions dans les débats officiels peuvent être faites en langue française ou en langue anglaise, au choix de ceux qui interviennent. (Art. 15)

5. Bien que les compagnies doivent avoir une appellation française, elles peuvent également avoir une version anglaise de cette appellation et utiliser l'appellation anglaise dans le cours de leurs affaires. (Voir art. 30 de la Loi des compagnies, chap. 271.)

6. L'affichage public peut se faire en français et en anglais ou en français et dans une autre langue. (Art. 43)

7. Les annonces publicitaires paraissant dans des journaux ou périodiques de langue anglaise peuvent être rédigées en anglais seulement. (Art. 44)

8. Le ministre de l'Éducation doit prendre les mesures nécessaires pour que les élèves qui reçoivent l'enseignement en langue anglaise acquièrent la connaissance de la langue française, parlée et écrite. (Art. 52)

9. Si la Régie de la langue française est d'avis qu'une personne a subi une injustice en raison de la teneur d'une loi ou d'un règlement, elle peut suggérer des modifications au lieutenant-gouverneur en conseil et, si elle le juge à propos, soumettre un rapport spécial au ministre, qui le dépose sans délai à l'Assemblée nationale; elle peut aussi choisir d'exposer la situation dans son rapport annuel. (Art. 100)

Amendements au projet de Loi 22

Au sein du cabinet, après maintes controverses amicales, mais tendues, on modifia le projet de loi pour donner des droits supplémentaires aux anglophones. Voici en quoi consistent ces amendements:

1. Le français et l'anglais sont les langues de communication interne des organismes municipaux et scolaires dont les administrés sont en majorité de langue anglaise. Ces organismes communiquent en français ou en anglais avec les autres gouvernements et avec les personnes morales. (Art. 13) (Ex.: McGill University)

2. Les contrats d'adhésion, les contrats où figurent les clauses types imprimées ainsi que les bons de commande, les factures et les reçus imprimés doivent être rédigés en anglais lorsque le client l'exige. (Art. 33)

3. Les commissions scolaires continuent de donner l'enseignement en langue anglaise. Cet article s'applique à toute les commissions scolaires qui dispensent un enseignement en anglais (Art. 40). Il garantit le droit à l'instruction en anglais par opposition à l'article 93 de l'A.A.N.B. qui garantit le droit à l'éducation protestante.

4. Le ministère de l'Éducation doit également prendre les mesures nécessaires pour assurer l'enseignement de la langue anglaise, langue seconde, aux élèves qui reçoivent l'enseignement en langue française. (Art. 44)

5. En cas de contradiction entre les versions anglaise et française d'un contrat type, l'interprétation la plus favorable au client prévaut. (Art. 33)

6. L'administration publique peut, dans ses relations avec l'étranger, rédiger des contrats, des textes officiels et des documents en anglais ou dans la langue du pays intéressé. (Art. 17)

7. Le Protecteur du citoyen peut être saisi directement d'une question découlant de la loi sur la langue officielle et relevant de sa compétence. (Art. 94)

8. Les entreprises qui veulent obtenir un permis du Québec ou qui en possèdent déjà un ne sont plus obligées de détenir un certificat de francisation (requis en vertu de l'article 33 du projet de loi présenté en première lecture).

9. La loi sur la langue officielle ne s'applique pas lorsque l'administration publique a affaire à des institutions étrangères et l'usage international prévaut, par exemple, dans le cas de contrats et autres documents usuels d'expédition. (Art. 18, aliéna 2)

En juillet 1974, le projet de loi amendé fut présenté en troisième lecture.

Aucune explication ne pouvait tempérer l'ardeur des anglophones contestataires; ceux-ci ne voulaient écouter personne d'autre qu'eux-mêmes et leur porte-parole. Pour eux, les usages du passé étaient des droits et non pas des privilèges. Le 10 juin 1974, lors de la plus importante des réunions organisées par ces groupes, plus de 5 000 personnes se rassemblèrent dans le stade du collège Loyola. L'un après l'autre, les conférenciers, issus de divers milieux anglophones et comprenant les députés libéraux de Sainte-Anne (Springate), de Brome-Missisquoi (Glenn Brown), de Mont-Royal (John Ciaccia) et d'Huntingdon (Ken Fraser), s'attaquèrent avec véhémence aux différents aspects du projet de loi, quelques-uns allant jusqu'à faire des comparaisons avec l'Allemagne nazie ou pire. Je fus chahuté à maintes reprises et quand je me suis levé pour adresser la parole à l'auditoire, cela me fut impossible. La *Gazette* et le *Star* déplorèrent le fait qu'on m'ait refusé le droit à la parole, mais seul *Le Devoir* publia le texte du discours que je devais prononcer. La conférence fut entièrement diffusée par la station radiophonique CJAD qui en a conservé un enregistrement sur bande sonore. La lecture aujourd'hui d'une transcription de cette bande sonore permet de se rendre compte à quel point certains Québécois étaient violemment opposés à tout compromis avec les membres de l'autre communauté linguistique. Plus triste encore était le silence absolu de la plupart des anglophones québécois plus modérés qui auraient pu renverser la tendance.

Pendant l'été 1974, des audiences publiques furent organisées sur le sujet du projet de loi 22; au cours de ces débats, divers groupes anglophones se prononcèrent en faveur de ce qu'ils appelaient le bilinguisme, mais qui était en réalité le bilinguisme des services publics. Ainsi, rares étaient ceux de leurs représentants qui pouvaient vraiment s'exprimer en français. Au BEPGM, par exemple, c'est le directeur général, né et élevé en France, qui fut délégué pour parler en français au nom de l'organisme. De leur côté, le Montreal Board of Trade et d'autres associations choisirent des porte-paroles canadiens-français. Tous ces gens, cependant, prônaient le bilinguisme, sans s'apercevoir de l'inconséquence de leur attitude.

Plus tard, le BEPGM prépara une pétition destinée au gouvernement fédéral pour protester contre plusieurs clauses de la Loi 22 que les signataires de la pétition jugeaient inconstitutionnelles et contraires aux droits de la personne. Le texte de la pétition reprenait les arguments avancés contre les dispositions de la Loi 22 touchant l'enseignement, ainsi que l'obligation de rédiger les contrats commerciaux, l'affichage public, les annonces publicitaires dans les journaux de langue anglaise et les raisons sociales en anglais et en français. La pétition dénonçait aussi les articles concernant la possibilité de communiquer avec le gouvernement en français ou en anglais et le droit pour les municipalités de travailler en français et en anglais.

Le BEPGM, par la voix de ses avocats, continua à laisser le public croire que ses revendications étaient des droits juridiques et des droits de fait dont on pouvait jouir dans d'autres provinces et d'autres pays. Lorsque j'en fis reproche à l'un de ces avocats, j'eus pour réplique qu'il était nécessaire d'exiger beaucoup pour obtenir le plus possible. Cet avocat ne paraissait pas comprendre les conséquences politiques que pouvait entraîner une attitude aussi trompeuse sur cette question capitale pour le Québec et le Canada. La pétition circula dans tout le pays et les directeurs des conseils scolaires d'Ontario, de Saskatchewan et d'autres provinces furent invités à la signer, même si leurs provinces offraient beaucoup moins de garanties à leurs minorités linguistiques. Ils signèrent néanmoins, apparemment convaincus. Aujourd'hui on ne peut que sourire tristement à la lecture de cette pétition et des signatures qui y sont apposées.

Les esprits se calmèrent quelque peu ou, du moins, on aurait pu le croire. Cependant, un an plus tard, à l'automne de 1975, le mécontentement atteint son point culminant; 600 000 Québécois, anglophones pour la plupart, encouragés par une campagne permanente sur les ondes de la station radiophonique CFCF, donnèrent chacun 0,50 $ et signèrent une pétition qui fut télégraphiée à Ottawa et à Québec. Voici le texte de cette pétition:

> Nous soussignés, Canadiens de la province de Québec, exigeons de toute urgence que vous utilisiez les pouvoirs qui vous sont conférés par votre électorat pour abolir la Loi 22 et restaurer nos droits fondamentaux, en tant que Canadiens, de travailler et de faire instruire nos enfants dans la langue de notre choix.
>
> Nous avons le sentiment que la Loi 22 constitue une violation de nos droits et va directement à l'encontre de la déclaration officielle, claire et explicite, du gouvernement fédéral sur le bilinguisme.

Bien sûr, les signataires de la pétition ignoraient qu'il n'existe pas de «droits fondamentaux des Canadiens» quant au choix de la langue de l'enseignement et du travail. Un tel droit juridique ou un tel usage n'existait dans aucune province. En réalité, sous le régime de la Loi 22, le Québec assurait plus de droits linguistiques que n'importe quelle autre province. Le second paragraphe de cette pétition révéla que loi fédérale sur les langues ne s'appliquait qu'aux institutions du gouvernement fédéral et ne faisait vraiment appel au bilinguisme que pour le Québec et peut-être ici et là en Ontario et au Nouveau-Brunswick, lorsque le nombre des francophones le justifiait. Finalement, l'appel au bilinguisme intégral du second paragraphe entrait en contradiction avec le premier paragraphe dans la mesure où celui-ci n'exigeait le bilinguisme que dans les institutions.

La mise en application de la Loi 22 fut confiée à Jérôme Choquette, ministre de l'Éducation depuis l'important remaniement ministériel du 1er août 1975. M. Choquette constata que les tests de langue imposés par la Loi 22, loin d'être restrictifs, autorisaient au contraire un grand nombre de Néo-Canadiens à s'inscrire dans des écoles anglaises, si bien qu'en fait, la clientèle des écoles anglaises augmentait tandis que celle des écoles françaises continuait de diminuer. M. Choquette démissionna quand le cabinet refusa d'admettre que tous les Québécois non anglophones, qu'ils réussissent ou non aux tests, devraient fréquenter l'école française.

À mon avis, les tests auxquels on soumettait les enfants constituaient la partie la moins acceptable de l'ensemble de la Loi 22; cependant, il faut reconnaître que la plupart des commissions scolaires font elles aussi passer des examens d'admission aux enfants. Un système d'admission basé sur la langue maternelle, proposé par le Conseil supérieur de l'éducation, aurait exigé qu'on enquête personnellement sur chaque élève, sur sa vie familiale, son foyer et les antécédents de sa famille. Les tests imposés par la Loi 22 n'étaient pas difficiles. Ils ont favorisé l'extension du réseau d'écoles anglaises et n'ont touché que très peu d'enfants déjà intégrés dans un système ou dans l'autre.

Après la démission de M. Choquette, Raymond Garneau hérita pour quelques mois du portefeuille de l'Éducation et adopta lui aussi une position très ferme, moins catégorique toutefois que celle de M. Choquette. Jean Bienvenue lui succéda; lui aussi était inquiet de la croissance du réseau scolaire anglais au détriment du réseau français. Malgré le développement du réseau anglais de l'éducation par rapport au réseau d'écoles française, l'opposition des anglophones à la Loi 22 se poursuivit, ce qui eut des répercussions sur le travail et sur l'efficacité du cabinet et des autres services.

À mon avis, le rôle que je devais jouer au sein du cabinet était de veiller à ce que les modalités de la loi soient appliquées de façon impartiale et je décidai de toujours faire part au cabinet, par écrit, de mes objections et de mes recommandations sur les questions relatives à la langue. Cette façon d'intervenir par écrit sur des questions qui ne relevaient pas de mon propre ministère constituait une innovation pour les membress du cabinet, et ne manqua pas de susciter à l'occasion quelques heurts. Par contre, cela permettait d'assurer la fidélité des comptes rendus et me constitue aujourd'hui un dossier très utile, car un seul exemplaire des procès-verbaux des réunions du cabinet est conservé, et l'on n'y trouve que l'essentiel des décisions prises sans aucun des arguments invoqués pour ou contre une proposition.

Des débats importants eurent lieu à propos des tests de langue, de leur contenu, de leur degré de difficulté, etc., ainsi que sur les règlements relatifs à la langue. À certains moments, mes remarques écrites et leurs réponses amenaient une confrontation hebdomadaire avec M. Cloutier, puis avec M. Choquette, ensuite avec M. Garneau et enfin avec M. Bienvenue. Ces quatre ministres, il faut le dire, acceptèrent de bon gré ma façon de procéder.

J'ai eu également de fréquents échanges de notes avec Fernand Lalonde, qui était alors responsable de l'application des règlements sur la langue des affaires. C'est ainsi, entre autres, qu'après plusieurs semaines de discussions, d'échanges de notes et de débats, il fut décrété d'un commun accord que le terme «Québécois» employé dans les règlements désignait non pas une personne de langue maternelle fançaise mais toute personne parlant français. Cette décision était importante. Dans la Loi 1, la première charte de la langue, on avait la définition restreinte du mot «Québécois»; cette définition fut modifiée lors de l'adoption de la Loi 101. La discussion par écrit eut l'avantage d'instaurer le débat ordonné que la plupart souhaitaient, et en particulier M. Bourassa. Un jour où, parce que j'avais été retenu au Conseil du trésor, celui-ci déclara: «Bon! Voici l'opposition. Nous pouvons commencer.» Il avait reporté la question linguistique jusqu'à mon arrivée.

Épilogue: novembre 1976 et la Loi 101

Le 16 octobre 1976, M. Bourassa annonça la tenue d'une élection. Jérôme Choquette, qui avait fondé un nouveau parti, prônait maintenant une totale liberté de choix en matière de langue, tandis que les deux Libéraux qui avaient voté contre la Loi 22 (MM. Springate et Ciaccia) soutenaient encore malgré tout M. Bourassa et le programme des Libéraux en matière de langue.

Le 15 novembre 1976, le Parti québécois fut porté au pouvoir et adopta, moins d'un an plus tard, la Loi 101, sa loi sur la langue. Cette loi rendait nuls la plupart des droits garantis aux anglophones par la Loi 22, y compris le bilinguisme de l'affichage public et des raisons sociales, le droit pour une société de plaider en anglais (à moins que toutes les parties y consentent) et le droit de communiquer avec le gouvernement en anglais. On remplaçait le *bilinguisme* par l'*unilinguisme français*.

Plus particulièrement, seuls les enfants dont les frères et les soeurs, ou les parents, avaient fréquenté des écoles anglaises au *Québec* pouvaient être admis à l'école anglaise. En 1977, l'un des administrateurs du BEPGM prédisait que sa clientèle ne serait plus que de 5 000 élèves en 1985. Avec la Loi 22, par contre, le nombre des élèves du BEPGM avait augmenté (compte tenu de la baisse générale de la population d'âge scolaire).

Des actions furent intentées en justice et, alors que la Loi 22 avait été jugée constitutionnelle, la Loi 101 fut déclarée inconstitutionnelle par rapport à l'article 133 de l'A.A.N.B. sur la langue de la législature et des tribunaux.

En 1978, Claude Ryan et Raymond Garneau s'affrontèrent pour l'élection au poste de chef du Parti libéral du Québec. Claude Ryan voulait que la «langue maternelle» soit le critère de décision pour l'inscription d'un enfant à l'école anglaise. Cette proposition de M. Ryan était beaucoup moins généreuse que la Loi 22 et elle aurait exclu la plupart des Néo-Canadiens. La proposition comprenait aussi le remplacement des tests par quelque forme, non précisée, d'enquête destinée à établir quelle langue l'enfant avait parlée à l'âge préscolaire. Sans être aussi brutale que la Loi 101, cette solution aurait diminué de beaucoup le nombre d'enfants admissibles à l'école anglaise. Quant à Raymond Garneau, ancien ministre de l'Éducation, autrefois intraitable, il prônait maintenant la liberté du choix de la langue d'enseignement. Cette question de la liberté de choix était le seul point de divergence entre les programmes de ces deux candidats. Les deux députés libéraux qui avaient voté contre la Loi 22 à l'Assemblée nationale, MM. Springate et Ciaccia, donnèrent leur appui à M. Ryan; quant à Jérôme Choquette, qui s'était retiré du cabinet parce qu'il était contre la liberté du choix de la langue et qui avait maintenu le point de vue contraire lors de l'élection du 15 novembre 1976, il appuya aussi M. Ryan.

Et que s'est-il passé depuis la promulgation de la Loi 101? Il est certain que la population anglophone du Québec semble mieux accepter la Loi 101 que la Loi 22. C'est peut-être parce qu'elle a perdu espoir, à moins que ce ne soit parce que les mentalités ont changé. En tout cas, il est certain que nous avons tous modifié notre façon de voir les choses.

Quelle qu'en soit la raison, je perçois un changement d'attitude chez les anglophones du Québec au sujet des droits linguistiques. Certains de ceux qui s'étaient opposés à la Loi 22 ou qui avaient participé au rassemblement de Loyola, en juin 1974, m'abordent maintenant avec bienveillance. Quelques-uns ont même oublié leur position catégorique d'antan. Je pourrais en citer maints exemples frappants, mais un seul suffira. Pendant des années, ma femme et moi avons été abonnés aux représentations d'une troupe de théâtre de Montréal et, pendant des années, chaque fois que je payais ma place au terrain de stationnement, le préposé anglophone de Côte Saint-Luc me faisait remarquer que la Loi 22 lui retirait tous ses droits. Depuis la promulgation de la Loi 101, il ne disait plus rien; en 1979, lorsque je lui ai demandé son avis sur la Loi 22, il s'est étonné de ma question et m'a affirmé qu'il avait toujours été favorable à cette loi.

Le soir de la défaite du 15 novembre 1976, on a demandé à Robert Bourassa ce qu'il pensait de sa politique sur la langue, et de la Loi 22 et s'il avait changé d'avis à ce propos. Voici ce qu'il répondit, et qui veut peut-être tout dire: «Qui, au cours des ans, n'a jamais changé d'opinion sur la question des langues?». Il avait raison, car nos opinions à tous ont évolué à ce sujet.

Pour ma part, je regrette surtout que la Loi 22, le compromis proposé par le Parti libéral, ait été rejetée de façon aussi catégorique par les francophones et les anglophones du Québec. Il est difficile de prédire quel groupe en souffrira le plus à longue échéance.

À mes yeux, la Loi 22 reflétait une position nationaliste *défensive* visant la protection de la langue, tandis que la Loi 101 relève d'une attitude nationaliste *offensive* qui tente, par certains de ses aspects, de promouvoir un groupe plutôt qu'une langue dans la société.

La gauche anglophone au Québec et l'autodétermination

Henry Milner

HENRY MILNER, auteur de *Politics in the New Quebec*, est un excellent observateur de la scène politique provinciale. Il a oeuvré au sein de la CSN et du Rassemblement des citoyens et citoyennes de Montréal, et il est membre de l'exécutif national du Parti québécois. Professeur de sciences politiques au cégep Vanier, il prépare un ouvrage sur la réforme de l'enseignement au Québec.

L'évolution politique du Québec ces dernières années a eu un effet marqué sur la population de langue anglaise, effet qui a parfois été direct et assez évident. Ainsi, les anglophones ont réagi de façon concrète à des événements particuliers, s'élevant par exemple, contre les Lois 22 et 101. Mais il y eut aussi des conséquences indirectes, entraînant des changements subtils mais profonds, souvent imperceptibles au moment où ils se sont produits.

Pour les besoins de notre analyse, nous définissons les anglophones simplement comme les habitants du Québec qui, dans leur vie quotidienne, utilisent davantage l'anglais que n'importe quelle autre langue. C'est là un critère pratique plutôt que théorique, qui a pour but d'identifier un segment important de la population québécoise dont les sources d'information et de référence, à la fois formelles et informelles, institutionnelles et personnelles, sont enracinées dans la langue anglaise. Notre article portera en particulier sur un élément de la population anglophone que, faute d'une meilleure expression, nous avons appelé la gauche anglophone québécoise. Comme nous voulons nous concentrer ici sur l'évolution politique, le terme de gauche anglophone fera référence aux Québécois de langue anglaise qui, à un moment donné, ont milité dans certaines organisations ou ont pris part de quelque autre façon à des activités politiques considérées comme socialistes, sociales-démocrates ou progressistes.

Nous allons considérer la gauche sous trois aspects: dans ses rapports avec la société québécoise en général, dans ses rapports avec la population de langue anglaise et en tant que gauche au sein de cette même population. Les changements survenus dans le rôle de cette gauche à l'intérieur de la population anglophone et de la société québécoise, ainsi que dans ses attitudes et positions vis-à-vis du nationalisme québécois constituent — il fallait s'y attendre — des exemples de ces effets indirects subtils, mais en fin de compte profonds, dont nous parlions plus haut.

Deux thèmes principaux vont se dégager de notre essai: premièrement l'ambivalence historique de la gauche anglophone vis-à-vis du projet national québécois, de ses origines et de sa physionomie actuelle; deuxièmement le changement dans la place que cette gauche occupe au sein de la population anglophone en général, changement lié à celui que subit la population anglophone à l'intérieur du Québec lui-même. Je souhaite, en analysant ces thèmes, faire mieux saisir l'apport de la gauche anglophone ainsi que les contraintes qui s'exercent sur le groupe, et, en fin d'analyse, en arriver à soulever la question du rôle que les anglophones sont appelés à jouer dans le Québec nouveau.

Historique

Mise à part l'action éphémère de quelques organisateurs syndicaux isolés et de leurs représentants politiques au tournant du siècle, la première manifestation d'une gauche durable et organisée est un phénomène des années 1920 et spécialement 1930 qui gravita autour des activités du Parti communiste et de la Cooperative Commonwealth Federation (CCF). La présence de la CCF au Québec était presque exclusivement limitée à la population de langue anglaise. Son centralisme bien connu et son incompréhension générale des traditions québécoises et de la sensibilité nationaliste allaient de pair.

> Il n'y avait rien dans la CCF en tant que mouvement politique qui fut réellement compatible avec les attitudes qui avaient cours au Québec. C'était un corps étranger: l'Église catholique s'y opposait, il prêchait le centralisme, et on y retrouvait des Canadiens anglais qui, fréquemment, faisaient montre d'une grande ignorance et de graves préjugés à propos des droits des Québécois et des Canadiens français. Tout au long de sa pénible carrière dans cette province, la CCF a parlé au Québec avec un accent anglais[1].

Les communistes, pour leur part, montrèrent une plus grande sympathie pour les sentiments nationaux québécois, allant jusqu'à admettre, timidement, la légitimité de l'autodétermination pour le Québec. Mais, en fin de compte, ils ne réussirent pas non plus à vraiment pénétrer le Québec français.

> Les oscillations dans la politique du parti sur le Canada français reflètent entre autres choses, une peur endémique d'outrepasser la limite entre le nationalisme acceptable et le «nationalisme bourgeois» ou chauvinisme. Cependant, cette peur était beaucoup plus évidente dans la façon dont le parti composait avec le nationalisme canadien-français par rapport au nationalisme canadien-anglais, que le parti endossait fréquemment, et avec enthousiasme. Elle se reflétait aussi dans les relations entre les membres francophones et anglophones et dans le fait que le parti n'a jamais (et cette situation dure encore) confié la direction de la section québécoise à des Canadiens français. Certains Canadiens français furent certes promus à des postes de commande dans la section québécoise, l'un d'eux accéda même une fois au rang de chef provincial mais, dans toutes ces occasions, le pouvoir réel demeurait aux mains de représentants anglophones de la direction nationale du parti. . .[2].

Si, de leur côté, la CCF et le Parti communiste se méfiaient à bon droit des courants réactionnaires qui caractérisaient une bonne part du nationalisme québécois de l'époque, ces courants étaient loin d'être incontestés. Parmi les Québécois francophones se retrouvaient d'importants éléments progressistes qui militaient dans les grands mouvements nationalistes, à savoir l'Action libérale nationale des années 1930 et le Bloc populaire des années 1940. La CCF n'avait aucun impact sur ces intellectuels nationalistes de gauche, ainsi qu'André Laurendeau, leur chef de file, le faisait remarquer en 1948 :

> La CCF s'est toujours présentée à nous avec un visage anglais. J'ai connu nombre de nos jeunes gens qui normalement auraient pu y adhérer [. . .] Mais ils se sont retrouvés dans un climat étranger, ils n'étaient pas chez eux [. . .] Nos socialistes n'ont pas une attitude véritablement indépendante. Idéologiquement, il sont liés avec les partis travaillistes d'Angleterre, d'Australie et de Nouvelle-Zélande. C'est là une plante qui ne s'acclimate pas facilement au Québec[3].

Ailleurs[4], Laurendeau parle des expériences qu'il a eues à la fin des années 1930 et au début des années 1940 avec de jeunes anglophones progressistes, dont certains devinrent par la suite membres du Parti communiste. Les jeunes communistes commercèrent avec des nationalistes progressistes comme Laurendeau jusqu'à ce que l'Union soviétique s'engage dans la seconde guerre mondiale. Pour des considérations d'ordre international, les membres du parti furent les premiers, une fois l'Union soviétique mêlée au conflit, à accuser leurs anciens camarades de saboter le grand effort démocratique de guerre. Même dans les années d'après-guerre, les communistes continuèrent à répudier le «nationalisme bourgeois», ce qui amena au sein du parti un grand nombre d'expulsions et de démissions de membres francophones éminents[5].

Les années 1950 furent témoins d'un déclin général, au Québec comme partout ailleurs en Amérique du Nord, de ces deux groupements, alors presque entièrement anglophones. Nulle part au Canada, la CCF n'arrivait à percer sur le plan politique, son déclin reflétant le virage général à droite que l'on observait sur tout le continent. Le Parti communiste souffrit de cette situation aussi bien que d'autres événements reliés à sa nature particulière. Le scandale des espions Rose et Gouzenko discrédita ses activités au Canada et les révélations horribles que fit Khrouchtchev au 20e congrès du Parti communiste de l'Union soviétique sur les crimes du régime stalinien sapèrent la crédibilité du parti, dans le public tout comme parmi les sympathisants et même les membres. Non seulement le Parti communiste était-il privé de son effectif francophone au cours de cette période, mais l'appui qu'il recueillait parmi les immigrants québécois de langue anglaise, notamment les Juifs, fut beaucoup affaibli par les désistements qu'entraînèrent ces événements. Le parti souffrit aussi du changement social général de l'après-guerre, la prospérité permettant aux immigrants de passer rapidement de la classe ouvrière à la classe moyenne.

Dans le Québec des «sombres» années 1950, le principal courant progressiste avait un caractère libéral de gauche et parfois social-démocrate. Il regroupait des intellectuels d'«opposition» qui, pour la plupart, écrivaient dans *Cité Libre* ou *Le Devoir*, ou travaillaient dans les syndicats catholiques. Même s'ils étaient certainement influencés par les courants progressistes d'autres parties du monde anglophone, leurs liens concrets avec la gauche anglophone québécoise étaient en fait extrêmement limités.

Les années 1960 provoquèrent au sein de la gauche anglophone une transition qui coïncida avec des changements importants dans l'ensemble du Québec. Duplessis mort, le nationalisme se fit politique et dynamique, qu'il s'agit de la forme extrême incarnée par le Rassemblement pour l'indépendance nationale (RIN) ou des efforts des libéraux de Lesage pour nous rendre «Maîtres chez nous». Le contexte de l'activité politique de la gauche était donc modifié. Les intellectuels de l'opposition étaient au pouvoir à Québec, sinon près du pouvoir, au sein des institutions parapubliques en plein essor, des media, du monde des arts ou des syndicats. Les forces progressistes modérées qui transformèrent le Québec à cette époque de la Révolution tranquille formèrent une coalition temporaire et instable, qui ne pouvait que s'effondrer une fois atteintes les limites de la réforme libérale, comme ce fut le cas au milieu de la décennie. Suivirent, à la fin des années 1960, les manifestations du mouvement «Québec dans la rue», puis, au début des années 1970, la montée du Parti québécois et du militantisme syndical[6]. Eric Kierans fut probablement l'anglophone le plus étroitement associé aux forces de changement qui marquèrent la Révolution tranquille; Douglas Fullerton en est un autre[7]. Les virages subséquents de ces deux hommes — Kierans se retournant contre René Lévesque (son plus proche allié dans le cabinet Lesage) lorsque celui-ci vint à embrasser la théorie de l'association pour le Québec, et Fullerton faisant presque carrière ces dernières années dans la dénonciation du projet du Parti québécois — illustrent les barrières qui arrêtent même les libéraux anglophones les plus progressistes lorsqu'ils se trouvent confrontés avec l'orientation nationaliste de leurs homologues francophones. Par conséquent, lorsque le groupe de Lévesque quitta les libéraux pour fonder le Mouvement souveraineté-association (MSA), puis, se joignant au Ralliement national (RN), se rallia les membres du Rassemblement pour l'indépendance nationale (RIN) et forma avec eux le Parti québécois, il ne se trouva pas d'élément anglophone dans cette nouvelle et importante formation politique.

Pendant cette période, la tendance sociale-démocrate devint un canal plus important, quoique temporaire, pour l'activité politique anglophone de gauche. La CCF, qui avait été remplacée par le Nouveau parti démocratique, réussit à attirer un certain nombre d'intellectuels et de syndicalistes québécois éminents. Ce mouvement coïncida avec le passage d'un centralisme rigide à une reconnaissance officielle, quoique discrète, de l'identité nationale du Québec. Mais l'harmonie ne devait pas faire long feu. Des divisions se produisirent sur la question nationale et, bientôt, la grande majorité des membres francophones du NPD firent bande à part, fondant un parti provincial distinct qui fut connu sous le nom de Parti socialiste du Québec (PSQ), laissant le champ fédéral presque entièrement sous le leadership du NPD anglophone. Cependant, le PSQ lui-même ne tarda pas à disparaître et, par la suite, les socio-démocrates ayant été éliminés en pratique de la politique provinciale en 1966, l'intérêt se porta à nouveau sur la scène fédérale. Les gouvernements minoritaires qui avaient siégé à Ottawa au milieu des années 1960, avaient attiré l'attention sur le rôle du NPD, et ce parti réussit à gagner une certaine emprise sur la politique fédérale au Québec. Du temps où Robert Cliche était chef du NPD, des candidats tels que Denis Lazure, Charles Taylor, Laurier Lapierre, C.G. «Giff» Gifford, ainsi que Cliche lui-même, jouirent d'une bonne crédibilité lorsqu'ils se portèrent candidats dans des comtés de la région montréalaise.

Mais en fin de compte, le NPD ne réussit pas à faire sa percée au Québec. Finalement impuissant ou récalcitrant à s'aliéner les partisans profédéralistes du Canada anglais, il ne sut pas faire progresser la question nationale, ce qui lui valut une place marginale dans la politique québécoise. Malheureusement, le NPD non seulement ne réussit pas à attirer les nationalistes francophones de gauche qui appuient le PQ, mais, de plus, ayant perdu le gros de son électorat anglophone au profit des Libéraux de Trudeau et de leur promesse d'écraser le séparatisme, il ne fit rien pour éduquer à la réalité nationale québécoise les anglophones qui lui étaient restés fidèles. Il en est résulté qu'à la fin de la décennie les progressistes québécois de langue anglaise étaient en fait exclus de toutes les formations politiques importantes au niveau provincial ou fédéral. Fort heureusement, toutefois, d'autres tribunes commençaient à émerger.

Tout un éventail de nouvelles formations politiques de gauche virent le jour à la fin des années 1960[8]. On peut les regrouper en trois catégories principales, bien qu'il y ait certains croisements entre elles. La première catégorie est constituée de groupements nationalistes de la nouvelle gauche — de l'éphémère Mouvement de libération populaire (MLP), fondé en 1964 par le magazine *Parti Pris*, jusqu'aux groupes qui sont apparus en 1968 et 1969: la Ligue pour l'intégration scolaire (LIS), préoccupée par les questions de langue, le Front de libération populaire (FLP), émanation radicale du RIN, et, finalement, les différentes formes du mouvement terroriste que fut le Front de libération du Québec (FLQ). La participation anglophone à ces organisations fut à peu près nulle, la seule exception notable étant celle de Stanley Gray, professeur de l'Université McGill qui milita dans le FLP. Gray et plusieurs autres radicaux de McGill participèrent à la manifestation «McGill français», parrainée par la LIS et le FLP au début de 1969.

La seconde catégorie est formée d'une poignée de groupuscules d'extrême gauche affiliés à des mouvements internationaux (dont l'émergence date de la fin des années 1960 mais qui prirent une importance réelle au milieu des années 1970 en infiltrant les syndicats et les mouvement populaires). D'après ce que nous savons, les jeunes anglophones, immigrants et descendants d'immigrants surtout, continuent à constituer une partie importante de ces groupes marxistes-léninistes, maoïstes et trotskistes car, tout comme le Parti communiste avant eux, la plupart furent d'abord transplantés de l'extérieur. Mais nous en savons si peu sur le fonctionnement interne de ces groupes d'avant-garde, que nous ne pouvons que spéculer sur le rôle précis que les anglophones y jouent. Tout comme il a fallu attendre jusqu'à maintenant pour connaître quelque chose du fonctionnement interne du Parti communiste, seul le temps apportera peut-être les éclaircissements nécessaires sur ces groupes.

Le troisième type de groupes, et le plus intéressant, est celui des groupes populaires. L'animation sociale devint une activité populaire chez nombre d'universitaires radicaux qui souvent trouvèrent un terrain fertile à la mobilisation dans le mécontentement et la frustration généralisés de la population face aux promesses non tenues de la Révolution tranquille et dans le désir d'un grand nombre — c'était après tout l'époque militante des années 1960 — de descendre dans la rue. Les plus importants de ces groupes et ces activités dans les districts ouvriers de la région montréalaise furent les projets d'animation sociale de Saint-Henri, les comités de citoyens de Mercier et de Milton Parc et les cliniques médicales communautaires de Saint-Jacques et de Pointe-Saint-Charles. Le Projet Saint-Henri partit en guerre contre la rénovation urbaine dans la Petite Bourgogne, le choix de l'emplacement d'un hôpital et l'augmentation tarifaire des transports publics. Dans Mercier, on protesta par une campagne de manifestations et de grèves de la faim appelée «Opération Alarme» contre le chômage chez les étudiants. Pendant cinq ans, le comité de citoyens de Milton Parc mena une campagne qui retarda, mais ne réussit pas à empêcher la démolition de tout un secteur du quartier qui devait permettre de réaliser un important projet de construction en hauteur, Cité Concordia. Les cliniques de Saint-Jacques et de Pointe-Saint-Charles se révélèrent d'importants foyers d'organisation politique et d'éducation en matière de santé publique; elles suscitèrent en différentes occasions des affrontements avec les autorités municipales et provinciales et l'industrie pharmaceutique.

Les anglophones jouèrent un rôle de premier plan dans différents organismes communautaires de Pointe-Saint-Charles et dans le comité de citoyens de Milton Parc. Nombre d'entre eux participèrent à l'organisation du Front d'action politique (FRAP) qui réunit des animateurs sociaux et des syndicalistes dans ce qui s'avéra un vain effort d'opposition au Parti civique de Jean Drapeau lors des élections municipales de Montréal en 1970. La défaite totale du FRAP (dans des élections tenues en pleine occupation militaire, juste après les enlèvements d'octobre) conduisit rapidement à sa désintégration. Après une période de réflexion, certains des membres actifs de son aile anti-électoraliste se dispersèrent dans des groupuscules, en particulier la nouvelle ligue communiste, de tendance maoïste, et dans le groupe En Lutte. D'autres militants retournèrent à l'animation sociale et beaucoup d'entre eux, comme nous le verrons plus loin, contribuèrent en 1973-1974 à la formation d'une opposition politique municipale plus durable, le Rassemblement des citoyens de Montréal (RCM).

L'Université fut la grande pépinière de ces mouvements et de quelques autres. Dans les années 1960, l'opposition à la guerre, les droits civils et toute une série de causes connexes vinrent animer les universités occidentales, et ces courants trouvèrent le chemin des universités anglophones du Québec. Cependant, dans l'ensemble, cette mobilisation associa les étudiants québécois anglophones politisés à ceux du reste du Canada et des États-Unis plutôt qu'à des confrères de langue française. Bien entendu, certains contacts personnels furent établis par le biais des premiers groupements qui recrutaient des membres et faisaient de l'agitation sur ces questions. Néanmoins, la seule cause politique importante qui associa concrètement des étudiants de langue anglaise aux événements qui survinrent au Québec au milieu des années 1960 fut la formation de l'Union générale des étudiants du Québec (UGEQ). La gauche étudiante mobilisa les troupes pendant deux ans (1965-1966) pour faire entrer l'Université McGill dans l'UGEQ, (et par là la retirer de la Canadian Union of Students (CUS), (changement dont le symbolisme n'échappa à personne à l'époque). En plus de servir à établir des contacts, toute la question, y compris le contenu radical aussi bien que nationaliste des débats qui avaient cours au sein de l'UGEQ pendant ces années, servit à sensibiliser un certain nombre d'étudiants activistes anglophones.

La fin des années 1960 vit aussi se transformer les syndicats, en particulier la Confédération des syndicats nationaux (CSN). Cette centrale, qui visait autrefois une réforme modérée et travaillait étroitement avec le régime libéral, devint résolument socialiste, à la fois dans son contenu et dans ses orientations. Dans l'ensemble, comme on peut le déduire du petit nombre de diplômés universitaires anglophones travaillant dans les différents syndicats, le secteur anglophone ne s'y est pas développé et c'est à peine s'il s'est signalé dans le processus. Les grands syndicats anglophones, en particulier ceux de professeurs des niveaux élémentaire et secondaire, à savoir la Provincial Association of Catholic Teachers (PACT), (Association provinciale des enseignants catholiques (APEC) et la Provincial Association of Protestant Teachers (PAPT), qui se sentaient particulièrement menacés par les modifications apportées à la législation linguistique et les conséquences économiques qui pouvaient en résulter pour leurs membres, sont demeurés des organismes relativement conservateurs et très peu sympathiques à l'actuelle poussée nationaliste. Ces dernières années, cependant, la PAPT a commencé à évoluer quelque peu, peut-être parce qu'elle a négocié de pair avec la radicale CEQ, le syndicat des professeurs francophones. Cela est aussi partiellement vrai des syndicats qui représentent les travailleurs du secteur anglophone des affaires sociales. Les professeurs anglophones des collèges (cégeps) sont peut-être les syndiqués les mieux intégrés grâce à leurs deux fédérations, la Fédération nationale des enseignants du Québec (Confédération des syndicats nationaux — CSN) et la Fédération des enseignants collégiaux (Centrale de l'enseignement du Québec).

Malgré tout, les luttes menées par le front commun du secteur public en 1972, en 1976 et en 1979 ont été des événements majeurs pour un certain nombre de gauchistes anglophones, leur permettant de participer activement, par le biais de la structure syndicale, à des actions politiques collectives d'importance. Toutefois, il reste à voir quel effet à long terme ces actions auront eu. À l'heure actuelle, la situation qui règne à la CSN et à la CEQ n'est pas des plus encourageante pour ceux qui recherchent un rapprochement entre anglophones et francophones autour d'objectifs sociaux progressistes fondés sur une ouverture compréhensive au projet national québécois et un engagement à le réaliser. Les discussions et la stratégie des syndicats à ce sujet et à propos d'autres questions politiques sont de plus en plus banalisées par les excès rhétoriques qu'on leur imprime. La CSN a été la plus touchée à cet égard à cause de l'infiltration de différents noyaux marxistes-léninistes dans ses structures.

Tout comme 1960, l'année 1970 fut un jalon. Elle débuta par des élections provinciales dont le Parti québécois émergea comme la véritable opposition, et elle se termina par la crise d'octobre, les arrestations et l'intimidation découlant de la Loi des mesures de guerre ainsi que par des élections à Montréal qui marquèrent à la fois l'apogée et la chute du FRAP. Ce sont les effets combinés de ces événements et de certains autres qui firent que, politiquement, le Québec des années 1970 fut fondamentalement différent de celui des années 1960.

La gauche anglophone et l'état actuel de la question nationale au Québec

Du point de vue de l'évolution de la question nationale, l'époque actuelle commence en 1970. La période de «descente dans la rue» se termine en fait avec la mort du FLQ et la maturation du Parti québécois. Le militantisme passe de la rue aux ateliers, aux lignes de piquetage et aux tables de négociation. Vue par la communauté anglophone dans son ensemble, la question nationale, et spéciale-ment sa dimension linguistique, est devenue le point de mire, si ce n'est l'obses-sion, des activités et des préoccupations politiques. Pourtant, peu de choses permettent dans ce domaine d'identifier la gauche anglophone, du moins, jusqu'à tout récemment.

La scène municipale: le RCM

Quoi qu'il en soit, la gauche anglophone n'est pas demeurée inactive. Son principal moyen d'expression politique a probablement été le Rassemblement des citoyens de Montréal (RCM). Un bref rappel des faits saillants qui ont marqué les huit années d'exitence du parti s'impose ici. Fondé en mai 1974, le RCM a pris naissance dans les conseils syndicaux de Montréal, les associations locales du Parti québécois et du NPD, et dans un regroupement d'activistes locaux, en majorité anglophones, appelé le Mouvement progressiste urbain.

Les objectifs du RCM étaient vaguement socialistes et explicitement décen-tralistes. Son programme promettait des réformes dans les domaines du transport en commun et du logement coopératif et mettait l'accent sur la création de conseils de quartier. Lors des élections municipales de novembre 1974, le Parti civique du maire Jean Drapeau réussit à faire élire 36 conseillers, et le RCM, 18. En outre, le RCM s'est révélé un peu plus populaire dans les secteurs anglophones que dans les secteurs francophones de la ville.

De nombreux membres du parti se convainquirent bientôt que le RCM devait clarifier ses objectifs et mettre au point une stratégie socialiste avant les élections de 1978. En 1975-1976, le débat entre les membres connut une escalade qui culmina lors de la grande épreuve que fut le congrès de décembre 1976, et qui fournit aux media amplement de matériel à sensation. Le congrès se termina par l'adoption d'orientations explicitement socialistes et l'élection de leurs instigateurs à la majorité des postes de l'exécutif. Mais le contrecoup ne se fit pas attendre: à grand renfort de publicité, trois conseillers et leurs partisans démissionnèrent, firent des dénonciations et fondèrent un parti centriste, le Groupe d'action municipale (GAM).

Il semblait pourtant, à l'été 1977, que le RCM commençait à se remettre de ses querelles internes. En fait, les divergences qui se manifestaient au sein du parti reflétaient des problèmes que des socialistes oeuvrant dans une ville comme Montréal ne peuvent humainement éviter. Voué qu'il était à exercer un contrôle sur la communauté, le parti avait parfois sacrifié l'efficacité et même la cohérence au profit de la décentralisation. Pour un parti de ce type, essayer de clarifier sa position idéologique ne pouvait qu'ouvrir la porte à des perturbations internes dont le RCM dut faire les frais aux élections suivantes, en novembre 1978. Ses candidats au conseil municipal remportèrent à peine 18,5 % des voix, se classant troisième dans la plupart des districts et n'élisant que Michael Fainstat dans le district majoritairement anglophone de Notre-Dame-de-Grâce. Depuis 1974, la situation avait changé: la capacité du Parti civique du maire Drapeau d'attirer les votes des indécis avait évolué et surtout, le GAM avait émergé avec, à sa tête, une figure bien connue, le député fédéral Serge Joyal.

Cependant, le RCM a réussi à survivre, et se prépare assez confiant, aux élections de novembre 1982. Des sondages effectués à l'été 1981 lui ont apporté un certain encouragement, montrant que l'opposition était presque à égalité avec le Parti civique et, surtout, qu'il avait même renforcé sa position parmi les anglophones chez qui il était en réalité plus populaire que le Parti civique. En fait, son image de groupement anglophone pourrait devenir son plus grave handicap électoral, même s'il a réussi à écarter les divisions potentielles sur la question nationale soulevée par le Référendum tout comme, en général, il est venu à bout des divisions suscitées par la question linguistique.

Plus d'un cinquième de la population de la ville de Montréal parle anglais à la maison. (Environ 8% ne parlent ni l'anglais ni le français.) Depuis la fondation du RCM, les anglophones ont été en quelque sorte surreprésentés dans ce parti par rapport à l'ensemble des membres. Par conséquent, grâce à son succès électoral inattendu de 1974, le RCM est devenu au Québec le premier groupement politique de gauche sérieux dans lequel les anglophones jouent un rôle important. Cette importance s'exprime non seulement dans le nombre disproportionné d'anglophones qui se sont joints au RCM ou qui ont voté pour lui, mais aussi dans le fait qu'ils ont toujours formé entre un quart et la moitié des membres de l'exécutif et des comités du parti.

Pour les anglophones, la langue a souvent été la pierre d'achoppement de la question nationale. À tout prendre, l'expérience du RCM constitue un modèle de solution du problème. Les réunions générales du parti se sont toujours déroulées en français, les membres anglophones ayant le loisir, pour leur part, de s'exprimer en anglais. En règle générale, on a pu constater qu'au fil des années, les membres anglophones sont devenus de plus en plus familiers avec la langue française et qu'ils en sont venus à l'utiliser régulièrement. Si, dans les districts du West End, on avait tendance à discuter en anglais, les désaccords sur la langue de travail lors des congrès et dans les réunions de district ont été relativement peu fréquents.

Du fait que le RCM oeuvre sur la scène municipale, il n'a pas eu à se pencher sur la question nationale. En fait, très souvent, c'est le fort élément péquiste du parti qui a encouragé à éviter ce sujet, jugeant que la valeur réelle du RCM vient de ce qu'il regroupe les progressistes francophones et anglophones autour de questions d'intérêt commun (et rien ne touche plus les intérêts de tout le monde que les questions qui font l'objet de la politique municipale). Une telle entente serait probablement impossible si la question nationale entrait en ligne de compte.

Tandis qu'un certain nombre de francophones qui militaient dans le RCM à titre de membres de l'exécutif ou d'anciens conseillers municipaux se prononcèrent en faveur du «oui» au Référendum, le parti demeura neutre et s'abstint de participer au débat. Par conséquent, bien que le parti n'ait rien fait pour sensibiliser directement ses membres et partisans anglophones aux aspirations nationales du Québec, l'expérience du RCM a sans doute eu, indirectement, un effet positif sur des centaines de ses membres actifs. Le RCM a donc constitué une tribune politique utile pour de nombreux progressistes anglophones qui, pendant les années 1960 et au début de la décennie suivante, s'étaient politisés par l'intermédiaire du NPD, des associations d'étudiants ou des nombreux groupes populaires à vocation sociale ou écologique, mouvements dont la plupart avaient été incapables de trouver un exutoire à leur énergie et à leurs préoccupations politiques pendant les années 1970.

Activités au niveau provincial

La relation entre les anglophones progressistes et le Parti québécois soulève inévitablement la question nationale. Entre la fondation du parti en 1968, à laquelle il semble qu'aucun anglophone n'ait participé, et le mois de novembre 1976, les relations entre le PQ et les anglophones, même les plus progressistes, ne se sont pas beaucoup améliorées.

Jusqu'à 60 000 anglophones ont voté pour le PQ lors des élections des années 1970. Si, de ce nombre, au moins 300 sont devenus membres du parti, ils étaient au début des individus isolés, sans aucun poids en tant que groupe, que ce soit à l'intérieur du PQ ou au sein de la population anglophone. Il ne s'est trouvé personne pour défier la réaction anglophone «officielle» face à l'émergence du PQ, réaction dont le symbole par excellence a été la très publicisée «affaire Brinks» dans laquelle un convoi de camions blindés chargés d'argent et de titres a pris le chemin de l'Ontario juste avant les élections de 1970. La rebuffade ressentie cette année-là avait laissé des stigmates parmi les péquistes et trois ans plus tard, les anglophones n'eurent droit à rien de plus de leur part qu'à une indifférence sans méchanceté. En 1976, le PQ leur fit des avances symboliques, mais à peine plus, et c'est essentiellement sans l'appui des anglophones qu'il remporta les élections.

Depuis qu'il est au pouvoir, le Parti québécois s'est en général montré correct et parfois même bien disposé envers la population anglophone. Cependant, une des principales raisons de son impuissance à mettre au point une stratégie spécifique vis-à-vis des anglophones a été l'absence même de membres, individus ou groupes, prêts à se tailler une place parmi les «souverainistes» du Québec et à établir ainsi les liens nécessaires. Il demeure très clair que si la population anglophone veut exercer quelque leadership pour contrecarrer l'opposition rigide de ses élites à l'indépendance du Québec, ce leadership devra venir, au moins en partie, de la gauche.

Il y eut bien un groupe, dont l'expérience fut intéressante, mais courte, qui essaya de pourvoir à un tel leadership: le Comité anglophone pour un Québec unifié (CAQU). Le CAQU est né au début de 1977 et, à son apogée, il comptait plus de soixante membres actifs. En réalité, son action s'est limitée à préparer et à présenter à une commission de l'Assemblée nationale du Québec, à l'été 1977, un mémoire sur le Projet de loi 1 (plus tard 101), mémoire qui appuyait les arguments du gouvernement en faveur de la francisation du Québec. En voici des extraits:

> Les médias donnent l'impression [...] que les anglophones du Québec sont unifiés derrière leurs «leaders» du monde des affaires et de l'éducation dans leur opposition au Bill no 1. Cela est nettement faux. Notre groupe [...] appuie une politique juste et efficace de francisation du québec.

> Il existe incontestablement une nation québécoise, et en tant que telle elle devrait avoir droit à l'autodétermination. Nous croyons que le renforcement de la langue et de la culture nationales est essentiel au renversement des barrières et, partant, à l'établissement de la solidarité nécessaire à la réalisation de transformations plus fondamentales...

> ...Il ne fait aucun doute que l'élite anglophone du Québec a su se maintenir dans une position privilégiée grâce à son pouvoir économique, celui-ci se reflétant et se renforçant par la prédominance de la langue anglaise...

> ...Un fait demeure: c'est que la majorité des anglophones ne sont pas membres de l'élite économique du Québec. Ils sont pour la plupart des travailleurs qui, comme leurs semblales de langue française, luttent pour gagner leur vie...

> ...Nous croyons que si le gouvernement répond par des programmes appropriés permettant aux travailleurs de s'adapter à ses politiques linguistiques, la majorité des travailleurs anglophones en viendra avec le temps à accepter le changement, et même à lui faire bon accueil...

Après l'adoption du Projet de loi 101 en août 1977, le CAQU disparut de la scène. À travers un débat long et ardu, il était arrivé à ciseler péniblement sa position sur la question linguistique, mais n'avait pas réussi à établir des sructures qui auraient permis de poursuivre le mouvement une fois le débat terminé. Cependant, la tendance du CAQU à faire l'impossible pour éliminer tout indice de liens avec le PQ et le gouvernement du Québec a peut-être été un facteur plus important encore dans la disparition du mouvement. En agissant ainsi, il ne se préoccupait nullement de la sensibilité de ses sympathisants potentiels dans la communauté anglophone; en effet, pour presque tous les anglophones, les projetss linguistique et national du Québec étaient après tout intimement liés au Parti québécois et aux agissements de son gouvernement. Pour beaucoup de membres du mouvement, il s'agissait plutôt d'affirmer leur propre position, et partant celle du CAQU, au sein de la gauche québécoise. À cet égard, même si le phénomène était spécifiquement anglophone, il était symptomatique d'une tendance caractéristique de la gauche en général. Le CAQU, la CSN et la CEQ sont ce que l'on pourrait appeler des organismes «indépendants de gauche», en ce sens qu'ils essaient de se tenir à l'écart des groupes marxistes-léninistes, à leur gauche et du PQ à leur droite. Malheureusement, à cause d'un style de rhétorique souvent emprunté des premiers, il est devenu de bon aloi parmi la gauche de qualifier d'emblée le PQ de mouvement «nationaliste petit-bourgeois». Il en résulte qu'une critique et un débat concrets et sérieux avec les nombreux membres du parti qui se considèrent comme socialistes ou sociaux-démocrates s'avèrent impossibles. Il ne faut donc pas être surpris que ce profil particulier de la gauche indépendante, et spécialement des anglophones qui y militent, ait rendu impossible jusqu'à maintenant toute cohérence sur la question nationale.

Le Mouvement pour un Québec socialiste, composé d'intellectuels et d'anciens syndicalistes, pourrait constituer un rayon d'espoir. Son manifeste, *Pour un Québec socialiste*, qui fut terminé à l'automne 1981, après deux ans de discussion, est néanmoins décevant. Quoique bien écrit, le document est presque entièrement négatif, attaquant le capitalisme ainsi que ses manifestations et complices — y compris le PQ — sans offrir de programme de rechange. Là encore, peu d'anglophones semblent y avoir participé. Il est cependant trop tôt pour faire une évaluation définitive du projet du comité. Un autre phénomène récent digne d'intérêt, mais encore plus marginal, est celui du *Black Rock Manifesto*, rédigé par le dramaturge David Fennario et quelques autres, et rendu public en novembre 1981. Ce manifeste consiste en une interprétation socialiste radicale d'une classe ouvrière anglophone québécoise délaissée et prise au piège entre, d'une part, son penchant francophone, et d'autre part, la classe dirigeante anglaise dont elle a reçu un traitement préférentiel «parce qu'elle agit comme une sorte de milice officieuse». Depuis, le groupe, qui s'identifie comme les «Maudits Blokes», a commencé à faire un peu de théâtre de guérilla dans un centre commercial du bas de Westmount. Ses projets d'avenir semblent incertains [9].

Postscriptum

Même si notre article fut en grande partie rédigé bien avant le Référendum, les événements qui se sont produits pendant et après cette période n'ont pas entraîné de changements substantiels dans l'évaluation générale qu'il présente. Le tableau demeure plutôt sombre. À l'exception très isolée du RCM dans lequel progressistes anglophones et francophones continuent de collaborer sur des questions concrètes et immédiates, les activités sur les autres scènes ont été soit éphémères, marginales ou menées en vase clos. *Our Generation*, seule publication progressiste de langue anglaise à subsister, est devenue encore plus marginale qu'elle ne l'était au milieu des années 1960, aux jours de la nouvelle gauche, et ce en raison de l'attitude bien particulière de ses rédacteurs et de la position d'extrême gauche qu'elle a adoptée sur l'indépendance du Québec. Elle ne répond tout simplement plus aux préoccupations immédiates de la population anglophone.

Il importe de mentionner un dernier phénomène, même s'il se situe en dehors du cadre précis de notre article. Il s'agit de l'apparition d'organismes anglophones qui s'inscrivent clairement dans le courant du mouvement indépendantiste québécois: tout d'abord, le Comité anglophone pour la souveraineté-association (CASA) et la Commission nationale anglophone (CNA) créée au sein du Parti québécois après le Référendum. En tant que président de ces deux organismes, l'auteur est mal placé pour évaluer leur signification réelle. Il convient néanmoins d'accorder quelques mots à leur évolution et à leurs objectifs.

Dans les deux cas, le nombre des membres actifs se limite à quelques 25 personnes sur un total de 300. En outre, même si le CASA, contrairement au CNA, était indépendant du PQ, l'un et l'autre se ressemblent sur le plan idéologique. Aucun des deux mouvements n'a voulu se réserver un espace idéologique particulier à l'intérieur du vaste champ de la gauche; ils ont plutôt adopté un terrain (fluide) semblable à celui que le PQ avait déjà délimité. Cette situation a eu des conséquences immédiates sur la portée de l'engagement politique des deux groupes, les rendant fondamentalement différents des autres organisations dont nous venons de parler. D'ailleurs le vide résultant de l'absence de toute discussion réelle sur la

427

question nationale dans la communauté anglophone signifiait qu'il restait un vaste espace idéologique et politique à occuper. En effet, leur contribution à l'éducation politique des anglophones ainsi qu'au PQ et à ses aspirations nationales était hors de proportion par rapport au nombre infime de leurs membres.

Pourtant, au sein de la gauche anglophone, l'éventail des tendances politiques est loin d'être complet. Le besoin d'une présence autonome est particulièrement aigu à une époque où la population dans son ensemble, nerveuse et incertaine, ne cherche plus ses «guides» dans un «establishment» qui s'est fait fort de démontrer son incapacité de fonctionner efficacement dans le contexte d'une société québécoise en évolution rapide. Mais peut-on espérer, à partir des réalisations de la gauche anglophone jusqu'à maintenant, qu'elle se montre à la hauteur de la situation? Il est très difficile de se débarrasser de ses mauvaises habitudes. Mais il faut absolument le faire. Peut-on encore se payer le luxe de recourir à des dénonciations simplistes et à des rejets automatiques? Si l'on veut un jour proposer à la masse des Québécois de langue anglaise une autre vision de la réalité québécoise, il faudra que cette vision vienne en grande partie de la gauche. Pour cela, les gauchistes anglophones doivent se libérer des fortes pressions psychologiques générées par leur statut de minorité linguistique et qui s'expriment sous la forme d'une antipathie chronique envers un projet national qualifié de «nationalisme petit-bourgeois du PQ».

Le défi fondamental demeure donc celui-ci: *les anglophones, en tant que gauchistes*, ont un rôle à jouer au sein de la gauche québécoise dans son ensemble, dans le RCM, les syndicats, etc., tandis que *les gauchistes, en tant qu'anglophones*, ont un rôle public clé à jouer au sein de la population de langue anglaise en général.

NOTES

(1) Walter D. Young, *The Anatomy of a Party: The National CCF, 1932-1961* (Toronto, University of Toronto Press, 1969):215.

(2) Norman Penner, *The Canadian Left* (Scarborough, Ont., Prentice-Hall, 1977):123.

(3) Cité par Young, op. cit., p. 214.

(4) André Laurendeau, *Ces choses qui nous arrivent*, Montréal, HMH, 1970.

(5) Penner, op. cit., p. 122.

(6) Voir Henry Milner, *Politics in the New Quebec*, spécialement les chapitres 6 à 8.

(7) Sur Keirans, voir, par exemple, les chapitres consacrés par Peter Desbarats au cabinet Lesage dans sa biographie de René Lévesque: *René Lévesque ou le projet inachevé*, traduction française par Robert Guy Scully, Fides, 1977, de *René: A Canadian in Search of a Country*, Toronto, McClelland and Stewart, 1976. Fullerton traite en détail de son propre rôle et de son évolution politique dans *The Dangerous Delusion*, Toronto, McClelland and Stewart, 1978.

(8) Nous n'avons donné ici qu'une description très schématique des activités de toute une série de groupes de gauche de la fin des années 1960 et du début des années 1970. Pour une information plus complète, le lecteur est prié de consulter d'autres sources, par exemple notre propre livre, op. cit.

(9) En avril 1982, émergea un nouveau groupe «Another Voice» qui avait certains points communs avec le CAQU. Formé de soixante à quatre-vingt membres, le groupe prit officiellement une position selon laquelle il faisait la distinction entre les vues des anglophones progressistes face à la question linguistique au Québec et celles, essentiellement négatives, du groupe maintenant appelé «Alliance Québec» à la fin de 1981.

Conclusion

PERSPECTIVES D'AVENIR

Les responsables du recueil

Il y a quatre ans à peine, nous déplorions l'absence, au sein de la communauté anglophone du Québec, d'un débat sur la question de son avenir; nous insistions sur l'importance pour cette communauté de faire le bilan de la situation, de renouveler sa perception d'elle-même et d'envisager l'avenir à plus long terme qu'elle n'a eu tendance à le faire au cours des dernières années. Il ne fait aucun doute que ce débat espéré, cette prise de conscience, sont maintenant en cours. Entre le moment où nous avons entrepris la rédaction du présent ouvrage (septembre 1978) et celui où y était mise la touche finale (mars 1982), le virage que nous avions si vivement souhaité s'est amorcé.

En fait, un certain nombre d'anglophones éminents, issus de milieux divers, se sont penchés sur le problème et ont identifié les questions qu'ils jugent essentielles; bien plus, certains ont commencé à élaborer un plan d'action pour l'avenir. Mentionnons seulement, parmi les plus connus, Eric Maldoff, Henry Milner, Alex Paterson, Reed Scowen et Michael Yarowsky. On assiste même actuellement à la naissance d'un nouveau courant littéraire et intellectuel sur le sujet: Dominique Clift et Sheila Arnopoulos ont récemment publié un ouvrage qui, vraiment, est le premier livre sur le Québec anglophone écrit au 20e siècle. La *Montreal Review* a fait son apparition; le Conseil de la langue française a commandé et publié une étude sur la population rurale anglophone; enfin, signe incontestable qu'il s'est vraiment passé quelque chose, les universités (notre soi-disant source de créativité institutionnelle) commencent à s'intéresser à la question, comme en témoigne d'ailleurs la publication par les presses de McGill-Queen's de la version anglaise du livre *Le fait anglais au Québec*, qui, en français, avait déjà connu beaucoup de succès.

Il est intéressant d'assister à la prise de conscience d'une population qui décide subséquemment d'assumer son destin, et plus intéressant encore de participer à cette évolution lorsqu'elle se produit. Autant en 1978 nous étions inquiets de constater que rien ne se passait, autant en 1980 nous sommes émerveillés de voir enfin le processus enclenché, et cela sans l'apport du présent ouvrage! Nous nous proposons donc, dans notre conclusion, de revoir et d'analyser cette évolution, illustrant d'abord de façon caricaturale, mais très concrète, le «problème» tel qu'il existait, selon nous, depuis la fin de la guerre. Nous passerons ensuite en revue «les questions essentielles» soulevées dans le présent recueil, sur lesquelles certains se sont déjà prononcés publiquement, et que d'autres ont abordé ici, à notre demande. Des «plans d'action pour l'avenir» ont été élaborés par quelques-uns des participants au débat. Nous en faisons état un peu plus loin, et nous permettons de présenter aussi nos propres propositions.

Le problème

Le problème du Québec anglophone de l'après-guerre, abordé dans les différents chapitres du présent recueil, pourrait se résumer comme suit: *absence des anglophones dans les grandes institutions publiques qui nous encadrent; leur impuissance à prendre conscience des enjeux principaux et à les formuler; leur incapacité ou refus de prendre en main l'avenir de leur propre société.* Aussi récemment qu'en 1974, il s'est produit un incident, que nous appellerons «l'affaire de la succession Carrel», qui, à notre avis, caricature le problème d'une façon on ne peut plus concrète et claire. Il vaut la peine de relater cette affaire parce qu'elle illustre bien le problème et qu'elle correspond à notre intention de rester près du contexte historique précis dans lequel nous vivons et dont nous traitons ici.

En juillet 1974, l'Assemblée nationale du Québec adoptait le Projet de loi privé no 104 modifiant le testament de Frank Carrel, ancien éditeur du *Québec Chronicle Telegraph* et ancien membre du Conseil législatif du Québec, qui avait toujours vécu dans cette province. Qu'un tel fait, apparemment isolé, ait pu se produire, et de la façon dont il s'est produit, résume d'une manière extrêmement réaliste certaines des questions qui nous préoccupent. Nous traiterons donc de ces questions en nous servant de l'excellent exemple que nous offre «l'affaire Carrel».

Né à Québec, où il demeura toute sa vie[1], Frank Carrel avait stipulé dans son dernier testament qu'après la mort de sa femme et de sa soeur (sa femme était toujours vivante en 1974), le revenu de sa succession serait consacré en totalité à la formation universitaire de garçons protestants de Québec et de la Gaspésie, ainsi que d'un certain nombre de garçons irlandais et catholiques de la région de Québec qui seraient choisis par le recteur de l'Université Laval. Ces bourses — d'une valeur globale de plus de cent mille dollars par année en dollars de 1940 et d'environ un quart de million au moment de la mort de Mme Carrel — devaient être mises à la disposition de l'Université Queen's, qui avait eu la bonne idée de décerner un grade honorifique à M. Carrel. Telles étaient les volontés de Frank Carrel au moment où il rédigea son testament en 1940.

Les faits, non mentionnés dans le compte rendu des délibérations de la commission parlementaire qui étudia la question, compte rendu sur lequel est basé notre récit[2], sont très simples: Queen's ne pouvait accepter la donation dans ces conditions. Les lois de l'Ontario le lui interdisaient[3]. Queen's est un établissement public implanté dans une société libérale moderne qui n'admet pas que des organismes financés à même les deniers publics exercent une quelconque discrimination en fonction du sexe, de la religion ou de l'origine ethnique. Queen's se voyait donc dans l'impossibilité d'accepter cet héritage qui l'obligeait non seulement à faire une distinction entre les sexes, mais aussi entre les religions (catholique et protestante) et entre les origines ethniques (anglaise et française), ce qui est impensable dans le contexte non confessionnel de la vie publique ontarienne.

Frank Carrel toutefois était issu d'un milieu tout différent. C'était un protestant anglais (presbytérien) qui vécut dans une société où le domaine public était — et est encore aujourd'hui — en grande partie fondé sur des distinctions d'ordre religieux et d'ordre ethno-culturel (le système d'éducation confessionnel et le concept de l'«anglais de tradition» auquel réfère la Loi 101, en sont des exemple), et c'est dans ce contexte qu'il avait fait son testament. La loi ontarienne ne pouvait pas tenir compte de tels anachronismes et Queen's a donc enjoint le Trust Royal de faire modifier, «dans l'intérêt public», le testament de M. Carrel par l'Assemblée législative du Québec. C'est ainsi que la loi qui s'ensuivit peut se lire:

> *nonobstant* [. . .] le testament de feu Frank Carrel [. . .] l'Université Queen's pourra [. . .] consacrer tout le revenu annuel net de la succession de Frank Carrel au paiement du coût des études, dans son établissement, d'étudiants *choisis sans égard aux critères de religion, d'ethnie et de sexe imposés par le testament . . . ,*[4]

et ceci parce que Queen's et le Trust Royal, l'exécuteur, «trouvent cela désirable dans l'intérêt public». Lorsqu'on demanda au représentant du Trust Royal de préciser ce que l'on entendait par «intérêt public», celui-ci déclara: «je ne peux en dire plus»[5]. Personne, par la suite, ne l'interrogea sur les raisons de cette réticence à notre avis très révélatrice.

* * *

Ce qui ressort en premier lieu de cette affaire, — la modification des dernières volontés d'un testateur — c'est qu'il ne s'est trouvé personne de la communauté anglophone du Québec, dont Frank Carrel avait fait partie toute sa vie, pour demander que son testament fût respecté, ou tout au moins pour exiger que ceux qui voulaient le modifier eussent la décence d'attendre que son épouse fût décédée. En fait, c'est Jérôme Choquette qui, tout au long de sept pages du compte rendu des délibérations de la Commission, insista vigoureusement, mais en vain, pour que le testament de Frank Carrel fût respecté.

> Je vous dis franchement M. Stein [Trust Royal] que je trouve que nous sommes en train de refaire le testament de Cujus [Frank Carrel], alors que la nécessité de refaire ce testament n'a pas été démontrée. Je ne vois rien, moi, vous ne nous avez apporté aucun argument qui démontre que le testament de Frank Carrel ne peut pas fonctionner tel que lui l'avait prévu. De toute fa-çon, je pense que, pour apprécier cette situation, il faudra attendre le décès de madame veuve Frank Carrel.[6]

Où étaient alors les compatriotes anglophones de Frank Carrel? Il n'y aurait donc aucune solidarité au Québec anglais, ni même de respect pour ceux avec qui nous partageons l'ambivalente satisfaction d'être anglophone au Québec? Si tel est le cas, nous formons une société sans histoire et sans avenir . . . et par conséquent, pourquoi ne pas faire cesser la comédie. . . nous assimiler aux Jérôme Choquette (ce qui serait déjà bien) ou nous précipiter dans la mer anglophone de l'Amérique (en passant par Queen's, peut-être).

Outre le fait que la collectivité n'a pas fait respecter les volontés de Frank Carrel, la question qui vient ensuite à l'esprit est de savoir comment l'argument «laïciste», universaliste et hors de contexte invoqué par le Trust Royal — ce n'était en fait qu'une manoeuvre juridique habile dans l'intérêt de Queen's — pu prévaloir contre la conception qu'avait le testateur de la société dont il avait été, comme éditeur de journal et parlementaire, un membre dévoué. M. Carrel avait reçu toute sa formation au Québec et avait représenté la région du Golfe (Îles-de-la-Madeleine), Gaspé, Bonaventure, Rimouski et Matane) au Conseil législatif de 1918 jusqu'à sa mort en 1940. S'il fallait modifier son testament, pourquoi ne pas l'avoir fait dans l'intérêt du Québec de M. Carrel plutôt que dans l'intérêt de la fondation de Queen's?

Ce furent encore une fois des Québécois francophones qui protestèrent en rappelant qu'après tout M. Carrel savait ce qu'il faisait et que les distinctions qu'il établissait dans son testament avaient une importante signification pour lui et pour le Québec:

> M. Choquette: Et depuis quand est-ce dans l'intérêt public que le législateur refuse les testaments faits par les testateurs? Au contraire, c'est contraire à l'intérêt public qu'on le fasse en général. Et puis, je vais vous dire quelque chose: des distinctions religieuses, nationales, ethniques, etc. qui ont un caractère philanthropique dans les testaments, ce n'est pas contraire à l'ordre public. On a le droit de privilégier tel groupe religieux ou tel groupe national dans un testament, à l'occasion d'une donation. Ceci est accepté et ça n'a jamais été considéré comme une infraction — on me passera le terme — à une conception non discriminatoire sur le plan juridique de la société.[7]

Et plus tôt au cours du débat, en réponse au Trust Royal qui soutenait que la distinction faite entre catholiques et protestants n'était pas vraiment significative:

> M. Desjardins: En 1940, comment le testateur faisait-il la distinction, lui, entre catholiques et protestants? [. . .] Oui mais cela existe encore, aujourd'hui, des catholiques et des protestants.[8]

En effet, la notion de confessionnalité est encore suffisamment présente au Québec pour que les autorités scolaires anglophones, dans leur lutte contre les Lois 22 et 101, aient fondé leur position sur l'existence d'un groupe protestant au

Québec et la protection que lui assure la Constitution. Ironie du sort, très peu de temps après, en sa qualité de ministre de l'Éducation, et donc chargé de l'application de la Loi 22, M. Choquette dut subir les assauts des mêmes autorités scolaires, lesquelles clamaient à présent que les droits des protestants, c'est-à-dire le pouvoir d'administrer leurs propres écoles, étaient lésés. Il aurait pu leur demander où ils étaient lorsque nulle autre que l'Université Queen's elle-même avait fait valoir, *avec succès*, devant l'Assemblée nationale, qu'au Québec il n'était pas «dans l'intérêt public» de distinguer entre catholiques et protestants!

Soit dit en passant, l'argument selon lequel il serait impossible de trouver assez d'étudiants admissibles (un maximum de vingt par année, dans le cas d'un programme universitaire de quatre ans) dans tout la région du Golfe et de la ville de Québec, n'a pas été contesté. Chose étonnante, cette assertion venait du seul député anglophone présent, dont ce fut aussi la principale contribution au débat — en plus d'avoir aimablement renseigné l'Assemblée sur le coût des études de *sa propre fille* à Queen's! — En conséquence, l'étudiant admissible, qui à l'origine devait être un résident de la région du Golfe ou de la ville de Québec, était maintenant celui *qui avait été domicilié n'importe où dans la province de Québec pendant un an avant d'aller étudier à Queen's*. C'était là une conception plutôt «libérale» de l'appartenance sociale.

Il ne suffit pas toutefois d'être conscient de ce qui constitue ou devrait constituer une société; cette société, il faut encore pouvoir la défendre. En effet, l'idée même du bien public dans notre tradition judéo-chrétienne présuppose que nous nous sentions responsables de l'avenir de la société qui nous a faits ce que nous sommes. Ceci nous amène à un autre point qui ressort de notre analyse de l'affaire Carrel: quelles sont les conséquences pour l'avenir du Québec anglophone, si ce n'est de tout le Québec, de faire éduquer ailleurs une partie importante de sa future élite? La Loi 104 nous a rendus complices, par l'intermédiaire de nos dirigeants, de ce processus fort insidieux d'auto-décapitation, qu'illustrent clairement les dispositions initiales du testament de M. Carrel.

Que Frank Carrel ait décidé d'encourager de jeunes Québécois ambitieux à aller faire leurs études de premier cycle dans un «pays d'avenir» (l'Ontario), c'est une chose; mais que l'Assemblée nationale le fasse «dans l'intérêt public», voilà qui est très différent. Ou, pour replacer les choses dans leur contexte, après avoir décidé, «dans l'intérêt public», d'éliminer la plupart des dispositions du testament de M. Carrel, il aurait fallu se demander sérieusement s'il était également dans l'intérêt public de la communauté anglophone du Québec d'accélérer l'exportation de son élite déjà défaillante. N'aurait-il pas été davantage dans l'intérêt public de l'envoyer dans une université québécoise, qu'elle soit anglaise ou française?

* * *

Cependant, les trois aspects du problème que fait ressortir l'affaire de la succession Carrel — absence des anglophones dans les institutions publiques qui nous encadrent, leur impuissance à prendre conscience de ce qui est réellement en jeu et d'en discuter, leur incapacité ou refus d'assumer leurs responsabilités sociales — ne sont peut-être que les symptômes d'un mal encore plus profond. Peu à peu s'accentue le sentiment de l'urgence de faire face à certaines questions fondamentales. Dans la partie qui suit, nous ferons un exposé de ces questions, autant que possible dans les termes mêmes de ceux qui les ont formulées.

Les questions essentielles

Les questions soulevées ici ne se présentent pas néssairement dans un ordre logique et ne sont pas non plus sans relation les unes avec les autres. Notre but n'est pas de défendre un point de vue, bien au contraire; nous voulons recueillir et commenter les questions que se pose la population devant les événements qui la poussent à l'auto-critique indispensable à la reformulation de son identité.

La question primordiale est sans doute de savoir si le Québec anglophone a le désir de survivre. Quelle que soit la nature des défis qui seront présentés aux anglophones et du rôle qu'ils auront à jouer dans l'avenir du Québec, «resteront-ils au Québec pour relever ces défis et jouer ce rôle?», demande Alex Paterson dans son exposé *On being at Home in Quebec*[9].

Parlant de l'avenir de la communauté juive de Montréal, Michael Yarowsky fait ressortir l'extrême pertinence de cette question:

> En réalité, étant donné l'offensive lancée contre leur isolement traditionnel par rapport à la société francophone, un grand nombre de Juifs de Montréal se demandent s'ils veulent réellement «faire leur chemin» au Québec[10]

et ils se posent la question malgré le fait que

> . . .jusqu'à présent cette communauté a très bien réussi à «faire son chemin» en dépit des obstacles gigantesques qu'elle a rencontrés: préjugés, discrimination, pauvreté, manque d'instruction. . .[11]

Une question peut-être tout aussi fondamentale consiste à nous demander qui nous sommes, nous les anglophones du Québec. Il y a quelques années, on parlait souvent de la «communauté» anglophone et de la nécessité de la défendre. Storrs McCall, dans un article publié au début de 1978 dans le *Montreal Star*, faisait allusion à cette communauté et à ce qu'il croyait être son aptitude à transformer les sentiments collectifs face à la famille, à la communauté, au pays en

438

un dessein commun à tous les anglophones québécois. Il décrivait d'abord le contexte:

> Il est vrai qu'il y a actuellement certains aspects de la vie au Québec qui pourraient nous inciter grandement à partir si nous n'y faisions face avec générosité et courage.[12]

Il tentait ensuite de démontrer l'existence d'un sentiment «collectif»:

> À l'encontre de ces forces, il existe des sentiments très profonds à l'égard de la famille, de la collectivité et, certains diront, du pays. Une fois reconnus et formulés par l'intermédiaire d'un moyen de communication et d'échange approprié, ces sentiments peuvent se muer en une conscience collective. Lorsque cela se produira, la communauté anglophone trouvera la détermination et la confiance qui lui manquent actuellement.[13]

En 1979 cependant, la plupart des participants au débat, y compris Storrs McCall et les membres du Comité d'action positive dont il est co-président avec Alex Paterson, avaient commencé à douter de l'existence d'une «communauté» ou d'une «collectivité» anglophone au Québec. Le député Reed Scowen, dans *Reflexions on the Future of the English Language in Québec*[14], une étude approfondie et remarquable dont le titre même est révélateur, parle d'une communauté anglophone au Québec, mais il met beaucoup de soin à expliquer ce qu'elle représente. Il constate, pour commencer, que «chez les Québécois anglophones, le niveau de conscience de groupe, le sens de la «collectivité», est faible»[15]. Il suppose à cela deux raisons, dont la première «est la diversité ethnique et la mobilité de la population anglophone»[16]:

> La définition d'une collectivité, et sa protection, n'a pas constitué une préoccupation majeure pour les divers groupes ethniques qui ont choisi de garder ou d'adopter l'anglais, probablement parce que la communauté linguistique à laquelle ils s'intégraient était tellement grande, diversifiée et peu menacée que le fait même d'y appartenir exemptait d'avoir à poursuivre un certain nombre d'objectifs individuels, qui semblaient tous actuellement réalisables, ou du moins le seraient pour la génération suivante.[17]

Il dit encore, au sujet de la fragilité, pour n'en pas dire plus, du sens communautaire de cette population:

Depuis le début, et surtout depuis la seconde guerre mondiale, les groupes ethniques et les personnes de passage qui ont recours à la langue, et aux institutions qui y sont reliées, n'ont guère plus en commun entre eux qu'avec la communauté francophone.[18]

La langue est peut-être la seule chose qu'ils partagent:

Mais ceux qui ont recours à la langue et à la plupart des institutions qui l'utilisent, ce sont des Italiens et des Grecs, des Canadiens de la quatrième génération habitant Westmount, des agents commerciaux temporairement mutés de New York ou de Toronto, des jeunes gens venus des Maritimes, des Amérindiens et des Inuit, des infirmières d'Australie ou un certain nombre de Québécois francophones qui ont choisi l'acculturation.[19]

Malgré tout, Scowen s'en tient à l'idée d'une «communauté anglophone» et termine en disant: «Ils allaient et venaient, faisant du Québec anglais la *communauté* la plus mobile au Canada.»[20] Cependant, la conclusion logique de son analyse ne lui échappe pas:

Étant donné le caractère particulier de la société anglophone du Québec (le mot «communauté» perd du terrain), il sera sans doute difficile d'arriver à en définir le rôle. [21]

Plus récemment, Reed Scowen, cherchant à définir ce qu'est le Québec anglophone, parle d'abord d'un «groupe linguistique», puis d'une «communauté», qu'il finit par désigner comme une «communauté linguistique».

À mon avis, la communauté de langue anglaise consiste en un groupe de personnes qu'unit l'usage d'une même langue et d'institutions où l'on parle cette langue. Ces institutions comprennent les écoles, les établissements de santé, les services sociaux, les églises, les théâtres et cinémas, les bibliothèques, les maisons d'affaires, les universités et les cégeps, la radio et la télévision. Cette communauté linguistique, je tiens à le souligner, n'a rien d'une communauté ethnique: elle regroupe, et regroupera toujours un grand nombre d'ethnies.[22]

En fait, cette communauté linguistique englobe tous les Québécois dont la langue de communication est l'anglais. Et quant à préciser qui en fait partie, Scowen note qu'elle intègre au moins six groupes différents, notamment ce groupe

440

extrêmement mobile et hautement diversifié qu'est l'anglophonie montréalaise, la jeunesse anglophone du Québec qui est mieux intégrée, la population anglophone rurale et les immigrants qui se sont installés à Montréal et ont fait de l'anglais leur langue usuelle[23].

Dans l'esprit des porte-parole les plus influents du Québec anglophone, il n'existe plus aujourd'hui d'hésitation quant à la composition de leur société. Comme celle de Scowen, la position d'Alex Paterson, et maintenant d'Eric Maldoff, est tout à fait explicite et sans équivoque. Maldoff l'exprime en ces termes.

> La commuanuté anglophone est une communauté linguistique et non un groupe ethnique. Cela, le gouvernement du Québec doit d'abord le reconnaître et reconnaître aussi la légitimité de cette communauté linguistique anglaise. [24]

Dans un article écrit à peu près à la même époque en réponse à un éditorial de James Stewart dans le *Montreal Star*, intitulé «Will the Real Anglo Please Stand Up»[25], Frank Remiggi ne craint pas d'affirmer, face à la diversité socio-politique de l'anglophonie québécoise, que la langue est son seul dénominateur commun:

> La vérité toute simple, c'est que le «peuple» anglophone du Québec se compose de diverses «communautés» ethniques et socio-économiques qui n'ont en commun que leur langue, l'anglais. Et bien que personne n'oserait nier l'importance de la langue comme véhicule de la culture et des valeurs, la langue seule ne peut donner une vision commune de la société et de la politique québécoises. [26]

La question suivante vient tout naturellement:

> Pourquoi les minorités anglophones et allophones auraient-elles une conception identique de leur participation et de leur intégration à la société, à la culture et à la politique québécoises, quand la composition même de ces minorités laisse supposer que leurs points de vue sont pour le moins très différents?[27]

Effectivement, Remiggi met en garde contre les conséquences d'un consensus prématuré ou forcé:

> Toute tentative de fabriquer un front commun ne réussira qu'à accentuer la polarisation des francophones et des anglophones et à empêcher ou retarder l'intégration des anglophones à la société québécoise. [28]

Dans leur livre *Le fait anglais au Québec*[29], Dominique Clift et Sheila McLeod-Arnopoulos abordent la question sous un autre angle: reconnaissant l'hétérogénéité du Québec anglophone, ils considèrent le pluralisme comme une nécessité idéologique pour cette communauté et, par extension, pour la société québécoise elle-même. S'inspirant de la façon dont, selon eux, les Américains se sont adaptés au problème racial, Clift et McLeod-Arnopoulos voient dans le pluralisme une panacée, le postulat idéologique de la «nouvelle société», titre qu'ils ont choisi pour leur dernier chapitre. Ils prévoient que:

> Seule une société vraiment pluraliste, où la discrimination et l'exclusivisme ne seraient plus institutionalisés comme ils le sont maintenant, permettrait au Québec de retrouver l'optimisme social qui fait défaut depuis trop longtemps déjà.[30]

Leur penchant pour l'idée d'un pluralisme «éclairé» apparaît clairement dans le paragraphe qui suit:

> L'obstacle qui, à leur stade actuel d'évolution politique, empêche les Québécois de langue française d'accepter la présence autonome de cultures étrangères dans leur propre milieu, est précisément ce qui les empêche de s'identifier au Canada comme pays. Les réflexes de défense et les attitudes d'exclusivisme qui ont soutenu le nationalisme québécois pendant si longtemps ne peuvent être rejetés dans l'espace d'une seule génération. Cela ne fait pas plus de vingt-cinq ans, dix ans avant le début de la Révolution tranquille, que l'on a commencé à anticiper la possibilité d'une société pluraliste au Québec et que des intellectuels, actifs dans des mouvements réformistes et dans le Parti libéral du temps, commençaient à promouvoir l'acceptation de différences religieuses, sociales et autres. *Mais le Québec accusait un retard considérable par rapport à ce type de changement qui commençait à se réaliser ailleurs au pays.*[31]

En adoptant un tel point de vue, les auteurs écartent complètement la théorie des deux nations ou des peuples fondateurs du Canada. Or, l'abandon de cette théorie signifierait que la communauté anglophone du Québec ne pourrait plus s'instituer comme le bastion de la tradition culturelle anglo-saxonne au Québec, ni la communauté francophone revendiquer de privilèges particuliers pour sa propre culture au Canada. Clift et McLeod-Arnopoulos sont très explicites sur ce dernier point. Leur argument peut-être le plus frappant est que le Québec a tort d'avoir recours à une forme d'«exclusivisme» (la tradition culturelle du Québec francophone) pour en attaquer une autre (la tradition anglo-saxonne au Québec). Le livre se termine sur l'assertion suivante:

> Or le problème de la prochaine décennie sera de réconcilier les objectifs de tous les Québécois, quelles que soient leurs origines. Étant donné les nombreuses différences qui les divisent, les conflits sont inévitables. Quoi qu'il en soit, le résultat ne peut être qu'une société pluraliste, *sans grande ressemblance avec la culture traditionnelle des Franco-Québécois.* Ce sera le prix à payer pour l'imposition du monopole social et économique de la langue française au Québec. *L'abandon de la culture qui assura la survivance française* pendant plus de deux siècles est une chose que les auteurs de la Loi 101 n'avaient pas prévue lorsqu'ils décidèrent de s'attaquer directement au pouvoir économique de la communauté anglaise.[32]

Devant la diversité culturelle et ethnique de la société québécoise, les auteurs recommandent en réalité le rejet du modèle canadien des années 1930, dont la pensée nationaliste actuelle au Québec n'est qu'un corollaire:

> Le modèle culturel que la société française tente de recréer pour elle-même au Québec est le modèle canadien de l'époque de 1930, selon lequel on s'attendait à ce que les différents groupes ethniques se soumettent à la culture dominante et acceptent une certaine stratification ethnique. . . .[33]

Les auteurs souhaitent que le Québec cesse d'être une société «sur la défensive» pour devenir une société «optimiste».

À moins que l'on choisisse de ne pas tenir compte des particularités du contexte historique et géo-politique, comme le font parfois de doctes penseurs, un pluralisme aussi «libéral» pose, à notre avis, une question troublante que nous sommes loin d'être les premiers à soulever. Le Canada anglais des années 1930, malgré l'exclusivisme anglo-saxon et la stratification ethnique dont il était affecté, était lui-même, comme le Québec français, une société distincte. Il est devenu depuis, peut-être involontairement, une société pluraliste et c'est ce pluralisme, même s'il est francophone, qu'on voudrait voir le Québec, à son tour, adopter. Il est cependant douteux que le Québec puisse alors demeurer une société autonome: le cas du Canada anglais est révélateur à cet égard[34]. Existe-t-il vraiment une société canadienne anglophone depuis les années 1970? Si le Québec devait adopter un pluralisme sans réserve, ne se laisserait-il pas entraîner dans ce modernisme d'après-guerre qui a peut-être tout simplement réussi à faire du Canada un pays sans identité?

Ou, pour être plus précis, comment éviter de conclure, à partir de ce «pluralisme éclairé», qu'il n'y a pas de raison d'être «sur la défensive» par rapport à la société la plus «optimiste» de toutes, la société américaine? En fait, pourquoi le Québec, anglais et français, ne suivrait-il pas le Canada anglophone dans son intégration culturelle à une société continentale? Et, dans le contexte actuel, s'il ne se définit que par l'usage commun d'une langue, comment le Québec anglophone serait-il différent de la masse anglophone nord-américaine? Pourquoi n'opterait-il pas alors pour un pluralisme à l'échelle du continent?

* * *

Poser une telle question revient à se demander s'il vaut ou non la peine de préserver l'existence de la communauté anglophone au Québec, si tant est qu'elle existe. MM. McCall, Paterson, Scowen et Yarowsky, nous les auteurs du présent chapitre, et, aussi surprenant que cela puisse paraître, M. Camille Laurin lui-même, croyons que cela est en effet souhaitable.

Selon Storrs McCall et Alex Paterson, d'Action positive, l'avantage principal de conserver l'élément anglais du Québec, à part «l'agrément et le cosmopolitisme d'une ville bilingue comme Montréal», est qu'il assure la sauvegarde du Canada: la disparition de la communauté anglophone du Québec amènerait automatiquement, prétendent-ils, la séparation du Québec et le démembrement du Canada. Autrement dit, le Canada ne peut continuer d'exister que s'il demeure bilingue, et le bilinguisme n'aurait aucune justification dans le reste du Canada s'il n'existait pas au Québec. Or, la seule raison d'être du bilinguisme au Québec vient du fait que cette province compte près d'un million d'anglophones.

Dans *The History and Activities of the Positive Action Committee*, McCall, Paterson et Brott déclarent: «Les membres d'Action positive croient fermement que les Québécois doivent rester ici et mener la lutte pour le Canada»[35]. Et encore:

> Nous croyons qu'il y a des raisons encore plus pressantes de rester. La principale est que chaque départ affaiblit la trame de l'unité canadienne.[36]

L'avantage inhérent à la préservation de la communauté anglophone du Québec est de préserver le Canada; il y a en outre l'avantage de la diversité que produit l'union des deux peuples fondateurs:

> La diversité est la caractéristique principale de notre peuple. Nos deux peuples fondateurs, les deux principaux groupes linguistiques, sont les héritiers de deux des plus grandes cultures du monde, la culture française

et la culture anglaise, chacune possédant ses qualités propres, son rayonnement particulier. . .[37]

Ainsi, la raison d'être du Québec anglais se révèle être la préservation du Canada et, en définitive, du bilinguisme. Le problème est très bien résumé dans un télégramme envoyé par Action positive au premier ministre de l'Ontario, William Davis, pour protester contre son refus d'accorder à Gérard Filion un procès en français: «La position que vous prenez en Ontario n'aide pas du tout *notre cause à un moment où l'avenir du pays est en jeu.*»[38]

Par son plaidoyer en faveur du bilinguisme au Québec et en Ontario pour le salut du Canada, le Comité d'action positive rejoint les députés québécois W.S. Bullock et J.T. Finnie qui, en 1915, proposèrent à la Législature du Québec une motion demandant instamment à l'Ontario d'annuler son règlement numéro dix-sept[39].

Selon Reed Scowen toutefois, c'est au Québec même que se justifie l'existence de la communauté anglophone. Avec le temps, le peuple anglophone a mis sur pied un réseau d'institutions et acquis une tradition qui constituent «un mode de vie distinct»[40]. M. Scowen n'arrive pas cependant à faire ressortir ce que les membres de ce groupe ont en commun à part l'anglais. Il soutient néanmoins qu'il s'agit là d'une société dont le caractère distinctif justifie la préservation.

M. Scowen tente aussi de démontrer que l'existence de la communauté anglophone du Québec se justifie par la contribution qu'elle est en mesure d'apporter à l'ensemble de la société québécoise. Cette contribution se situe au niveau de la seule vraie caractéristique de cette communauté, celle de la langue anglaise elle-même. Après avoir décrit le rôle joué par la langue anglaise au Québec, Scowen fait remarquer que l'élite francophone se rend très bien compte de l'importance de connaître l'anglais dans notre monde contemporain.

> . . .une grande partie de l'élite francophone semble convaincue que la connaissance de l'anglais est essentielle, sinon pour tous les Québécois, du moins pour les membres de cette élite même[41]

et M. Scowen de continuer:

> il est généralement reconnu que la connaissance de l'anglais, trait d'union avec le reste de la société nord-américaine, est importante pour les Québécois francophones.[42]

La communauté anglophone québécoise est donc, ou pourrait devenir, un pont linguistique avec l'Amérique du Nord anglophone:

Une communauté de langue anglaise, à cause de l'aisance naturelle de ses rapports avec l'Amérique du Nord anglophone, est particulièrement bien placée pour apporter sa contribution dans un grand nombre de secteurs clés de la société québécoise moderne. La présence au Québec de maisons d'affaires, d'établissements scolaires et de groupes de recherche dont l'activité s'étend à l'échelle nationale ou internationale, ce qui exige par conséquent une forte mobilité, dépendra toujours de la présence d'un nombre considérable de personnes dont la première ou la deuxième langue est l'anglais.[43]

Naturellement, on peut se demander si les anglophones ne pèchent pas par prétention en s'attribuant ce rôle de «pont linguistique». L'évidence ne démontre-t-elle pas qu'une élite francophone bilingue peut parfaitement jouer le même rôle? Toutefois, indépendamment de cette question, il est surprenant de constater à quel point McCall, Scowen, et d'autres qui partagent leur point de vue, se montrent utilitaristes et pragmatiques. Il ressort des textes cités jusqu'ici que personne n'invoque, pour justifier l'existence d'une communauté anglophone au Québec, les valeurs culturelles de cette communauté ou le caractère irremplaçable et la valeur sociale du capital culturel et institutionnel accumulé depuis de nombreuses générations. À peine Scowen et Paterson y font-ils allusion. Il est probable que la prise de conscience tardive de la diversité de la population anglophone, prise de conscience amorcée en réponse à la question «Qui sommes-nous?», a incité les anglophones, entre autres, a tempérer la proclamation des mérites de leur précieuse tradition culturelle. En fait, il risqueraient trop de devenir la cible des tenants du pluralisme.

Paradoxalement, c'est le défenseur le plus ardent du nationalisme culturel québécois, l'actuel ministre du Développement culturel qui, dans le contexte de la politique sur «les minorités», exaltait en ces termes l'apport culturel des anglophones québécois:

La communauté anglo-québécoise a cultivé ici certaines valeurs qui ont fait à bon droit la réputation de la contribution britannique au patrimoine de la civilisation universelle: le sens de la responsabilité individuelle, l'importance du rôle social des associations volontaires des groupes intermédiaires et des groupes de pression, l'importance des gouvernements locaux pour la prise en charge des responsabilités qui concernent le citoyen dans sa vie concrète et quotidienne.[44]

N'est-il pas étonnant que ce soit justement un représentant officiel de la culture de la majorité qui se fasse aussi ouvertement l'apologiste de la culture anglo-

446

québécoise? Parallèlement, on ne peut s'empêcher de penser que Clift et Arnopoulos pourraient voir dans cette politique culturelle une confirmation de leur thèse sur la «stratification ethnique» en regard de la montée actuelle du nationalisme québécois. Cependant, en toute équité pour le Dr Laurin, nous devons mentionner qu'il dit croire à l'émergence d'un consensus qui favorisera la naissance d'une nouvelle culture, fondée sur l'apport de divers groupes, dont le groupe anglophone, plutôt que sur la «fétichisation» de la culture francophone existante.

Tout ceci nous amène, nous, les auteurs de ces lignes, à nous poser un certain nombre de questions quant à l'utilité de préserver l'anglophonie québécoise. Tout d'abord, si les Québécois dont la langue maternelle est l'anglais n'ont rien d'autre en commun que la langue, nous devons nous demander, en tant que sociologues, s'il existe vraiment une communauté anglophone au Québec. Une telle question prend pour acquis que la langue ne suffit pas pour sauvegarder une culture, quelle qu'elle soit. Si vraiment la population dont nous parlons n'a pas d'autre point commun que sa langue, que partage aussi le reste du continent et qui véhicule un contenu culturel provenant en grande partie de l'extérieur du Québec, alors comment cette population peut-elle espérer se distinguer des autres Nord-Américains? S'il est vrai qu'il n'existe pas de langue sans culture, la langue anglaise dépourvue d'une tradition locale solide appartient alors, dans le contexte actuel, à une culture continentale.

Notre deuxième question est la suivante: ne peut-on, dans la tradition britannique, qui a marqué l'histoire et la vie actuelle d'importantes communautés du Québec — et à vrai dire, celle aussi de tous les Québécois par le biais des institutions politiques, juridiques et économiques dérivées du modèle anglais — puiser les éléments d'une culture qui mérite d'être reconnue et de devenir une source d'inspiration?

Cela est-il possible toutefois pour une population dont à peine la moitié est d'origine britannique? Est-ce à dire que nous souhaiterions voir le Québec anglophone s'identifier à la culture britannique, devenir «plus anglais que la reine» et verser dans un nouvel «ultramontanisme»? Loin de nous pareil anachronisme qui ferait vite crier à la réaction. Nous voulons simplement exposer le dilemme dans lequel est enfermée la communauté anglaise du Québec: *si dans sa riche diversité elle n'acquiert pas un caractère collectif distinctif qui la différencie de la culture anglophone du reste du continent, non seulement est-il douteux qu'elle mérite d'être préservée, mais il est probable qu'elle ne pourra survivre.* Si, dès lors, on tente de découvrir ce que pourrait être la marque distinctive de cette collectivité, il faut se référer à l'histoire. Qu'on l'aime ou non, le lien britannique est partout présent. Bien entendu, on pourrait, comme le Canada anglais l'a fait depuis la guerre, rejeter, dans un grand élan de libéralisme, sa propre histoire et se tourner vers celle des autres... avec les conséquences que nous ne connaissons que trop bien.

* * *

Mais il serait inutile de vouloir préserver l'existence de la communauté anglophone si les anglophones du Québec sont incapables de s'identifier au projet de la société québécoise et de contribuer à sa réalisation. *Pouvons-nous devenir suffisamment solidaires du Québec pour nous y sentir partout chez nous?*

Reed Scowen semble le penser:

> Au-delà de toutes les divisions ethniques, il existe vraiment un sentiment d'appartenance, le sentiment d'être chez soi ici, un regret de voir partir certains des nôtres.[45]

Le révérend T. Miles, dans «Christians in the New Quebec», croit également que, pour des chrétiens, cette solidarité est non seulement possible, mais souhaitable, et que les Québécois anglophones ne sont pas sur ce point sans reproche:

> ...nous, chrétiens anglophones, nous sommes moins souciés de la communauté francophone que nous l'avions fait pour d'autres communautés linguistiques sur d'autres continents. À l'avenir, l'Église participera pleinement à la vie québécoise, non pas isolée des événements, mais y prenant part, à la fois comme témoin et par l'exercice de son ministère.[46]

* * *

Cependant, quoi qu'il advienne du Québec anglophone, il est peu probable qu'il puisse être le seul maître de son destin. Et qui donc alors en décidera? Les réponses actuellement apportées à cette question, celles que donnent Miles, Scowen et Yarowsky, sont très étonnantes et n'auraient certes pas été même envisagées il y a cinq ans à peine.

Le révérend Miles affirme que la majorité au Québec a le droit de choisir sa destinée et qu'il faudra s'accommoder de bonne grâce à ce choix. Il reconnaît que le milieu anglophone ne s'est guère efforcé

> d'expliquer aux non-francophones la réalité, simple et émouvante, d'un «peuple» fier qui veut survivre avec dignité et prendre en main son destin.[47]

Il aborde plus loin «la question fondamentale [qui] semble être de savoir si le Québec a le droit de choisir sa propre destinée».

> Un gouvernement provincial, démocratiquement élu, est déterminé à prouver qu'il a le droit d'obtenir et qu'il

obtiendra l'appui de la majorité de la population à des référendums éventuels sur la séparation. Tant que de telles décisions seront prises librement par les électeurs, ceux qui croient en la démocratie pourront difficilement s'y opposer, même s'ils sont en désaccord avec la question ou le résultat. Nous devrons nous accommoder du résultat, mais il faudra le faire autrement que d'une manière passive et résignée.[48]

Reed Scowen, probablement le premier homme public de langue anglaise à reconnaître que l'avenir des anglophones au Québec sera déterminé au Québec, a expliqué sans ambages:

> La condition première [à une solution des problèmes qui préoccupent les anglophones du Québec] est l'acceptation par les anglophones du fait que l'avenir de leur communauté sera déterminé d'abord au Québec par des décisions politiques prises ici *et que ces décisions découleront finalement d'un consensus de la majorité francophone.*[49]

Et Michael Yarowsky nous prévient qu'il serait irréaliste de compter sur des forces politiques ou sociales de l'extérieur du Québec:

> La réalité est qu'aucune force politique ou sociale importante au Québec ou au Canada n'appuierait les groupes minoritaires anglophones du Québec qui refuseraient obstinément de s'adapter aux nouvelles réalités culturelles du Québec. C'est ce qu'ont clairement laissé entendre les chefs des principaux partis politiques du Québec et du Canada. La population anglophone du Québec s'est en réalité fait dire, non seulement par le chef indépendantiste lorsque son parti formait l'Opposition provinciale, mais aussi par le premier ministre du Canada[50] que le Québec doit devenir aussi francophone que l'Ontario est anglophone.[51]

Supposant que l'on trouvait à tous ces problèmes des solutions permettant d'envisager un avenir au Québec pour la communauté anglophone, la chose serait-elle encore possible? Cette considération remet en cause les concepts «d'intégration» et «d'assimilation»; *l'intégration, c'est-à-dire une participation qui sauvegarderait l'identité de la communauté anglophone du Québec, est-elle possible sans risquer l'assimilation?* Bien que les termes «assimilation» et «intégration» soient profusément employés dans la discussion, on ne sait toujours pas, comme le souligne M. Scowen, ce qu'il faut vraiment entendre par «intégration»:

449

En apparence, il semble que les termes «assimilation» et «intégration» désignent l'un, l'aspect positif, l'autre, l'aspect négatif d'une seule et même chose. Mais tant et aussi longtemps que le sens de ces deux termes ne sera pas précisé, il sera difficile d'en saisir la différence. Un Québécois anglophone peut-il s'intégrer parfaitement à la société francophone tout en conservant sa propre identité? Peut-être rechercherait-on davantage l'intégration si la signification du terme était mieux comprise.[52]

L'un des aspects négatifs, et sûrement le plus souvent abordé, de la même question touche la situation sur le marché du travail des Québécois anglophones parfaitement bilingues. S'adressant à un auditoire juif, Yarowsky a évoqué la question comme suit:

Même en apprenant parfaitement le français, les Cohen et les Goldberg auraient-ils les mêmes chances d'emploi que les Bélanger et les Vaillancourt?[53]

Il est peut-être impossible de répondre à cette question, dit Yarowsky, et il rappelle, non sans amertume, en recommandant aux Juifs du Québec de se retremper dans leur histoire, que la parfaite maîtrise de l'anglais «n'avait pas assuré l'acceptation des Juifs par la communauté anglaise aux échelons supérieurs des sociétés»[54]

Même si, comme M. Scowen, nous reconnaissons volontiers que trop peu d'attention a été accordée à la question de savoir comment on peut envisager au Québec l'intégration sans assimilation, nous avons l'impression que le problème réside dans le fait que le terme même d'«intégration» recouvre une réalité qui n'est qu'un des aspects d'une dynamique sociale, d'où la difficulté d'en fixer la définition. Néanmoins, parce qu'il est utilisé fréquemment dans le débat, ce terme a acquis une certaine signification que nous essaierons de saisir dans une définition provisoire... avant de nous aventurer dans l'étude de cette dynamique qui, selon nous, est actuellement à l'oeuvre.

L'intégration suppose qu'on puisse à tout le moins participer à l'activité des grandes institutions de la société. Dans notre contexte, celui de la société québécoise, une telle participation exige une maîtrise suffisante du français, ainsi que le bagage culturel nécessaire à l'utilisation efficace de cette compétence purement linguistique. Nous pensons ici à la connaissance du contexte québécois, du peuple québécois, de ses institutions, et à une certaine conscience de l'histoire de la société québécoise.

S'intégrant ainsi à la culture de la majorité, les membres des groupes minoritaires y apportent nécessairement le rayonnement de leur propre culture qui, si elle est suffisamment vigoureuse, aura sans doute un impact sur la culture d'accueil. En d'autres termes, il est probable que l'intégration, si elle est réussie, n'agira pas entièrement à sens unique: elle amorcera certainement une évolution à laquelle la culture d'accueil ne pourra manquer de prendre elle aussi une part active.

C'est à partir de ce deuxième aspect de l'intégration, l'impact de la culture «intégrée» sur la culture de la majorité, que l'on peut entrevoir la possibilité d'un certain consensus; c'est d'ailleurs le point de vue officiel du présent gouvernement. Ce consensus suppose l'enclenchement d'un processus de développement à partir des éléments culturels que l'on retrouve déjà dans la société québécoise (ce qui inclut la culture des minorités), éléments qui trouveraient un mode d'expression commun dans la langue française et les traditions culturelles québécoises qui y sont associées. Évidemment, le succès, ou plutôt la portée et la puissance créatrice de cette évolution, reposent sur la présence effective des divers éléments culturels et sur une volonté d'éviter la désagrégation des cultures qu'entraînerait une rupture avec l'histoire. . . la tradition anglo-celtique fait indéniablement partie de l'histoire du Québec.

Les textes qui suivent indiquent comment les gardiens officiels de la culture québécoise envisagent le concept d'intégration et les possibilités dynamiques d'un processus d'intégration qui ne se déroulerait pas à sens unique. Parlant de ce que pourrait être le fondement ou le point de départ d'une politique de développement culturel au Québec, le ministre du Développement culturel a déclaré:

> Cette politique ne peut puiser qu'à des sources anciennes et nouvelles. Elle reflète la réalité d'un peuple enraciné ici depuis des siècles et qui a défendu avec acharnement son identité. Elle témoigne de l'apport des autochtones, les plus vieux habitants de ce pays, de l'influence des Britanniques et des autres minorités implantées sur notre sol.[55]

En partant de ces principes, il est possible d'espérer qu'une politique de développement culturel suscitera une véritable dynamique au lieu de favoriser le maintien ou l'édification d'un système clos:

> . . .Reprendre en main ses instruments collectifs d'expression, tout en demeurant le creuset d'un accueil généreux de multiples signes culturels: telle pourrait être la dynamique de développement qui garderait ouvert l'avenir de cette culture.[56]

Dans un tel contexte, on peut imaginer que la minorité anglophone «intégrée» (le terme est utilisé dans le texte) [57] serait

...davantage comme une minorité québécoise ayant à définir ses caractéristiques culturelles, à établir et à approfondir des relations organiques et vivantes avec un milieu dont on partage en partie les aspirations et les objectifs. En somme, comme n'importe quel autre dans le monde d'aujourd'hui, *l'héritage culturel anglophone dispose de ressources propres et affronte des problèmes qui lui sont spécifiques. Il faut en tenir compte dans un projet de développement.*[58]

Plus spécifiquement, en ce qui concerne la communauté juive du Québec, cette conception de l'intégration est reprise et commentée dans un discours particulièrement intéressant prononcé en 1978 par M. Denis Vaugeois, alors ministre des Affaires culturelles du gouvernement du Québec:

> ...Au Québec, nous avons comme objectif, d'une part, de reconnaître l'importance de la communauté juive établie avec nous sur le territoire du Québec, de même que sa volonté inébranlable de vivre comme un groupe homogène et, d'autre part, d'inviter cette communauté à participer activement au développement culturel de la société québécoise, qui exprime clairement une nouvelle fierté nationale...
>
> La communauté juive du Québec doit prendre part au phénomène actuel, qui n'a rien d'éphémère, d'une société québécoise qui, partout, s'affirme avec une nouvelle assurance. Une fois intégrée à cette société dont elle partagerait les grands objectifs, le consensus général, le comportement culturel distinctif, la fierté d'être, la communauté juive aurait nécessairement un message à faire comprendre aux siens à travers le pays. Et ce message particulier de la minorité juive, cette autre «minorité» du continent nord-américain qui a appris à surmonter encore plus d'obstacles, nous voudrions le connaître et le comprendre, non pas comme un message venu d'ailleurs, mais comme la voix de quelqu'un qui se trouve au milieu de nous, qui s'adresse à nous.
>
> Il n'est pas question ici que vous vous engagiez dans un processus irréversile d'assimilation, bien au contraire. Il est important toutefois que la communauté juive établie au Québec s'intègre à la société québécoise en tant que communauté et qu'elle se considère complètement, et à bon droit, chez elle ici. Et s'intégrer signifie accepter cette terre comme la sienne propre et contri-

buer au développement d'une société dont on partage les objectifs et le mode de vie. Votre intégration en Amérique «à la québécoise» signifie aussi que vous acceptez le passé, le présent et l'avenir du pays, une façon d'être particulière, différente, vraiment distinctive.

S'intégrer, c'est accepter de former un groupe vraiment québécois, de la même manière que d'autres communautés juives ont réussi à s'intégrer dans de nombreux pays.[59]

Nous devons admettre que, en tant qu'observateurs de la réalité sociale, il nous est difficile d'imaginer qu'une telle dynamique ait la moindre chance de mener, d'une part, à un équilibre durable entre les différentes ethnies ou cultures et, d'autre part, à la participation de tous à une culture commune. En d'autres termes, il nous semble bien qu'en réalité le résultat final pourrait bien être l'assimilation, mais l'assimilation à la culture québécoise sera très différente de ce que nous connaissons aujourd'hui... précisément à cause de l'intégration.

Stratégies pour l'avenir

Néanmoins, la notion même d'intégration suppose le maintien d'une communauté culturelle distincte de celle de la majorité. Ce postulat soulève des interrogations: *Quelles sont les conditions qui assureront le maintien des minorités au Québec et quel est le plan d'action approprié pour la réalisation de ces conditions?*

Alex Paterson et Storrs McCall, du Comité d'action positive, se sont posé la question. Avant d'exposer ici leur point de vue, mentionnons que tous deux croient à l'intégration, c'est-à-dire à une participation qui permet le maintien des cultures minoritaires:

Le Comité d'action positive... croit que les anglophones doivent s'adapter à la nouvelle réalité québécoise. Nous sommes certains qu'il n'y a pas d'avenir dans cette province pour ceux qui refusent de parler français et que la vitalité de notre société tient aux relations bénéfiques de notre culture avec celles des autres. Cependant, lorsque nous disons que les Québécois anglophones devraient parler français afin de pouvoir participer pleinement à la vie québécoise, nous pensons aussi que nos enfants devraient connaître leur propre langue et leur culture.[60]

Quelles sont, dans l'esprit du Comité d'action positive, les conditions nécessaires à la réalisation d'un tel objectif?

En termes généraux, le Comité insiste sur la nécessité de conserver «le caractère bilingue et multi-culturel de la province»[61] et de reconnaître de façon officielle que «le Québec est pour *tous* les Québécois»[62].

D'une manière plus précise, le Comité d'action positive a mis de l'avant plusieurs propositions, notamment:

> le droit de toute personne dont la langue maternelle est l'anglais ou le français à l'éducation de ses enfants dans sa langue maternelle partout au Canada;

> le droit de toute personne à communiquer avec le gouvernement fédéral et ses organismes en anglais ou en français, partout au Canada;

> le droit de toute personne à des services de santé, de même qu'à des services sociaux et culturels, y compris les services de radiodiffusion-télévision, en anglais ou en français, là où le nombre le justifie;

> le droit de toute personne accusée d'un acte criminel à être jugée en anglais ou en français, là où le nombre le justifie.[63]

Quant à la stratégie envisagée afin que puissent être réalisées ces conditions, le Comité d'action positive a d'abord cherché à maintenir une forte présence anglophone au Québec, s'efforçant particulièrement de restaurer la confiance et de soutenir le moral de ceux qui étaient tentés de partir. De plus, comme nous l'avons dit précédemment, le Comité a essayé de conférer au bilinguisme canadien plus de crédibilité en appuyant les droits des francophones hors-Québec. Sur le plan de l'organisation, après s'être donné des structures nécessaires, le Comité s'est actuellement engagé sur deux fronts au Québec.

Il a d'abord entrepris de structurer la population anglophone. Storrs McCall avait déjà évoqué ce besoin au début de 1978:

> Ce que je propose. . . . c'est une certaine forme de structuration de la communauté anglophone qui lui assurerait une plus grande cohésion et lui permettrait d'être davantage en mesure de faire face à toutes les pressions exercées sur elle.[64]

454

Une telle structuration était impérative, croyait-il, car

> la communauté anglophone devrait au moins avoir une vague idée de ce qu'elle est, des gens qui la composent, de son orientation et de ses aspirations. Sinon, elle a peu de chances de pouvoir faire face à un défi mettant en jeu son existence. [65]

Et cette structure, finalement vit le jour:

> Nous, [d'Action positive], nous sommes réunis en comité avec le mandat d'organiser un Conseil des minorités du Québec, et un an plus tard, en novembre 1978, ce conseil était effectivement mis sur pied. [66]

Depuis, le Conseil a été remplacé par notre organisme actuel, Alliance Québec, qui se veut à la fois plus représentatif et plus militant.

Deuxièmement, le Comité a assumé un rôle politique en organisant des campagnes visant à faire modifier certaines lois du gouvernement; cette présence politique a sans aucun doute trouvé son expression la plus positive dans sa participation discrète mais active au parti libéral du Québec et au mouvement «Ryan».

Reed Scowen, pour sa part, a soulevé la question suivante:

> quels sont les éléments d'une société minimale complète, qui pourraient inciter les Québécois anglophones à demeurer au Québec et ceux d'ailleurs à s'y installer en nombre raisonnable. [67]

Avant de considérer les éléments proposés par Scowen comme essentiels à cette «société minimale», il est bon de rappeler les trois conditions qu'il pose comme préalables à l'atteinte d'une solution; deux d'entre elles constituent des réponses à des questions soulevées dans la partie qui précède, («que ce problème soit avant tout considéré comme un problème québécois» et «que la primauté de la langue française soit reconnue»); la troisième condition concerne le problème des «libertés» («que l'on devrait traiter davantage comme une question de droits à faire valoir que de libertés à revendiquer») [68].

Voici donc les éléments de solution proposés par Scowen:

> un réseau anglophone accessible d'écoles, de cégeps, d'universités;

un réseau anglophone accessible d'hôpitaux, de méde-
cins, de services de santé et de services sociaux;

la possibilité d'utiliser l'anglais à l'Assemblée nationale, devant les Commissions qui en relèvent directement et devant les tribunaux;

la possibilité pour la population anglophone de participer au développement et à l'administration de ses services d'éducation et de santé et d'en assumer la responsabilité;

la possibilité de communiquer en anglais avec le gouvernement dans tous les domaines essentiels;

l'accès à l'emploi;

l'accès aux media d'information anglophones, et aux
institutions anglophones de loisirs et de culture;

une mise au point au sujet des garanties constitutionnelles, tant pour leur valeur intrinsèque que pour leur
effet symbolique;

un changement dans les attitudes. La question de l'attitude de la communauté francophone, du gouvernement
et des média d'information à l'égard de la présence
d'une communauté anglophone au Québec prime toute
autre considération. Le sentiment d'«être les bienvenus
ici» est probablement aussi important que n'importe
quelle loi dans la décision des membres de la communauté anglophone de venir vivre au Québec ou de le
quitter.[69]

De plus, étant convaincu qu'il est tout à fait irréaliste d'espérer que tout le
monde soit bilingue, il ajoute: «Il apparaît évident que toute société anglophone au
Québec comprendra toujours un nombre considérable de personnes qui ne parlent
pas français»[70]; il insiste sur la nécessité de proposer «une définition de la situation
d'un anglophone unilingue»[71].

Il est probable, explique-t-il, que des recherches révé-
leront que l'une des conditions sous-jacentes à la présence d'une communauté anglophone au Québec sera
l'acceptation du fait que, nécessairement, une certaine
proportion de cette communauté demeurera toujours
unilingue.[72]

456

Au chapitre de la stratégie à adopter pour remplir ces conditions, le projet de Scowen présente trois éléments. Le premier consiste à sensibiliser la population en général au caractère unique et à la richesse culturelle d'une société québécoise à l'intérieur de laquelle deux grandes cultures vivraient en parfaite collaboration. Deuxièmement, Scowen compte beaucoup sur les groupes bénévoles pour assurer le leadership nécessaire, favoriser le processus d'auto-définition auquel il fait souvent allusion, et susciter les nouvelles attitudes qui s'imposent. Il souligne les efforts de trois de ces organismes: Action positive, Participation-Québec et le Conseil des minorités du Québec. Enfin, le troisième élément, c'est l'action politique, par le biais des partis en place, qui semble être le mécanisme essentiel de la stratégie que propose Scowen.

Plus récemment, un nouveau militantisme a surgi au sein du Québec anglophone. La réapparition du mouvement pour le libre choix, la création du groupe «Quebec for All» et la transformation du Conseil des minorités en un groupe de pression, Alliance Québec, qui s'adresse davantage aux masses en témoignent. Ce nouveau militantisme est né d'une certaine frustration devant l'impossibilité d'obtenir la moindre concession de l'actuel gouvernement, de la déception causée par la défaite inattendue du parti libéral en 1981, de l'application des règlements concernant l'affichage unilingue et des rumeurs d'une restructuration du système scolaire qui, si la chose se concrétisait, ne laisserait en place que très peu de commissions scolaires anglophones au Québec. Quant à la forme stratégique que prendrait ce nouveau militantisme, il semble qu'on veuille structurer à l'échelle provinciale une organisation qui serait capable d'intervenir plus efficacement sur le plan politique. Voici donc un signe encourageant d'une volonté d'action politique qui aura certainement pour résultat une participation plus active des anglophones à la vie institutionnelle du Québec. Toutefois, il est à souhaiter qu'avec temps cette participation à la vie politique québécoise pourra se passer de l'aide financière, actuellement massive, du gouvernement fédéral, car cette aide pourrait devenir un lourd handicap lorsqu'il s'agit de réagir de façon autonome à une situation propre-ment québécoise.

* * *

Après avoir passé en revue les stratégies qui font maintenant partie du débat sur l'avenir de la communauté anglophone du Québec, nous aimerions maintenant nous permettre de présenter nos propres réflexions concernant ce à quoi pourrait ressembler une minorité anglophone intégrée.

Tout comme M. Scowen, nous poserions certaines conditions préalables à l'intégration, dont la reconnaissance de la primauté du français au Québec. Sur ce point nous sommes d'accord avec lui. Nous sommes cependant moins sûrs que l'avenir du Québec anglophone soit avant tout un problème québécois... l'effon-drement de la tradition anglo-canadienne, que ce soit au Québec ou ailleurs, est assurément un problème canadien. Notre deuxième condition serait donc plutôt de continuer à faire confiance au processus juridique et à notre tradition de gouvernement constitutionnel, plus précisément, à la tradition britannique de justice et de gouvernement représentatif. Ironie du sort, c'est le Québec francophone qui a conservé cette foi, et si nous la trahissions, nous qui, pour un grand nombre, sommes les héritiers culturels des fondateurs de ces institutions, il serait difficile de demander à ceux qui les ont adoptées de nous prendre au sérieux lorsque nous réclamons lles droits et la protection qu'elles assurent. Aux yeux de certains, un tel appel à notre sens de la civilisation peut sembler inutile et même déplacé; ce ne serait pas le cas aux yeux de Lord Elgin. Rappelons qu'en 1848, c'était une *foule anglophone* qui, à Montréal, lui lançait des pierres parce que, en tant que gouverneur général du Canada, il avait osé insister pour que le Québec jouisse des libertés britanniques (le gouvernement responsable).

Troisièmement, nous allons devoir cultiver notre sens des responsabilités en ce qui a trait au domaine public. Un sens accru des responsabilités sociales constitue peut-être non seulement une condition préalable, mais aussi l'une des compensations culturelles des cultures minoritaires. Ce manque de responsabilité sociale est particulièrement mis en lumière par la pratique de plus en plus répandue au sein de l'élite anglophone d'envoyer ses enfants à l'école primaire française catholique. Ce que cette pratique reflète, c'est un rejet individuel du système scolaire anglais, une perte de confiance en ce système, tandis qu'en même temps on continue de le défendre publiquement et d'appuyer ses revendications. Une prise de position aussi aberrante fait de la population anglophone une clientèle captive d'un système actuellement incapable de préparer adéquatement ses enfants à vivre au Québec, et, par conséquent, les condamne à s'exiler ou à vivre une vie de citoyens de second ordre. Le dilemme, bien sûr, c'est qu'une proportion importante de cette élite, la classe moyenne, dépend de ce même système scolaire anglophone pour ses emplois.

Identifions maintenant ce que nous croyons être les conditions préalables à la survie du Québec anglophone: la réorganisation de ses institutions, qu'il s'agisse de l'enseignement, des media ou des institutions religieuses; le renforcement de la conscience de sa propre histoire, et enfin, la formation d'une élite qui vienne remédier à l'absence de leadership chez les moins de trente-cinq ans. Ces transformations, que nous jugeons nécessaires, sont manifestement interdépendantes.

Au chapitre des structures institutionnelles du Québec anglophone, le grand défi, et le plus important à relever, ressortit au domaine de l'enseignement. La politique éducationnelle de la société anglophone québécoise doit coûte que coûte être restructurée en fonction de considérations à longue échéance, s'écarter donc de l'attitude actuelle qui ne consiste qu'à réagir à court terme. Le besoin le plus pressant, c'est de préparer les jeunes à participer, à contribuer à la société québécoise — de façon à ce qu'ils aient les outils nécessaires s'ils décident de rester. Sinon, nous ne continuerons à ne préparer nos jeunes qu'à l'exode ou à la marginalité économique et sociale, malgré les accommodements et compromis qui, en fait, ne produisent peut-être qu'une génération à la fois insuffisamment armée pour participer à la culture du Québec francophone et trop peu consciente de l'héritage du Canada anglais pour l'assumer et s'y identifier, la laissant à la merci d'une espèce de continentalisme sans forme précise.

Soit dit en passant, M. Stanley Frost, qui suggérait que les établissements d'enseignement anglophones envisagent des coupures volontaires, témoigne (comme Lise Bissonnette le souligne dans son article) d'une disposition d'esprit remarquablement absente jusqu'à tout récemment dans les murs du 6000, Fielding Avenue (Commission des écoles protestantes du Grand Montréal)[73]. Dans «Anglo Education: Writing is on the Wall», M. Frost écrit en effet:

> Y aura-t-il encore, dans dix ans, assez d'étudiants an-glophones pour justifier le maintien de six, voire de quatre collèges et de deux universités? [...] Il est maintenant temps que Mc Gill et Concordia, Dawson, Vanier, John Abbott et Champlain, que la Commission des écoles protestantes du Grand Montréal, le secteur catholique anglophone, la Commission scolaire de West Island, que tous les établissements anglophones de la province se concertent et revoient leur situation et leurs projets, non pas isolément, encore moins dans un esprit de concurrence, mais bien dans un esprit de coopération et avec un réalisme impitoyable[74].

Bon nombre de stratégies éducationnelles mériteraient la considération de tout «impitoyablement réaliste» anglo-québécois. Ainsi, la possibilité d'un chemi-nement scolaire qui permettrait aux jeunes anglophones de profiter, à une certaine étape, d'un enseignement commun avec des francophones, et à une autre étape, de vivre dans un environnement culturel authentiquement anglais. Cette suggestion est loin d'être radicale; c'est même la norme en vigueur actuellement chez les parents de l'élite anglophone. Autre possibilité qui mériterait d'être envisagée: que l'on exige dorénavant que tout le nouveau personnel enseignant des cégeps et des universités de langue anglaise puisse travailler également en français et en anglais; ce n'est pas là une exigence démesurée, si l'on songe que le français est la langue de communication de la société qui est responsable des établissements en question et que, dans la plupart des pays les plus «avancés» en dehors de l'Amérique du Nord, le bilinguisme des universitaires est chose acquise. Enfin, troisième et dernier exemple de stratégie possible, qui viserait une concertation et une transformation en vue de préserver l'essentiel: la limitation volontaire (aux dépens du nombre total des inscriptions) du nombre de francophones admis dans les collèges de langue anglaise. Ce ne sont là que trois suggestions parmi un éventail de stratégies. L'important, c'est de se rendre compte que, si des stratégies semblables ne sont pas proposées, étudiées, et mises en vigueur, bientôt, il sera peut-être trop tard.

Les media constituent un secteur institutionnel du Québec anglais qui, jusqu'à tout récemment du moins, se détériorait. Des journalistes anglophones fort compétents semblent éprouver des difficultés à trouver leur place, spirituelle et professionnelle, dans le monde des media anglophones du Québec. L'une des raisons n'en serait-elle pas que — indépendamment des causes structurelles dont traitent d'autres articles du présent recueil — les media de langue anglaise, en général, n'emboîtent jamais tout à fait le pas au Québec? À titre d'exemple, strictement rien n'a transpiré dans la presse anglophone de Montréal de cette affaire Carrel qui nous a servi à caricaturer le problème du Québec anglophone. En fait, le meilleur moyen de susciter l'intérêt des média de langue anglaise, c'est d'abord de réussir à faire parler de soi dans *Le Devoir*, après quoi, le journaliste anglophone, ayant découvert dans la presse francophone un sujet d'article, viendra frapper à votre porte. En effet, il est quasi impossible de publier au Québec anglais, alors que du côté francophone, un manuscrit acceptable peut assez facilement se retrouver sous presse dans un délai de deux mois.

Combien de temps faudra-t-il encore pour que paraisse une revue anglophone québécoise de critique et d'analyse sociale et politique? Il nous semble que trois universités et cinq cégeps devraient suffire à en assumer la responsabilité. *The Montreal Review* a fait un effort louable en ce sens, mais ses ambitions ou ses contraintes financières — quel facteur a précédé l'autre? — ont forcé cette revue à se plier aux impératifs de la publicité.

L'un des secteurs qui a fait faux bond au Québec anglophone depuis la guerre, plutôt par omission que par choix, est le domaine religieux. S'il est une base institutionnelle qui a pour rôle de donner force et cohésion spirituelle à une communauté, c'est bien l'organisation religieuse de notre tradition helléno-chrétienne. Quelle a été la réceptivité des Églises à l'égard des besoins socio-psychologiques d'une communauté anglophone aux prises avec les incertitudes de notre époque? Quel leadership ont-elles su offrir? Les représentants religieux de l'Ontario ont été plus présents au débat que tous leurs homologues québécois réunis. Lorsqu'il est possible d'affirmer sans réplique devant l'Assemblée nationale que le protestantisme ne signifie rien dans le Québe contemporain — comme ce fut le cas dans l'affaire Carrel[75] — on est en droit de se poser de sérieuses questions sur la réelle présence du clergé anglophone.

Enfin, pour clore le chapitre de la structure institutionnelle du Québec anglophone, mentionnons l'éternelle question de la participation des anglophones à la vie politique. Les députés, les maires, les chefs syndicaux, et les directeurs de caisses populaires anglophones sont devenus si rares qu'ils font figure de bêtes curieuses. À moins que ce mouvement ne se renverse, nous aurons failli à une tâche pour laquelle notre tradition culturelle nous avait pourtant fort bien munis, celle de contribuer à la vie publique québécoise.

Qui plus est, nous risquons de nous retrouver tout à fait coupés de la vie politique. C'était là la mise en garde du professeur Léon Dion dans son exposé intitulé «What is the place of Anglo Quebecers in the Province?»[76]. Il affirmait que les «accommodements de l'élite» francophone et anglophone au plan du pouvoir politique ne seront pas possibles si le Québec anglophone limite son action politique au Parti libéral du Québec.

Néanmoins, l'histoire récente nous a donné trois exemples de participation anglophone à la politique québécoise hors du cadre du Parti libéral du Québec. D'abord, une forte participation au mouvement montréalais de réforme urbaine que Henry Milner décrit ailleurs dans le présent recueil, puis une présence qui n'est plus négligeable au sein du Parti québécois, enfin, comme nous l'avons mentionné plus haut, la mobilisation politique inhérente aux objectifs et à la stratégie d'Alliance Québec, qui représente sans contredit un engagement dans la vie politique globale.

Si nous considérons la responsabilité civique inhérente au fait d'être présent dans la vie politique, il ne fait pas de doute que Lord Elgin, qui a tant fait à cet égard pour mettre en pratique la tradition britannique, trouverait beaucoup à redire sur le Québec anglophone depuis 1945.

L'allusion même à James Bruce, huitième comte d'Elgin et gouverneur-général du Canada, cet Écossais qui fut l'un des artisans du gouvernement responsable au Québec, met en relief une situation qui, si elle demeure inchangée, écarte tout espoir de renouveau institutionnel significatif, à savoir la disparition (sinon l'absence) de conscience historique. Combien d'anglophones de moins de quarante ans savent qui était Lord Elgin? Les moins de vingt-cinq ans, tous, autant qu'ils sont, ne le savent pas. Trop occupés, ô paradoxe, à regarder *Roots* à la télévision pour voir la version filmée des *Deux solitudes*, ils sont béatement inconscients de ce que le fait d'avoir vu le premier, mais pas le second, est une preuve de leur propre manque de racines. Yarowsky, dans l'allocution mentionnée plus haut, souligne le caractère anhistorique de la conscience juive au Québec: «Ce qu'il importe de souligner ici, c'est que la communauté juive d'aujourd'hui a oublié son histoire récente au Québec».[77]

Quand, par exemple, réhabiliterons-nous Grosse-Île[78] où tant de miliers d'immigrants irlandais et certains de leur bienfaiteurs francophones ont péri? Les archives scolaires (seules traces documentaires peut-être de la vie quotidienne des communautés anglophones des 19e et 20e siècles par tout le Québec) qui croupissent aujourd'hui au sous-sol, dans des bureaux de conseils scolaires et dans des entre-pôts de Québec, sont-elles condamnées à disparaître par pure négligence?

Elles disparaîtront bel et bien, et Grosse-Île continuera de n'être qu'un poste de quarantaine pour des troupeaux importés à l'occasion, à moins que nous ne formions une élite indigène, qui, nous en sommes convaincus, ne pourra émerger que d'une réorganisation des institutions et d'une conscience historique renouve-lée. Il est illusoire de croire que le professeur de cégep importé de Toronto, le pasteur anglican de New York, ou le directeur d'usine venu d'Angleterre le feront à notre place, si bien intentionnés, sincères et compétents fussent-ils; ils ont leur propre rôle à jouer qui est fonction de leur propre histoire et, de plus, ils pourraient bien ne plus être là dans cinq ans[79].

Le Québec est une petite société, et la société anglophone du Québec est plus petite encore. Une simple poignée de jeunes gens dont l'imagination aurait été sollicitée par la reprise en main de leur histoire au Québec, qui leur est propre et qui est unique, pourrait changer le visage du Québec anglophone et l'avenir du Québec... leur société.

En fait, en réaffirmant certaines valeurs cruciales du patrimoine anglo-québécois — comme leur sens profond du lieu, de l'autonomie et de la responsabilité des institutions locales, et de leur tradition sociale façonnée par la conviction que seuls les hommes et les femmes, en tant que personnes, et non les institutions, peuvent être sources de créativité, d'initiatives et d'une éthique garante de la vitalité et de la liberté d'une société — ces mêmes Québécois anglophones pourraient fort bien contribuer à délivrer le Québec du «mal français»[80] qui menace son tissu social.

Comme il serait paradoxal que ce soient les valeurs de la tradition anglaise qui aident le Québec à retrouver sa vitalité «pré-moderne» en contribuant à la contre-modernisation sans laquelle le Québec ne deviendra qu'un musée de «homeless minds»[81].

NOTES

(1) Sir Charles G.D. Roberts et Arthur Tunnel, éditeurs, *The Canadian Who's Who 1938-1939*, vol. III (Toronto, Trans-Canada Press):110.

(2) Journal des débats de l'Assemblée nationale du Québec, Commissions parlementaires, deuxième version — 30ᵉ législature, Commission permanente de la justice, Étude des projets de loi privés nos 104 à 110, le 26 juin 1974, no 108, p. B-4147 à B-4154.

(3) Ceci est ressorti d'un échange ultérieur entre l'Université Queen's et le Comité protestant du Conseil supérieur de l'éducation du Québec.

(4) Loi 104, 30ᵉ législature, Assemblée nationale du Québec, 1974 (les italiques sont les nôtres).

(5) Commission permanente de la justice, p. B-4150.

(6) *Ibid.*, p. B-4148.

(7) *Ibid.*, p. B-4151.

(8) *Ibid.*, p. B-4150.

(9) Alex Paterson, *On Being at Home in Quebec*, p. 1.

(10) Michael Yarowsky, *Quebec's Jewish Community...*, p. 7.

(11) *Ibid.*, p. 7.

(12) Storrs McCall, «Why Quebec Anglos Need a Voice».

(13) *Ibid.*

(14) Reed Scowen, *Reflections on the Future of the English Language in Quebec*.

(15) *Ibid.*, p. 23.

(16) *Ibid.*, p. 24.

(17) *Ibid.*, pp. 23-24.

(18) *Ibid.*, p. 24.

(19) *Ibid.*, p. 25.

(20) *Ibid.*, p. 25 (les italiques sont les nôtres).

(21) *Ibid.*, p. 26.

(22) Reed Scowen au cours d'une allocution prononcée devant la St. James Literary Society, le 6 octobre 1981.

(23) *Ibid.*

(24) Voir Eric Maldoff, *Sunday Express*, 28 février 1982, pp. 4-5.

(25) Voir *The Montreal Star*, section B, samedi, 14 avril 1979.

(26) F. Remiggi, *Anglo-Quebecers and Socio-Political Diversity*, p. 4.

(27) *Ibid.*, p. 2.

(28) *Ibid.*, p. 7.

(29) La version anglaise, parue quelques mois plus tard, est légèrement différente de la version française.

(30) Dominique Clift and Sheila McLeod-Arnopoulos, *Le fait anglais au Québec*, p. 224.

(31) *Ibid.*, p. 225 (les italiques sont les nôtres).

(32) *Ibid.*, p. 245 (les italiques sont les nôtres).

(33) *Ibid.*, p. 238.

(34) Le Canada anglais est tellement pluraliste en effet que nous n'avons plus de tradition de critique politique et sociale; il est évident que les auteurs de *Le fait anglais au Québec*, dont l'un est diplômé du département de sociologie d'une université «canadienne», n'ont jamais lu *Lament for a Nation*, écrit par George Grant en 1964, ou du moins ne l'ont pas compris.

(35) Storrs McCall et al., *The History and the Activities of the Positive Action Committee*, p. 9.

(36) *Ibid.*, pp. 17-18.

(37) Extrait d l'exposé *Task Force for Canadian Unity*, présenté à Montréal en janvier 1978 par le Comité d'action positive.

(38) Rapporté par Storrs McCall et al., *The History and...*, p. 5, (les italiques sont les nôtres).

(39) Voir *Le Devoir* du lundi, 28 janvier 1979, p. 4.

(40) Reed Scowen, *Reflections on...*, p. 20.

(41) *Ibid.*, p. 18.

(42) *Ibid.*, p. 22.

(43) *Ibid.*, pp. 36-37.

(44) Québec, le ministre au Développement culturel, *La politique québécoise du développement culturel*, p. 68.

(45) Reed Scowen, *Reflections on...*, p. 45.

(46) Révérend T. Miles, *Christians in the New Quebec*, p. 3.

(47) *Ibid.*, p. 8.

(48) *Ibid.*, p. 10.

(49) Reed Scowen, *Reflections on...*, p. 27 (les italiques sont les nôtres).

(50) Sans doute l'honorable Joe Clark, puisque le discours a été prononcé le 5 juin 1979.

(51) Michael Yarowsky, *Quebec's Jewish Community...*, p. 8.

(52) Reed Scowen, *Reflexions on...*, p. 14.

(53) Michael Yarowsky, *Quebec's Jewish Community...*, p. 14.

(54) *Ibid.*, p. 14.

(55) Voir Gouvernement du Québec, *La politique québécoise du développement culturel*, p. 1.

(56) *Ibid.*, p. 59.

(57) *Ibid.*, p. 63: «que ces divers groupes s'intègrent à un ensemble québécois essentiellement francophone».

(58) *Ibid.*, p. 70 (les italiques sont les nôtres).

(59) Vaugeois, Denis, «The Jews and Quebec Society...», p. 8.

(60) Alex Paterson, *On Being at Home in Quebec*, p. 4.

(61) Storrs McCall et al., *The History and the Activities*, p. 6.

(62) *Ibid.*, p. 4.

(63) Propositions présentées devant la Commission Pépin-Robarts en janvier 1978.

(64) Storrs Mc Call, «Why Quebec Anglos Need a Voice», p. 61.

(65) Storrs Mc Call et al., *The History and the Activities...*, p. 16.

(66) *Ibid.*, p. 16.

(67) Reed Scowen, *Reflexions on the Future of...*, p. 38.

(68) *Ibid.*, p. 34.

(69) *Ibid.*, pp. 41-42.

(70) *Ibid.*, p. 42.

(71) *Ibid.*, p. 42.

(72) *Ibid.*, p. 42.

(73) Adresse des bureaux de la CEPGM, où se tiennent aussi des réunions d'autres organismes du milieu éducationnel anglophone.

(74) Stanley Frost, «Anglo Education...».

(75) Voir plus haut, la partie intitulée «Le problème».

(76) Léon Dion, *What is the Place of Anglo Quebecers...*

(77) Michael Yarowsky, *Quebec's Jewish Community*..., p. 5.

(78) M. David Payne, député à l'Assemblée nationale, qui est arrivé au Canada en 1971, a, en fait, demandé que l'on réhabilite Grosse-Île. Voir: «Grosse-Île, un parc national en l'honneur des Irlandais québécois», communiqué de presse, 17 mars 1982.

(79) Les deux responsables du présent ouvrage eux-mêmes ne sont pas des natifs du Québec, y étant arrivés au début des années 1960.

(80) Expression empruntée à l'ouvrage d'Alain Peyrefitte: *Le mal français* (Paris, Plon, 1976, 524 p.). L'auteur y étudie l'effet paralysant de la surcentralisation et des bureaucraties impersonnelles.

(81) Les termes «pré-moderne» et «contre-modernisation» sont empruntés à l'ouvrage de Peter Berger, *The Homeless Mind*, dans lequel l'auteur cite, en fait, le Québec (p. 97) comme un cas où l'emploi du mot «contre-modernisation» est approprié.

Bibliographie

La présente bibliographie comprend tous les documents, cités par les auteurs, que nous estimions d'intérêt général en ce qui concerne le Québec anglophone.

Adams, John.
The Protestant School System in the Province of Quebec. London, Longmans, Green and co., 1902.

A.S.O.P.E.
Aspirations scolaires et orientations professionnelles des étudiants. Québec, Université Laval; Montréal, Université de Montréal, 1972-1980. 12 vol.

Berger, Peter, Brigitte Berger et Hansfried Kellner.
The Homeless Mind: Modernization and Consciousness. New York, Random House Inc., 1973; Toronto, Random House of Canada Limited, 1973. Autre édition: New York, Vintage Books Edition, 1974.

Bernard, Paul et al.
L'évolution de la situation socio-économique des francophones et des non-francophones au Québec (1971-78). Montréal, Office de la langue française, 1979.

Berry, J., Rudolf Kalin et Donald Taylor.
Attitudes à l'égard du multiculturalisme et des groupes ethniques au Canada. Ottawa, ministère des Approvisionnements et Services Canada, 1977.

Boulet, Jac-André.
L'évolution des disparités linguistiques et revenus de travail dans la zone métropolitaine de Montréal de 1961-1977. Document no 127. Ottawa, Conseil économique du Canada, 1979.

Bourque, Gilles et Nicole Laurin-Frenette.
«Social Classes and National Ideologies in Quebec, 1760-1970», Gary Teeple, *Capitalism and the National Question in Canada* (Toronto, University of Toronto Press, 1972):185-210.

Bruce, Jean.
A Content Analysis of Thirty Canadian Newspapers (Jan. 1 to Mar. 31, 1965). Étude non publiée effectuée pour la Commission royale d'enquête sur le bilinguisme et le biculturalisme, Ottawa, 1966.

Bruck, M., Wallace E. Lambert et G.R. Tucker.
«Bilingual Schooling through the Elementary Grades: The St. Lambert Project at Grade Seven», *Language Learning*, 24(1974):183-204.

Bruck, M., Wallace E. Lambert et G.R. Tucker.
«Cognitive Consequences of Bilingual Schooling: The St. Lambert Project through Grade Six», *International Journal of Psycholinguistics* (1976):13-33.

Bruck, M., J. Jakimik et Richard G. Tucker.
«Are French Immersion Programs Suitable for Working Class Children? A Follow-up Investigation», W. Engle, *Child Language* (Royal Vangorcum, 1976):311-341.

Caldwell, Gary.
A Demographic Profile of the English-speaking Population of Quebec, 1921-1971. Publication B-51. Québec, Centre international de recherche sur le bilinguisme, 1974.

Caldwell, Gary.
English-speaking Quebec in the Light of its Reaction to Bill 22. Exposé présenté devant l'American Northeastern Anthropological Association, Wesleyan University, Connecticut, 27 mars 1976.

Caldwell, Gary.
«L'histoire des «possédants» anglophones au Québec», *Anthropologie et sociétés*, 2, 1(1978):167-182.

Caldwell, Gary.
Out-Migration of English Mother-Tongue High-School Leavers from Quebec, 1971-1976. Lennoxville (Québec), AQEM, 1978.

Caldwell, Gary.
Out-Migration of 1971 English Mother-Tongue High-School Leavers from Quebec 1971-1979. Lennoxville (Québec), AQEM, 1980.

Caldwell, Gary.
Le Québec anglophone hors de la région de Montréal dans les années soixante-dix - Évolution sociodémographique. Séries «Études et documents» no 4. Québec, Conseil de la langue française, 1980.

Caldwell, Gary.
Those who Stayed: How they Managed. Lennoxville (Québec), AQEM, 1981.

Carter, Emmett G.
The Catholic Public Schools of Quebec. Toronto, W. J. Gage Limited, 1957.

Charbonneau, Hubert et Robert Maheu.
Les aspects démographiques de la question linguistique. Étude 5-3 effectuée pour la Commission d'enquête sur la situation de la langue française et des droits linguistiques au Québec. Québec, Éditeur officiel du Québec, 1973.

Clarke, R.
In them Days: the Breakdown of a Traditional Fishing Economy in an English Village on the Gaspé Coast. Thèse de doctorat (géographie), Université McGill, 1972.

Clift, Dominique et Sheila McLeod Arnopoulos.
Le fait anglais au Québec. Montréal, Libre expression, 1979. (voir aussi Mc Leod Arnopoulos)

Copp, Terry.
The Anatomy of Poverty, the Condition of the Working class in Montreal, 1897-1929. Toronto, McClelland and Stewart, 1974.

Craig, Gerald M. (dir.).
Lord Durham's Report: An Abridgement. Coll. «The Carleton Library» no 1. Toronto, McClelland and Stewart, 1963.

Cummins, J.
The Influence of Bilingualisme on Cognitive growth. Coll. «Working Papers on Bilingualism» no 9. The Ontario Institute for Studies in Education, avril 1976.

Cziko, G.A.
The Effets of Different French Immersion Programs on the Language and Academic Skills of Children from Various Socio-economic Backgrounds. Mémoire de maîtrise, Université McGill, 1975.

Cziko, G.A.
«The Effects of Language Sequencing on the Development of Bilingual Reading Skills», *The Canadian Modern Language Review*, 32(1976):524-533.

Cziko, G.A. et al.
Graduates of Early Immersion: Retrospective News of Grade 11 Students and their Parents. Université McGill.

Dever, Alan.
Economic Development and the Lower Canadian Assembly, 1828-1840. Mémoire de maîtrise, Université McGill, 1976.

Dion, Léon.
What is the Place of Anglo-Quebecers in the Province? Allocution prononcée devant le Canadian Club de Montréal, le 9 avril 1979, (polycopié).

Frost, Stanley.
«Anglo Education: Writing is on the Wall», *The Montreal Gazette*, (mardi 11 sept. 1979):9.

Gagnon, M.
Attitude à l'égard de la langue anglaise. Rapport de recherche, Faculté des sciences de l'éducation, Université de Montréal, déc. 1972.

Gallagher, Paul.

A History of Public Education for English-Speaking Catholics in the Province of Quebec. Mémoire de maîtrise en Éducation, Lennoxville, Université Bishop, 1957.

Gardner, R.C. et P.C. Smythe.
«The Integrative Motive in Second-Language Acquisition», S.T. Carey, *Bilingualism, Biculturalism and Education*. (Edmonton, The University of Alberta, 1974).

Gosselin, André.
«L'évolution économique du Québec: 1867-1896», *L'Économie québécoise* (Presses de l'université du Québec, 1969): 106-107.

Grant, George.
Lament for a Nation. The Defeat of Canadian Nationalism. Toronto/Montréal, McClelland and Stewart, 1965.

Greenlaw, J. et P. Orr.
Social Origin of Scottish Immigration to Lower Canada. Mémoire du Groupe de recherche sur l'histoire, HEC, Montréal, 1979.

Guindon, Hubert.
«The Modernization of Quebec and the Legitimacy of the Canadian State», *The Canadian Review of Sociology and Anthropology*, 15, 2(1978):227-245.

Hall, Douglas J.

«Being the Church in Quebec Today», *Perspective* (Juin 1978):1-2. Publié aussi dans le numéro de juin 1978 de *The United Church Observer*.

Hall, Douglas J.

«A Generalization on the Theological Situation of Protestantism in Quebec», *Theological Education in the 80's* (automne 1978):15-16 (pour la Division du personnel religieux et de l'éducation, Église Unie du Canada).

Hardin, H.
A Nation Unaware: The Canadian Economic Culture. Vancouver, Douglas, 1974.

Hughes, Everett G.
Rencontre de deux mondes. Montréal, Éditions Lucien Pariseau, 1944.

Joy, Richard J.
Languages in Conflict. Toronto, McClelland and Stewart, 1972.

Kealey, G. (dir.).
Canada Investigates Industrialism. Toronto, University of Toronto Press, 1973.

Kesteman, Jean-Pierre.
«Les travailleurs à la construction du chemin de fer dans la région de Sherbrooke (1851-53)», *Revue d'histoire de l'Amérique française*, 31, 4(mars 1978).

Lacoste, Norbert.
Les caractéristiques de la population du «grand Montréal». Montréal, Les presses de l'Université de Montréal, 1958.

Lacoste, Norbert.
«Les traits nouveaux de la population du «grand Montréal», *Recherches sociographiques*, 6(1965):265-282.

Lacroix, Robert et François Vaillancourt.
Les revenus et la langue au Québec (1970-1978). Coll. »Dossiers du Conseil de la langue française» no 8. Québec, Éditeur officiel du Québec, 1981.

Lambert, Wallace E. et Richard G. Tucker.
Bilingual Education of Children: the St. Lambert Experiment. Rowley (Massachussetts), Newbury House, 1972.

Lambert, Wallace E., Richard G. Tucker et A. d'Anglejan.
«Cognitive and Attitudinal Consequences of Bilingual Schooling: the St. Lambert Project through Grade Five», *Journal of Educational Psychology*, 65(1973):141-159.

Lambert, Wallace E.
«The Effects of Bilingualism on the Individual: Cognitive and Sociocultural Consequences», P. A. Hornby, *Bilingualism: Psychological, Social and Educational Implications* (New York, Academic Press Inc., 1977).

Lambert, Wallace E.
«Language as a factor in Intergroup Relation», H. Giles and R. Ste Claire, *Language and Social Psychology* (1978).

Laurin, Camille.
«Charte de la langue française», *La revue canadienne de sociologie et d'anthropologie*, 15, 2(1978):115-127.

Lieberson, D.
Language and Ethnic Relations in Canada. New York, Wiley, 1970.

McCall, Storrs.
«Why Quebec Anglos Need a Voice», *The Montreal Star* (Samedi 25 février 1978):G1.

McCall, Storrs, Alex Paterson et R. Brott.
The History and the Activities of the Positive Action Committee. Montréal, Positive Action Committee, 1978, (polycopié).

McIntosh, Clark.
Devolution and Survival of the Rural English-Speaking Population in the Region North of Quebec City. Mémoire de baccalauréat spécialisé (géographie), Université McGill, 1976.

McLeod Arnopoulos, Sheila et Dominique Clift.
The English Fact in Quebec. Montréal, McGill-Queen's University Press, 1980. Ceci est une version anglaise, légèrement revisée de: *Le fait anglais au Québec* (voir Clift, Dominique).

Magnuson, Roger.
Education in the Province of Quebec. U.S. Department of Health, Education and Welfare: Office of Education, 1969.

Magnuson, Roger.
A Brief History of Quebec Education: From New France to Parti Québécois. Montréal, Harvest House, 1980.

Maheu, Robert.
La partie cachée de la mobilité linguistique. Mémoire présenté au Colloque de l'Association internationale des démographes de langue françaie, à Liège (Belgique), en sept 1981. (Non publié).

Mair, Nathan H.
Protestant Education in Quebec: Notes on the History of Education in the Protestant Public Schools of Quebec. Québec, Comité protestant du Conseil supérieur de l'éducation, 1981.

Mair, Nathan H.
Quest for Quality in the Protestant Public Schools of Quebec. Québec, Comité protestant du Conseil supérieur de l'éducation, 1980.

Maldoff, Eric.
«The New Quiet Revolution — Fighting for the Rights of English Speaking Minorities», Interview by Marwin Hershorn, *Sunday Express* (28 fév. 1982):3-7.

Mallea, John R., (dir.).
Quebec's Language Policies: Background and Response. Québec, Les Presses de l'Université Laval, 1977.

Marsan, Jean-Claude.
«Montréal, de la domination au pluralisme», *Le Devoir* (4 fév. 1982).

Miles, Rev. T.
Christians in the New Quebec. Article non publié, 1979. (Polycopié).

Millman, Thomas R.

Church and State 1793-1825. Toronto, University of Toronto *Jacob Mountain First — Lord Bishop of Quebec: a Study in Church and State 1793-1825*. Toronto, University of Toronto Press, 1947.

Milner, Henry.
Politics in the New Quebec. Toronto, McClelland and Stewart, 1978.

Milner, Henry.
«Quebec Sovereignty and the Canadian Left», *Canadian Dimension*, 13, 6(mars 1979):32-37.

Moir, John S.
«The Problem of Double Minority: Some Reflexions on the Development of the English-Speaking Catholic Church in Canada in the Nineteenth Century», *Histoire Sociale*, 7(av. 1971):60.

Morton, W.L.
The Canadian Identity. 2ᵉ éd. Toronto, University of Toronto Press, 1972. 1ʳᵉ éd., 1961.

Ouellet, Fernand.
Éléments d'histoire sociale au Bas Canada. Montréal, HMH, 1972.

Parmelee, George W.
«English Education», Adam Shortt et Arthur J. Doughty, *Canada and its Provinces* (Toronto, Glasgow, Brook and Co., 1914) (Vol. XVI):445-501.

Paterson, Alex.
On Being at Home in Quebec. Montréal, 1979. (Polycopié, non publié).

Pentland, H.C.
«The Development of a Capitalistic Labour Market in Canada», *Canadian Journal of Economics and Political Sciences*, 25, 4(nov. 1959).

Percival, W.P.
Accross the Years. Montréal, Gazette Printing Co., 1946.

Piédalue, Gilles.
La bourgeoisie canadienne et le problème de la réalisation du profit au Canada, 1900-1930. Thèse de doctorat, Université de Montréal, 1976. L'annexe III a été publiée en tant qu'étude distincte dans la *Revue d'histoire de l'Amérique française*, 30, 1(juin 1976):3-34.

Porter, John.
The Vertical Mosaic: an Analysis of Social Class and Power in Canada. Toronto, University of Toronto Press, 1965.

Protestant School Board of Greater Montreal.
Statement on Bill 101 «Charter of the French Language in Quebec». (Sans date).

Proulx, Jean-Pierre.
La restructuration scolaire de l'Île de Montréal — Problématique et hypothèse de solution. Conseil scolaire de l'Île de Montréal, sept. 1976.

Québec, le ministre d'État au Développement culturel.
«Perspectives d'ensemble: de quelle culture s'agit-il?» Volume 1 de *La politique québécoise du développement culturel*. 1978.

Québec, ministère de l'Éducation.
Répertoire des organismes et des écoles. Publication annuelle.

Rabushka, A. et K.A. Shepsle.
Politics in Plural Societies: a Theory of Democratic Instability. Columbus (Ohio), Merrill Company, 1972.

Remiggi, Franck.
Anglo-Quebecers and Socio-Polical Diversity. Montréal, 1979. (Polycopié, non publié). Une version antérieure parut dans le *Montreal Star* (fin avril 1979).

Roberts, Sir Charles G.D. et Arthur L. Tunnell.
The Canadian Who's Who, 1938-1939. Toronto, Trans-Canada Press.

Ross, Aileen.
«The Cultural Effects of Population change in the Eastern Townships», *Canadian Journal of Economics and Political Science*, 9, 4(1943):447-462.

Ross, Aileen.
«French and English Canadian Contacts and Institutional Change», *Canadian Journal of Economics and Political Science*, 20, 3(1954):231-295.

Rouillard, Jacques.
Les travailleurs du coton au Québec 1900-1915. Montréal, Presses de l'Université du Québec, 1974.

Ryan, William F.
The Clergy and Economic Growth in Quebec (1896-1914). Québec, Presses de l'Université Laval, 1966.

Ryerson, Stanley B.
The Founding of Canada: Beginnings to 1815. Toronto, Progress Books, 1963.

Sancton, Andrew.
The Impact of French-English Differences on the Governmental Structures of Metropolitan Montreal. Thèse de doctorat en philosophie, Oxford University, (vers 1975).

Schachter, Susan, dir.
Working Papers on English Language Institutions in Quebec. Montréal, Alliance Quebec, mars 1982.

Schmitz, Nancy.
«Éléments gaéliques dans le conte populaire canadien-français», J.C. Dupont, *Mélanges en l'honneur de Luc Lacoursière. Folklore français de l'Amérique* (Montréal, Leméac, 1978).

Scott, Franck R.
«Areas of Conflict in the Field of Public Law and Policy», Mason Wade, *Canadian Dualism* (Toronto, University of Toronto Press, 1960).

Scott, S.
The Relation of Divergent Thinking to Bilingualism: Cause or Effect? Rapport, Département de psychologie, Université McGill, 1973. (Polycopié).

Scowen, Reed.
Reflections on the Future of the English Language in Quebec. Montréal, mai 1979. (Polycopié, non publié).

Sellar, Robert.
The Tragedy of Quebec: The Expulsion of its Protestant Farmers. Huntington (Québec), Canadian Gleaner, 1907. Autre publication: Toronto, University of Toronto Press, Historical Reprint Series, 1974.

Siebert, Wilbur H.
«The Loyalist Settlements on the Gaspe Peninsula», *Mémoires et comptes rendus de la société royale du Canada*, 3, 8(mars 1915):399-405.

Siegel, Arthur.
A Content Analysis: French and English Language Newspaper Coverage of the Federal Provincial Constitutional Conference, February 10-12, 1969. Étude non publiée, Université McGill, 1969.

Siegel, Arthur.
Canadian Newspaper Coverage of the FLQ Crisis: a Study of the Impact of the Press on Politics. Thèse de doctorat, Université McGill, 1974.

Siegel, Arthur.
«The Norms and Values of the French and English Press in Canada: a Political Evaluation», W.E. Mann et Les Wheatcroft, ed., *Canada: a Sociological Profile*, 3ᵉ édition (Toronto, Copp Clark Publishing, 1976).

Siegel, Arthur.
A Content Analysis, the Canadian Broadcasting Corporation: Similarities and Differences in French and English News. Les résultats de cette étude sont cités dans: Canada, *Report*, Comité d'enquête du C.R.T.C., 1977.

Simeon, R.E., et D. Elkins.
«Regional Political Cultures in Canada», *Canadian Journal of Political Sciences*, 17, 3(sept. 1974).

Sissons, C.B.
Church and State in Canadian Education. Toronto, The Ryerson Press, 1959.

Smith, Françoise N.
The Establishment of Religious Communities in the Eastern Townships 1797-1851. Mémoire de maîtrise, Université McGill, 1976.

Spilka, I.V.
«Assessment of Second-language Performance in Immersion Programs», *The Canadian Modern Language Review*, 32(1976):543-561.

«Statement Regarding Canadian Unity in the Light of Recent Political Developments in the Province of Quebec», The Executive of the General Council of the United Church of Canada, *Record of Proceedings of the Montreal and Ottawa Conference of the United Church of Canada*, 2(1976-1977):18.

Stein, Michael B.
«Le Bill 22 et la population non-francophone au Québec: une étude de cas sur les attitudes du groupe minoritaire face à la législation de la langue», *Choix, le nationalisme québécois à la croisée des chemins* (Centre québécois de relations internationales, Université Laval, 1975): 127-159.

Stein, Michael.
«Le rôle des Québécois non-francophones dans le débat actuel entre le Québec et le Canada», *Études internationales*, 8, 3(juin 1977):292-306.

Strafford, Philip (dir. et trad.).
André Laurendeau: Witness for Quebec. Toronto, MacMillan, 1973.

Taylor, Donald M. et Lise M. Simard.
Les relations intergroupes au Québec et la loi 101: les réactions des francophones et des anglophones. Coll. «Langues et sociétés». Montréal, Office de la langue française, Éditeur officiel du Québec, 1981.

The Evolution of the English Education System in Quebec. Sillery (Quebec), l'Association canadienne d'éducation de la langue française, 1977.

Tucker, G.R.
«Bilingual Education: The Linguistic Perspective», *Bilingual Education: Current Perspectives*, Vol. 2. (Arlington (Virginia), Center for Applied Linguistics, 1977):1-40.

Turpin, Reginald.
«The Church in Quebec», *Report to General Synod on French-English Relations* (The Anglican Church in Canada, août 1977):8.

Vallerand, Noël.
«Histoire des faits économiques de la vallée du Saint-Laurent: 1760-1866», *L'Économie québécoise* (Presses de l'université du Québec, 1969):56-60.

Vaugeois, Denis.
«The Jews and Quebec Society: A Common Cultural Future», *Quebec at a Glance*, 9/10/11(1978):8.

Veltman, Calvin J.
«Les incidences du revenu sur les transferts linguistiques dans la région métropolitaine de Montréal», *Recherches sociographiques*, 17, 3(sept.-déc. 1976):323-339.

Wade, Mason.
The French Canadians 1760-1945. New York, MacMillan, 1955.

Waldron, Theodore, (dir.).
Letters and Journals of Lord Elgin. London, John Murray, 1972. Réédité par Krauss Reprint Co., New York.

Yarowsky, Michael.
Quebec's Jewish Community: Bridging the Past and Present. Mémoire présenté à l'Annual Conference of the Jewish Communal Services, tenue à Toronto le 5 juin 1979.

LES PUBLICATIONS DE L'I.Q.R.C.

Cahiers

Collection « Culture populaire » (sous la direction de Robert Laplante).

1. Yvan Lamonde, Lucia Ferretti et Daniel Leblanc. *La culture ouvrière à Montréal (1880-1920): bilan historiographique.* 9,00$

Collection « Culture savante » (sous la direction de Maurice Lemire).

1. François Colbert. *Le marché québécois du théâtre.* 8,00$

Collection « Diagnostics culturels » (sous la direction de Jean Gagné).

1. Jean-Robert Faucher, André Fournier et Gisèle Gallichan. *L'information culturelle dans les media électroniques.* 7,00$

2. Angèle Dagenais. *Crise de croissance — Le théâtre au Québec.* 5,00$

Collection « Documents préliminaires » (sous la direction de Pierre Anctil).

1. Danielle Nepveu. *Les représentations religieuses au Québec dans les manuels scolaires de niveau élémentaire (1950-1960).* 6,50$

2. Jean-Pierre Dupuis, Andrée Fortin, Gabriel Gagnon, Robert Laplante et Marcel Rioux. *Les pratiques émancipatoires en milieu populaire.* 9,00$

3. Renée Cloutier, Gabrielle Lachance, Denise Lemieux, Madeleine Préclaire et Luce Ranger-Poisson. *Femmes et culture au Québec.* 6,00$

4. Jean Bourassa. *Le travailleur minier, la culture et le savoir ouvrier: quatre analyses de cas.* 5,25$

Collection « Edmond de Nevers » (Sous la direction de Léo Jacques).

1. Lucie Robert. *Le manuel d'histoire de la littérature canadienne de Mgr Camille Roy.* 11,00$

Collection « Identité et changements culturels » (sous la direction de Fernand Harvey)

1. Gary Caldwell et Eric Waddell, dir. *Les anglophones du Québec: de majoritaires à minoritaires.* 14,00$

2. Gary Caldwell and Eric Waddell, editors. *The English of Quebec: from majority to minority status.* 14,00$

3. Alain Vinet, Francine Dufresne et Lucie Vézina. *La condition féminine en milieu ouvrier: une enquête.* 18,50$

Collection «Instruments de travail» (sous la direction de Marîse Thivierge).

1. David Rome, Judith Nefsky et Paule Obermeir. *Les Juifs du Québec — Bibliographie rétrospective annotée.*   13,00$

2. Yvan Lamonde et Pierre-François Hébert. *Le cinéma au Québec — Essai de statistique historique (1896 à nos jours).*   18,00$

3. Jean-Pierre Charland et Nicole Thivierge. *Bibliographie de l'enseignement professionnel au Québec (1850-1980).*   14,00$

4. Vivian Labrie. *Précis de transcription de documents d'archives orales.*   11,00$

5. Denise Lemieux et Lucie Mercier. *La recherche sur les femmes au Québec: bilan et bibliographie.*   14,25$

6. Sylvie Tellier. *La chronologie littéraire du Québec.*   18,50$

Hors collection

1. Paul Aubin. *Bibliographie de l'histoire du Québec et du Canada (1966-1975).* 2 tomes.   60,00$

Volumes

Collection «Les régions du Québec» (sous la direction de Fernand Harvey).

1. Jules Bélanger, Marc Desjardins et Yves Frenette. *Histoire de la Gaspésie.*   29,95$

Hors collection

2. Nicole Thivierge. *Écoles ménagères et instituts familiaux: un modèle féminin traditionnel.*   25,50$

3. Jean-Pierre Charland. *Histoire de l'enseignement technique et professionnel.*   25,50$

Revue

«Questions de culture» (sous la direction de Fernand Dumont et Gabrielle Lachance).

1. *Cette culture que l'on appelle savante.*   15,00$

2. *Migrations et communautés culturelles.*   15,00$

3. *Les cultures parallèles.*

Achevé d'imprimer à Montmagny
par les travailleurs des ateliers Marquis Ltée
en novembre 1982